Pense como um Cientista de Foguetes

OZAN VAROL

Pense como um Cientista de Foguetes

Estratégias Simples para Dar Grandes Saltos no Seu Trabalho e na Sua Vida

ALTA BOOKS
EDITORA
Rio de Janeiro, 2022

Pense como um Cientista de Foguetes

Copyright © 2022 da Starlin Alta Editora e Consultoria Eireli.
ISBN: 978-65-5520-186-4

Translated from original Think like a rocket scientist. Copyright © 2020 by Ozan Varol. ISBN 978-1-5417-6259-6. This translation is published and sold by permission of PublicAffairs, an imprint of Perseus Books, LLC, a subsidiary of Hachette BookGroup, Inc., the owner of all rights to publish and sell the same. PORTUGUESE language edition published by Starlin Alta Editora e Consultoria Eireli, Copyright © 2022 by Starlin Alta Editora e Consultoria Eireli.

Impresso no Brasil — 1ª Edição, 2022 — Edição revisada conforme o Acordo Ortográfico da Língua Portuguesa de 2009.

Dados Internacionais de Catalogação na Publicação (CIP) de acordo com ISBD

V323p Varol, Ozan
Pense como um cientista de foguetes: estratégias simples para dar grandes saltos no seu trabalho e na sua vida / Ozan Varol; traduzido por Renan Amorim. — Rio de Janeiro : Alta Books, 2022.
320 p. ; 16cm x 23cm.

Tradução de: Think like a Rocket Scientist
Inclui índice.
ISBN: 978-65-5520-186-4

1. Negócios. 2. Habilidade criativa nos negócios. I. Amorim, Renan. II. Título.

CDD 658.4012
2022-637   CDU 65.011.4

Elaborado por Odilio Hilario Moreira Junior - CRB-8/9949 Índice para catálogo sistemático:
1. Administração : negócios 658.4012 | 2. Administração : negócios 65.011.4

Todos os direitos estão reservados e protegidos por Lei. Nenhuma parte deste livro, sem autorização prévia por escrito da editora, poderá ser reproduzida ou transmitida. A violação dos Direitos Autorais é crime estabelecido na Lei nº 9.610/98 e com punição de acordo com o artigo 184 do Código Penal.

A editora não se responsabiliza pelo conteúdo da obra, formulada exclusivamente pelo(s) autor(es).

Marcas Registradas: Todos os termos mencionados e reconhecidos como Marca Registrada e/ou Comercial são de responsabilidade de seus proprietários. A editora informa não estar associada a nenhum produto e/ou fornecedor apresentado no livro.

Erratas e arquivos de apoio: No site da editora relatamos, com a devida correção, qualquer erro encontrado em nossos livros, bem como disponibilizamos arquivos de apoio se aplicáveis à obra em questão.

Acesse o site www.altabooks.com.br e procure pelo título do livro desejado para ter acesso às erratas, aos arquivos de apoio e/ou a outros conteúdos aplicáveis à obra.

Suporte Técnico: A obra é comercializada na forma em que está, sem direito a suporte técnico ou orientação pessoal/exclusiva ao leitor.

A editora não se responsabiliza pela manutenção, atualização e idioma dos sites referidos pelos autores nesta obra.

Produção Editorial
Editora Alta Books

Diretor Editorial
Anderson Vieira
anderson.vieira@altabooks.com.br

Editor
José Ruggeri
j.ruggeri@altabooks.com.br

Gerência Comercial
Claudio Lima
comercial@altabooks.com.br

Gerência Marketing
Andrea Guatiello
marketing@altabooks.com.br

Coordenação Comercial
Thiago Biaggi

Coordenação de Eventos
Viviane Paiva
eventos@altabooks.com.br

Coordenação ADM/Fincс.
Solange Souza

Direitos Autorais
Raquel Porto
rights@altabooks.com.br

Produtora da Obra
Maria de Lourdes Borges

Produtores Editoriais
Illysabelle Trajano
Larissa Lima
Paulo Gomes
Thales Silva
Thiê Alves

Equipe Comercial
Adriana Baricelli
Daiana Costa
Fillipe Amorim
Kaique Luiz
Maira Conceição
Victor Hugo Morais

Equipe Editorial
Beatriz de Assis
Brenda Rodrigues
Caroline David
Gabriela Paiva
Henrique Waldez
Marcelli Ferreira
Mariana Portugal

Marketing Editorial
Jessica Nogueira
Livia Carvalho
Marcelo Santos
Thiago Brito

Atuaram na edição desta obra:

Tradução
Renan Amorim

Copidesque
Daniel Edgardo

Revisão Gramatical
Lyvia Felix
Fernanda Lutfi

Diagramação
Lucia Quaresma

Capa
Marcelli Ferreira

Editora afiliada à:

Rua Viúva Cláudio, 291 — Bairro Industrial do Jacaré
CEP: 20.970-031 — Rio de Janeiro (RJ)
Tels.: (21) 3278-8069 / 3278-8419
www.altabooks.com.br — altabooks@altabooks.com.br
Ouvidoria: ouvidoria@altabooks.com.br

Para Kathy, minha constante cosmológica

SUMÁRIO

Introdução 1

ESTÁGIO UM: LANCE

1. Voando DIANTE da Incerteza 17
2. Raciocinando a partir de Princípios Básicos 45
3. Uma Mente em Ação 73
4. Pensamento Moonshot 99

ESTÁGIO DOIS: ACELERE

5. E se Enviássemos Dois Rovers em Vez de Um? 129
6. O Poder da Mudança de Opinião 153
7. Teste Assim Como Se Voa, Voe Assim Como Se Testa 179

ESTÁGIO TRÊS: REALIZE

8. Não Há Maior Sucesso do que o Fracasso 205
9. Não Há Maior Fracasso Do Que o Sucesso 233

Epílogo: O Novo Mundo 259

Qual É o Próximo Passo? 263
Agradecimentos 265
Notas 269
Índice 307

Pense como um Cientista de Foguetes
INTRODUÇÃO

EM SETEMBRO DE 1962, o presidente dos EUA, John F. Kennedy, se posicionou diante de um estádio lotado da Universidade Rice e jurou que enviaria um homem à Lua e que o traria de volta em segurança à Terra antes do fim daquela década. Essa foi uma promessa incrivelmente ambiciosa — o primeiro voo à lua.

Quando Kennedy fez o seu discurso, muitos dos requisitos tecnológicos necessários para uma viagem até a Lua ainda não haviam sido desenvolvidos. Nenhum astronauta norte-americano havia trabalhado fora de uma nave espacial.[1] Nenhuma nave espacial havia sido acoplada a outra no espaço.[2] A Administração Nacional da Aeronáutica e Espaço (NASA) não sabia se a superfície da Lua era sólida o suficiente para suportar um pouso ou se os sistemas de comunicação funcionariam nela.[3] Nas palavras de um executivo da NASA, nem sequer sabíamos "como determinar a órbita [da Terra], muito menos como projetar órbitas até a Lua."[4]

Orbitar a Lua — sem mencionar pousar nela — exigia uma precisão surpreendente. Era como lançar um dardo em um pêssego a 8,5m de distância e tocar em seus pelos sem encostar na fruta em si.[5] Além disso, o pêssego — a Lua — estaria se movendo rapidamente, viajando pelo espaço. Ao voltar para a Terra, a nave espacial teria que entrar na atmosfera no ângulo exato — o que seria similar a encontrar determinada ranhura em uma moeda com 180 ranhuras — para evitar entrar em profundo atrito com a atmosfera e acabar virando cinzas ou passar direto por ela como uma pedra pulando na água.[6]

Para um político, Kennedy foi surpreendentemente sincero sobre os desafios à frente. Ele explicou que o enorme foguete que levaria os astronautas até a Lua seria "feito de novas ligas de metais, algumas das quais ainda não haviam sido inventadas, seria capaz de suportar um calor e tensões muito além do que já havíamos experimentado, seria montado com uma precisão superior a do melhor relógio existente" e enviado "em uma missão que jamais havia sido realizada, em direção a um corpo celeste desconhecido".[7]

Sim, nem os materiais necessários para se construir o foguete haviam sido inventados.

Lançamo-nos no vazio do cosmos na esperança de que crescessem asas no meio do caminho.

Como que por um milagre, as asas surgiram. Em 1969, menos de 7 anos depois do juramento de Kennedy, Neil Armstrong deu o seu grande salto pela humanidade. Uma criança que tivesse 6 anos de idade quando os irmãos Wright realizaram seu primeiro voo motorizado — que durou 12 segundos e se estendeu por 36 metros — teria 72 anos quando nossa capacidade de voo se tornou forte o suficiente para colocar um homem na Lua e trazê-lo de volta para a Terra em segurança.

Esse grande salto — dado dentro do período de vida de um ser humano — costuma ser encarado como o triunfo da tecnologia, mas isso é mentira. Na verdade, esse foi o grande feito de um certo processo de pensamento que os cientistas de foguetes usaram para fazer com que o impossível se tornasse possível. É o mesmo processo de pensamento que possibilitou que esses cientistas acertassem no alvo interplanetário dezenas de vezes com naves espaciais supersônicas, enviando-as por milhões de quilômetros através do espaço sideral e fazendo com que elas pousassem no ponto preciso. É o mesmo processo de pensamento que faz com que a humanidade esteja cada vez mais perto de colonizar outros planetas e de se tornar uma espécie interplanetária. E é o mesmo processo de pensamento que fará com que o turismo espacial comercial financeiramente acessível seja a nova regra.

Pensar como um cientista de foguetes é enxergar o mundo através de uma lente diferente. Os cientistas de foguetes imaginam o inimaginável e resolvem o que não tem solução. Eles transformam derrotas em triunfos e restrições em vantagens. Eles enxergam reveses como quebra-cabeças que têm solução em vez de bloqueios intransponíveis. Eles não são movidos pela convicção cega, mas pelo autoquestionamento; seus objetivos não são resultados em curto prazo, mas descobertas em longo prazo. Eles sabem que as regras não são fixas, que o padrão pode ser alterado e que um novo caminho pode ser forjado.

Alguns dos pensamentos que vou compartilhar neste livro existem em todas as ciências, mas as ideias assumem uma escala maior na ciência de foguetes por causa dos riscos envolvidos. A cada lançamento, centenas de milhões de dólares — e no caso do voo espacial tripulado com seres humanos, várias vidas — estão em risco.

No fim das contas, o lançamento de um foguete é uma explosão controlada de uma pequena bomba nuclear — *controlada* é a palavra-chave. Um foguete explode com uma fúria inacreditável. Um passo em falso, um cálculo errado, e podemos esperar pelo pior. "Milhares de coisas podem acontecer quando ligamos o motor de um foguete", explica Tom Mueller, chefe de propulsão da SpaceX, "e apenas uma dessas coisas é boa".[8]

Introdução

Tudo o que consideramos como natural na Terra desaparece ou é invertido no espaço. Existem vários pontos de falhas em potencial ao se enviar uma delicada nave espacial — feita com milhões de peças e centenas de milhares de fios — para cruzar o impiedoso ambiente do espaço.[9] Quando alguma coisa quebra, o que inevitavelmente acontece, os cientistas de foguetes precisam isolar o sinal do ruído e identificar os possíveis culpados, os quais podem chegar a milhares. O pior é que esses problemas costumam ocorrer quando a nave espacial está além do alcance do ser humano. Não dá para simplesmente abrir o capô e dar uma olhadinha no motor.

Na era moderna, pensar como um cientista de foguetes é uma necessidade. O mundo está evoluindo em uma velocidade estonteante, e precisamos continuar a evoluir para acompanhá-lo. Embora nem todos almejem calcular os coeficientes da taxa de queima ou trajetórias orbitais, todos nós nos deparamos com problemas complexos e estranhos nas nossas vidas diárias. Aqueles que conseguem lidar com esses problemas — sem orientações claras e com um prazo — têm uma vantagem extraordinária.

Apesar dos seus tremendos benefícios, costumamos achar que pensar como um cientista de foguetes está além da habilidade de meros mortais que não têm um quê especial de gênio (é daí que vem o ditado popular: "Não é ciência de foguetes."). Nós nos identificamos com o personagem da música Rocket Man, de Elton John, que, apesar de ter sido selecionado para uma missão em Marte, reclama de "toda essa ciência que eu não entendo".[10] Também mostramos empatia por Chaim (Charles) Weizmann, o primeiro presidente de Israel, que certa vez cruzou o Atlântico com Albert Einstein. Toda manhã, eles se sentavam por duas horas no convés do navio, onde Einstein lhe explicava a teoria da relatividade. No fim da viagem, Weizmann disse que ele estava "convencido de que Einstein entendia a relatividade".[11]

Este livro não vai lhe ensinar sobre a relatividade ou sobre os intricados detalhes da propulsão de foguetes — em outras palavras, a ciência por trás da ciência de foguetes. Você não verá nenhum gráfico nestas páginas. Nenhuma aptidão matemática é necessária. Por detrás do tema elusivo da ciência de foguetes estão escondidas ideias sobre criatividade e pensamento crítico que vão mudar a sua vida e que qualquer pessoa pode adquirir sem precisar de um doutorado em astrofísica. Como Carl Sagan dizia, a ciência é "muito mais uma forma de pensar do que uma área de conhecimento".[12]

Você não vai se tornar um cientista de foguetes no fim deste livro, mas vai saber pensar como um.

....

A EXPRESSÃO *CIÊNCIA DE FOGUETES* é um jargão popular. Não existe uma matéria na faculdade chamada ciência de foguetes e nem um cargo de trabalho que tenha o título oficial de Cientista de Foguetes. Antes, essa expressão era usada de forma coloquial para se referir à ciência e à engenharia por trás das viagens espaciais, e essa é a definição ampla que eu emprego neste livro. Vou explorar o trabalho tanto dos cientistas — os exploradores idealistas empenhados na pesquisa sobre o cosmos — como dos engenheiros, que são os projetistas pragmáticos dos equipamentos que tornam as viagens espaciais uma possibilidade.

Eu já fui um deles. Trabalhei na equipe operacional do projeto Mars Exploration Rovers, que enviou dois *rovers* ao planeta vermelho em 2003. Planejei cenários operacionais, ajudei a selecionar os locais de pouso e escrevi os códigos para tirar fotos de Marte. Até hoje, meu passado com a ciência de foguetes ainda é a parte mais interessante do meu currículo. Ao dar palestras, a pessoa que me apresenta sempre diz: "O mais intrigante sobre Ozan é que ele era um cientista de foguetes." Isso causa um espanto coletivo, e a plateia imediatamente se esquece do que eu estava ali para falar, mas posso lhe dizer o que muitos ali estão pensando: *Em vez disso, nos fale sobre a ciência de foguetes.*

Sejamos francos: temos um caso de amor com cientistas de foguetes. Desprezamos políticos, zombamos de advogados, mas amamos aqueles gênios de casacos brancos que projetam foguetes e os lançam no oceano cósmico em uma perfeita sinfonia coordenada. Toda quinta-feira à tarde, *Big Bang: A Teoria* — um programa de televisão sobre um grupo excêntrico de astrofísicos — chega frequentemente ao topo da audiência norte-americana. Dezenas de milhares de pessoas caem na gargalhada quando Leslie termina com Leonard porque ele prefere a teoria das cordas em vez da gravidade quântica em loop. Durante 3 meses, mais de 3 milhões de norte-americanos assistiram *Cosmos* em vez de *The Bachelor* todo domingo à noite, preferindo a matéria escura e os buracos negros em vez do drama de uma cerimônia das rosas.[13] Filmes sobre a ciência de foguetes — desde *Apollo 13* a *Perdido em Marte*, de *Interestelar* a *Estrelas Além do Tempo* — estão constantemente no topo das bilheterias e ganham várias estatuetas de ouro.

Embora admiremos os cientistas de foguetes, existe uma enorme incompatibilidade entre o que eles descobriram e o que o resto do mundo faz. O pensamento crítico e a criatividade não nos vêm naturalmente. Hesitamos em pensar grande, relutamos em dançar com a incerteza e temos medo de falhar. Essas coisas eram necessárias no Período Paleolítico, nos protegendo de alimentos venenosos e predadores, mas, nesta era da informação, elas são bugs.

Empresas vão à falência porque ficam olhando no espelho retrovisor e fazendo as mesmas jogadas indicadas pelo mesmo manual. Em vez de correr o risco de falhar, elas se apegam ao status quo. No nosso dia a dia, deixamos de exercitar nossos músculos do pensamento crítico, permitindo que outros cheguem a conclusões no nosso lugar. Consequentemente, esses músculos atrofiam com o passar do tempo. Sem uma disposição pública informada de questionar declarações confiantes, a democracia se desintegra e a desinformação se espalha. Quando fatos alternativos são relatados e compartilhados no Twitter, eles se tornam a verdade. A pseudociência torna-se indistinguível da ciência real.

Por meio deste livro, vou tentar criar um exército de não cientistas de foguetes que lidam com os problemas do cotidiano como cientistas de foguetes. Você vai tomar posse da sua vida, questionar suposições, estereótipos e padrões estabelecidos de pensamento. Onde outros veem bloqueios, você verá oportunidades para dobrar a realidade a seu bel-prazer. Abordará seus problemas de modo racional e criará soluções inovadoras que redefinirão o status quo. Se equipará com um *kit* de ferramentas que lhe permitirá identificar a desinformação e a pseudociência. Forjará novos caminhos e descobrirá novas maneiras de superar os problemas do nosso futuro.

Como líder empresarial, você fará as perguntas corretas e usará o conjunto de ferramentas apropriado para tomar decisões. Não correrá atrás de tendências, nem adotará a mais nova mania ou fará coisas simplesmente porque seus concorrentes as estão fazendo. Explorará o caminho menos trilhado e fará o que outros achavam que era impossível. Vai se juntar às fileiras de um grupo de elite de instituições que estão começando a adotar o pensamento da ciência de foguetes no seu modelo de negócios. Agora, Wall Street está contratando os tão chamados cientistas de foguetes financeiros para transformar a arte de investir em uma ciência.[14] O pensamento da ciência de foguetes também é usado por líderes do varejo para ajudá-los a escolher o próximo produto de sucesso ao lidar com as incertezas do mercado.[15]

Este livro é implacavelmente prático. Ele não fala só dos benefícios de se pensar como um cientista de foguetes. Ele lhe dá estratégias concretas e práticas para que você possa usar este pensamento, quer esteja na plataforma de lançamento, no quarto ou na sala de estar. Para mostrar o quão amplamente esses princípios se aplicam, este livro compartilha histórias interessantes da ciência de foguetes que podem ser comparadas com situações da história, dos negócios, da política e do mundo jurídico.

Para ajudá-lo a colocar esses princípios em prática, foram desenvolvidos alguns recursos que são uma importante extensão deste livro. **Acesse www.altabooks.com.br e procure pelo ISBN do livro** para encontrar o seguinte:

- Um resumo dos pontos-chave de cada capítulo.
- Desafios e outros exercícios que vão ajudá-lo a implementar as estratégias abordadas no livro.

....

EMBORA MEU NOME apareça na capa, este livro é o produto do esforço de muitas pessoas. Ele se baseia na minha experiência de trabalho na equipe operacional da missão Mars Exploration Rovers, em entrevistas que realizei com vários cientistas de foguetes e em décadas de pesquisas em diversos campos, incluindo a ciência e os campos empresariais. Costumo viajar para falar sobre a mentalidade da ciência de foguetes a profissionais de várias indústrias — jurídica, do varejo, farmacêutica e de serviços financeiros, só para mencionar algumas —, sempre refinando minhas próprias ideias de como esses princípios se aplicam em outros campos.

Eu escolhi apresentar nove princípios básicos da ciência de foguetes neste livro. Deixei outras ideias guardadas, concentrando-me naquelas que são mais relevantes fora da exploração espacial. Vou explicar onde os cientistas encontram esses ideais e onde eles deixam a desejar. Você aprenderá com os sucessos e problemas da ciência de foguetes — seus momentos de maior orgulho, bem como com suas catástrofes.

Assim como os foguetes, este livro é dividido em estágios. O primeiro estágio — lance — foi escrito para "acionar a ignição" do seu pensamento. O pensamento inovador está cheio de incertezas, portanto, vamos começar por aí. Vou compartilhar algumas estratégias que os cientistas de foguetes usam para brincar com a incerteza e transformá-la em uma vantagem. Então, vamos começar a raciocinar com base nos primeiros princípios — o ingrediente por trás de cada inovação revolucionária. Você descobrirá qual é o maior erro que os negócios cometem ao gerar ideias; como regras invisíveis restringem seu pensamento e por que subtrair em vez de somar é a chave para a originalidade. Então, falaremos sobre os experimentos mentais e sobre o pensamento *moonshot* — estratégias usadas por cientistas de foguetes, negócios inovadores e trabalhadores de ponta para fazer com que eles deixem de ser observadores passivos e se transformem em agentes ativos da sua realidade. Nessa jornada, você aprenderá por que é mais seguro voar perto do Sol, como o uso de uma simples palavra pode aumentar sua criatividade e o que deve fazer primeiro para atingir um alvo audacioso.

O segundo estágio — acelere — se concentra em fazer com que as ideias que você criou no primeiro estágio avancem. Primeiro, vamos explorar como reestruturar e refinar suas ideias e por que achar a resposta certa começa com fazer a pergunta certa. Então, vamos ver como encontrar as falhas nas suas ideias ao substituir a ideia-padrão de que você precisa convencer outros de que está certo por tentar provar que está errado. Vou explicar como fazer testes e experimentos como um cientista de foguetes para se certificar de que suas ideias tenham a melhor chance de aterrissar. Nessa jornada, você descobrirá uma estratégia indestrutível de treinamento de astronautas que pode usar para ser bem-sucedido na sua próxima apresentação ou lançamento de produto. Descobrirá que o modo como Adolf Hitler chegou ao poder pode ser explicado pelo mesmo tipo de falha de design que fez com que o pouso do Mars Polar Lander de 1999 fosse malsucedido. Também descobrirá como a simples estratégia que salvou centenas de milhares de bebês prematuros também foi usada para resgatar a missão Mars Exploration Rovers depois que ela foi cancelada. Por fim, vou te contar o que um dos conceitos científicos mais mal compreendidos pode nos ensinar sobre o comportamento humano.

O terceiro e último estágio é *realize*. Você aprenderá por que os ingredientes para destravar seu pleno potencial incluem tanto o sucesso como o fracasso, e descobrirá por que o mantra "erre rápido, erre com frequência" pode ser uma receita para o desastre. Vou te mostrar como o colapso que resultou na queda de uma gigante da indústria também fez com que um ônibus espacial explodisse, e vou explicar por que as empresas advogam o aprendizado por meio do erro na teoria, mas não na prática. Vamos descobrir os benefícios surpreendentes de se tratar o sucesso e o fracasso da mesma maneira e por que os melhores trabalhadores enxergam o sucesso ininterrupto como um alerta.

No fim do terceiro estágio, em vez de deixar o mundo moldar seus pensamentos, você permitirá que os seus pensamentos moldem o mundo. E, em vez de simplesmente pensar fora da caixa, poderá moldar a caixa a seu bel-prazer.

....

ESTE É O ponto da introdução onde eu deveria contar uma bela história pessoal do porquê estou escrevendo este livro. Para um livro como este, uma narrativa sensível envolveria ganhar um telescópio na infância, me apaixonar pelas estrelas, me empenhar em uma carreira vitalícia na ciência de foguetes e alimentar uma paixão que culminou neste livro — uma bela história linear.

Contudo, minha história não tem nada a ver com isso, e nem sequer vou tentar transformá-la em algo perfeito e enganoso. De fato, ganhei um telescópio quando era criança — bem, era mais um par de binóculos ruins — mas nunca consegui fazê-lo funcionar (o que deveria ter sido um sinal). De fato, tive uma carreira na ciência de foguetes — até que me demiti. O modo como terminei aqui, como verá nas páginas a seguir, foi uma combinação confusa de boa sorte, excelente orientação, algumas boas decisões e, talvez, um ou dois erros administrativos.

Vim para os Estados Unidos por todos os motivos clichês. Quando era jovem, crescendo em Istambul, os Estados Unidos pareciam um sonho para mim. Minha visão foi formada pelo conjunto eclético de programas de televisão norte-americanos que foram traduzidos para o turco. Para mim, os Estados Unidos eram como o primo Larry de *Primo Cruzado*, que hospeda Balki, seu primo do Leste Europeu, na sua casa em Chicago, onde eles fazem a "dança da alegria" para celebrar a boa sorte. Para mim, os Estados Unidos eram *Alf, o ETeimoso* e a família Tanner, que hospedava um alienígena peludo que tinha a tendência de tentar comer o gato deles.

Eu achava que, se os Estados Unidos tinham um lugar para pessoas como Balki e Alf, talvez tivessem um lugar para mim também.

Nasci sob circunstâncias modestas e almejava por melhores oportunidades de vida. Meu pai começou a trabalhar quando tinha 6 anos para ajudar o seu pai, que era motorista de ônibus, e sua mãe, que era dona de casa. Ele acordava antes de amanhecer para pegar os jornais que tinham acabado de sair das rotativas e vendê-los antes de ir à escola. Minha mãe cresceu na área rural da Turquia, onde meu avô era um pastor que virou professor da escola pública. Ao lado da minha avó, que também era professora, ele construiu a própria escola na qual ensinavam, tijolo por tijolo.

Enquanto eu crescia, o fornecimento de energia não era confiável e havia apagões que eram assustadoramente frequentes para um garotinho. Para me manter distraído, meu pai inventou uma brincadeira. Ele acendia uma vela, pegava minha bola de futebol e simulava como a Terra (a bola de futebol) girava em torno do Sol (a vela).

Essas foram minhas primeiras aulas de astronomia. Eu estava fascinado.

À noite, me ocupava sonhando com um cosmos cheio de bolas de futebol meio murchas. Durante o dia, porém, estudava em um sistema educacional bastante conformista. No primário, meu professor não nos chamava de Osman ou Fatma. Cada aluno recebia um número, não muito diferente de como o gado é marcado para fins de identificação. Nós éramos 154 ou 359 (meu número, que não vou revelar, é o único PIN de banco que já tive — que se danem os avisos de "mude seu PIN com frequência"). Nós usávamos as mesmas roupas na escola — um uniforme azul brilhante com um colarinho bem branco — e todos os meninos tinham o mesmo corte de cabelo.

Em todos os dias de aula nós recitávamos o hino nacional, seguido pelo juramento-padrão dos alunos, no qual prometíamos dedicar nossa existência à nação turca. A mensagem era clara: sujeite-se, reprima suas qualidades distintivas e aceite a conformidade para o bem maior.

A tarefa de impor a conformidade eclipsou todas as outras prioridades educacionais. Na quarta série, cometi o grande pecado de evitar um corte de cabelo, o que resultou na ira imediata do diretor da minha escola, um homem aterrorizante que mais parecia um diretor de prisão. Ele viu que meu cabelo estava um pouco maior do que o corte-padrão durante uma das suas inspeções e começou a ofegar como um rinoceronte feroz. Pegou uma presilha de cabelo de uma garota e colocou no meu cabelo como um ato de humilhação pública — uma punição pela não conformidade.

A conformidade no sistema educacional nos salvou das nossas piores tendências, daquelas irritantes ambições individualistas de sonhar alto e criar soluções interessantes para problemas complexos. Os alunos que progrediam não eram os diferentes, os criativos, os pioneiros, mas aqueles que agradavam figuras de autoridade, alimentando a subserviência que seria útil para a força de trabalho industrial.

Essa cultura de seguir regras, respeitar os mais velhos e memorizar hábitos deixava pouco espaço para a imaginação e a criatividade. Eu tive que cultivar isso por conta própria, em especial por meio dos livros. Meus livros eram meu refúgio. Comprei todos os que pude, manuseando-os com cuidado ao lê-los, para me certificar de que não iria dobrar as páginas ou a lombada. Perdia-me nos mundos de fantasia criados por Ray Bradbury, Isaac Asimov e Arthur C. Clarke e vivia por meio dos seus personagens fictícios. Devorava todos os livros de astronomia que encontrasse e colava pôsteres de cientistas, como o de Einstein, nas minhas paredes. Em velhas fitas de Betamax, Carl Sagan falava comigo através da série *Cosmos* original. Eu não entendia muito bem o que ele estava dizendo, mas o ouvia mesmo assim.

Aprendi programação sozinho e montei um site chamado Space Labs, uma carta de amor digital à astronomia. Escrevia tudo o que eu sabia sobre o espaço em um inglês básico, cheio de erros de ortografia. Embora minhas habilidades de programação não tenham me ajudado a conseguir um namoro, elas se mostraram cruciais mais tarde na minha vida.

Para mim, a ciência de foguetes se tornou sinônimo de escape. Na Turquia, meu caminho era predeterminado. Nos Estados Unidos — a fronteira da ciência de foguetes —, as possibilidades eram infinitas.

Aos 17 anos, atingi a velocidade de escape. Fui aceito na Universidade Cornell, onde meu herói de infância, Sagan, deu aulas como professor de astronomia. Quando cheguei em Cornell, eu tinha um sotaque pesado, usava jeans europeus apertados e gostava de Bon Jovi, o que eu tentava esconder.

Logo depois de chegar em Cornell, pesquisei o que o departamento de astronomia estava fazendo. Descobri que um professor de astronomia chamado Steve Squyres era o encarregado de um projeto financiado pela NASA de enviar um *rover* para Marte. Ele também havia trabalhado, como graduando, sob a supervisão de Sagan. Isso era bom demais para ser verdade.

Ninguém estava oferecendo emprego algum, mas enviei um e-mail para Squyres com meu currículo e expressei meu ardente desejo de trabalhar para ele. Eu tinha as mais baixas expectativas — pode-se dizer que estava à espera de um milagre —, mas me lembrei de um dos melhores conselhos que recebi do meu pai: não se pode ganhar na loteria sem comprar um bilhete.

Então comprei um bilhete, mas não fazia ideia de onde eu estava me metendo. Para a minha surpresa, Squyres me respondeu e me chamou para uma entrevista. Parcialmente graças às habilidades de programação que aprendi no ensino médio, consegui o emprego dos meus sonhos como membro de uma equipe operacional de uma missão que enviaria dois *rovers*, chamados de *Spirit* e *Opportunity*, para Marte. Verifiquei o nome da carta de oferta de emprego que recebi três vezes para ter certeza de que isso não se tratava de um terrível erro administrativo.

Algumas semanas atrás, eu estava na Turquia, sonhando com o espaço. Agora, eu estava sentado na primeira fila para ver a ação. Incorporei meu Balki interno e fiz uma dança da alegria. Para mim, a esperança do que os Estados Unidos deveriam representar — seu espírito e oportunidade — não era mais apenas um clichê.

Me lembro da primeira vez que entrei no que era chamado de Mars Room no quarto andar do Prédio de Ciências Espaciais da Cornell. Havia projetos colados em todas as paredes, junto com fotos da superfície de Marte. Era um lugar bagunçado e sem janelas, iluminado por luzes fluorescentes soturnas que davam dor de cabeça, mas eu adorava.

Introdução

Eu precisava aprender a pensar como um cientista de foguetes — e rápido. Gastei os primeiros meses escutando conversas com atenção, lendo pilhas de documentos e tentando decifrar o significado de várias siglas. No meu tempo livre, eu também estava trabalhando na missão Cassini-Huygens, que enviou uma espaçonave para estudar Saturno e seus arredores.

Com o passar do tempo, meu entusiasmo pela astrofísica começou a diminuir. Comecei a sentir uma forte desconexão entre a teoria que eu estudava na sala de aula e a prática do mundo real. Sempre estive mais interessado em aplicações pragmáticas do que em ideias teóricas. Eu amava aprender sobre o processo de pensamento que era aplicado na ciência de foguetes, mas não o conteúdo das aulas de matemática e física. Eu era como um padeiro que gostava de sovar a massa, mas que não gostava de pão. Tinha colegas de classe que eram muito melhores nas matérias do que eu, e achava que as habilidades de pensamento crítico que desenvolvi com o passar do tempo poderiam ser usadas de modo mais prático do que em continuar a provar mecanicamente por que E é igual a mc^2.

Embora eu tenha continuado a trabalhar nas missões de Marte e Saturno, comecei a explorar outras opções. Comecei a me interessar cada vez mais pela física da sociedade, e decidi entrar na faculdade de direito. Minha mãe ficou especialmente feliz, pois não teria mais que corrigir suas amigas que pediam para o seu filho astrônomo interpretar seus horóscopos.

Mesmo depois de trocar de trajetória, levei comigo o kit de ferramentas que havia adquirido depois de quatro anos de astrofísica. Usando as mesmas habilidades de pensamento crítico, me formei primeiro na faculdade de direito, com a maior média na história da faculdade. Depois da formatura, aterrissei na posição de escrivão que eu tanto queria no Tribunal de Apelações do Nono Circuito dos EUA e exerci a advocacia por dois anos.

Então, decidi que queria entrar no mundo acadêmico. Queria transmitir as ideias sobre pensamento crítico e criatividade que eu havia obtido por meio da minha educação em ciência de foguetes. Inspirado pelas minhas frustrações com o sistema educacional conformista da Turquia, eu queria fazer meus alunos sonharem alto, desafiar as suposições e moldar este mundo rapidamente em evolução de modo ativo.

Ao perceber que meu alcance na sala de aula se limitava apenas aos alunos matriculados, criei uma plataforma online para compartilhar esses pensamentos com o resto do mundo. Nos meus artigos semanais, que já alcançaram milhões de pessoas, escrevo sobre como desafiar a sabedoria convencional e reimaginar o status quo.

A verdade é que eu não fazia a menor ideia de aonde eu estava indo até chegar aqui. Olhando para trás agora, percebi que o final já estava lá desde o começo. Em todos os meus empenhos, sempre houve uma ideia em comum que era trabalhada de modo infalível. Ao deixar a ciência de foguetes pelo direito, e então começar a escrever e dar palestras a vários públicos, meu real objetivo sempre foi desenvolver um kit de ferramentas para pensar como um cientista de foguetes e compartilhar o que aprendi com outros. Traduzir conceitos obscuros em uma linguagem simples exige alguém do lado de fora que esteja olhando para dentro — alguém que saiba como cientistas de foguetes pensam, que consiga dissecar seu processo, mas que esteja longe o suficiente desse mundo.

Agora, estou na fronteira entre o lado de dentro e de fora, percebendo que acidentalmente passei minha vida inteira me preparando para este livro.

....

ESTOU ESCREVENDO ESTAS palavras em uma época em que as divisões do mundo chegaram a níveis alarmantes. Apesar desses conflitos terrestres, do ponto de vista de um cientista de foguetes, temos mais coisas que nos unem do que nos dividem. Quando olhamos a Terra do espaço sideral — uma interrupção de cor azul e branca no breu do Universo —, todas as fronteiras terrestres desaparecem. Todas as coisas vivas na Terra apresentam indícios do Big Bang. É como o poeta romano Lucrécio escreveu: "Todos nós viemos da mesma semente celestial." Todas as pessoas na Terra estão "gravitacionalmente presas ao mesmo pedaço de rocha molhado de 12.742 quilômetros de diâmetro que está se movendo pelo espaço", explica Bill Nye. "Não temos a opção de irmos sozinhos. Estamos todos juntos nesta viagem."[16]

A vastidão do Universo coloca as preocupações terrestres no contexto apropriado. Ela nos une por meio de um espírito humano em comum — um que olhou para o mesmo céu noturno durante milênios, se projetando por trilhões de quilômetros em direção às estrelas, enxergando milhares de anos no passado e fazendo as mesmas perguntas: Quem somos? De onde viemos? E para onde vamos?

A espaçonave *Voyager 1* decolou em 1977 para fazer o primeiro retrato do sistema solar externo, fotografando Júpiter, Saturno e além. Quando ela completou sua missão nos limites do nosso sistema solar, Sagan teve a ideia de virar suas câmeras para trás e apontá-las para a Terra para tirar uma última foto. Essa foto icônica, conhecida como

Pálido Ponto Azul, mostra a Terra como um pequeno pixel — um quase imperceptível "grão de poeira suspenso em um raio de sol", nas memoráveis palavras de Sagan.[17]

Temos a tendência de pensar em nós mesmos como o centro de tudo, mas, vista do espaço sideral, a Terra é "um pontinho solitário envolto em uma escuridão cósmica". Refletindo quanto ao significado mais profundo do Pálido Ponto Azul, Sagan disse: "Pense nos rios de sangue derramados por todos aqueles generais e imperadores para que, em glória e triunfo, pudessem se tornar os mestres momentâneos de uma parte de um ponto. Pense nas crueldades sem fim causadas pelos habitantes de uma parte desse pixel aos quase indistinguíveis habitantes de alguma outra parte."

A ciência de foguetes nos ensina sobre nosso papel limitado no cosmos, e nos lembra de que devemos ser mais gentis e bondosos uns com os outros. Vivemos apenas por um instante, nos posicionando rapidamente. Tomemos uma posição que faça a diferença.

Quando você aprender como um cientista de foguetes pensa, você não vai mudar apenas o modo como enxerga o mundo, mas terá o poder de mudar o mundo em si.

ESTÁGIO UM
LANCE

Neste primeiro estágio do livro, você aprenderá a canalizar o poder da incerteza, raciocinar com base em suposições iniciais, acionar a ignição de descobertas com experimentos mentais e usar o pensamento *moonshot* para transformar sua vida e negócios.

1

VOANDO DIANTE DA INCERTEZA

O Superpoder da Dúvida

Os gênios hesitam.
— CARLO ROVELLI

ACREDITA-SE QUE, HÁ cerca de 16 milhões de anos, um asteroide gigante colidiu com a superfície de Marte, e essa colisão fez com que um pedaço de rocha fosse lançado em uma jornada de Marte até a Terra. Essa rocha caiu em Allan Hills, na Antártica, há 13 milhões de anos, e foi descoberta em 1984 em uma viagem de moto de neve. Quando a primeira rocha foi coletada em Allan Hills em 1984, ela recebeu o nome de ALH 84001. A rocha teria sido catalogada, estudada e logo esquecida — se não fosse por um segredo surpreendente que parecia conter.[1]

Durante milênios, a humanidade se fez a mesma pergunta: Estamos sozinhos no Universo? Nossos ancestrais olharam para cima, pensativos, imaginando se faziam parte de uma comunidade cósmica ou se estavam isolados. À medida que a tecnologia avançou, começamos a escutar sinais enviados através do Universo, esperando ouvir uma mensagem de outra civilização. Enviamos espaçonaves através do sistema solar, procurando por sinais de vida. De todo modo, ficamos de mãos abanando.

Até 7 de agosto de 1996.

Naquela data, os cientistas revelaram que haviam encontrado moléculas orgânicas de origem biológica na ALH 84001. Muitas outras mídias anunciaram rapidamente que essa descoberta provava que havia vida em outro planeta. A CBS, por exemplo, disse que os cientistas haviam "detectado estruturas unicelulares no meteorito — possivelmente, pequenos fósseis — e evidências químicas de atividade biológica anterior. Em outras palavras, vida em Marte".[2] Os relatórios iniciais da CNN citaram uma fonte da NASA que disse que essas estruturas se pareciam com "pequenas larvas", sugerindo que eram os restos de organismos complexos.[3] A enxurrada de notícias da mídia causou uma histeria existencial ao redor do globo, levando o presidente Clinton a fazer um grande discurso público sobre a descoberta.[4]

Mas havia um pequeno problema. A evidência não era conclusiva. O artigo científico no qual essas manchetes se baseavam era sincero sobre suas incertezas inerentes. Uma parte do seu título era *"Possível* Relíquia de Atividade Biogênica no Meteorito Marciano ALH84001" (o grifo é meu).[5] O resumo dizia de modo claro que as características observadas no meteorito "poderiam, assim, ser restos fósseis de uma antiga biota marciana", mas enfatizou que a "formação inorgânica era possível". Em outras palavras, as moléculas poderiam ser o produto não de bactérias marcianas, mas de atividade não biológica (por exemplo, um processo geológico como a erosão). O artigo concluiu que a evidência era meramente "compatível" com vida.

Contudo, essas nuances foram eclipsadas em muitas das traduções de segunda mão feitas ao público pela mídia. Esse incidente se tornou infame, fazendo com que Dan Brown escrevesse o livro *Ponto de Impacto*, que fala sobre uma conspiração que girava em torno da vida extraterrestre encontrada em um meteorito marciano.

Tudo acabou bem — pelo menos do ponto de vista de um capítulo de livro que fala sobre a incerteza. Mais de duas décadas depois, a incerteza ainda existe. Os pesquisadores continuam a debater se são as bactérias marcianas ou a atividade inorgânica as responsáveis pelas moléculas observadas no meteorito.[6]

Seria tentador dizer que a mídia errou, mas esse seria o mesmo tipo de afirmação exagerada que predominou na cobertura de imprensa original do meteorito. Mais precisamente, podemos dizer que as pessoas cometeram um erro clássico: tentar fazer uma coisa parecer definitiva quando na verdade não é.

Este capítulo fala sobre como parar de lutar contra a incerteza e canalizar seu poder. Você aprenderá como nossa obsessão pela certeza acaba nos desviando e por que todo progresso acontece sob essas condições. Falarei sobre o maior erro de Einstein no que se refere à incerteza e sobre o que você pode aprender da solução de um mistério de matemática que existe há centenas de anos. Você descobrirá por que a ciência de foguetes se parece com um jogo de esconde-esconde de alto risco, o que podemos aprender do fato de Plutão não ser mais considerado um planeta e por que os engenheiros da NASA sempre comem amendoins durante eventos críticos. No fim deste capítulo, falarei sobre as estratégias que os cientistas de foguetes e os astronautas usam para lidar com a incerteza e explicarei como você pode aplicá-las em sua vida.

O Fetiche da Certeza

O Laboratório de Propulsão a Jato, conhecido como JPL, é uma pequena cidade de cientistas e engenheiros de Pasadena, Califórnia. Localizado ao leste de Hollywood, o JPL vem sendo o responsável pela operação de espaçonaves interplanetárias há décadas. Se já viu algum vídeo de aterrissagem em Marte, já deve ter visto o interior da área de suporte de missão do JPL.

Em uma aterrissagem típica em Marte, todas as fileiras dessa área ficam cheias de cientistas e engenheiros tomando muito café, comendo sacos e mais sacos de amendoim e observando os dados que aparecem nos seus consoles, dando ao público a ilusão de que estão no controle. Mas não estão. Eles simplesmente estão relatando os eventos, assim como um narrador de esportes faria — embora utilizem uma linguagem mais chique, como "separação de estágios em cruzeiro" e "ativação do escudo térmico". Eles são espectadores de um jogo que já terminou em Marte há 12 minutos, mas ainda não sabem qual foi o resultado.

Em média, leva cerca de 12 minutos para que um sinal de Marte alcance a Terra viajando na velocidade da luz.[7] Se alguma coisa der errado, e um cientista na Terra descobrir isso e agir em uma fração de segundo, mais 12 minutos vão se passar até que esse comando chegue em Marte. Essa é uma viagem de ida e volta de 24 minutos, mas levam 6 minutos para que uma espaçonave desça do ponto mais alto da atmosfera marciana até a sua superfície. Tudo o que podemos fazer é carregar instruções na espaçonave com antecedência e deixar o Sir Isaac Newton guiá-la.

É aí que entram os amendoins. No início dos anos 1960, o JPL estava no comando das missões Ranger não tripuladas, que foram elaboradas para estudar a Lua, para abrir caminho para os astronautas da Apollo. A espaçonave Ranger seria lançada em direção à Lua, tiraria fotos bem de perto da superfície lunar e enviaria essas imagens de volta à Terra antes de cair na Lua.[8] As primeiras seis missões foram um fracasso, resultando em acusações de que os funcionários do JPL estavam adotando uma atitude descuidada.[9] No entanto, uma missão posterior foi bem-sucedida quando um engenheiro do JPL trouxe amendoins para a sala de controle da missão. A partir de então, os amendoins se tornaram obrigatórios no JPL para cada aterrissagem.

Em momentos críticos, esses cientistas de foguetes que costumam ser racionais e não sem noção — que dedicaram suas vidas a explorar o desconhecido — buscam por alguma certeza no fundo de um saquinho de amendoim. Como se isso não fosse suficiente, muitos deles usam jeans gastas para dar boa sorte ou trazem um talismã de uma aterrissagem anterior que foi bem-sucedida — fazendo tudo o que um fã de esportes dedicado faria para criar a ilusão de certeza e controle.[10]

Se a aterrissagem for um sucesso, o Controle da Missão vira um circo. Desaparecem todos os resquícios de frieza e calma. Em vez disso, ao conquistar a fera da incerteza, os engenheiros começam a pular, a se cumprimentar de modo inusitado, dar abraços de urso e se banhar em uma chuva de lágrimas de alegria.

Todos nós fomos programados para ter o mesmo medo da incerteza. Nossos predecessores que não tinham medo do desconhecido viraram comida de tigres-dentes-de--sabre, mas nossos ancestrais que viam a incerteza como algo que ameaçava sua vida viveram o suficiente para transmitir seus genes até nós.

No mundo moderno, procuramos pela certeza em lugares incertos. Procuramos pela ordem no caos, pela resposta correta na ambiguidade e pela convicção na complexidade. "Gastamos mais tempo e esforço tentando controlar o mundo do que tentando entendê-lo", diz Yuval Noah Harari.[11] Procuramos pela fórmula que tenha o passo a passo, o atalho, a trapaça — o saco de amendoins certo. Com o passar do tempo, perdemos nossa habilidade de interagir com o desconhecido.

Nossa abordagem me lembra da história clássica do bêbado que estava procurando suas chaves sob a luz de um poste à noite. Ele sabe que perdeu suas chaves em algum lugar na parte escura da rua, mas as procura sob a luz porque é ali que a luz está.

Nosso anseio pela certeza nos leva a adotar soluções aparentemente seguras — como procurar nossas chaves sob a luz do poste. Em vez de nos arriscar e andar no escuro, permanecemos na nossa situação atual, independentemente do quão inferior isso possa ser. Os publicitários usam os mesmos truques vez após vez, mas esperam resultados diferentes. Empreendedores ambiciosos continuam no mesmo trabalho sem futuro por causa da certeza de um pagamento aparentemente estável. Empresas farmacêuticas oferecem produtos que são apenas um pouco melhores do que os da concorrência em vez de desenvolver um que cure o Alzheimer.

Entretanto, é só quando sacrificamos a certeza das respostas, quando tiramos as rodinhas da bicicleta e quando nos atrevemos a nos afastar da luz do poste, que surgem as descobertas. Se você continuar a se apegar ao que lhe é familiar, você nunca vai encontrar o inesperado. Aqueles que avançam neste século dançarão com o grande desconhecido e encontrarão perigos, em vez de conforto, no status quo.

O Grande Desconhecido

No século 17, Pierre de Fermat fez uma anotação na margem de um livro que deixaria matemáticos perplexos por mais de 300 anos.[12] Ele tinha uma teoria. Propôs que não havia solução para a fórmula $a^n + b^n = c^n$ para qualquer valor de n maior do que 2. "Eu tenho uma excelente demonstração dessa proposta, mas essa margem é pequena demais para contê-la", ele escreveu. E isso foi tudo que escreveu.

Fermat morreu antes de apresentar a prova para o que veio a ser conhecido como o último teorema de Fermat. O mistério que ele deixou para trás continuou a atormentar matemáticos por séculos (e os fez desejar que Fermat tivesse um livro maior para escrever). Gerações de matemáticos tentaram — e falharam — provar o último teorema de Fermat.

Até que Andrew Wiles apareceu.

Para a maioria dos meninos de 10 anos, a definição de "diversão" não inclui ler livros de matemática por prazer, mas Wiles não era um menino de 10 anos normal. Ele gostava de passar seu tempo na biblioteca local de Cambridge, Inglaterra, procurando por livros de matemática nas prateleiras.

Certo dia, encontrou um livro que só falava sobre o último teorema de Fermat. Ele havia ficado encantado pelo mistério de um teorema que era tão fácil de apresentar, mas tão difícil de provar. Como lhe faltavam as habilidades matemáticas para lidar com a prova, ele deixou esse assunto de lado por 20 anos.

Ele voltou ao teorema mais tarde, como professor de matemática, e passou sete anos trabalhando nele em segredo. Em uma palestra com título ambíguo de 1993, em Cambridge, Wiles revelou publicamente que havia solucionado o mistério de séculos do último teorema de Fermat. O anúncio deixou os matemáticos frenéticos: "Essa é, talvez, a coisa mais emocionante que já aconteceu no mundo da matemática", disse Leonard Adleman, professor de ciência da computação da Universidade do Sul da Califórnia e ganhador do prêmio Turing. Até o *New York Times* publicou uma manchete sobre a descoberta, que dizia: "Por Fim, um Grito de 'Eureca!' para um Antigo Mistério de Matemática."[13]

No entanto, as celebrações foram feitas cedo demais. Wiles havia cometido um erro em uma parte vital da sua prova. O erro surgiu durante uma revisão do processo feita por colegas depois que ele entregou sua prova para publicação. Levaria mais um ano, e uma colaboração com outro matemático, para consertar a prova.

Ao refletir em como, eventualmente, conseguiu provar o teorema, Wiles comparou o processo da descoberta com caminhar em uma mansão escura. Disse que começamos no primeiro cômodo, e passamos meses apalpando, cutucando e trombando nas coisas. Depois de muita desorientação e confusão, finalmente conseguirmos encontrar o interruptor. Passamos para o próximo cômodo escuro e começamos tudo de novo. Ele explicou que essas descobertas foram "o ápice de muitos meses [que as precederam] tropeçando por aí — e que não poderiam existir sem isso".

Einstein descreveu seu próprio processo de descoberta em termos similares. Disse: "Nossos resultados finais parecem quase autoevidentes, mas os anos apalpando no escuro, procurando pela verdade que sentíamos, mas que não podíamos expressar, o intenso desejo, as alterações de confiança e a apreensão que sentíamos até que alguém encontrasse a luz e o entendimento só podem ser entendidos por aqueles que passaram por isso".[14]

Em alguns casos, os cientistas continuam tropeçando no cômodo escuro, e a busca continua muito além da sua geração. Mesmo quando encontram o interruptor, ele talvez ilumine apenas parte do cômodo, revelando que o que resta é muito maior — e mais escuro — do que imaginavam. Mas, para eles, tropeçar no escuro é muito mais interessante do que ficar sentados em corredores bem iluminados.

Na escola, temos a falsa impressão de que os cientistas vão direto para o interruptor. Há apenas um currículo, um jeito de estudar ciência e apenas uma fórmula que nos dá a resposta correta em um teste padronizado. Os livros acadêmicos com títulos chiques, como *Os Princípios da Física*, revelam, com um passe de mágica, "os princípios" em 300 páginas. Uma figura de autoridade se aproxima do atril e nos fala "a verdade". No seu discurso do Nobel, o físico teórico David Gross explicou que os livros acadêmicos "costumam ignorar muitos dos caminhos alternados nos quais as pessoas caminharam, as muitas pistas falsas que seguiram e as várias interpretações erradas que fizeram".[15] Nós aprendemos sobre as "leis" de Newton — como se elas tivessem chegado a ele por meio de uma grande visita divina ou por um lampejo de genialidade —, mas não sobre os anos que ele passou explorando-as, revisando-as e corrigindo-as. As leis que Newton deixou de estabelecer — de modo mais notável, seus experimentos com alquimia, que tentavam, e falhavam de modo espetacular, transformar chumbo em ouro — não fazem parte da história unidimensional que é contada nas aulas de física. Em vez disso, nosso sistema educacional transforma as vidas de chumbo desses cientistas em ouro.

Como adultos, não deixamos esse condicionamento para trás. Acreditamos (ou fingimos acreditar) que existe apenas uma única resposta para cada pergunta. Acreditamos que as respostas certas já foram descobertas por alguém muito mais inteligente do que nós. Assim, acreditamos que ela pode ser encontrada no Google, obtida no último artigo de "3 Passos Mágicos para a Felicidade" ou que nos será entregue por um autoproclamado coach de vida.

O problema é: as respostas não são mais um produto escasso, e o conhecimento nunca esteve tão barato. Quando nos inteirarmos dos fatos — quando o Google, a Alexa ou a Siri puderem nos dar as respostas — o mundo já terá avançado.

É claro que as respostas não são irrelevantes. Precisamos ter algumas respostas antes de começar a fazer as perguntas certas. Entretanto, as respostas só servem de plataforma de lançamento para a descoberta. Elas são o começo e não o fim.

Tenha cuidado, contudo, para não gastar os seus dias descobrindo quais são as respostas certas para ir direto ao interruptor. Se não houver dúvidas de que o remédio que está desenvolvendo funcionará, de que o seu cliente será julgado inocente ou que o seu Mars Rover irá pousar, também não haverá trabalho a fazer.

Nossa habilidade de fazer o nosso melhor com a incerteza gera o maior valor em potencial. Não deveríamos ser abastecidos pelo desejo de uma catarse rápida, mas pela intriga. O progresso começa onde a certeza acaba.

Nossa obsessão pela certeza tem outro efeito colateral. Ela altera nossa percepção por meio de um conjunto de espelhos que distorcem nossa visão, chamados de "saberes desconhecidos".

Saberes Desconhecidos

No dia 12 de fevereiro de 2002, em meio à crescente tensão entre os Estados Unidos e o Iraque, o secretário de defesa dos Estados Unidos, Donald Rumsfeld, subiu ao palco para uma coletiva de imprensa. Um repórter havia lhe perguntado se havia alguma evidência de armas de destruição em massa iraquianas — a base da subsequente invasão norte-americana. Uma resposta típica receberia o embrulho pré-aprovado de expressões-padrão, como *sob investigação* e *segurança nacional*. Em vez disso, Rumsfeld usou uma metáfora da ciência de foguetes do seu arsenal linguístico: "Há saberes que conhecemos; há coisas que sabemos que conhecemos. Também sabemos que há desconhecidos conhecidos; em outras palavras, sabemos que existem coisas que não conhecemos. Mas também existem desconhecidos que desconhecemos — as coisas que não sabemos que não conhecemos."[16]

Essas palavras foram abertamente ridicularizadas — em parte, por causa da sua fonte controversa —, mas no que diz respeito às declarações políticas, elas foram surpreendentemente verdadeiras. Na sua autobiografia, *Known and Unknown*, [O Conhecido e o Desconhecido, em tradução livre.] Rumsfeld reconhece que ouviu esses termos pela primeira vez da boca de William Graham, o administrador da NASA,[17] mas omitiu abertamente uma categoria no seu discurso — os saberes desconhecidos.

Anosognosia é uma palavra impronunciável usada para descrever pessoas com uma condição médica que não as deixam saber que a tem. Por exemplo, se você colocar um lápis na frente de uma pessoa com paralisia e anosognosia, e pedir que ela o segure, ela não fará isso. Se perguntar por que, ela dirá: "Bem, estou cansado" ou "Eu não preciso de um lápis". É como o psicólogo David Dunning explica: "Eles literalmente não estão cientes da sua própria paralisia."[18]

Os saberes desconhecidos são como a anosognosia. Essa é uma terra de autoilusão. Nessa categoria, achamos que estamos a par do que sabemos, mas não estamos. Achamos que estamos por dentro da verdade — que o chão aos nossos pés é estável —, mas, na verdade, estamos parados sobre uma plataforma frágil que pode virar por causa de qualquer ventania.

Encontramo-nos sobre uma plataforma frágil com mais frequência do que imaginamos. No nosso discurso público obcecado pela certeza, evitamos reconhecer as nuances. A discussão pública resultante opera sem um sistema rigoroso para diferenciar fatos verídicos de aproximações. Muito do que sabemos simplesmente não é verdade, e nem sempre é fácil reconhecer qual parte precisa de evidências reais. Dominamos a arte de fingir que temos uma opinião — sorrindo, balançando a cabeça e blefando para dar uma resposta provisória. Ensinaram-nos a "fingir até se tornar realidade", e nos tornamos especialistas na parte do fingimento. Valorizamos bater no peito e dar respostas claras com convicção, mesmo quando nosso conhecimento sobre o assunto se limita a uns dois minutos lendo sobre ele na Wikipedia. Seguimos em frente, fingindo que sabemos o que achamos que sabemos, e ignorando fatos óbvios que contradizem nossas crenças de ferro.

O historiador Daniel J. Boorstin escreveu: "O grande obstáculo para a descoberta não foi a ignorância, mas a ilusão do conhecimento."[19] O falso conhecimento fecha nossos ouvidos e bloqueia sinais educacionais de fontes externas. A certeza nos cega quanto à nossa própria paralisia. Quanto mais falamos sobre a nossa versão da verdade, de preferência com paixão e gestos exagerados, mais o nosso ego aumenta até ficar do tamanho de arranha-céus, ocultando o que há por baixo.

O ego e a arrogância fazem parte do problema. A outra parte é a repugnância humana pela incerteza. Como Aristóteles disse, a natureza odeia o vácuo. Ele disse que o vácuo, depois de formado, ficaria cheio do material denso que o cercava. O princípio de Aristóteles vai além do reino da física. Quando temos um vácuo de entendimento — quando estamos operando na terra do desconhecido e da incerteza —, mitos e histórias entram para preencher o vazio. O psicólogo ganhador do prêmio Nobel, Daniel Kahneman, explicou: "Não conseguimos viver em um estado de dúvida perpétua. Então, criamos a melhor história possível e vivemos como se essa história fosse verdade."[20]

As histórias são a solução perfeita para o nosso medo da incerteza. Elas preenchem as lacunas da nossa compreensão. Elas criam ordem no caos, clareza na complexidade e uma relação de causa e efeito diante da coincidência. Nosso filho exibe sinais de autismo? Culpamos a vacina que ele tomou há duas semanas. Encontramos um rosto humano em Marte? Deve ter sido o trabalho elaborado de uma civilização antiga que, coincidentemente, também ajudou os egípcios a construir as pirâmides de Gizé. Algumas pessoas ficaram doentes e morreram em grupos, sendo que alguns corpos estavam se contraindo e fazendo ruídos? "Vampiros", concluíram nossos antepassados, antes que soubessem algo sobre vírus e *rigor mortis*.[21]

Quando preferimos a aparente estabilidade das histórias à confusa realidade da incerteza, os fatos se tornam descartáveis e a desinformação prospera. As fake news não são um fenômeno moderno. Entre uma boa história e um punhado de informação, a história sempre prevaleceu. Essas imagens mentalmente vívidas causam um impacto profundo e duradouro conhecido como falácia narrativa. Lembramo-nos do que fulano nos contou sobre como sua calvície foi causada por ficar muito tempo exposto ao sol. Compramos a história, jogando a lógica e o ceticismo para o alto.

Então, as autoridades transformam essas histórias em verdades sagradas. Todos os fatos do mundo não podem evitar que máquinas de ódio democraticamente eleitas assumam o posto enquanto elas estiverem produzindo um falso senso de certeza em um mundo inerentemente incerto. Conclusões confiantes feitas por demagogos falastrões que têm orgulho de rejeitar o pensamento crítico estão começando a dominar o discurso público.

Para compensar sua falta de conhecimento, os demagogos aumentam sua certeza. À medida que os espectadores ficam confusos tentando interpretar os fatos que se desdobram à sua frente, os atiçadores nos consolam. Eles não nos incomodam com ambiguidade nem deixam que as nuances fiquem no caminho de lemas e propagandas políticas. Esbaldamo-nos com suas opiniões claras, felizmente tirando o fardo do pensamento crítico dos nossos ombros.

O problema com o mundo moderno, segundo Bertrand Russell, é que "os burros têm certeza, ao passo que os inteligentes têm muitas dúvidas". Mesmo depois de o físico Richard Feynman ter ganhado o prêmio Nobel, ele se encarava como um "macaco confuso" e abordava tudo ao seu redor com o mesmo nível de curiosidade, o que lhe permitia enxergar as nuances que outros não viam. "Eu acho que é muito mais interessante viver sem saber do que ter respostas que podem estar erradas", ele disse.

O pensamento de Feynman exigia a admissão da ignorância e uma boa dose de humildade. Quando dizemos aquelas três palavras assustadoras — *eu não sei* —, nosso ego murcha, nossa mente se abre e nossos ouvidos se estimulam. Admitir que não sabemos de algo não quer dizer que ignoramos voluntariamente os fatos. Ao contrário, é necessário um tipo consciente de incerteza para que nos tornemos totalmente cientes do que não sabemos para aprender e crescer.

Sim, essa abordagem pode lançar luz em coisas que não queremos ver. Mas é muito melhor estar inconfortavelmente incerto do que confortavelmente errado. No fim, são os macacos confusos — os conhecedores da incerteza — que transformam o mundo.

Os Conhecedores da Incerteza

"Algo desconhecido está fazendo sabe-se lá o quê — é até aí que chega nossa teoria."[22]

Foi assim que o astrofísico Arthur Eddington descreveu a situação da teoria quântica em 1929. Ele poderia muito bem estar falando sobre nossa compreensão do Universo inteiro.

Os astrônomos vivem e trabalham em uma mansão escura onde há apenas 5% de luz. Cerca de 95% do Universo é feito de algo sinistro chamado de matéria escura e energia escura,[23] que não interagem com a luz. Então, não podemos vê-las ou detectá-las de alguma outra forma. Não sabemos nada sobre a sua natureza, mas sabemos que elas existem porque exercem uma força gravitacional sobre outros objetos.[24]

O físico James Maxwell disse: "A plena ignorância consciente é o prelúdio de qualquer avanço real no conhecimento."[25] Os astrônomos vão além dos limites do conhecimento e dão um salto quântico em direção a um vasto oceano de desconhecimentos. Eles sabem que o Universo é como uma cebola gigante, no qual a remoção de uma camada de mistério simplesmente revela outra. De acordo com George Bernard Shaw, a ciência "nunca consegue resolver um problema sem apresentar dez problemas novos".[26] À medida que as lacunas do nosso conhecimento são preenchidas, outras surgem.

Einstein descreveu essa dança com o mistério como "a mais linda das experiências".[27] O físico Alan Lightman escreveu que os cientistas estão "na fronteira entre o saber e o desconhecido" e que "ao olhar a caverna, ficam extasiados em vez de assustados".[28] No lugar de perderem as estribeiras por causa da ignorância coletiva, eles crescem por causa dela. A incerteza se torna uma chamada para a ação.

Steve Squyres é um conhecedor da incerteza. Ele foi o principal investigador do projeto Mars Exploration Rovers quando trabalhei na equipe operacional. A intensidade da sua paixão pelo desconhecido é contagiante. Era possível sentir a energia no quarto andar do Prédio de Ciências Espaciais da Universidade Cornell, onde fica o escritório de Squyres, quando o doutor estava lá. Quando o assunto era Marte (o que era comum), seus olhos ardiam de paixão. Squyres era um líder nato. Quando ele se movia, os outros o seguiam. E, como qualquer outro bom líder, ele não hesitava em assumir a culpa e em compartilhar o crédito. Em certa ocasião, ele riscou o seu nome de um prêmio que havia recebido por causa do seu trabalho em uma missão, escreveu os nomes dos membros da equipe que haviam feito o trabalho pesado e entregou a eles.

Squyres nasceu no sul de Nova Jersey e herdou o entusiasmo pela exploração de seus pais, que eram cientistas.[29] Nada estimulava mais sua imaginação como o desconhecido. Ele recorda: "Quando eu era criança, nós tínhamos um atlas em casa que tinha uns 15 ou 20 anos, e havia lugares que não tinha muita coisa mapeada. Sempre achei muito legal a ideia de um mapa que tinha espaços em branco e que precisavam ser preenchidos." Ele passou o resto da sua vida procurando e preenchendo esses espaços em branco.

Quando era um graduando de Cornell, fez um curso de astronomia que era ministrado por um professor que trabalhou na equipe científica da missão Viking, que enviou duas sondas para Marte. O curso exigia que Squyres escrevesse um artigo original. Para se inspirar, ele entrou em uma sala do campus onde havia fotos empoeiradas de Marte tiradas pelas sondas da missão Viking. Pensou em ficar 15 ou 20 minutos olhando essas fotos. "Só saí daquela sala depois de quatro horas, sabendo exatamente o que eu queria fazer pelo resto da vida", ele explicou.

Ele havia encontrado a tela em branco que estava procurando. Muito depois de deixar o prédio, sua mente continuou a processar aquelas imagens da superfície de

Marte. Ele disse: "Eu não sabia o que estava vendo naquelas fotos, mas a beleza da coisa é que ninguém sabia. E foi isso o que chamou minha atenção."

A atração do desconhecido fez com que Squyres se tornasse um professor de astronomia em Cornell. Mesmo depois de 30 anos navegando pelo desconhecido, ele diz: "Ainda não superei aquela emoção, aquele sentimento de excitação que vem de se ver algo que ninguém havia visto antes."

Mas não são só os astrônomos que apreciam o desconhecido. Vamos falar sobre outro Steve. No começo de cada cena, Steven Spielberg se vê rodeado de muita incerteza. "Fico nervoso toda vez que começo uma nova cena", ele explica. "Eu não sei o que vou achar ao escutar as falas, eu não sei o que vou dizer aos atores, eu não sei aonde vou colocar a câmera."[30] Se fossem colocados na mesma situação, outros poderiam entrar em pânico, mas Spielberg descreve isso como "o melhor sentimento do mundo". Ele sabe que são apenas as situações de extrema incerteza que trazem à tona o melhor de seu trabalho criativo.

Todo o progresso — na ciência de foguetes, nos filmes, no nosso empreendimento para preencher as lacunas — acontece em salas escuras. Mesmo assim, a maioria de nós tem medo do escuro. O pânico começa a surgir quando abandonamos o conforto da luz. Preenchemos as salas escuras com nossos maiores medos e armazenamos mantimentos esperando o apocalipse chegar.

Contudo, a incerteza raramente acaba em uma nuvem de cogumelo. Ela resulta em alegria, em descoberta e no uso pleno de nosso potencial. A incerteza significa fazer coisas que ninguém fez antes e descobrir coisas que, pelo menos por um breve momento, ninguém jamais viu. A vida oferece mais de si mesma quando tratamos a incerteza como uma amiga, e não como inimiga.

Além disso, a maioria das salas escuras tem portas que nos permitem entrar e sair — e não apenas sair. Muitas das nossas excursões ao desconhecido são reversíveis. É como o magnata dos negócios, Richard Branson, escreveu: "Podemos atravessar, ver como é e voltar se acharmos que o outro lado não está dando certo."[31] Só precisamos deixar a porta destrancada. Essa foi a abordagem de Branson para lançar sua linha aérea, a Virgin Atlantic. Seu acordo com a Boeing lhe permitia devolver o primeiro avião que comprou se sua nova linha aérea não desse certo. Branson transformou o que parecia ser uma porta só de saída em uma porta de entrada e saída — o que lhe permitiria voltar se não gostasse do que visse.

Contudo, andar não é a metáfora correta. Os conhecedores da incerteza não só andam em salas escuras. Eles dançam nelas. E não me refiro às danças toscas do ensino médio, quando mantínhamos um pé de distância do nosso interesse amoroso, tentando jogar conversa fora. Não, sua dança está mais para o tango: elegante, íntima, inconfortável e belamente próxima. Eles sabem que a melhor maneira de encontrar a luz não é afastar a incerteza, mas se entregar aos seus braços. Os conhecedores da incerteza sabem que um experimento com um resultado conhecido não é um experimento e que revisitar as mesmas respostas não é progresso. Se explorarmos apenas caminhos já trilhados e se evitarmos jogos que não sabemos jogar, permaneceremos no mesmo lugar. É só quando dançamos no escuro, quando não sabemos onde está o interruptor — ou até *o que* é um interruptor —, que o progresso pode começar.

Primeiro vem o caos, depois o progresso. Quando a dança para, o progresso para também.

Uma Teoria de Tudo

Einstein dançou tango com a incerteza durante a maior parte da sua vida.[32] Ele realizou experimentos de pensamento criativo, fez perguntas que nenhum ser humano nem sequer havia pensado em fazer e destravou os mais profundos mistérios do Universo.

Ainda assim, mais tarde na sua carreira, ele começou a procurar cada vez mais pela certeza. Ele estava incomodado por precisar de dois conjuntos de leis para explicar como o Universo funciona: a teoria da relatividade para os objetos grandes e a mecânica quântica para os pequenos. Ele queria unificar essa discordância e criar um único conjunto lindo e coerente de equações para governar tudo: uma teoria de tudo.

Em especial, a incerteza da mecânica quântica incomodava Einstein. Como escritor de assuntos científicos, Jim Baggott explicou: "Antes do mundo quântico, a física sempre foi sobre fazer *isso* para conseguir *aquilo*", mas "a nova mecânica quântica surgiu para dizer que, quando fazemos *isso*, conseguimos *aquilo* apenas dentro de uma certa probabilidade" (até então, em determinadas circunstâncias, "podemos conseguir *o outro*").[33] Einstein continuou sendo um "fanático" autoproclamado, acreditando que uma teoria unificada resolveria a incerteza e garantiria que ele não encontrasse o que chamou de "quânticos malignos".[34]

Porém, quanto mais Einstein se apegava a uma teoria unificada, mais as respostas lhe escapavam. Ao procurar pela certeza, ele perdeu sua sensibilidade pelo desconhecido e por experimentos de mente aberta que caracterizavam muitos dos seus trabalhos anteriores.[35]

Procurar por certeza em um mundo de incertezas é a missão humana. Desejamos os absolutos, ação e reação, e a bela relação de causa e efeito, onde A sempre resulta em B. Nas nossas aproximações e apresentações de PowerPoint, uma variável produz um resultado, em linha reta. Não há curvas ou frações para turvar a água.

Mas a realidade — como geralmente acontece com a realidade — tem mais nuances. Nos seus anos iniciais, Einstein usava a expressão "me parece que" ao propor que a luz era feita de fótons.[36] Charles Darwin apresentou a evolução com "eu acho".[37] Michael Faraday falou da "hesitação" que sentiu quando apresentou os campos magnéticos.[38] E, quando o presidente Kennedy jurou que colocaria um homem na Lua, ele reconheceu que estávamos indo em direção ao desconhecido. Disse ao público norte-americano: "De certo modo, esse é um ato de fé e visão, pois não sabemos quais benefícios nos aguardam."

Essas declarações não são boas propagandas, mas têm a virtude da maior probabilidade de estarem corretas.

Feynman explicou: "O conhecimento científico é um conjunto de declarações que têm vários níveis de certeza — algumas bem incertas, outras quase certas e nenhuma com *100%* de certeza."[39] Quando os cientistas fazem declarações, "a questão não é se isso é verdadeiro ou falso, mas qual é a probabilidade de ser verdade ou mentira". Na ciência, os absolutos são rejeitados em favor de um espectro, e a incerteza é institucionalizada. As respostas científicas são apresentadas na forma de aproximações e modelos, banhadas em mistério e complexidade. Existem margens para erro e intervalos de confiança. O que é apresentado como um fato — como no caso do meteoro marciano — é apenas uma probabilidade.

Acho muito bom que não haja uma teoria de tudo, *a* resposta definitiva para todas as perguntas feitas. Existem múltiplas teorias e caminhos. Existe mais de uma maneira correta de pousar em Marte, mais de um jeito certo de organizar este livro (como venho dizendo a mim mesmo) ou mais de uma estratégia certa para aumentar seu negócio.

Ao buscar a certeza, Einstein se prejudicou. Mas sua busca por uma teoria de tudo talvez também estivesse além do seu tempo. Hoje, muitos cientistas dão continuidade à busca de Einstein para encontrar uma ideia central que una o nosso entendimento das leis da física. Alguns destes esforços são promissores, mas não deram frutos ainda. Quaisquer progressos futuros ocorrerão apenas quando os cientistas aceitarem a incerteza e prestarem bastante atenção a uma das coisas que mais estimula o progresso: as anomalias.

Que Engraçado

William Herschel foi um compositor que nasceu na Alemanha no século XVIII e que, mais tarde, emigrou para a Inglaterra.[40] Ele logo se estabeleceu como um músico versátil que podia tocar piano, violoncelo e violino, chegando a compor 24 sinfonias. Mas foi outra composição — do tipo não musical — que ofuscou sua carreira como músico.

Herschel era fascinado pela matemática. Por não ter uma educação universitária, ele recorreu aos livros por respostas. Devorou volumes sobre trigonometria, óptica, mecânica — e o meu favorito: *Astronomy Explained Upon Sir Isaac Newton's Principles, and Made Easy to Those Who Have Not Studied Mathematics* [Astronomia Explicada Segundo os Princípios de Sir Isaac Newton e Facilitada para Quem Não Estudou Matemática, em tradução livre] de James Ferguson. Essa era uma versão do século XVIII do *Astronomia Para Leigos*.

Ele lia livros sobre como construir telescópios e pedia ao fabricante de espelhos local para ensiná-lo a construir um. Herschel começou a fazer telescópios, desbastando espelhos 16 horas por dia e fazendo moldes de esterco e palha.

Em 13 de março de 1781, ele estava no seu quintal, olhando pelo seu telescópio caseiro e procurando estrelas duplas no céu, que são estrelas que parecem estar próximas umas das outras. Na constelação de Touro, perto da sua fronteira com Gêmeos, ele viu um objeto peculiar, que parecia estar fora do lugar. Intrigado pela anomalia, ele apontou seu telescópio para o objeto novamente, depois de algumas noites, e percebeu que havia se movido em direção às estrelas ao fundo. "É um cometa, pois mudou de lugar", ele escreveu.[41] Entretanto, seu palpite inicial estava errado. O objeto não poderia ser um cometa, porque não tinha cauda e também havia falhado em seguir a típica órbita elíptica de um cometa.

Na época, pensava-se que Saturno marcava o limite externo de planetas do sistema solar. Os cientistas achavam que não existiam planetas além de Saturno. Contudo, Herschel havia encontrado prova de que esse pensamento estava errado. Ele havia ligado o interruptor no fim do sistema solar conhecido até então e dobrou seu tamanho. O "cometa" de Herschel acabou sendo um novo planeta que seria então chamado de Urano, em homenagem ao deus do céu.

Urano se mostrou um planeta indisciplinado, que erraticamente acelerava e depois diminuía a velocidade. Recusava-se a cooperar com as leis da gravidade de Newton, que previam com exatidão os movimentos em qualquer lugar, desde objetos aqui, na Terra, às trajetórias de planetas no espaço.[42]

Essa anomalia fez com que o matemático francês Urbain Le Verrier especulasse sobre a existência de outro planeta localizado além de Saturno. Le Verrier concluiu que esse planeta estaria puxando Urano e, dependendo das suas respectivas localizações, empurrando Urano para a frente, acelerando-o ou puxando-o para trás, reduzindo sua velocidade. Usando somente a matemática — apenas com "a ponta de sua pena", como seu contemporâneo, François Arago, disse — Le Verrier encontrou outro planeta. Esse novo planeta, Netuno, foi observado dentro de um grau de onde ele havia predito que estaria.[43] Essa precisão impressionante foi obtida por meio de um conjunto de leis escritas por Newton cerca de 160 anos antes disso.

Com a descoberta de Netuno, parecia que as leis de Newton seriam os governantes supremos, até nas partes mais distantes do sistema solar. Porém, parece que havia um problema com um planeta mais perto de casa — Mercúrio. Esse planeta se recusava a agir de acordo com as expectativas, desviando-se da órbita predita pelas leis de Newton. Seria mais fácil ignorar essa falha como uma aberração — uma exceção à regra —, já que, particularmente, Mercúrio parecia ser o único planeta sobre o qual as leis de Newton não se aplicavam, e mesmo assim só um pouquinho.

No entanto, essa pequena anomalia ocultava uma grande falha nas leis de Newton. Einstein se aproveitou da falha para criar uma nova teoria que poderia predizer com precisão a órbita de Mercúrio. Ao descrever a gravidade, Newton se baseou em um modelo simples que dizia que "as coisas se atraíam".[44] Por outro lado, a ideia de Einstein era mais complexa: "As coisas dobram o tempo e o espaço."[45] Para entender o que Einstein queria dizer, imagine colocar uma bola de boliche e umas bolas de bilhar sobre uma cama elástica.[46] O peso da bola de boliche curvaria o tecido da cama elástica, fazendo com que as bolas de bilhar, que são mais leves, se movessem em sua direção. De acordo com Einstein, a gravidade funciona do mesmo jeito: ela dobra o tecido do tempo e do espaço. Quanto mais perto estamos da bola de boliche gigante que é o Sol — e Mercúrio é o planeta mais próximo do Sol —, mais forte é a dobra do tempo e do espaço, e maior é o desvio das leis de Newton.

Como esses exemplos mostram, o caminho até o interruptor começa com ele desligando em nossa mente ao percebermos uma anomalia. Mas não fomos feitos para perceber anomalias. Quando crianças, somos ensinados a colocar as coisas em duas caixas: boas e ruins. Escovar os dentes e lavar as mãos são coisas boas. Estranhos nos oferecendo carona em uma van branca suspeita é ruim. É como T. C. Chamberlin escreveu: "Do que é bom, a criança só espera coisas boas; do mal, coisas ruins. Esperar ações boas do mal ou ações ruins do bem seria uma mudança radical dos métodos mentais da infância."⁴⁷ Como Asimov descreve, acreditamos que "tudo que não é perfeito e totalmente certo é total e igualmente errado".⁴⁸

Essa supersimplificação ajuda-nos a entender o mundo enquanto somos crianças. Mas, à medida que crescemos, falhamos em deixar essa teoria enganadora para trás. Seguimos em frente, tentando encaixar formas quadradas em buracos redondos e classificando coisas — e pessoas — em categorias organizadas para criar a satisfatória, porém enganosa, ilusão de ter devolvido ordem a um mundo confuso.

As anomalias acabam com essa ideia clara de bem e mal, de certo e errado. A vida já é bastante difícil sem a incerteza, então a eliminamos por ignorar a anomalia. Nós nos convencemos de que a anomalia se deve a um fator externo extremo ou a um erro de medida. Assim, fingimos que ela não existe.

Essa atitude vem com um grande preço. "As descobertas não vêm quando as coisas estão dando certo, mas quando alguma coisa está errada, quando estávamos esperando uma coisa e surge uma novidade", explica o físico e filósofo Thomas Kuhn.⁴⁹ Em uma conversa famosa, Asimov disse que "Eureca!" não é a palavra mais emocionante da ciência. Ele observou que, na verdade, o desenvolvimento científico geralmente começa quando alguém percebe uma anomalia e diz: "Que engraçado..."⁵⁰ A descoberta da mecânica quântica, os raios-X, o DNA, o oxigênio, a penicilina e outros, todos aconteceram quando os cientistas aceitaram as anomalias em vez de ignorá-las.⁵¹

O filho caçula de Einstein, Eduard, certa vez lhe perguntou por que ele era famoso. Na sua resposta, Einstein citou sua habilidade de identificar anomalias que outros não percebem: "Quando um besouro cego sobe até a superfície de um galho encurvado, ele não percebe que o caminho que percorreu estava curvo", explicou, implicitamente se referindo à sua teoria da relatividade. "Eu tive a sorte de perceber o que o besouro não percebeu".⁵²

Entretanto, parafraseando Louis Pasteur, a sorte favorece os preparados. Só quando prestamos atenção às dicas sutis — tem alguma coisa errada com os dados, a explicação parece rala e superficial, a observação não se adequa direito à teoria — é que os velhos paradigmas podem abrir espaço para os novos.

Como veremos na próxima seção, assim como aceitar a incerteza resulta em progresso, o progresso em si resulta em incerteza, visto que uma descoberta nos faz questionar as outras.

Sendo Plutonizado

Quando o assunto é descobrir planetas, astrônomos amadores têm o hábito de chegar na frente dos especialistas.

Em 1920, um fazendeiro de 20 anos do Kansas chamado Clyde Tombaugh se ocupava construindo telescópios nas suas horas vagas, desbastando suas lentes e espelhos como William Herschel fazia há mais de 100 anos antes dele.[53] Ele apontava seus telescópios caseiros para Marte e Júpiter e fazia desenhos deles. Tombaugh sabia que o Observatório Lowell no Arizona estava trabalhando com astronomia planetária. Então, por capricho, ele enviou seus desenhos para o observatório. Os astrônomos de Lowell ficaram tão impressionados com seus desenhos que lhe ofereceram um trabalho.

Em 18 de fevereiro de 1930, enquanto estava comparando várias fotografias do céu, Tombaugh notou um pontinho que estava indo e vindo. No fim das contas, ele era um planeta que estava localizado além de Netuno. Por estar tão longe do Sol, o planeta recebeu o nome do deus romano do submundo sombrio: Plutão.

Mas havia alguma coisa errada. Os cálculos do tamanho do recém-nomeado planeta continuavam a diminuir. Em 1955, os astrônomos pensavam que Plutão tinha uma massa similar à da Terra. Treze anos depois, em 1968, novas observações mostraram que Plutão pesava cerca de 20% da massa da Terra. Plutão continuou a diminuir até 1978, quando os cálculos provaram que ele era leve como uma pena. Os cálculos mostraram que ele tinha apenas 0,2% da massa da Terra. Plutão foi declarado como um planeta cedo demais, embora fosse muito menor do que os outros do seu tipo.

Outros desenvolvimentos também fizeram com que o status de Plutão fosse questionado. Os astrônomos continuaram a encontrar objetos redondos além de Netuno com cerca do mesmo tamanho que Plutão. Esses, porém, não eram considerados planetas, simplesmente porque Plutão era um pouquinho maior do que eles.

O benchmark arbitrário prosseguiu até uma descoberta feita em outubro de 2003. Naquele ano, um novo planeta que acreditavam ser maior do que Plutão foi descoberto. O sistema solar tinha um décimo membro, localizado na borda exterior. Ele foi chamado de Éris, em homenagem ao deus da discórdia e do conflito.[54]

Não demorou muito para que Éris vivesse à altura do seu nome e começasse a causar muito conflito. Antes da sua descoberta, os astrônomos não haviam se importado em definir o termo *planeta*, mas Éris os obrigou a fazê-lo. Eles tinham que decidir se ele era um planeta. A tarefa recaiu sobre a União Astronômica Internacional, que designava e classificava objetos no céu. Em uma reunião de rotina de 2006, os astrônomos votaram na definição de planeta, na qual Plutão e Éris não se enquadravam. Com uma simples votação, eles eliminaram Plutão — que se danem a cultura, a história, os livros acadêmicos, o cachorro do Mickey Mouse (Pluto, que é o nome em inglês de Plutão) e vários mnemônicos planetários (o mnemônico "Minha Vó Tem Muitas Joias, Só Usa No Pescoço" foi para o espaço).

Os noticiários fizeram parecer que um grupo de astrônomos malignos haviam apontado um raio laser ao planeta nanico favorito de todos para eliminá-lo dos céus.[55] Mike Brown, um professor da Caltech que liderou os esforços para tirar Plutão da classificação de planeta, não ajudou muito: "Plutão está morto", ele declarou à imprensa, com a mesma seriedade que o presidente Barack Obama exibiu quando anunciou o assassinato de Osama bin Laden.[56]

Milhares de fãs de Plutão, que ainda não haviam percebido que eram fãs de Plutão, gritaram de fúria quando o planeta perdeu sua categoria. Petições online começaram a aparecer.[57] A Sociedade Americana dos Dialetos votou em *plutonizado* como a nova palavra do ano em 2006.[58] Essa palavra significa "desclassificar ou desvalorizar alguém ou alguma coisa". Um novo mnemônico planetário se encaixou direitinho ao sentimento popular prevalecente: Mean Very Evil Man Just Shortened Up Nature (Homens Muito Maus Simplesmente Encurtaram a Natureza).[59]

Políticos de vários estados consideraram o rebaixamento de Plutão digno de uma ação legislativa urgente. O revoltado Senado de Illinois aprovou uma resolução dizendo que Plutão havia sido "rebaixado de modo injusto".[60] A Câmara dos Representantes de Novo México optou por mais glamour, dizendo que "quando Plutão passar pelos excelentes céus noturnos do Novo México, ele será considerado um planeta".[61]

Plutão foi fundamental para a ordem do cosmos como o conhecemos. O finito e imutável número de planetas trouxe alguma certeza para a grande incerteza do Universo. Era algo tangível que poderíamos ensinar na escola e que os professores poderiam avaliar em provas padronizadas. Da noite para o dia, o Universo mudou. Se Plutão não era um planeta — algo que tínhamos considerado como certo por mais de 70 anos —, o que mais poderia ser discutido?

Esses gritos de injustiça cósmica ignoraram um fato crucial. Plutão não foi o primeiro objeto do nosso sistema solar a ser rebaixado, e esse tipo de reação contra o rebaixamento cósmico não havia sido a primeira.

Não, essa honra pertenceu ao nosso próprio planeta. Quando todo mundo achava que a Terra era o centro da arena cósmica, Copérnico veio e rebaixou-a a um mero planeta com um movimento de sua pena. "Os movimentos que, para nós, parecem ser feitos pelo Sol, não são feitos por ele, mas pela Terra e nossa órbita, por meio da qual giramos ao redor do Sol como qualquer outro planeta", ele escreveu.

Como qualquer outro planeta. Não éramos especiais. Não éramos o centro de tudo. Éramos comuns. A descoberta de Copérnico, assim como o rebaixamento de Plutão, abalou o sentimento de certeza das pessoas e seu lugar no Universo. Em resultado disso, o copernicanismo foi banido por quase 100 anos.

No hilário livro de Douglas Adams, *O Guia do Mochileiro das Galáxias*, o supercomputador Pensador Profundo foi questionado a respeito da "Resposta para a Pergunta Suprema da Vida, do Universo e Tudo o Mais". Depois de 7,5 milhões de anos de pensamento profundo, ele deu uma resposta clara, mas sem significado: 42. Embora os fãs do livro tenham tentado atribuir algum significado simbólico para esse número, acho que não há nenhum. O autor estava apenas zombado de como os seres humanos tentam se apegar à certeza.

No fim das contas, a quantidade de planetas — nove — era tão insignificante quanto o número 42. Para os astrônomos, esse foi só outro dia de trabalho. A ciência não se importou com os sentimentos, as emoções ou os apegos irracionais aos planetas. Para deixar claro, havia dissidentes na comunidade astronômica, mas a maioria deles seguiu em frente. A lógica triunfou sobre a emoção, um novo padrão foi estabelecido, e nove virou oito. Fim da história.

O assassino de Plutão, Mike Brown, encarou o rebaixamento do planeta como uma oportunidade educacional em vez de uma fonte de ressentimento. A história de Plutão, do seu ponto de vista, permitiria que os professores explicassem por que na ciência, como na vida, o caminho para a resposta certa dificilmente é reto.

A origem da palavra *planeta* deixa isso bem claro. *Planeta* vem de uma palavra grega que significa "andarilho". Os gregos antigos olharam para o céu e viram objetos se movendo, ao contrário das posições fixas relativas das estrelas. Eles os chamaram de andarilhos.[62]

Como os planetas, a ciência caminha por aí. A revolução vem antes do progresso, e o progresso gera mais revolução. Ralph Waldo Emerson escreveu: "As pessoas querem se estabelecer", mas "só existe esperança para elas na medida em que se sentem incomodadas".[63] Aqueles que se apegam ao passado acabam ficando para trás, ao passo que o mundo segue adiante.

Como a história do rebaixamento de Plutão mostra, tendemos a encarar a incerteza — não importa quão benigna ela é — como alarmante. Todavia, a chave para crescer confortavelmente com a incerteza é descobrir o que realmente é alarmante e o que não é. E isso exige brincar de esconde-esconde.

Um Jogo de Esconde-Esconde de Alto Risco

Imagine que você está sentado em um foguete, com o poder explosivo de uma pequena bomba nuclear, não sabendo se ele vai funcionar ou não.

Os astronautas chamam isso de terça-feira.

O foguete Atlas, que enviou os astronautas da Mercury ao espaço, foi tido como muito frágil. "Os propulsores do Atlas estavam explodindo dia sim, dia não no Cabo Canaveral", se lembra o ex-astronauta Jim Lovell, que mais tarde se tornaria o comandante da azarada missão da Apollo 13. "Parecia o jeito mais rápido de ter uma carreira curta. Então, eu aceitei o trabalho."[64] Falando do foguete Atlas, Wernher von Braun — um ex-nazista que, mais tarde, se tornou o arquiteto-chefe do programa espacial norte-americano — observou: "John Glenn vai viajar nessa bugiganga? Ele deveria ganhar uma medalha só por entrar nela antes de decolar."[65] Sabíamos tão pouco sobre o impacto do voo espacial sobre a condição humana que Glenn foi instruído a ler um teste de visão a cada 20 minutos porque tinham medo de que a falta de gravidade pudesse acabar distorcendo a visão dele. Se você estiver imaginando como foi orbitar a Terra para ele, foi "como visitar o oculista", brincou a autora Mary Roach.[66]

Na cultura pop, astronautas como Lovell e Glenn são apresentados como astros pomposos e atrevidos que têm a coragem de entrar em um foguete perigoso com toda a calma do mundo. Embora isso dê um bom drama, é mentira. Os astronautas mantêm a calma não porque têm nervos sobre-humanos, mas porque dominaram a arte de usar o conhecimento para diminuir a incerteza. É como o astronauta Chris Hadfield explica: "Para manter a calma sob grande estresse, em situações de alto risco, tudo que precisamos é de conhecimento. Ser forçado a confrontar a possibilidade de falha com a cabeça erguida — estudá-la, dissecá-la, desmontar todos os seus componentes e consequências — realmente funciona."[67]

Mesmo ao viajar em um foguete frágil, muitos astronautas de antigamente se sentiram no controle porque eles estavam pessoalmente envolvidos em projetar a espaçonave. Mas eles também sabiam o que não conheciam — com o que se preocupar e o que ignorar. Reconhecer essas incertezas foi o primeiro passo para resolvê-las. Uma vez que os cientistas determinaram, por exemplo, que eles não sabiam se a microgravidade atrapalharia sua visão, eles pediram a Glenn para levar um teste de visão com ele para o espaço.

Esse método tinha outra vantagem. Se descobrimos o que sabemos e o que não sabemos, podemos conter a incerteza e diminuir o medo associado a ela. É como a autora Caroline Webb escreveu: "Quanto mais estabelecemos as fronteiras da incerteza, mais maleável a ambiguidade remanescente vai parecer ao nosso cérebro."[68]

Pense no jogo de esconde-esconde com um bebê. O amor por esse jogo é universal. Pensa-se que existe uma versão dele em quase toda cultura.[69] A linguagem é diferente, mas "o ritmo, a dinâmica e o prazer compartilhado" são os mesmos.[70] Um rosto familiar aparece primeiro. Então, ele desaparece atrás das mãos de alguém. O bebê fica ali, confuso e um pouco preocupado, se perguntando o que está acontecendo. Mas então as mãos se afastam, revelando o rosto e restaurando ordem ao mundo. As risadas vêm logo depois.

No entanto, as pessoas nem sempre riem — pelo menos não tanto — quando mais incerteza surge.[71] Em um estudo, os bebês riam menos quando uma pessoa diferente surgia em vez da mesma. As risadas também diminuíam quando a mesma pessoa aparecia novamente, mas em um local diferente. Até bebês de seis meses esperavam pela certeza quanto à identidade e à localização de uma pessoa. Quando essas variáveis mudavam de repente, o quanto eles se divertiam também mudava.

O conhecimento transforma uma situação incerta em um jogo de esconde-esconde de alto risco. Sim, o voo espacial não é nenhuma piada — há vidas em risco —, mas os astronautas contêm a incerteza da mesma maneira que os bebês: ao tentar adivinhar quem vai aparecer do outro lado quando as mãos são afastadas.

A incerteza da qual nós gostamos, seja quando somos crianças ou como astronautas, é a do tipo seguro. Gostamos de safáris à distância. Gostamos de pensar no destino dos personagens de *Stranger Things* ou de ler o último livro de Stephen King no conforto do nosso sofá. O mistério será resolvido e a máscara do assassino cairá. Mas, quando não sabemos quem é o assassino, quando não sabemos como a história termina, quando o acorde continua tocando sem o crescendo final — como em *Lost* ou *Família Soprano*, ambos terminando sem um final claro —, nosso sangue começa a ferver.

Em outras palavras, quando a incerteza não tem fronteiras, o desconforto se torna aparente. Deixar os medos sem forma de um futuro incerto marinar na nossa cabeça aumenta o volume do drama (até o nível 11). "O medo vem de não saber o que esperar e de não sentirmos que temos qualquer controle sobre o que vai acontecer", escreveu

Hadfield. "Quando nos sentimos indefesos, sentimos mais medo do que sentiríamos se soubéssemos todos os fatos. Se não sabemos do que devemos sentir medo, tudo é amedrontador."

Para determinar do que devemos sentir medo, precisamos seguir a sabedoria eterna de Yoda: "Identificado seu medo deve ser antes de bani-lo poder."[72] Eu descobri que essa identificação deve ser feita por escrito — com papel e lápis (ou caneta, se você gosta de tecnologia). Pergunte-se: *Qual seria a pior situação possível? E qual é a probabilidade dessa situação surgir, considerando o que sei?*

Escrever nossas preocupações e incertezas — o que sabemos e o que não sabemos — as expõe. Quando levantamos a cortina e transformamos o desconhecido que desconhecemos em desconhecidos que conhecemos, cortamos suas garras. Quando vemos nossos medos sem suas máscaras, descobrimos que o sentimento de incerteza costuma ser muito pior do que o que tememos. Também vamos perceber que, em toda probabilidade, as coisas que são mais importantes para nós ainda estarão lá, não importa o que aconteça.

E não devemos nos esquecer do lado bom. Além de pensar na pior situação, devemos nos perguntar: *O que é o melhor que pode acontecer?* Nossos pensamentos negativos ressoam muito mais do que os positivos. Para parafrasear o psicólogo Rick Hanson, nosso cérebro é como Velcro para pensamentos negativos e como Teflon para os positivos. A menos que pensemos nas melhores situações junto com as piores, nosso cérebro nos levará ao que parece ser o caminho mais seguro: a inatividade. Contudo, um provérbio chinês diz que muitos passos em falso foram dados ao se ficar parado. A probabilidade de darmos o nosso primeiro passo em direção ao desconhecido é maior quando o pote de ouro proverbial está nos esperando no destino.

Depois de determinarmos com o que realmente vale a pena nos preocuparmos, podemos tomar medidas para diminuir os riscos ao usarmos dois métodos do manual da ciência de foguetes: redundância e margens de segurança. Vamos falar sobre elas agora.

Por que as Redundâncias Não São Redundantes

No dia a dia, a palavra *redundância* tem um significado pejorativo.[73] Na ciência de foguetes, no entanto, a redundância pode ser a diferença entre o sucesso e o fracasso — vida e morte. Redundância no aeroespaço se refere ao backup criado para evitar aquele único ponto falho que pode comprometer a missão inteira. As naves espaciais são projetadas para funcionar mesmo quando as coisas dão errado — para dar defeito sem falhar. É por esse mesmo motivo que nosso carro tem um estepe no porta-malas e um freio de emergência na parte da frente. Se nosso pneu furar ou se nosso freio falhar, os substitutos entram em ação.

Por exemplo, o foguete *Falcon 9* da SpaceX tem nove motores (como o nome indica). Esses motores estão suficientemente isolados um do outro para que a espaçonave possa completar sua missão mesmo se um motor falhar.[74] É importante mencionar que os motores são projetados para falhar graciosamente, sem comprometer outros componentes e colocar a missão em perigo. Durante um lançamento do *Falcon 9* em 2012, quando um dos motores falhou durante o voo, os outros oito motores continuaram funcionando. O computador de bordo desligou o motor com defeito e ajustou a trajetória do foguete para levar a falha do motor em consideração. O foguete continuou a subir e entregou sua carga em órbita.[75]

As redundâncias também são usadas para os computadores das espaçonaves. Na Terra, os computadores travam ou congelam o tempo todo, e as probabilidades de falhas só aumentam no ambiente estressante do espaço, cheio de vibrações, choques, correntes elétricas variantes e temperaturas flutuantes.[76] É por isso que os computadores dos ônibus espaciais são quad-redundantes — o que significa que eles têm quatro computadores a bordo que usam o mesmo software. Os quatro computadores "votam" individualmente no que fazer por meio de um sistema de maioria de votos.[77] Se um computador falhar e começar a "falar" bobagens, ele será vencido na votação pelos outros três (sim, pessoal, a ciência de foguetes é mais democrática do que vocês imaginam).

Para que as redundâncias funcionem, elas precisam funcionar de modo independente. Ter quatro computadores em uma nave parece maravilhoso, mas, como eles estão rodando o mesmo software, um único bug de software poderia prejudicar os quatro computadores ao mesmo tempo. É por isso que a nave também conta com o backup de um quinto sistema de voo, que funciona com um software diferente, elaborado por um subcontratante diferente dos outros quatro. Se um erro genérico de software prejudicar os quatro computadores iniciais, que são idênticos, o sistema de backup entra em ação e faz com que a espaçonave volte para a Terra.

Embora a redundância seja uma boa política de seguro, ela segue a lei do lucro baixo. Depois de um certo ponto, acrescentar redundâncias sem necessidade aumenta a complexidade, o peso e o custo. Claro, o Boeing 747 poderia ter 24 motores em vez de 4, mas teríamos que pagar $10.000 para viajar na classe econômica lotada de Los Angeles para São Francisco.

A redundância excessiva também pode sair pela culatra e comprometer a confiabilidade em vez de aprimorá-la. As redundâncias acrescentam pontos adicionais de falha. Se os motores do 747 não forem isolados direito, a explosão de um motor pode comprometer os outros — um risco que aumenta a cada motor adicional. Esse risco fez a Boeing incluir apenas dois motores em vez de quatro no 777 ao concluir que um número menor resultaria em menores riscos de acidentes.[78] E, como veremos em um capítulo mais para a frente, a segurança aparente que a redundância fornece pode fazer as pessoas tomarem decisões ruins. Elas podem — incorretamente — concluir que, mesmo se algo der errado, podem contar com um mecanismo de segurança. Em outras palavras, a redundância não pode substituir um bom design.

Pense nisso: Onde estão as redundâncias da sua própria vida? Onde fica o freio de emergência ou o estepe da sua empresa? Como você vai lidar com a perda de um valioso membro da equipe, de um distribuidor fundamental ou de um cliente importante? O que você vai fazer se seu lar perder uma fonte de renda? O sistema deve ser projetado para continuar funcionando mesmo se um componente falhar.

Margens de Segurança

Além de incluir redundâncias, os cientistas de foguetes lidam com a incerteza construindo margens de segurança. Por exemplo, eles constroem as naves espaciais mais fortes do que o que parece ser necessário ou fazem o isolamento térmico mais grosso do que o necessário. Essas margens de segurança protegem a espaçonave caso o ambiente incerto do espaço seja mais hostil do que o esperado.

Quando os riscos aumentam, as margens de segurança devem aumentar também. A probabilidade de falha é alta? Se houver uma falha, ela vai custar caro? Voltando ao que estávamos discutindo antes, a porta é só de saída ou dá para entrar de novo? Se formos tomar decisões irreversíveis, só de ida, devemos usar margens de segurança maiores.

As decisões que tomamos para naves espaciais costumam ser irreversíveis. Depois que uma nave espacial é lançada, não temos mais a oportunidade de devolver uma peça. Então, as ferramentas que incluímos na espaçonave devem ser versáteis — parecidas com as portas pelas quais podemos entrar e sair.

Voltemos um momento ao projeto Mars Exploration Rovers, que enviou dois *rovers*, o *Spirit* e o *Opportunity*, ao planeta vermelho em 2003. Havia muita incerteza do que encontraríamos ao pousar. Então, adotamos a abordagem do canivete suíço.

Ao planejar as operações de Marte, colocamos várias ferramentas nos *rovers* e os construímos para serem tão flexíveis e capazes quanto possível. Nossos *rovers* tinham câmeras para ver a superfície, espectrômetros para analisar a composição do solo e das rochas, um sensor de imagens microscópicas para visualizar as coisas de perto e uma ferramenta de desbaste que funcionava como um martelo para expor o interior de uma rocha.[79] Conseguíamos dirigir nossos *rovers* — de maneira terrivelmente devagar, contudo, cerca de dois metros por dia — para verificar locais diferentes.

Nos locais de pouso para os dois *rovers*, tínhamos alguma ideia do que esperar, tendo visto as fotos das regiões que foram tiradas por sondas marcianas, mas nossas expectativas para os dois locais de pouso estavam "total, completa e incrivelmente erradas", como dito por Steve Squyres.[80] Então, aprendemos a usar as ferramentas dos *rovers* para resolver os problemas que Marte nos apresentou — em vez dos problemas que esperávamos.

Se as ferramentas a bordo da espaçonave forem suficientemente versáteis, elas poderão realizar funções que vão além do seu uso intencional. Quando a roda direita frontal do *Spirit* quebrou em março de 2006, os navegadores dirigiram o *rover* de ré durante o resto da sua vida útil.[81] Quando um problema mecânico prejudicou a broca do *rover* marciano *Curiosity*, os engenheiros arranjaram um novo jeito de usar a broca utilizando as partes do *rover* que ainda funcionavam.[82] Depois de testar com sucesso a nova técnica de perfuração na Terra, usando um *rover* correspondente, eles enviaram as instruções ao *Curiosity* para experimentar a mesma coisa em Marte. Funcionou direitinho.

A mesma abordagem salvou os astronautas da missão da Apollo 13 à Lua. Um tanque de oxigênio explodiu perto da Lua, acabando com a fonte de energia e de oxigênio no módulo de comando. Então, os três astronautas precisaram sair do módulo de comando e entrar no módulo lunar, utilizando-o como um bote salva-vidas para voltar para casa. Mas o módulo lunar — a pequena espaçonave em formato de aranha, feita apenas para levar dois astronautas entre a superfície lunar e a espaçonave em órbita — rapidamente se encheu de níveis perigosos de dióxido de carbono, com três homens respirando nele. No módulo de comando, havia vasilhas quadradas para absorver o dióxido de carbono, mas elas não cabiam no sistema de filtragem do módulo lunar. Com a ajuda da base, os astronautas encontraram um jeito — usando meias e fita adesiva, entre outros objetos aleatórios — para encaixar aquela forma quadrada em um orifício redondo.[83]

Podemos tirar lições importantes aqui. Quando nos deparamos com a incerteza, costumamos apresentar desculpas para não começar. *Eu não sou qualificado. Não me sinto pronto. Eu não tenho os contatos certos. Não tenho tempo suficiente.* Nós não começamos a andar até encontrarmos uma abordagem que funcione com garantia (e, de preferência, uma que venha com um trabalho do qual gostamos e um salário de seis dígitos).

Porém, a certeza absoluta é uma miragem. Na vida, precisamos basear nossas opiniões em informações imperfeitas e tomar decisões com base em dados duvidosos. Squyres admitiu: "Não sabíamos o que estávamos fazendo ao pousar" em Marte. "Como podemos saber o que estamos fazendo quando ninguém jamais havia feito isso antes?" Se nosso grupo tivesse adiado o lançamento até que as opções se apresentassem com perfeita clareza — até que tivéssemos informações perfeitas sobre nossos locais de aterrissagem para que pudéssemos projetar o kit de ferramentas perfeito para eles —, nunca teríamos ido até Marte. Outra pessoa, que estivesse disposta a dançar tango com a incerteza, teria chegado até a linha de chegada na nossa frente.

O caminho, como o poeta místico Rumi escreveu, não vai aparecer até que comecemos a caminhar. William Herschel começou a caminhar, desbastando espelhos e lendo livros de astronomia para leigos, embora não fizesse a menor ideia de que fosse descobrir Urano. Andrew Wiles começou a caminhar quando pegou um livro sobre o último teorema de Fermat enquanto era adolescente, sem saber até onde sua curiosidade o levaria. Steve Squyres começou a caminhar procurando por sua tela em branco, embora não fizesse ideia de que isso o levaria até Marte algum dia.

O segredo é começar a caminhar antes de vermos um caminho claro.

Comece a caminhar, mesmo que você venha a se deparar com rodas presas, brocas quebradas e explosões de tanques de oxigênio.

Comece a caminhar porque você pode aprender a dirigir de ré se sua roda ficar presa ou você pode usar fita adesiva para bloquear uma catástrofe.

Comece a caminhar e, à medida que se acostumar a caminhar, veja como seu medo de lugares escuros vai começar a sumir.

Comece a caminhar porque, como diz a primeira lei de Newton, objetos em movimento tendem a permanecer em movimento — depois que começar a se movimentar, você vai continuar se movendo.

Comece a caminhar porque seus pequenos passos eventualmente se tornarão grandes saltos.

Comece a caminhar e, se ajudar, traga um saquinho de amendoins com você para lhe dar boa sorte.

Comece a caminhar, não porque isso é fácil, mas porque é difícil. Comece a caminhar porque esse é o único caminho que leva adiante.

> Acesse **www.altabooks.com.br** e procure pelo ISBN do livro para encontrar desafios e exercícios que o ajudarão a implementar as estratégias discutidas neste capítulo.

2

RACIOCINANDO A PARTIR DE PRINCÍPIOS BÁSICOS

O Ingrediente por Trás de Todas as Inovações Revolucionárias

> A originalidade consiste em voltar ao ponto de origem.
> — ANTONI GAUDÍ

OS EMPREENDEDORES DO Vale do Silício não costumam ficar chocados com o valor das coisas.

Porém, isso aconteceu com Elon Musk quando foi comprar foguetes para enviar uma nave espacial para Marte. No mercado norte-americano, o preço de dois foguetes chega a surpreendentes $130 milhões.[1] E esse é apenas o preço do veículo de lançamento, que não inclui a nave espacial em si, além da sua carga, o que aumentaria ainda mais o valor total.

Então, Musk pensou que poderia ter mais sorte na Rússia e fez várias viagens para lá para comprar mísseis balísticos intercontinentais desativados (sem as ogivas nucleares na ponta). Suas reuniões movidas a vodca com os oficiais russos eram marcadas por brindes a cada dois minutos (*Pelo espaço! Pelos Estados Unidos! Pelos Estados Unidos no espaço!*). Contudo, para Musk, a alegria se transformou em zombaria quando os russos lhe disseram que cada míssil lhe custaria $20 milhões. Não importava o quão rico Musk fosse, o valor dos foguetes era alto demais para que ele pudesse montar sua empresa espacial. Ele sabia que precisava fazer algo diferente.

Desde sua infância, o sul-africano vinha transformando tudo, fazendo com que uma indústria após a outra cedesse à sua vontade. Quando tinha 12 anos, ele programou e vendeu seu primeiro videogame. Aos 17 anos, ele imigrou para o Canadá e depois para os Estados Unidos para se formar em física e administração pela Universidade da Pensilvânia. Então, ele largou um programa de doutorado de Stanford para montar uma empresa com seu irmão, Kimbal. A empresa, Zip2, era uma provedora online de guias urbanos. Como estava pobre demais para alugar seu próprio apartamento, Elon Musk dormia no *futon* do seu escritório e tomava banho no YMCA local.

Em 1999, quando tinha 28 anos, ele vendeu a Zip2 para a Compaq, tornando-se um multimilionário da noite para o dia. Então, ele pegou suas fichas e as apostou em uma nova mesa. Pegou seus lucros da Zip2 para construir a X.com, um banco online cujo nome ele, mais tarde, trocou para PayPal. Quando a PayPal foi comprada pela eBay, Musk ganhou $165 milhões.

Meses antes de fechar o acordo, Musk já estava em uma praia no Rio de Janeiro, mas não estava planejando sua aposentadoria ou lendo o último livro do Dan Brown. Não, sua ideia de leitura de praia era *Fundamentals of Rocket Propulsion* [O Básico sobre Propulsão de Foguetes, em tradução livre]. O cara da PayPal estava em uma missão de se transformar no cara dos foguetes.

No seu auge, a indústria espacial era a fronteira da inovação. No entanto, quando Musk pensou em entrar no negócio, as empresas aeroespaciais estavam perdidamente presas ao passado. A indústria espacial é aquela que usa tecnologias raras e que viola a lei de Moore, o princípio que foi nomeado em homenagem ao cofundador da Intel, Gordon Moore. De acordo com esse princípio, a potência dos computadores se desenvolve exponencialmente, dobrando a cada dois anos. Um computador que teria ocupado um cômodo inteiro em 1970 cabe no seu bolso hoje e tem muito mais poder computacional. Mas a tecnologia de foguetes batia de frente com a lei de Moore. Musk explicou: "Podemos dormir tranquilos sabendo que o software do ano seguinte será melhor do que o deste ano." Porém, "o [custo] dos foguetes piora progressivamente a cada ano".[2]

Musk não foi o primeiro a notar essa tendência, mas foi um dos primeiros que fez alguma coisa a respeito.

Ele lançou a SpaceX — uma abreviação em inglês para Tecnologias de Exploração do Espaço —, que tinha o objetivo audacioso de colonizar Marte e de fazer com que a humanidade se tornasse uma espécie multiplanetária. Contudo, a riqueza de Musk não era suficiente para comprar foguetes nem no mercado norte-americano nem no russo. Ele recorreu aos capitalistas de risco, mas eles se mostraram difíceis demais de convencer. Musk explicou: "O espaço fica muito longe da zona de conforto de praticamente qualquer capitalista de risco da Terra." Ele não deixou que seus amigos investissem porque acreditava que sua empresa tinha apenas 10% de chance de ser bem-sucedida.

Ele estava quase desistindo quando percebeu que sua abordagem havia sido extremamente falha. Em vez de desistir, ele decidiu voltar aos princípios básicos — o tópico deste capítulo.

Antes de explicar como funciona pensar em princípios básicos, vamos começar abordando dois dos seus obstáculos. Você vai aprender por que o conhecimento pode ser uma falha, em vez de uma virtude, e como um engenheiro de estradas do Império Romano acabou determinando a largura do ônibus espacial da NASA. Vai descobrir quais são as regras invisíveis que nos seguram e como se livrar delas. Vou explicar como uma gigante farmacêutica e o exército norte-americano usam a mesma estratégia para lidar com ameaças e por que acabar com seu negócio pode ser a melhor opção para salvá-lo. Vamos analisar por que subtrair, em vez de acrescentar, é a chave para inovar, e como um modelo mental pode ajudá-lo a simplificar sua vida. Quando terminar de ler este capítulo, você estará a par de estratégias práticas para fazer o pensamento de princípios básicos atuar na sua própria vida.

Sempre Fizemos Assim

Um dos meus filmes favoritos, *Clube dos Cafajestes*, começa com a câmera se aproximando de uma estátua de Emil Faber, o fundador da faculdade onde o filme acontece. Na estátua, há uma inscrição de uma citação incrivelmente banal do fictício Faber: *Conhecimento é bom*. Essa citação é uma óbvia paródia de fundadores reais de faculdades que se sentiram obrigados a ter algum lema inspirador ligado ao seu nome. Deixando a zombaria de lado, não há dúvidas de que Faber está correto e, pelo menos no meu caso, ele está ensinando o padre a rezar a missa: eu ganho a vida como um trabalhador intelectual.

No entanto, as mesmas qualidades que fazem do conhecimento uma virtude podem transformá-lo em uma falha. O conhecimento molda. O conhecimento informa. Ele cria estrutura, etiquetas, categorias e lentes por meio das quais enxergamos o mundo. Ele opera como uma neblina, como um filtro do Instagram e como uma estrutura poética por meio da qual vivemos nossas vidas. Essas estruturas são notoriamente difíceis de quebrar, e por um bom motivo: elas são úteis, nos fornecem atalhos cognitivos que nos ajudam a entender o mundo, e nos tornam mais eficientes e produtivos.

Porém, se não tomarmos cuidado, elas também podem distorcer nossa visão. Se sabemos, por exemplo, que o preço do mercado para foguetes é altíssimo, concluímos que apenas os governos poderosos e megacorporações com acesso único a grandes somas de dinheiro podem construí-los. De modo inconsciente, o conhecimento pode nos tornar escravos das convenções. E pensamentos convencionais levam a resultados convencionais.

Quando comecei a lecionar, achei estranho que os alunos da minha faculdade de direito precisassem assistir aulas de Processo Criminal — uma matéria difícil e que exige uma base forte em outros tópicos — no seu primeiro ano. No almoço, quando pedi que um colega sênior me explicasse, ele abaixou o jornal que estava lendo e simplesmente disse: "Sempre fizemos assim." Décadas atrás, alguém decidiu estruturar o currículo assim, e esse era um bom motivo para continuar fazendo do mesmo modo. Desde então, ninguém levantou a mão para perguntar por que sim ou por que não.

O status quo é um superímã. As pessoas não gostam do jeito como as coisas poderiam ser e se sentem confortáveis com como as coisas são. Se você tem alguma dúvida sobre nossa obsessão com o status quo, considere estas expressões que são usadas para evitar mudanças: "Não mexa se não estiver quebrado." "Não balance o barco." "Não troque os cavalos no meio da corrida." "Continue com o mau conhecido."

O padrão tem muito poder, mesmo em indústrias avançadas como a ciência de foguetes. Essa ideia é chamada de dependência da trajetória: o que fizemos antes molda o que acontecerá depois.

Considere um exemplo. A largura dos motores que impulsionam os ônibus espaciais — uma das máquinas mais complexas que a humanidade já criou — foi determinada há mais de 2 mil anos por um engenheiro de estradas romano.[3] Sim, você leu direito. Os motores tinham 1,5 metros porque essa era a largura dos trilhos sobre os quais eles seriam transportados de Utah para a Flórida. A largura desses trilhos, por sua vez, foi baseada na largura dos trilhos de bondes da Inglaterra, que foi baseada na largura das estradas construídas pelos romanos: 1,5 metros.

O layout de teclado que a maioria de nós usa foi projetado para ser ineficiente. Antes do formato atual, as máquinas de escrever travavam se escrevêssemos rápido demais. O layout QWERTY (que recebe seu nome segundo as seis primeiras letras do teclado) foi criado especificamente para diminuir a velocidade da datilografia para evitar que as teclas travassem. Além disso, para fins de publicidade, as letras que formavam a palavra *typewriter* (máquina de escrever, em inglês) ficavam na primeira linha, permitindo que os vendedores demonstrassem como a máquina funcionava ao escreverem rapidamente o nome da marca (experimente!).

Obviamente, o travamento de teclas mecânicas não é mais um problema. E não há mais a necessidade de escrever *typewriter* o mais rapidamente possível. Apesar da disponibilidade de layouts mais eficientes e ergonômicos, o layout QWERTY ainda é o dominante.

As mudanças podem ser caras. Abandonar o QWERTY por um layout alternativo, por exemplo, exigiria que todos nós aprendêssemos a datilografar do zero (embora exista um grupo de pessoas que fez a mudança e que diz que o esforço vale a pena). E, às vezes, as coisas podem mudar para pior. Mas, em geral, nos apegamos ao padrão mesmo que os benefícios da mudança ultrapassem significativamente os custos.

Os interesses adquiridos também reforçam o status quo. Executivos de alto nível de empresas da *Fortune* 500 evitam a inovação porque sua compensação está atrelada a resultados trimestrais de curto prazo que podem ser temporariamente afetados por se forjar um novo caminho. Upton Sinclair disse: "É difícil fazer um homem entender uma coisa quando seu salário depende de ele não entendê-la."

Se você fosse um criador de cavalos em Detroit em princípios de 1900, teria concluído que sua concorrência seria outros criadores, que estavam criando cavalos mais fortes e mais rápidos do que os seus. Se tivesse uma companhia de táxi há 10 anos, concluiria que sua concorrência seriam outras companhias de táxi. Se gerenciasse a segurança de um aeroporto, concluiria que sua principal ameaça seria um outro cara com uma bomba no sapato, de modo que você teria que "resolver" o terrorismo fazendo todo mundo tirar os sapatos.

Em cada caso, o passado acaba com o futuro. Seguimos em frente — até batermos no iceberg.

Pesquisas mostram que nos apegamos cada vez mais às regras à medida que envelhecemos.[4] Os eventos começam a se repetir. Assim como os dias. Nós regurgitamos os mesmos lemas usados, nos apegamos ao mesmo trabalho, conversamos com as mesmas pessoas, assistimos aos mesmos programas e mantemos as mesmas linhas de produção. É um livro de "escolha sua própria aventura" que termina sempre do mesmo jeito.

Quanto mais funda está a neve, mais difícil é sair dela. Um método estabelecido de fazer as coisas pode ocultar o portão de saída. Robert Louis Stevenson escreveu: "Quando uma estrada é construída, é estranho como ela fica engarrafada, como, a cada ano que passa, cada vez mais pessoas andam nela, e outros são contratados para consertá-la, perpetuá-la e mantê-la viva."[5]

Nós tratamos os processos e as rotinas como estradas congestionadas. Uma pesquisa de 2011 com mais de 100 empresas norte-americanas e europeias mostrou que "nos últimos 15 anos, a quantidade de procedimentos, camadas verticais, estruturas de interface, órgãos de coordenação e aprovações de decisão necessários em cada uma dessas firmas havia aumentado em toda parte de 50% para 350%".[6]

Esse é o problema. O processo, por definição, significa olhar para trás. Eles foram desenvolvidos em resposta aos problemas de ontem. Se os tratarmos como um pacto sagrado — se não os questionarmos —, os processos poderão impedir que sigamos em frente. Com o passar do tempo, nossas artérias organizacionais ficarão entupidas de procedimentos ultrapassados.

Então, seguir esses procedimentos se tornará o benchmark para o sucesso. Jeff Bezos disse: "Não é raro ouvir falar de líderes juniores que defendem um resultado ruim dizendo: 'Bem, seguimos o processo'." Ele também alerta: "Se não tomarmos cuidado, os processos se tornarão a coisa mais importante." Entretanto, não precisamos jogar nossos procedimentos operacionais padrões na trituradora e criar uma política corporativa de vale-tudo. Em vez disso, precisamos criar o hábito de nos perguntar, como Bezos se perguntou: "Nós somos donos do processo ou ele que é nosso dono?"[7]

Quando necessário, precisamos desaprender o que sabemos e começar tudo de novo. É por isso que Andrew Wiles — o matemático que resolveu o último teorema de Fermat de séculos de idade — disse: "Não é bom termos uma memória boa se queremos ser matemáticos. Precisamos esquecer como abordamos [o problema] da última vez."[8]

No fim, Emil Faber estava certo. O conhecimento *é* bom, mas ele deve informar e não restringir, esclarecer e não obscurecer. Apenas se fizermos nosso conhecimento existente evoluir é que o futuro será claro para nós.

A tirania do nosso conhecimento é apenas parte do problema. Nós nos restringimos não apenas por meio daquilo que fizemos no passado, mas por meio do que outros fizeram também.

Eles Estão Fazendo Assim

Fomos geneticamente programados para seguir o rebanho. Há milhares de anos, nos condicionar à nossa tribo era essencial para a sobrevivência. Se não nos conformássemos, seríamos expulsos, rejeitados ou, pior, abandonados para morrer.

No mundo moderno, a maioria de nós deseja se destacar do rebanho. Acreditamos que temos gostos distintos e uma visão de mundo diferente da população em geral. Podemos admitir que nos interessamos pelas escolhas dos outros, mas diríamos que tomamos nossas próprias decisões.

A pesquisa mostra o contrário. Em um estudo representativo, os participantes foram questionados a respeito de um documentário ao qual assistiram: "Quantos policiais havia quando a mulher foi presa? Qual era a cor do vestido dela?"[9] Eles fizeram o teste sozinhos e não viram o que os outros participantes responderam. Alguns dias depois, eles voltaram ao laboratório para fazer um novo teste. Dessa vez, eles viram as respostas dos outros participantes. Mas os pesquisadores pregaram uma peça neles: eles intencionalmente falsificaram algumas respostas.

Cerca de 70% das vezes, os participantes trocavam suas respostas corretas e respondiam de acordo com as respostas erradas fornecidas pelo restante do grupo. Mesmo depois de os pesquisadores terem contado aos participantes que as respostas do grupo estavam erradas, a prova social falsa se mostrou tão poderosa que cerca de 40% dos participantes se apegaram às respostas erradas durante um novo teste.

Resistir a essa conformidade programada nos causa aflição emocional — literalmente. Um estudo neurológico mostrou que a não conformidade ativa a amígdala, que produz o que os autores descrevem como "uma dor de independência".[10]

Para evitar essa dor, dizemos que somos originais, mas nos tornamos o subproduto do comportamento de outras pessoas. É como diz o provérbio chinês: *Um cão late por alguma razão, então cem outros latem por causa do primeiro latido.*

Os negócios instalam seus para-raios onde o raio caiu da última vez e esperam que ele caia ali de novo. *Isso funcionou uma vez, então vamos fazer isso de novo. E de novo. E de novo.* Vamos lançar a mesma campanha de marketing, usar a mesma fórmula presente em romances de grande sucesso distribuídos em massa, e vamos fazer o 17º filme dos *Velozes e Furiosos*. Especialmente em situações de incerteza, temos a tendência de copiar e colar o que os nossos colegas e concorrentes fazem, concluindo que eles sabem alguma coisa que não sabemos.

Essa estratégia pode funcionar a curto prazo, mas é uma receita para o desastre a longo prazo. Os ventos da moda são inconstantes, e as tendências são transitórias. Com o passar do tempo, a imitação faz com que o original se torne obsoleto. O mesmo caminho que leva à glória para uma pessoa pode resultar em catástrofe para a outra. Por outro lado, o mesmo caminho que resultou na catástrofe de uma pessoa pode resultar na glória de outra. O Friendster e o Myspace desapareceram, mas a capitalização de mercado do Facebook chegou a meio trilhão de dólares em meados de 2019.

Para deixar bem claro, existe muita vantagem em aprender técnicas que outros dominaram. A emulação, afinal de contas, é a nossa primeira professora. A conformidade nos ensina tudo — como andar, como amarrar nossos sapatos e muito mais. Por menos de 20 dólares, um livro pode lhe mostrar o que outra pessoa levou a vida inteira para descobrir. No entanto, existe uma grande diferença entre o aprendizado e a imitação cega.

Não podemos copiar e colar o caminho para o sucesso de outra pessoa. Não podemos largar a Faculdade Reed, fazer um curso de caligrafia, tomar um pouco de LSD, aprender um pouco de zen-budismo, montar uma lojinha na garagem dos nossos pais e esperar abrir a próxima Apple. É como Warren Buffett disse: "As cinco palavras mais perigosas no mundo dos negócios são 'Todo mundo está fazendo assim'." O macaco vê e corre para um centro movimentado — embora haja muito menos concorrência na periferia. Astro Teller, chefe da X, a fábrica *moonshot* da Google, disse: "Quando tentamos aprimorar as técnicas já existentes, entramos em uma competição de inteligência com todos os que vieram antes de nós. Essa não é uma competição boa de se participar."[11]

De início, Musk entrou nessa competição quando começou a comprar foguetes. Seu pensamento estava contaminado com o que outros haviam feito no passado. Então, ele decidiu voltar para o seu treinamento como físico e raciocinar a partir de princípios básicos.

Só um detalhe sobre Musk antes de continuar. Eu descobri que seu nome gera opiniões estranhamente fortes. Alguns o enxergam como um Homem de Ferro da vida real, o homem mais interessante do mundo, um empreendedor com um coração que está fazendo mais do que qualquer outra pessoa para que a humanidade avance. Outros o descrevem como o diletante do Vale do Silício, cujas empresas "para salvar o mundo" flertam frequentemente com o desastre e um *showman* que conta histórias autoindulgentes sobre o futuro por meio da sua conta no Twitter (ao mesmo tempo que se mete regularmente em situações difíceis).

Eu não estou em nenhum desses lados. Acho que fazemos um desserviço para Musk se o transformarmos em um vilão ou o idolatrarmos. Mas também fazemos um desserviço a nós mesmos se deixarmos de aprender como ele usou o pensamento em princípios básicos para abalar inúmeras indústrias, transformando seus sonhos estelares em realidade.

De Volta aos Princípios Básicos

O crédito pelo pensamento em princípios básicos se deve a Aristóteles, que o definiu como "a base pela qual uma coisa é conhecida".[12] O filósofo e cientista francês René Descartes o descreveu como um questionamento sistemático de tudo o que for possível questionar até que tenhamos apenas verdades inquestionáveis.[13] Em vez de encarar o status quo como absoluto, acabamos com ele. Em vez de deixar nossa visão original — ou as visões de outros — moldar o caminho à nossa frente, abandonamos toda nossa lealdade a elas. Passamos por cima das suposições existentes como se estivéssemos atravessando uma selva até que tenhamos apenas os componentes fundamentais.

Todo o resto é negociável.

O pensamento em princípios básicos permite-nos enxergar aquela ideia aparentemente óbvia que estava se escondendo bem debaixo do nosso nariz. O filósofo Arthur Schopenhauer disse: "O talento atinge um alvo que ninguém mais consegue atingir", mas "a genialidade atinge um alvo que ninguém mais consegue enxergar". Quando aplicamos o pensamento em princípios básicos, deixamos de ser uma banda *cover* que toca as músicas de outra pessoa para ser um artista que realiza a dolorosa tarefa de criar algo novo. Deixamos de ser o que o autor James Carse chama de "jogador finito", alguém que brinca *dentro* dos limites preestabelecidos, para ser um jogador infinito, alguém que brinca *com* os limites.

Ao voltar para casa de mãos vazias depois das suas últimas compras na Rússia, Musk teve uma epifania. Ao tentar comprar os foguetes que outros haviam construído, ele percebeu que estava exercendo o papel de uma banda *cover* — um jogador finito. No seu voo de volta para casa, Musk disse a Jim Cantrell, um consultor aeroespacial que o acompanhou na viagem: "Eu acho que podemos construir um foguete sozinhos."[14] Musk mostrou uma tabela a Cantrell com os números com os quais ele estava trabalhando. Cantrell recorda: "Eu dei uma olhada neles e disse: 'Puxa — foi por *isso* que ele pegou todos os meus livros [sobre foguetes] emprestados'."

Mais tarde, em uma entrevista, Musk explicou: "Eu tenho a tendência de abordar as coisas do ponto de vista da física. Ela nos ensina a raciocinar a partir de princípios básicos em vez de analogias" — em outras palavras, copiar ou se comparar aos outros sem muita divergência.

Para Musk, usar princípios básicos significou começar com as leis da física e se perguntar do que precisava para colocar um foguete no espaço. Ele analisou um foguete inteiro, até seus menores subcomponentes — suas matérias-primas fundamentais.

"Do que é feito um foguete?", ele se perguntou. "Ligas de alumínio aeroespaciais, um pouco de titânio, cobre e fibra de carbono. Então, me perguntei: 'Qual é o preço desses materiais no mercado?' No fim das contas, os materiais de um foguete custavam cerca de 2% do preço costumeiro — o que era uma diferença tremenda."

Pelo menos em parte, essa diferença de preço era resultado de uma cultura de terceirização da indústria espacial. As empresas aeroespaciais terceirizavam seu serviço a subcontratantes, que por sua vez terceirizavam para sub-subcontratantes. Musk explicou: "Precisamos cavar bem fundo para encontrar alguém que esteja fazendo algo realmente útil — cortando metal e moldando átomos de fato."

Então, Musk decidiu cortar seu próprio metal e construir seus foguetes da próxima geração do zero. Ao caminhar pelos halls das fábricas da SpaceX, veremos que as pessoas estão fazendo de tudo, desde soldar titânio a construir computadores de bordo. Cerca de 80% de todos os componentes de foguetes da SpaceX são fabricados internamente. Isso dá à empresa grande controle sobre custo, qualidade e ritmo. Com alguns fornecedores externos, a SpaceX pode passar da ideia para a execução em tempo recorde.

Aqui vai um exemplo dos benefícios da produção interna. Certa vez, Tom Mueller, o chefe de propulsão da SpaceX, pediu que um fornecedor construísse uma válvula de motor. Mueller recorda: "Eles disseram que ela custaria 250 mil dólares e que levariam um ano para fabricá-la." Ele respondeu: "Não, precisaremos dela para este verão e por um valor muito menor." O fornecedor disse: "Boa sorte com isso", e foi embora. Então, a equipe de Mueller construiu a válvula sozinha — por uma fração do preço. Quando o fornecedor ligou para Mueller no verão para perguntar se a SpaceX ainda precisava da válvula, Mueller respondeu: "Nós a fabricamos, demos os retoques finais e a aprovamos, e vamos fazer um voo com ela."[15] Mike Horkachuck, o contato da NASA com a SpaceX, ficou surpreso de ver como a abordagem de Mueller se espalhou por toda a empresa: "Isso foi algo único porque eu praticamente nunca ouvi falar de engenheiros da NASA falando sobre [o] custo de uma peça quando estão fazendo compras e tomando decisões de design."[16]

A SpaceX também mostrou criatividade na obtenção de matérias-primas. Um funcionário comprou um teodolito, um equipamento que é usado para rastrear e alinhar foguetes, no eBay por $25.000, depois de descobrir que um novo era caro demais. Outro funcionário obteve um grande pedaço de metal em um ferro-velho industrial para fazer a carenagem — o nariz em cone que protege o foguete. Componentes baratos e usados, se testados e aprovados corretamente, podem funcionar tão bem quanto componentes novos e caros.

A SpaceX também pegou componentes emprestados de outras indústrias. Em vez de usar equipamentos caros para fazer maçanetas para as escotilhas, a empresa usou peças das travas de boxes de banheiro. Em vez de projetar arreios caros e personalizados para os astronautas, utilizou cintos de segurança usados em carros de corrida, que são mais confortáveis e mais baratos. No lugar de computadores de bordo especializados, que chegam a custar $1 milhão, a SpaceX instalou o mesmo tipo de computadores usados em um caixa eletrônico por $5.000 no seu primeiro foguete. Em comparação com o custo total de uma espaçonave, esses cortes de custo podem não parecer muito, mas "quando fazemos o cálculo, faz uma grande diferença", diz Musk.

Muitos desses componentes mais baratos têm o benefício de serem mais confiáveis. Pense, por exemplo, nos injetores de combustível usados nos foguetes da SpaceX. A maioria dos motores de foguetes usa um design que se parece com a cabeça de um chuveiro, onde vários injetores depositam combustível na câmara de combustão do foguete. A SpaceX usa o que é chamado de motor de pino, com apenas um injetor, que se parece com o bico de uma mangueira de jardim. Esse motor de pino mais barato tem menos probabilidade de criar instabilidade na combustão, o que pode resultar no que os cientistas de foguetes chamam de desmontagem rápida não programada — ou o que os leigos chamam de explosão.

O pensamento em princípios básicos fez com que a SpaceX questionasse outra grande suposição da ciência de foguetes.[17] Durante décadas, a maioria dos foguetes que lançavam espaçonaves no espaço sideral não podiam ser reutilizados. Eles caíam no oceano ou queimavam na atmosfera depois de levar sua carga à órbita, fazendo com que um foguete totalmente novo precisasse ser construído. Isso era o equivalente cósmico de queimar um avião no fim de cada voo comercial. O custo de um foguete moderno é o mesmo de um Boeing 737, mas voar em um 737 é muito mais barato porque os jatos, diferentemente dos foguetes, são usados repetidamente.

A solução era óbvia: deveríamos fazer o mesmo com os foguetes. É por isso que algumas peças dos ônibus espaciais da NASA eram reutilizáveis. Os grandes propulsores dos foguetes que levavam os ônibus à órbita seriam separados na espaçonave e desceriam de paraquedas no Oceano Atlântico para serem apanhados e preparados para um novo voo. A nave que levasse os astronautas também voltaria para a Terra depois de cada missão e seria usada novamente em voos futuros.

Para que a reutilização fizesse sentido econômico para os foguetes, ela deveria ser realizada o mais rápido e da maneira mais completa possível. Nesse contexto, "rápido" significa que as peças reutilizáveis exigiriam o mínimo de investigação e preparo pós-missão. Depois de uma rápida inspeção e reabastecimento, o foguete deveria poder decolar — assim como um avião é inspecionado e reabastecido no fim de uma viagem. E com total capacidade de reutilização, todos os componentes da espaçonave seriam reutilizados, de modo que nenhum equipamento seria descartado.

Contudo, no caso de ônibus espaciais, a reutilização não era nem rápida nem total. O custo da inspeção e do preparo para um novo voo era extremamente alto, em especial por causa da pouca frequência de voos espaciais. Essa rotação exigia "mais de 1,2 milhões de procedimentos diferentes", levando meses e custando mais do que um novo ônibus espacial.[18]

Se pensarmos por analogia, concluiríamos que a reutilização de naves espaciais é uma má ideia. *Como não deu certo para a NASA, não vai funcionar com a gente.* Mas esse raciocínio é falho. O argumento contra a reutilização se baseou em um único estudo de caso: o ônibus espacial. Porém, o problema era com o ônibus em si e não com toda espaçonave reutilizável.

Os foguetes são feitos em estágios, que são colocados um em cima do outro. O foguete *Falcon 9* da SpaceX tem dois estágios. O primeiro estágio é uma seção de 14 andares de um foguete com 9 motores. Depois que o primeiro estágio luta contra a gravidade e ergue a espaçonave da plataforma de lançamento e a leva até o espaço, ele se separa e cai, deixando que o segundo estágio assuma. O segundo estágio, que tem apenas um motor, aciona a ignição e continua a empurrar a espaçonave para cima. O primeiro estágio é a parte mais cara do *Falcon 9*, representando cerca de 70% do custo total da missão. Mesmo se apenas o primeiro estágio puder ser recuperado e reutilizado de modo eficiente, isso já representaria uma grande economia de dinheiro.

Mas a recuperação e a reutilização não são façanhas simples de se realizar. O primeiro estágio precisa ser separado da espaçonave, dar uma pirueta, acionar a ignição de três dos seus motores para diminuir a velocidade, encontrar o caminho para a plataforma de lançamento na Terra e, com cuidado, pousar na posição correta no solo. Nas palavras de um comunicado de imprensa da SpaceX, essa façanha é como equilibrar "um cabo de borracha na mão no meio de uma tempestade de vento".[19]

Em dezembro de 2015, o primeiro estágio de um foguete *Falcon 9* realizou um pouso com sucesso em solo firme depois de levar sua carga à órbita. A Blue Origin — que era a empresa de voo espacial particular de Bezos — também conseguiu pousar o estágio propulsor reutilizável do seu foguete New Shepard na Terra, depois de enviá-lo para o espaço. A partir de então, ambas as empresas se prepararam para novos voos e reutilizaram vários estágios recuperáveis de foguetes, enviando-os novamente ao espaço como carros usados certificados. O que antes foi uma experiência maluca agora está se tornando uma rotina.

As inovações produzidas pelo pensamento em princípios básicos permitiram que a Blue Origin e a SpaceX reduzissem drasticamente o custo das viagens espaciais. Por exemplo, quando a SpaceX começou a levar astronautas da NASA até a Estação Espacial Internacional, cada voo era planejado para custar $133 milhões dos contribuintes — menos de um terço dos $450 milhões dos lançamentos de ônibus espaciais de antigamente.

A SpaceX e a Blue Origin tinham algo a seu favor: elas eram novas na indústria. Tinham o privilégio de escrever em folhas em branco. Não tinham ideias internas fixas, nenhuma prática estabelecida há muito tempo e nenhum componente herdado. Sem as amarras do seu passado, elas podiam deixar os princípios básicos guiarem o design dos seus foguetes.

A maioria de nós não tem esse luxo. Somos inevitavelmente influenciados pelo que sabemos e pelos caminhos trilhados pelos pioneiros que vieram antes de nós. Escapar das nossas suposições é difícil — especialmente quando elas são invisíveis para nós.

Como Regras Invisíveis nos Seguram

A autora Elizabeth Gilbert conta a fábula de um grande santo que ajudaria seus seguidores a meditar.[20] Quando eles estavam entrando no seu momento zen, eram atrapalhados por um gato que "andava pelo templo miando e ronronando, perturbando todo mundo". O santo pensou em uma solução simples: ele começou a amarrar o gato em um poste durante as sessões de meditação. Essa solução rapidamente se transformou em um ritual: amarrar o gato em um poste primeiro e meditar depois.

Quando o gato por fim morreu (de causas naturais), houve uma crise religiosa. O que os seguidores deveriam fazer? Como eles poderiam meditar sem amarrar o gato no poste?

Essa história ilustra o que eu chamo de regras invisíveis. São hábitos e comportamentos que, sem necessidade, se enrijeceram em regras. Não são como as regras escritas, que são visíveis. As regras escritas surgem nos procedimentos operacionais padronizados e podem ser alteradas ou apagadas.

Embora possa ser difícil alterar as regras escritas, como vimos anteriormente, as regras invisíveis são ainda mais difíceis. Elas são como assassinas silenciosas que restringem nosso pensamento sem que saibamos disso. Transformam-nos em ratos presos dentro de uma caixa de Skinner, puxando a mesma alavanca vez após vez — com a exceção de que essa caixa foi projetada por nós mesmos e temos a liberdade de sair dela quando quisermos. Nós podemos meditar sem o gato, mas não percebemos isso.

Então, pioramos as coisas defendendo nossas limitações autoimpostas. Dizemos que poderíamos fazer as coisas de um modo diferente, mas nossa cadeia logística, nosso software, nosso orçamento, nossas habilidades, nossa educação ou o que quer que seja não nos permite fazer isso. É como diz um ditado: "Lute pelas suas limitações e poderá mantê-las."

Uma citação de Alan Alda, que costuma ser erroneamente atribuída a Asimov, diz: "Suas suposições são sua janela para o mundo. Limpe-as de vez em quando, senão a luz não poderá entrar."[21] No seu mundo, o que é o gato da fábula da meditação? Que relíquia desnecessária do passado está prejudicando seu pensamento e atrapalhando seu progresso? O que acha que deveria fazer só porque todo mundo está fazendo? Você pode questionar essa suposição e substituí-la por algo melhor?

Tínhamos o costume de supor que restaurantes precisavam de mesas, uma cozinha imóvel e uma construção de tijolo e cimento. Questionar essas suposições nos deu os food trucks. Costumávamos achar que multas de atraso e lojas físicas eram necessárias para alugar filmes. Questionar essas suposições nos deu a Netflix. Costumávamos achar que precisávamos de empréstimos bancários ou do financiamento de capitais de risco para lançar um novo produto. Questionar essas suposições nos deu o Kickstarter e o Indiegogo.

É claro que não podemos viver questionando toda e qualquer coisinha que fazemos. As rotinas nos libertam de decisões diárias exaustivas que, de outro modo, teríamos que tomar. Por exemplo, eu como a mesma coisa no almoço todos os dias e tomo a mesma rota para o trabalho. Costumo raciocinar a partir de analogias e copio as escolhas de outros no que se refere a moda, música e design de interiores (minha sala de estar se parece com uma página do catálogo da Crate & Barrel).

Em outras palavras, o pensamento em princípios básicos deve ser usado em questões que realmente importam. Para tirar a poeira que se juntou no seu para-brisa mental nessas áreas e expor as regras invisíveis da sua vida, questione suas suposições por um dia. Para cada compromisso, cada suposição, cada item do orçamento, pergunte-se: *E se isso não fosse verdade? Por que estou fazendo desse jeito? Posso me livrar disso ou substituí-lo por algo melhor?*

Tome cuidado se você começar a dar muitos motivos para manter alguma coisa. O autor e erudito Nassim Nicholas Taleb observa: "Se dermos mais de um motivo, estamos tentando nos convencer a fazer alguma coisa."[22]

Exija evidência atual — e não histórica — para se basear. Muitas das nossas regras invisíveis foram desenvolvidas para lidar com problemas que não existem mais (como o gato da fábula da meditação), mas a resposta imune permanece por muito tempo depois que o patógeno desaparece.

A melhor maneira de expor regras invisíveis é quebrando-as. Estabeleça um alvo que acha que não atingirá. Peça por um aumento que acha que não merece. Tente conseguir um emprego que acha que não vai conseguir.

No fim das contas, você vai descobrir que *é* possível meditar sem o gato. O pensamento em princípios básicos não serve apenas para descobrir quais são os componentes básicos de um produto ou prática — quer estejamos falando de foguetes ou de um ritual de meditação — ou para construir algo novo. Você também pode usar esse pensamento para encontrar matérias-primas no seu interior e construir um novo você. Por sua vez, isso exige que você arrisque sua importância.

Por Que Você Deveria Arriscar Sua Importância

Quando Steve Martin começou a fazer comédia de *stand-up*, havia uma fórmula comprovada para se contar piadas.[23] Cada piada vinha com um bordão constrangedor. Eis um exemplo da ciência de foguetes:

PERGUNTA: Como a NASA organiza uma festa da empresa?
RESPOSTA: Eles planetam.

Contudo, Martin não estava satisfeito com a fórmula-padrão. O que lhe incomodava é que as risadas que vinham após o bordão eram sempre automáticas. Assim como os cães de Pavlov salivando ao som de um sino, a audiência instintivamente ria quando o bordão chegava. Mais do que isso: se ninguém risse no bordão, o comediante ficaria ali, sem graça, sabendo que sua piada não tinha dado certo. Martin concluiu que os bordões eram um jeito terrível de fazer comédia, tanto para os comediantes como para a audiência.

Então, Martin voltou aos princípios básicos, e se perguntou: *E se não houvessem bordões? E se eu criasse uma tensão que nunca terminasse?* Em vez de se conformar às expectativas da audiência, ele decidiu que iria contra elas. Ele acreditava que, sem um bordão, as risadas resultantes seriam mais fortes. A audiência riria quando bem entendesse, sem serem levadas a isso por algum artifício.

Desta forma, Martin fez o que os grandes cientistas de foguetes fazem: ele testou sua ideia. Certa noite, subiu no palco e disse à audiência que iria fazer a esquete do "Nariz no Microfone". Ele colocou seu nariz no microfone metodicamente, deu um passo para trás e disse: "Muito obrigado."

Não houve bordão. A audiência ficou em silêncio, espantada pela forma como Martin se desviou da comédia convencional. Porém, as risadas chegaram quando a audiência entendeu o que Martin havia feito. O objetivo dele, nas suas próprias palavras, era fazer com que a audiência "não conseguisse descrever o que foi que os fez rir. Em outras palavras, assim como o estado de alegria inevitável experimentado por amigos próximos que entendem o senso de humor um do outro, era preciso estar lá".

A resposta inicial à abordagem dos princípios básicos de Martin foi que ela era ridícula. Um crítico, que se apegava ao manual de comédia dos comediantes de stand-up, escreveu: "Esse suposto 'comediante' deveria ser informado de que as piadas devem ter um bordão." Outro descreveu Martin como "o maior erro agendado na história de Los Angeles".

Esse grande erro agendado logo se tornou o mais rentável. A audiência e a crítica por fim o entenderam, e Martin se tornou uma lenda do stand-up.

Mas, então, uma coisa inimaginável aconteceu. Ele deixou o stand-up.

Martin percebeu que havia feito o seu máximo como comediante de stand-up. Se ele tivesse continuado, suas inovações de comédia teriam se tornado pequenos desvios do status quo. Para proteger sua arte, ele a abandonou.

A destruição, como a banda Red Hot Chili Peppers nos lembra em *Californication*, também resulta em criação. Em vez de despencar, a carreira de Martin cresceu. Depois do stand-up, ele atuou em inúmeros filmes, gravou álbuns e escreveu livros e roteiros. Ele ganhou um Emmy, um Grammy e um prêmio do American Comedy. Em cada estágio, ele aprendeu, desaprendeu e reaprendeu.

Eu sei de primeira mão o quão difícil é fazer o que Martin fez. Quando comecei meu blog e o podcast, desviando-me da escrita de artigos acadêmicos oficiais, um bom amigo e colega professor de direito veio me alertar. "Você está destruindo sua importância acadêmica", ele disse.

Seu comentário me lembrou de um verso de um poema de Dawna Markova: "Eu escolho arriscar minha importância; viver para que o que veio até mim como uma semente chegue até o próximo como uma flor."[24] Quando nos olhamos no espelho, nós contamos uma história. É uma história sobre quem somos e quem não somos e sobre quem deveríamos e não deveríamos ser.

Dizemos a nós mesmos que somos acadêmicos de respeito, e que acadêmicos de respeito não se dirigem ao público por meio de blogs ou podcasts. Dizemos a nós mesmos que somos comediantes de respeito, e que comediantes de respeito não abandonam sua próspera carreira de stand-up. Dizemos a nós mesmos que somos empreendedores de respeito, e que empreendedores de respeito não investem seu patrimônio líquido em um negócio espacial de risco com pouca possibilidade de sucesso.

Existe certeza na história. A história faz com que nos sintamos importantes e seguros. Ela faz com que nos sintamos bem-vindos. Conecta-nos a acadêmicos, comediantes e empreendedores de respeito que vieram antes de nós.

Mas, em vez de moldarmos a história, ela nos molda. Com o passar do tempo, a história se torna nossa identidade. Não mudamos a história porque mudá-la significaria mudar quem somos. Temos medo de perder tudo pelo que trabalhamos tão duro para construir, temos medo de que outros riam de nós e temos medo de pagar mico.

Como todas as outras, a história da nossa importância é só isso: uma história. Uma narrativa. Um conto. Se não gostar da história, você pode mudá-la. Melhor ainda, pode abandoná-la por completo e escrever uma nova. A autora Anaïs Nin escreveu: "Para trocar de pele, precisamos entrar em novos ciclos. Precisamos aprender a descartar as coisas."[25]

Esse descarte aconteceu de modo involuntário para Steve Jobs, que, em 1985, foi expulso da Apple, a empresa que ele havia cofundado. Embora sua dispensa tenha doído na época, ao olhar para trás, Jobs disse que essa foi a "melhor coisa que poderia ter acontecido comigo". Ser demitido o libertou da sua própria história e o forçou a voltar aos princípios básicos. Ele disse: "O peso de ser bem-sucedido foi substituído pelo brilho de ser um iniciante novamente. Isso me libertou para entrar em um dos maiores períodos criativos da minha vida."[26] A bagagem do quão importante ele se considerava não podia mais segurá-lo. Sua jornada criativa o fez abrir a empresa de computadores NeXT e entrar na Pixar, transformando essa empresa de cinema em um sucesso multibilionário. Então, ele voltou para a Apple em 1997 para lançar uma série de produtos revolucionários, como o iPod e o iPhone.

Para mim, foi uma agonia ter que recusar o conselho do meu amigo bem-intencionado que recomendou que eu não me aventurasse na escrita popular. Houve momentos de muita dúvida no caminho, quando pensei ter tomado a decisão errada ou que talvez devesse ter me mantido no meu caminho anterior. Porém, se eu tivesse feito isso, você não estaria lendo este livro.

Quando não agimos — quando nos apegamos à ilusão da nossa importância —, os riscos são muito maiores. Apenas se sairmos de onde estamos podemos chegar aonde queremos ir. Henry Miller escreveu que precisamos ser "carbonizados e mineralizados para nos elevar a partir do último denominador comum de nós mesmos".[27]

Ao arriscar nossa importância, não mudaremos quem somos. Descobriremos quem somos. À medida que as cinzas e o entulho se assentam, algo lindo se eleva.

Um restaurante seguiu essa ideia de um modo um tanto quanto literal.

Apetite por Destruição

Em 2005, o chef Grant Achatz e seu parceiro de negócios, Nick Kokonas, fundaram um restaurante em Chicago chamado Alinea para criar uma das melhores experiências culinárias do mundo. "Eu estava me coçando para mostrar ao mundo o que podemos fazer com a comida", disse Achatz.[28] O fogo do Alinea logo iluminou o mundo gastronômico. Com mais de 30 pratos, o restaurante iria deleitar seus jantares com uma experiência descrita como um "show de mágica comestível" que continuaria a ressoar na sua mente e cujo sabor perduraria muito depois de a refeição ter terminado.

O Alinea ganhou um renome universal, recebendo quase todos os prêmios que um restaurante poderia receber. Em 2011, ele se tornou um dos dois primeiros restaurantes em Chicago — e apenas um dos nove nos Estados Unidos — a ganhar as cobiçadas três estrelas Michelin. O 10º ano do restaurante, em 2015, foi o seu ano mais rentável.

Era preciso celebrar. Mas, como se tratava do Alinea, uma festa normal não serviria. Kokonas tinha um tipo diferente de festa em mente — uma que envolvia marretas.

Em uma entrevista, Kokonas se lembra de ter consumido uma excelente refeição em um restaurante proeminente, só para voltar alguns anos depois para se decepcionar. "Era o mesmo lugar, a mesma cadeira, e mais ou menos a mesma refeição. Por que ela foi tão ruim? Era eu? Eu havia mudado? Ou era o mundo que havia mudado?" A resposta, obviamente, eram as duas coisas.

Kokonas explicou: "Quando temos um negócio de sucesso, fica mais difícil de mudá-lo." A inércia necessária para mudar o rumo é forte demais, em especial se somos os melhores do nosso ramo. "É difícil fazer mudanças incrementais", ele disse. "De vez em quando, precisamos destruir para reconstruir melhor."

Levando essa declaração ao pé da letra, Kokonas e seu parceiro chef, Achatz, desenvolveram um apetite pela destruição. Eles decidiram saltar de um penhasco criativo e estriparam seu restaurante de dentro para fora. O Alinea ficou fechado por cinco meses, enquanto tanto o prédio como o cardápio passaram por uma transformação de sete dígitos. Essas mudanças afrouxaram "a atmosfera estéril e hipercontrolada que fazia o Alinea parecer a sala de operações mais agradável do mundo", disse um crítico gastronômico.[29] O novo restaurante oferece a mesma excelência gastronômica, mas agora inclui uma boa dose de diversão e brincadeira na jogada.

Os amantes da gastronomia chamaram esse novo restaurante de Alinea 2.0, mas Kokonas e Achatz simplesmente o chamaram de Alinea. O restaurante pode ter sido destruído e reconstruído, mas sua identidade principal — e o compromisso subjacente dos fundadores ao pensamento em princípios básicos — continuou a mesma.

Esse é um ponto importante: a destruição em si não é suficiente se não vier acompanhada de um compromisso com o processo de pensamento apropriado. "Se uma fábrica for destruída, mas o raciocínio que a produziu permanecer em pé, então esse raciocínio simplesmente fará outra fábrica", explica Robert Pirsig em *Zen e a Arte da Manutenção de Motocicletas*. "Se uma revolução destruir um governo sistemático, mas os padrões sistemáticos que geraram esse governo permanecerem intactos, então esses padrões se repetirão."[30] A menos que mudemos os padrões subjacentes do pensamento, só podemos esperar mais do mesmo — independentemente de quantas vezes façamos uma festa de marretas.

Mudar os padrões subjacentes do pensamento exige contratar as pessoas certas. Ao entrevistar membros de equipe em potencial, Kokonas não "queria pessoas que tivessem 20 anos de experiência trabalhando em restaurantes". Bagagem demais pode atrapalhar o pensamento em princípios básicos. A preocupação de Kokonas era que funcionários experientes vissem um restaurante e pensassem apenas em toalhas de mesa brancas.

Se estamos tentando transformar uma indústria, faz todo sentido procurar por talentos fora dela. É aí que encontramos pessoas que não foram cegadas pelas regras invisíveis — as toalhas de mesa brancas — que restringem nosso pensamento. Nos seus primórdios, a SpaceX costumava contratar pessoas das indústrias automotiva e de celulares. A tecnologia muda rápido nesses campos, o que exige aprendizado e adaptação rápidos — a marca dos pensadores em princípios básicos.

....

O QUE FOI INCRÍVEL SOBRE Steve Martin e Alinea é que ambos usaram marretas em si mesmos quando estavam no ápice do seu sucesso. Contudo, a maioria de nós não tem coragem de fazer o que Martin e o Alinea fizeram. Quando as coisas estão indo bem, nós nos acomodamos ao conforto e ao status quo, em vez de revolucionar as coisas.

Mas voltar aos princípios básicos é mais fácil do que você pensa. Se não puder usar uma bola de demolição de verdade, você pode usar uma hipotética.

Eu Cheguei Como Uma Bola de Demolição

A história de Kenneth Frazier é quintessencialmente norte-americana. Filho de um zelador, Frazier cresceu em um bairro da classe trabalhadora da Filadélfia e chegou até o topo, formando-se pela Universidade da Pensilvânia e, depois, pela Faculdade de Direito de Harvard. Ele entrou na gigante farmacêutica Merck como um conselheiro corporativo e depois se tornou o seu diretor executivo.[31]

Como muitos executivos, Frazier queria promover a inovação na Merck, mas, diferentemente da maioria dos executivos que simplesmente pediam que seus funcionários inovassem, Frazier lhes pediu para fazer uma coisa que nunca haviam feito antes: destruir a Merck. Frazier fez com que os executivos da empresa exercessem o papel dos principais concorrentes da Merck e tivessem ideias para levá-la à falência. Então, eles trocaram de papéis, voltando a ser funcionários da Merck, e criaram estratégias para lidar com essas ameaças.[32]

Isso é chamado de exercício de matar a empresa. É como Lisa Bodell, a mente criativa por trás do exercício, explica: "Para criar a empresa do *amanhã*, precisamos destruir os maus hábitos, silos e inibidores que existem *hoje*."[33] Esses hábitos são difíceis de destruir porque costumamos adotar a mesma perspectiva interna. É como tentar "fazer uma autopsicanálise", diz Bodell. Estamos perto demais dos nossos próprios problemas e fraquezas para avaliá-los de modo objetivo.

O exercício de matar a empresa nos força a alterar nossas perspectivas e adotar o papel do antagonista, que não se importa com as regras, hábitos e processos. Os participantes devem utilizar o pensamento em princípios básicos, usar novos caminhos neurais e criar ideias originais que vão além de meras banalidades. É uma coisa dizer: "Vamos pensar de modo inovador." Outra é realmente fazer isso e examinar nossa empresa ou produto pela perspectiva de um concorrente que está tentando destruí-los. Ao enxergar nossas fraquezas por meio dessa experiência fora da empresa, podemos perceber que talvez estejamos parados em cima de uma plataforma em chamas. Então, a urgência da mudança se torna clara.

O exército norte-americano usa uma versão do exercício de matar a empresa em um jogo de guerra. Ele é chamado de *time vermelho*, um termo que vem dos tempos da Guerra Fria. Em simulações, o time vermelho exerce o papel do inimigo e procura maneiras de atrapalhar a missão do time azul. O time vermelho expõe as falhas nos planos e na execução, de modo que os problemas possam ser resolvidos antes que a missão seja iniciada. Como o Major Patrick Lieneweg, que dá seminários sobre o exercício do time vermelho, me explicou, esse processo exerce um papel fundamental em acabar com o pensamento em grupo do antigo ambiente hierárquico do exército: "Ele melhora a qualidade do pensamento ao desafiar noções prevalecentes, testar suposições e fazer perguntas importantes."

Bezos realiza uma abordagem similar na Amazon.[34] Quando os e-books começaram a ameaçar seu negócio de livros físicos, Bezos aceitou o desafio em vez de correr dele. Ele disse a um dos seus associados: "Quero que você proceda como se seu trabalho fosse acabar com o serviço de todos os vendedores de livros do mundo", incluindo a própria Amazon. O modelo de negócios que esse exercício produziu acabou fazendo com que a Amazon chegasse ao topo do mercado de e-books.

Eu também apliquei uma versão do exercício de matar a empresa nas minhas classes de direito. Nas minhas aulas sobre regimes autoritários, falo aos meus alunos sobre como os ditadores modernos abandonaram as táticas abertamente repressivas dos seus predecessores. Hoje em dia, os autoritários costumam chegar ao poder por meio de eleições democráticas e, então, acabam com a democracia por meios aparentemente legais. Eles ocultam as táticas autoritárias sob o aparato da democracia.

Embora eu alerte meus alunos de que nenhum país — incluindo os Estados Unidos — é imune a essas ameaças autoritárias furtivas, acho que minhas palestras nunca os tocaram de verdade. Meus alunos supõem que as tomadas de poder de autoritários acontecem apenas em terras longínquas, em países cheios de corrupção e incompetências, e em países que terminam com *-stão*.

Então, decidi me rebelar.

Joguei fora minhas notas da aula e convidei meus alunos a realizar um experimento: Exerçam o papel de um aspirante a ditador e inventem maneiras de acabar com a democracia nos Estados Unidos. Então, eles trocaram de papéis e desenvolveram maneiras de se protegerem contra as ameaças mais sérias.

O ponto é o seguinte: quando falamos de modo abstrato sobre proteger a democracia norte-americana, a urgência de se fazer isso não fica clara. Afinal, o sistema democrático dos Estados Unidos vem mostrando grande resistência. Mas, quando nos colocamos no lugar de um ditador e realmente criamos estratégias para acabar com a democracia norte-americana, os pontos fracos do sistema são revelados. Só quando percebemos a fragilidade do sistema é que reconhecemos o quão importante é protegê-lo.

O exercício de matar a empresa não serve apenas para megacorporações ou para salas de aula de direito. Podemos usar variações dele na nossa própria vida ao nos perguntarmos o seguinte:

- Por que o meu chefe não me consideraria para uma promoção?
- Por que esse empregador em potencial tem razão em não me contratar?
- Por que os clientes estão tomando a decisão certa ao comprar da concorrência?

Evite responder a essas perguntas como responderia àquelas terríveis perguntas-padrão de entrevistas: "Fale-me sobre suas fraquezas", o que nos leva à falsa humildade ("Eu trabalho demais"). Em vez disso, realmente assuma a posição das pessoas que o rejeitariam para uma promoção, que se recusariam a contratá-lo ou que comprariam da sua concorrência. Pergunte-se: *Por que elas estão tomando essa decisão?*

Não é porque elas são burras. Não é porque elas estão erradas e você está certo. É porque elas estão vendo uma coisa que você não está. É porque elas acreditam em uma coisa que você não acredita. E você não consegue mudar essa visão de mundo ou essa crença usando as mesmas jogadas do seu velho manual. Quando conseguir responder direito a essas perguntas, troque de perspectiva e encontre maneiras de se defender contra essas possíveis ameaças.

No entanto, nem sempre precisamos de uma bola de demolição de verdade ou hipotética para voltar aos princípios básicos. Às vezes, uma navalha basta.

A Navalha de Occam

A lenda diz que a NASA gastou 10 anos e milhões de dólares desenvolvendo uma caneta esferográfica que funcionasse em gravidade zero e sob temperaturas extremas. Os soviéticos usaram um lápis.

Essa história é um mito.[35] As pontas dos lápis têm o hábito de quebrar e de entrar em qualquer cantinho — o que não tem problema na Terra, mas é um grande problema em uma espaçonave, onde elas podem acabar entrando em um equipamento vital para a missão ou no globo ocular de um astronauta.

Porém, a moral desse mito ainda é válida. É como Einstein disse: Tudo deve ser feito "o mais simples e em menor quantidade possível".[36] Esse princípio é conhecido como a navalha de Occam. Admito que o nome é terrível. Parece que estamos falando de um filme de terror de segunda, mas, na verdade, trata-se de um modelo mental que recebeu seu nome em homenagem a Guilherme de Ockham, um filósofo do século XIV. Esse modelo costuma ser apresentado como uma regra: a solução mais simples para um problema é a correta.

Mas essa descrição popular está errada. A navalha de Occam é um princípio orientador — não uma regra rígida e rápida. Nem uma preferência pelo simples a todo custo. Em vez disso, é uma preferência pelo simples, *sendo que todas as outras coisas são iguais*. Carl Sagan o explicou da seguinte maneira: "Quando nos deparamos com duas hipóteses que explicam dados *igualmente bem*", devemos "escolher a mais simples".[37] Em outras palavras, "se ouvirmos o som de cascos, devemos pensar em cavalos, não em unicórnios".[38]

A navalha de Occam atravessa o emaranhado que costuma ficar no caminho do pensamento em princípios básicos. As teorias mais elegantes se baseiam nas menores suposições. O cientista de foguetes David Murray escreveu que as soluções mais elegantes "usam a menor quantidade de componentes para resolver a maior quantidade de problemas".[39]

Simples e sofisticado. As leis de movimento de Newton, por exemplo, são poéticas na sua simplicidade. Consideremos a terceira lei: Para cada ação, há uma reação igual e oposta. Séculos antes do advento do voo humano, essa simples lei explicou como os foguetes poderiam chegar ao espaço. A massa do seu combustível vai para baixo, e o foguete vai para cima.

Peter Attia me explicou o seguinte: "Quanto mais entendemos uma coisa, menos complicada ela se torna. Esse é o ensino clássico de Richard Feynman." Attia é um engenheiro mecânico que se tornou médico, um renomado especialista no aumento do período de vida e da saúde das pessoas. Ele diz que se estivéssemos lendo um estudo de medicina "e víssemos palavras como *multifacetado*, *multifatorial* e *complexo* para explicar o entendimento atual", os autores estariam basicamente dizendo: "Não fazemos a menor ideia do que estamos falando ainda." Mas, quando realmente entendemos a causa de uma doença ou epidemia, "ela tem a tendência de ser simples e não multifatorial".[40]

O simples também tem menos pontos falhos. Coisas complicadas quebram com mais facilidade. Esse princípio serve para a ciência de foguetes, negócios, programação de computadores e relacionamentos. Sempre que incluímos complexidade a um sistema, estamos lhe dando mais uma característica pela qual ela pode falhar. Como o gerente de segurança do Apollo 8 observou, a espaçonave tinha 5,6 milhões de peças e, "mesmo se todas elas funcionassem com 99,9% de confiabilidade, poderíamos esperar 5.600 defeitos".[41]

A simplicidade também diminui os custos. O foguete Atlas V — que levou muitos objetos, incluindo satélites militares e rovers de Marte, para o espaço — usa até três tipos de motores para diferentes estágios do voo.[42] Essa complexidade aumenta as despesas. Musk explicou: "Para uma aproximação de primeira ordem, simplesmente triplicamos nosso custo de fábrica e todos os nossos custos operacionais."

Em contraste, o *Falcon 9* da SpaceX tem dois estágios com o mesmo diâmetro e os mesmos motores construídos com a mesma liga de alumínio e lítio. Essa simplicidade permite uma produção de alto volume a um custo mais baixo, ao mesmo tempo em que isso aumenta a confiabilidade. E tem mais: diferentemente de outras empresas aeroespaciais que constroem seus próprios veículos na vertical — na mesma posição em que são lançados —, a SpaceX os constrói na horizontal.[43] Essa orientação permite que a empresa use um armazém comum, eliminando a necessidade de construir um arranha-céu — sem mencionar as questões de segurança que se dão pelo fato de os funcionários ficarem pendurados a 18 metros no ar enquanto constroem um foguete. Musk diz: "Toda decisão foi tomada levando a simplicidade em consideração. Se temos menos componentes, então teremos menos componentes que poderão apresentar falhas e menos componentes para comprar."[44]

Os russos adotaram uma abordagem similar para o lançador da Soyuz, que foi usado para transportar tripulação e carga até a Estação Espacial Internacional. A Soyuz é considerada mais confiável do que o ônibus espacial da NASA em parte porque ela é "um veículo muito mais simples de operar", escreveu o astronauta Chris Hadfield.[45] Paolo Nespoli, outro astronauta, colocou isso da seguinte maneira: "Poderíamos aprender muito com os russos que, às vezes, quando fazemos menos é melhor."[46]

O ruído de qualquer sistema — quer seja um foguete, um negócio ou seu currículo — reduz seu valor. Existe a tentação de sempre querer colocar mais, mas quanto mais alta é a torre de Jenga, mais frágil ela se torna. "Qualquer tolo inteligente consegue fazer coisas maiores e mais complexas", disse o economista E. F. Schumacher, frase essa que costuma ser erroneamente atribuída a Einstein. "É preciso um toque de gênio e muita coragem para ir na direção oposta."[47]

Na ciência de foguetes, Natalya Bailey, a fundadora e diretora executiva de 33 anos da startup aeroespacial Accion, está na vanguarda desse movimento na direção oposta. Quando era criança, ela deitava na cama elástica do lado de fora da casa da sua família em Newberg, Oregon, e olhava para as estrelas. Entre a costumeira coleção de estrelas brilhantes, Bailey viu, certa vez, luzes sólidas se movendo de modo constante pelo céu. Mais tarde, ela descobriu que elas eram estágios descartados pelos foguetes. "Isso me surpreendeu muito", Bailey me disse.

Essa observadora na cama elástica decidiu, por fim, obter uma formação universitária em engenharia aeroespacial e um doutorado em propulsão espacial. Durante sua educação, ela se interessou em foguetes que usam energia elétrica para se propagar. "Todos os foguetes funcionam usando os mesmos princípios. Lançar coisas pela parte de trás empurra a espaçonave para a frente", Bailey me disse, referindo-se à terceira lei de movimento de Newton. No caso de foguetes químicos tradicionais, essas coisas são gases quentes. Mas, no caso de um motor elétrico, essas coisas são íons — moléculas com cargas elétricas.

Os foguetes químicos funcionam bem para fazer uma espaçonave chegar à órbita porque eles podem produzir bastante impulso bem rápido. A propulsão elétrica, em contraste, é muito mais lenta, mas tem uma eficiência energética de dez a centenas de vezes superior. Além disso, a eletricidade é mais segura de se usar porque não exige propulsores tóxicos ou tanques pressurizados.[48] Como parte da sua tese de doutorado, Bailey começou a projetar seus pequenos motores de propulsão elétrica. Essa pesquisa se tornou a base da empresa aeroespacial que ela cofundou, a Accion — que recebeu o nome de um encantamento dos livros do Harry Potter.

Os motores da Accion são acionados depois que um satélite é colocado em órbita. Com o tamanho de um baralho de cartas, seu motor pode empurrar satélites do tamanho de geladeiras e movê-los enquanto estão flutuando em órbita. Equipados com esses motores, os satélites podem ficar em órbita por mais tempo e evitar colidir com as cerca de 18 mil peças de resíduos e lixo feitos pelo ser humano e que rodeiam o planeta.[49] Essa tecnologia também tem o potencial de ajudar a levar espaçonaves até outros planetas. Com a tecnologia da Accion, podemos usar um motor que tem o tamanho de uma caixa de sapatos e um sistema de combustível, em vez de tanques de combustível gigantes, para levar uma espaçonave até Marte uma vez que ela esteja na órbita da Terra.[50]

Bailey é exatamente como seus engenhos: humilde e discreta, mas exerce um impacto enorme. O que a SpaceX e a Blue Origin estão fazendo com foguetes, Bailey e sua equipe da Accion estão fazendo com os satélites que esses foguetes levam ao espaço.

Como esses exemplos mostram, a simplicidade pode ser poderosa, mas não devemos confundir isso com facilidade. É como diz aquela frase atribuída a diversos eruditos: "Se eu tivesse mais tempo, teria escrito uma carta menor." Admiramos a simplicidade das leis de Newton e os motores da Accion, mas não vemos os precursores bagunçados e complexos que esses cientistas tiveram que simplificar por meio de muito esforço.[51]

A física tem um jeito de obrigar os cientistas de foguetes a usar a navalha de Occam. O peso e o espaço são muito valiosos no design de uma espaçonave. Quanto mais pesada é uma espaçonave, mais caros serão o seu design e o seu lançamento. Os cientistas de foguetes precisam sempre se perguntar: *Como podemos fazer com que isso caiba naquilo?* Eles conseguem fazer esse encaixe ao se livrar do lixo, reduzir o sistema até os seus irredutíveis mínimos, e ao fazer com que tudo seja o mais simples possível, sem comprometer a missão.

Se quisermos voar, precisamos eliminar o que está nos segurando ao chão. O Alinea mais uma vez nos dá uma ideia. Achatz explicou que, quando ele e Kokonas abriram o restaurante, "uma das nossas estradas criativas foi olhar para um prato no papel ou à nossa frente e nos perguntar: 'Que mais? O que mais podemos fazer? O que mais podemos acrescentar? O que podemos acrescentar para fazer com que isso se torne melhor?'"[52] Contudo, com o passar do tempo, eles inverteram essa abordagem. Achatz disse: "Agora nós nos perguntamos: 'O que podemos tirar?'" Michelangelo esculpia da mesma maneira. Ele explicou: "O escultor termina ao eliminar o que é supérfluo."[53]

Faça uma pintura vívida do futuro limpando o excesso do pincel no prato. Qual é o resultado? Pergunte-se, assim como um diretor executivo inovador: "E se eu já não tivesse contratado essa pessoa, instalado esse equipamento, implementado esse processo, comprado esse negócio ou seguido essa estratégia? Estaria fazendo as mesmas coisas que faço hoje?"[54]

Como qualquer objeto afiado, a navalha de Occam corta para os dois lados. Em alguns casos, a solução complexa apresentará um resultado melhor. Não use a navalha de Occam para validar o desejo natural do ser humano pela simplicidade perante as nuances e a complexidade. Não confunda uma solução simples, como H. L. Mencken advertiu, com uma que é "bela, plausível e errada".[55] Mesmo que estejamos buscando a simplicidade, devemos ser receptivos a novos fatos que complicam os assuntos. É como o matemático e filósofo inglês Alfred North Whitehead disse: "Busque a simplicidade, mas desconfie dela."[56]

Cortar é fazer um inteiro. Subtrair é adicionar. Restringir é liberar.

As virtudes de cortar — de voltar à origem para encontrar o original — deve nos lembrar de que o que precisamos não está aí fora, esperando para ser descoberto no livro de regras de um concorrente ou na história de vida de uma pessoa modelo. O que precisamos já está aqui.

Depois de voltar aos princípios básicos — eliminar as suposições e os processos que estão entulhados no seu pensamento —, é hora de usar o instrumento mais complexo e inovador que temos disponível: nossa mente.

> Acesse **www.altabooks.com.br** e procure pelo **ISBN** do livro para encontrar desafios e exercícios que o ajudarão a implementar as estratégias discutidas neste capítulo.

3

UMA MENTE EM AÇÃO

Como Fazer Descobertas Por Meio de Experimentos Mentais

> Quando examino a mim mesmo e aos meus métodos de pensamento, chego à conclusão de que o dom da fantasia significou mais para mim do que meu talento para absorver conhecimento positivo.
>
> — ALBERT EINSTEIN

O QUE TERIA ACONTECIDO se eu tivesse perseguido um feixe de luz?[1] Um Albert Einstein de 16 anos se fez essa pergunta depois de deixar sua escola alemã sem imaginação, que enfatizava a memorização de rotas no lugar do pensamento criativo. Seu destino foi a escola reformista suíça baseada nos princípios de Johann Heinrich Pestalozzi, que defendeu o aprendizado por meio da visualização.

Enquanto esteve lá, Einstein colocou os princípios de Pestalozzi em ação e se visualizou perseguindo um feixe de luz. Ele acreditava que, se conseguisse apanhá-lo, poderia observar um feixe de luz congelado. Essa crença, que ia de encontro com as equações de Maxwell sobre oscilações dos campos eletromagnéticos, fez com que Einstein sentisse o que ele descreveu como "tensão física". Passaram-se dez anos até que ele conseguisse eliminar essa tensão — e eventualmente desenvolvesse sua teoria especial sobre a relatividade.

Foi outra pergunta que, mais tarde, resultou na teoria geral da relatividade: Uma pessoa em queda livre em uma câmara fechada sente o próprio peso?

Essa pergunta — o que Einstein mais tarde chamou de "o pensamento mais feliz da minha vida" — lhe veio à mente enquanto ele estava sonhando acordado na sua mesa, em um escritório de patentes suíço. O trabalho de Einstein como um funcionário de patentes o treinou bem para a visualização. Avaliar petições de patentes exigia que ele imaginasse como cada invenção funcionaria na prática. Ao imaginar seu novo experimento mental, ele concluiu que o homem em queda livre *não* sentiria o próprio peso e, na verdade, pensaria que estava flutuando em gravidade zero. Essa conclusão, por sua vez, fez com que ele fizesse outra grande descoberta: a gravidade e a aceleração são a mesma coisa.

Einstein atribui a esses experimentos mentais (ou o que ele teria chamado de *Gedankenexperimente*) o crédito de praticamente todas as suas descobertas. Durante sua vida, ele visualizou "a queda de raios e o movimento de trens, a aceleração de elevadores e pintores caindo, besouros cegos bidimensionais caminhando em galhos curvos", entre outras coisas.[2] Com sua mente em ação, Einstein revolucionou suposições entrincheiradas na física, estabelecendo-se como uma das figuras científicas mais populares na imaginação do público.

Este capítulo fala sobre o poder dos experimentos mentais. Você vai descobrir por que a chave para superalimentar sua criatividade é não fazer nada e como a maioria dos ambientes de trabalho sabota, em vez de estimular, o potencial criativo das pessoas. Vai aprender por que deve comparar maçãs e laranjas e o que fez de Newton o professor menos popular do campus. Vou revelar como uma simples pergunta de uma criança de 8 anos resultou em uma autora de um bilhão de dólares e o que um revolucionário tênis de corrida e uma das maiores canções de rock de todos os tempos têm em comum. Nesse meio-tempo, você vai conhecer cientistas, músicos e empreendedores que usaram uma técnica chamada criatividade combinatória para realizar trabalhos revolucionários, e aprenderá como aplicá-la na sua própria vida.

O Laboratório da Mente

Embora estejam associados com Einstein na cultura popular, há registros de experimentos mentais pelo menos desde a Grécia Antiga. Desde então, eles se espalharam entre as disciplinas, gerando avanços na filosofia, na física, na biologia, na economia e além. Eles alimentaram foguetes, derrubaram governos, desenvolveram a biologia evolucionária, resolveram mistérios do cosmos e criaram negócios inovadores.

Os experimentos mentais constroem um universo paralelo no qual as coisas funcionam de modo diferente. Como o filósofo Kendall Walton explica, eles exigem que "imaginemos mundos fictícios específicos, como tipos de configurações situacionais que, quando são executadas, realizadas ou simplesmente imaginadas, levam a resultados específicos".[3] Por meio de experimentos mentais, transcendemos o pensamento cotidiano e evoluímos de observadores passivos a pessoas que intervêm de modo ativo na nossa realidade.[4]

Se o cérebro tivesse uma cauda, os experimentos mentais a fariam abanar.

Não existe um encantamento específico para realizar experimentos mentais nem receitas secretas que podemos copiar. Fórmulas e regras são o oposto do pensamento em princípios básicos, de modo que todo experimento mental bem-feito é único à sua maneira. Neste capítulo, vou ajudá-lo a desenvolver as condições certas para experimentos mentais, mas a minha intenção é guiá-lo e não restringi-lo.

Quando pensamos em cientistas, costumamos imaginá-los como crânios vestidos com aventais de laboratório olhando através de microscópios de última geração em salas iluminadas com luzes fluorescentes. Contudo, no caso de muitos cientistas, o laboratório da mente é muito mais importante do que o laboratório do mundo físico. Da mesma maneira que foguetes ligam espaçonaves, os experimentos mentais ativam nossos neurônios.

Pense em Nikola Tesla, o famoso inventor sérvio-americano. Seus experimentos mentais alimentaram sua imaginação, produzindo o sistema de corrente alternada que ilumina nossas vidas atualmente.[5] Tesla construiu e testou invenções na sua mente. "Antes de fazer um rascunho no papel, a ideia inteira era trabalhada mentalmente", ele explicou. "Eu não tenho pressa de chegar ao trabalho físico. Quando tenho uma ideia, começo imediatamente a trabalhá-la na minha imaginação. Mudo a estrutura, faço melhorias e opero o aparelho na minha mente. Para mim, não importa se faço minha turbina funcionar em pensamento ou em um teste na minha oficina".[6]

Leonardo da Vinci fez a mesma coisa. Ele ficou famoso por usar cadernos de anotação para fazer experimentos mentais, esboçando vários projetos de engenharia que desenvolveu na sua mente — desde máquinas voadoras a igrejas — em vez de construí-las fisicamente.[7]

Vamos pausar por um momento. Por mais incrível que pareça, podemos fazer descobertas apenas pensando. Sem Google. Sem livros de autoajuda. Sem grupos de foco ou pesquisas. Sem o conselho de um autoproclamado *coach* de vida ou de um consultor dispendioso. Sem copiar a concorrência. Essa busca externa por respostas nos impede de pensar em princípios básicos ao focar nossa atenção em como as coisas *são* em vez de como elas *poderiam* ser.

Os experimentos mentais pegam essa pesquisa externa e a invertem — apenas você e sua imaginação. Einstein disse: "O puro pensamento pode entender a realidade."[8] Os pensamentos podem refutar um argumento, mostrar por que uma coisa vai ou não vai funcionar, e iluminam o caminho à frente — tudo sem um experimento físico.

Pense neste exemplo. Em um mundo sem resistência do ar, se soltássemos uma bola de boliche pesada e uma bola de basquete leve ao mesmo tempo e da mesma altura, qual atingiria o chão primeiro? Aristóteles acreditava que o objeto pesado atingiria o chão mais rápido do que o leve. Essa teoria continuou por 2 mil anos, até que um cientista italiano chamado Galileu Galilei entrou em cena. Galileu era um desajustado em um mundo de conformistas. Ele desafiou os dogmas tirânicos de diversas disciplinas, tornando-se mais famoso por defender o heliocentrismo, que colocava o Sol no centro do sistema solar em vez da Terra.

Galileu também encarou a teoria de Aristóteles. O italiano não acreditava que a aceleração aumentava com a massa. Então, ele subiu no topo da inclinada Torre de Pisa, soltou dois objetos de pesos diferentes e sorriu de satisfação, chamando Aristóteles de nomes engraçados quando os dois objetos atingiram o chão ao mesmo tempo.

Só que ele não fez isso.

Descobriu-se que toda essa situação era um mito criado pelo primeiro biógrafo de Galileu. Muitos historiadores contemporâneos concordam que, em vez disso, Galileu realizou um experimento mental — não um experimento físico. Ele imaginou uma bola pesada de canhão e uma bola leve de mosquete ligadas por uma corrente, criando um único sistema combinado que seria lançado ao mesmo tempo.[9] Se Aristóteles estivesse certo, o sistema combinado deveria cair mais rápido do que se a bola de canhão estivesse sozinha, porque a combinação pesava mais. Mas isso também significaria que a bola leve de mosquete do sistema combinado cairia mais devagar do que a bola de canhão pesada. Em outras palavras, se a teoria de Aristóteles estivesse certa, a bola leve de mosquete atrasaria o sistema combinado, fazendo com que ele caísse mais devagar do que a bola de canhão sozinha.

As duas declarações não podiam estar certas: o sistema combinado não poderia cair mais rápido e mais devagar do que a bola de canhão sozinha. O experimento mental revelou uma contradição na teoria de Aristóteles e acabou com ela. Simplesmente pensando, e sem gastar um tostão, uma aclamada teoria foi posta de lado, abrindo espaço para uma nova.

Séculos mais tarde, o experimento mental de Galileu foi testado na Lua. Em 1971, durante a missão do Apollo 15, o astronauta David Scott soltou um martelo e uma pena da mesma altura enquanto estava na superfície da Lua. Os dois caíram na mesma velocidade e atingiram a superfície lunar ao mesmo tempo. O relatório científico oficial descreveu o resultado como "reconfortante" à luz "tanto da quantidade de pessoas que testemunharam o experimento quanto do fato de que a jornada de volta para casa se baseava criticamente na validade da teoria específica que estava sendo testada".[10]

A curiosidade é um ingrediente crucial em qualquer experimento mental. Foi ela que fez com que Galileu fizesse seu experimento mental e com que Scott testasse sua validade na superfície lunar. Ainda assim, para grande parte da sociedade, a curiosidade não é uma grande virtude, mas uma falha assassina.

A Curiosidade Matou o Gato de Schrödinger

Um gato pode estar vivo e morto ao mesmo tempo? Foi essa a pergunta que o físico austríaco Erwin Schrödinger fez por meio de um famoso experimento mental.[11] Seu objetivo era ampliar os limites do que era conhecido como interpretação Copenhague da mecânica quântica. De acordo com essa interpretação, as partículas quânticas (como os átomos) existem em uma combinação — ou superposição — de diferentes estados. Em outras palavras, uma partícula quântica pode existir em dois estados ou em dois lugares ao mesmo tempo. É só quando alguém observa a partícula que ela assume um dos muitos estados possíveis.

Schrödinger pegou a interpretação de Copenhague e a aplicou a um gato. No seu experimento mental, um gato é colocado em uma caixa fechada com um frasco de veneno que será liberado aleatoriamente quando uma substância radioativa dentro da caixa deteriorar. Se adotássemos a interpretação de Copenhague, antes da caixa ser aberta, o gato está em uma superposição: ele está tanto vivo como morto. Só quando alguém abre a caixa é que o gato assume uma dessas duas realidades. Obviamente, esse resultado é altamente contraintuitivo, mas esse é exatamente o ponto do experimento mental de Schrödinger — contradizer, provocar e refutar a interpretação de Copenhague por levar sua lógica a extremos.

Mas podemos aprender mais uma coisa com esse experimento mental. Não foi o veneno que matou o gato. Foi o ato da observação curiosa, de não cuidar dos próprios assuntos, de abrir a caixa e ver o que estava dentro dela, da mesma maneira que uma criança dá uma olhadinha antes de abrir presentes na noite antes do Natal. Há uma expressão que reflete essa ideia: a curiosidade matou o gato. Ou, como os russos dizem com mais drama: "O nariz da curiosa Bárbara foi arrancado no mercado."[12]

Essas expressões, de acordo com a sempre confiável Wikipedia, são "usadas para alertar contra os perigos da investigação ou experimentação desnecessária". A curiosidade, no caso de gatos ou russas que vão ao mercado, não é só irritante ou inconveniente. Pessoas que fazem perguntas ou realizam experimentos mentais não são apenas encrenqueiras irritantes que não conseguem se satisfazer com o status quo. Elas são perigosas. É como o renomado produtor de Hollywood Brian Grazer e seu coautor Charles Fishman escreveram: "A criança que se sente livre para perguntar por que o céu é azul se torna um adulto que faz perguntas mais disruptivas: Por que eu sou o servo e você é o rei? O Sol realmente gira em torno da Terra? Por que as pessoas de pele mais escura são escravas e as pessoas de pele mais clara são seus mestres?"[13]

Também desencorajamos a curiosidade porque ela exige a admissão da ignorância. Fazer uma pergunta ou realizar um experimento mental significa que não sabemos qual é a resposta, e poucos de nós estão dispostos a admitir isso. Por termos medo de parecer burros, concluímos que a maioria das perguntas são básicas demais para serem feitas, de modo que não as fazemos.

E tem mais, nessa era de "mover-se rápido e quebrar coisas", a curiosidade pode parecer um luxo desnecessário. Com uma abordagem *inbox-zero* e um foco constante na pressa e na execução, as respostas parecem eficientes. Elas iluminam o caminho à nossa frente e nos dão aquele atalho vital para que possamos passar para o próximo item da nossa lista de tarefas. As perguntas, por outro lado, são extremamente ineficientes. Se não gerarem respostas imediatamente, elas provavelmente não terão uma vaga na nossa agenda cheia.

No melhor dos casos, recomendamos a curiosidade, mas a desencorajamos na prática. Os negócios têm um "dia criativo" para incentivar a inovação — que inclui uma apresentação de PowerPoint e um orador externo dispendioso —, mas voltam a realizar seus negócios da mesma maneira nos outros 364 dias. Os funcionários são recompensados por permanecerem na rota em vez de questioná-la. De acordo com uma pesquisa de funcionários de 16 indústrias, "enquanto 65% deles disseram que a curiosidade era essencial para ter novas ideias, praticamente a mesma porcentagem se sentiu incapaz de fazer perguntas no trabalho".[14] Embora 84% tenha dito na mesma pesquisa que seus empregadores incentivam a curiosidade no papel, 60% encontrou obstáculos para fazer isso na prática.

Em vez de fazer da curiosidade a regra, esperamos que haja uma crise para nos tornarmos curiosos. Só quando somos demitidos é que começamos a pensar em carreiras alternativas. E só quando nosso negócio é afetado por uma concorrente jovem, competidora e faminta é que reunimos as tropas para gastar algumas horas fúteis para "pensar fora da caixa".

No caso das respostas, confiamos nos mesmos métodos, nas mesmas abordagens de geração de ideias e nos mesmos caminhos neurais obsoletos. Não é de se surpreender que as inovações resultantes não sejam inovações coisa nenhuma. No máximo, elas são variações insignificantes do status quo. Veja qualquer empresa gigante ou burocracia excessiva que está se desmoronando com o próprio peso e encontrará um histórico de falta de curiosidade.

O medo do resultado é outro motivo pelo qual desprezamos a curiosidade. Não fazemos perguntas difíceis quando temos medo do que podemos encontrar (esse é o motivo pelo qual as pessoas relutam em consultar seu médico quando têm medo do diagnóstico). Ou pior, temos medo de que não encontremos nada — que a nossa pesquisa nos leve a lugar nenhum —, transformando todo esse negócio de experimento mental em uma gigantesca perda de tempo.

Concluímos que os experimentos mentais exigem uma acrobacia mental complexa ou inspiração divina. Dizemos a nós mesmos que alguém mais inteligente do que nós já teria feito essa pergunta se ela valesse a pena ser feita.

Porém, os gênios não monopolizam os experimentos mentais. Eles não são uma minoria de escolhidos. Não precisamos ter os cabelos arrepiados de Einstein para realizar experimentos mentais. Pode não parecer, mas, no fundo, todos nós somos pessoas que fazem experimentos — depósitos ambulantes de epifanias ocultas em nosso subconsciente.

Investigações e experimentos aparentemente desnecessários são exatamente o que precisamos para descobrir essas epifanias. George Bernard Shaw disse certa vez: "Algumas pessoas pensam mais do que duas ou três vezes por ano. Eu desenvolvi a reputação internacional de pensar uma ou duas vezes por semana."[15] Como Shaw sabia, a pressa e a criatividade são opostas. Não podemos fazer descobertas limpando nossa caixa de entrada. Precisamos cavar o poço antes de sentir sede e nos tornarmos curiosos *agora* — e não quando uma crise inevitavelmente surgir.

A curiosidade pode ter matado o gato de Schrödinger, mas ela pode nos salvar.

Um Jardim de Infância Eterno

"Por que eu não posso ver a foto agora?"[16] Era 1943, e Edwin Land estava de férias com sua família em Santa Fé, Novo México. Land, o cofundador da Polaroid e um entusiasta por câmeras, estava tirando fotos da sua filha de três anos, Jennifer. Naquela época, não havia fotografias instantâneas. O filme tinha que ser revelado e processado em uma sala escura antes que as fotos pudessem ver a luz do dia — um processo que levava vários dias. Embora haja relatórios conflitantes do que realmente aconteceu, de acordo com um relato popular, uma pergunta feita pela querida Jennifer fez com que seu pai mudasse tudo.

"Por que eu não posso ver a foto agora?" Land levou essa pergunta a sério, mas ele tinha um grande problema. Uma sala escura enorme não caberia dentro de uma pequena câmera. Ele fez uma longa caminhada para pensar no problema e realizou um experimento mental. E se a câmera tivesse um pequeno reservatório contendo os produtos químicos usados para revelar o filme na sala escura? Os produtos químicos seriam espalhados sobre o negativo e liberados sobre a camada positiva, produzindo a imagem final.

Foram necessários vários anos para aperfeiçoar a tecnologia, mas o experimento mental eventualmente resultou na invenção da fotografia instantânea. Com essa nova tecnologia, se passariam apenas segundos, e não dias, entre o clique do obturador e a foto física na sua mão.

Embora os experimentos mentais não ocorram naturalmente para a maioria dos adultos, nós os dominamos enquanto somos crianças. Antes do mundo nos encher de fatos, memorandos e respostas certas, éramos movidos pela curiosidade genuína. Chegamos ao mundo envoltos em admiração, e não vendo nada como garantido. Estávamos felizmente desprovidos de regras sociais e víamos o mundo como nosso experimento mental particular. Vivíamos a vida não com uma suposição de que sabíamos (ou deveríamos saber) as respostas, mas com o desejo de aprender, experimentar e absorver.

Um dos meus exemplos favoritos é sobre um professor do jardim da infância que está andando pela sala para verificar o desenho que cada criança está fazendo. "O que você está desenhando?", ele pergunta a uma aluna. Ela responde: "Estou desenhando Deus." O professor fica chocado com esse desvio do currículo padrão. Ele diz: "Mas ninguém sabe qual é a aparência de Deus." A menina responde: "Daqui a pouco todos vão saber."

De modo intuitivo, a criança entendeu uma verdade cósmica que muitos adultos não entendem: é tudo uma brincadeira — uma grande e maravilhosa brincadeira. No popular livro infantil *Harold and the Purple Crayon* [Harold e o Giz de Cera Roxo, em tradução livre], o protagonista de 4 anos tem o poder de criar coisas desenhando-as. Não há um caminho para andar, então ele desenha um caminho. Não há uma lua para iluminar seu caminho, então ele desenha a lua. Não há árvores para subir, então ele desenha uma macieira. Durante a história, sua imaginação passa a fazer com que as coisas existam.[17]

Os experimentos mentais são o seu próprio campo de distorção da realidade, nosso jogo de escolha sua própria aventura — nosso giz de cera roxo.

O giz de cera roxo foi a ferramenta científica favorita de Einstein, uma que ele carregava consigo até depois de se tornar adulto.[18] Como ele escreveu a um amigo: "Você e eu nunca deixamos de nos portar como crianças curiosas perante o grande mistério no qual nascemos."[19] Séculos antes, Isaac Newton supostamente usou palavras similares para se descrever como "um menino brincando à beira-mar... enquanto o grande oceano da verdade permanece não descoberto na minha frente".[20]

Embora Einstein e Newton tenham conseguido manter sua curiosidade infantil, ela foi arrancada da maioria das pessoas. Nosso sistema educacional conformista, projetado para gerar trabalhadores industriais, tem parte da culpa ("Ninguém sabe qual é a aparência de Deus"). Nossa curiosidade natural também é suprimida por pais ocupados e bem-intencionados que acreditam que tudo o que é importante já foi decidido. Podemos imaginar Edwin Land como um pai incomodado, considerando absurda a pergunta da sua filha ("Tenha paciência, Jennifer! Aprenda a esperar pela foto"). Ou uma mãe ocupada perdendo o experimento de andar em um feixe de luz do Einstein de 16 anos ("Volte para o seu quarto, Albert. E pare com essas doideiras").

Com o passar do tempo, nos acomodamos à idade adulta. Quando os empréstimos estudantis e as hipotecas começam a surgir, nossa curiosidade é substituída pela complacência. Encaramos os desejos inteligentes como uma virtude e os desejos lúdicos como uma falha.

Entretanto, a brincadeira e a inteligência deveriam ser complementares e não concorrentes. Brincar, em outras palavras, pode ser um portal para a inteligência. No seu artigo inspirador "A Tecnologia da Tolice", James March escreveu que "a brincadeira é um relaxamento deliberado e temporário das regras para que possamos explorar as possibilidades de regras alternativas".[21] Ele diz que indivíduos e organizações "precisam encontrar maneiras de fazer coisas que não têm um bom motivo para serem feitas. Nem sempre. Nem com frequência. Mas às vezes". Somente tendo uma atitude descontraída em relação às nossas crenças é que podemos desafiá-las e mudá-las.

A palavra-chave em um experimento mental é *experimento*. Essa estrutura deve diminuir os riscos. Um experimento mental cria uma *sandbox* no ambiente controlado da sua mente. Se ele não funcionar, nada de mau vai acontecer. Não haverá dano colateral nem efeitos de transbordamento. Na etapa inicial, não estamos buscando a implementação — muito menos a perfeição. Assim, a probabilidade de ficarmos paralisados por causa das nossas suposições, inclinações e temores é menor.

Recuperar nossa curiosidade infantil pode estimular nossa originalidade — e há muitas pesquisas que confirmam isso.[22] Ainda assim, receber o conselho de pensar como uma criança pode nos parecer similar a receber a ordem de ficarmos secos durante uma tempestade.

Boas notícias: podemos recuperar nossa curiosidade infantil sem fisicamente voltar à nossa infância ou desenvolver a síndrome de Peter Pan. Reconectar-nos com nossa criança interior pode ser tão fácil quanto fingir que temos 7 anos de idade. Essa sugestão parece bizarra, mas funciona. Em um estudo, quando os participantes foram instruídos a imaginarem que tinham 7 anos com tempo livre, eles tiveram melhores resultados em testes objetivos de pensamento criativo.[23] Por isso, o MIT Media Lab — dedicado "à mistura e combinação incomum de áreas de pesquisa aparentemente incompatíveis" — tem uma seção chamada de Jardim de Infância Eterno.[24]

Nossas mentes são muito mais maleáveis do que pensamos. Se fingirmos que nossa vida é um grande jardim de infância, nossas mentes se adaptarão a isso.

....

NESTE PONTO, você talvez esteja pensando: "E se o experimento mental não fizer sentido? Se ele fizer mais sentido como parte de um jogo infantil, qual é o objetivo? Se o experimento mental não puder ser implementado, o que — se é que haja algo — o separa da fantasia inútil?"

O objetivo de um experimento mental não é encontrar a "resposta certa" — pelo menos, não de início. Isso não é como sua aula de química do ensino médio, na qual o resultado de cada experimento já havia sido predeterminado, não deixando nenhum espaço para curiosidade ou pensamentos inesperados. Se não chegasse ao resultado certo, você ficaria preso no laboratório mexendo com tubos de ensaio e béqueres, enquanto seus colegas já estariam saindo para ir ao cinema. O objetivo do experimento mental de Einstein não era descobrir o que realmente aconteceria se ele pudesse viajar próximo a um feixe de luz. Em vez disso, era iniciar um processo de pesquisa de mente aberta que poderia resultar — e em grande parte resultou — em grandes ideias inesperadas.

Realizar um experimento mental — mesmo um que não leve a lugar algum — pode resultar em descobertas. As fantasias, como Walter Isaacson escreveu, podem ser "caminhos para a realidade".[25] É um tanto similar a dirigir de Nova York ao Havaí. Impossível? Sim. Teremos novas ideias profundas no caminho antes de nos depararmos com um grande obstáculo prático como o Oceano Pacífico? Claro. O objetivo é nos tirar do piloto automático, mantendo nossa mente receptiva às possibilidades.

Lembre-se: o experimento mental é o ponto de partida, não o final. O processo é bagunçado e não linear. E a resposta, como veremos na próxima seção, costuma vir quando menos esperamos.

Fique Entediado Com Mais Frequência

Eu não me lembrava da última vez que havia ficado entediado.

Eu havia acabado de acordar e pegado meu telefone para receber minha dose matinal de notificações digitais. À medida que comecei a ver meus vários *feeds*, tive uma epifania.

Não me lembrava da última vez que havia ficado entediado.

Junto com meu videocassete e fitas do Bon Jovi, o tédio havia se tornado uma relíquia do passado. Os dias em que eu ficava deitado na cama de manhã, acordado, cheio de tédio e viajando um pouco antes de decidir voltar à realidade, haviam terminado. Não precisava mais ficar girando os dedos enquanto esperava para cortar o cabelo ou iniciar uma conversa com um estranho enquanto esperava na fila da cafeteria.

Eu via o tédio — o que defino como grandes períodos de tempo não estruturados, livres de distrações — como uma coisa que devia ser evitada. O tédio nos traz lembranças de ser castigados por professores por ficar sonhando acordado. O tédio, para mim, era um coquetel amargo de agitação, impaciência e desespero. Achava que só as pessoas chatas ficavam entediadas, então eu enchia — não, recheava — cada momento do meu dia com atividades.

Sei que não sou o único. Em um dia comum, acessamos uma mídia social após a outra, verificamos nosso e-mail, vemos as notícias — tudo isso dentro de 20 minutos. Preferimos a certeza dessas distrações do que a incerteza do tédio (*Eu não sei o que fazer comigo mesmo, e prefiro não descobrir*). Em uma pesquisa de 2017, cerca de 80% dos norte-americanos disseram que não passam tempo nenhum "relaxando ou pensando".[26]

Durante os raros momentos de tranquilidade, nos sentimos quase culpados. Quando as notificações gritam seus alarmes de 100 decibéis pedindo nossa atenção, nos sentimos obrigados a dar uma olhadinha discreta em sua direção para não perdê-las. Em vez de sermos proativos, passamos a maior parte dos nossos dias — e das nossas vidas — jogando na defesa. Aliviamo-nos com as mesmas distrações que, no fim, fazem com que nos sintamos pior.

Nossas respostas atiçam o fogo em vez de apagá-lo. Cada e-mail que enviamos gera ainda mais e-mails. Cada mensagem do Facebook e do Twitter nos dá um motivo para responder. É uma tortura de Sísifo sem fim, rolando uma pedra colina acima eternamente.

Ainda assim, preferimos essa tortura do que o tédio. Em um estudo de 2014, pesquisadores colocaram jovens adultos em uma sala e confiscaram todos os seus pertences.[27] Eles deixaram os participantes fazerem o que quisessem e disseram que eles deveriam passar 15 minutos com seus próprios pensamentos. Eu sei, 15 minutos — *eita!* —, mas foi por esse motivo que os pesquisadores deram uma escolha a esses participantes que cresceram com a internet: se preferissem, em vez de se perderem nos seus pensamentos, eles poderiam se dar um choque elétrico apertando um botão. No estudo, 67% dos homens e 25% das mulheres escolheram se dar um choque em vez de se sentarem tranquilamente com seus pensamentos (incluindo uma pessoa que se deu impressionantes 190 choques durante o período de 15 minutos).

Um pensamento chocante, de fato.

O tédio, em outras palavras, está em risco de extinção. Essa é uma evolução perigosa das coisas. Sem o tédio, nossos músculos da criatividade começam a se atrofiar por causa do desuso. O biólogo E. O. Wilson disse: "Estamos nos afogando em informação, mas passando fome de sabedoria."[28] Se não tiramos tempo para pensar — se não pausamos, entendemos e discutimos —, não podemos encontrar a sabedoria para criar novas ideias. Acabamos escolhendo a primeira solução ou pensamento que vem à nossa mente em vez de ficar com o problema. No entanto, os problemas que valem a pena serem resolvidos não cedem imediatamente às respostas. É como o autor William Deresiewicz explica: "Meu primeiro pensamento nunca é o meu melhor. Meu primeiro pensamento sempre é o de outra pessoa; é sempre o que já ouvi falar sobre o assunto, sempre a sabedoria convencional."[29]

Parece que nos desviamos da vida quando ficamos entediados, mas na verdade é bem o contrário. Em um estudo, dois pesquisadores britânicos analisaram décadas de pesquisa e concluíram que o tédio deve "ser reconhecido como uma emoção humana legítima que pode ser fundamental para o aprendizado e a criatividade".[30] Ficar entediado possibilita que nosso cérebro entre em sintonia com o mundo externo e interno. Esse estado mental libera o instrumento mais complexo que conhecemos: ele faz com que o cérebro saia do modo focado para o modo difuso de pensamento. Quando a mente começa a vaguear e sonhar acordada, o modo de rede padrão do nosso cérebro — o qual, segundo alguns estudos, exerce um papel fundamental na criatividade — é acionado.[31]

É como diz o ditado: "É o silêncio entre as notas que faz a música."

Isaac Newton era "o professor menos popular" do campus porque "ele parava no meio de uma aula para fazer uma pausa criativa que poderia se estender por vários minutos". Enquanto isso, seus alunos tinham que esperar ele voltar para a Terra.[32] Durante essa pausa, parecia que nada tinha acontecido, mas as aparências podem ser enganosas. Mesmo quando está descansando, o cérebro permanece ativo.[33] Alex Soojung-Kim Pang escreveu: "Quando estamos olhando para o espaço, nosso cérebro consome só um pouco menos de energia do que quando estamos resolvendo equações diferenciais."[34]

Mas para onde vai toda essa energia? Pode parecer que nossa mente está pulando de um tópico irrelevante para outro, mas nosso subconsciente está trabalhando duro, consolidando memórias, fazendo associações e juntando o novo com o velho para criar novas combinações.[35] A expressão *mente inconsciente* é um insulto para uma parte do nosso cérebro que trabalha tanto por trás dos bastidores.

Quando estamos sentados, sem fazer nada, viramos um ímã que atrai ideias. É por isso que expressões como *epifania, ter uma luz* e *golpe de genialidade* costumam ser usadas para descrever o "momento eureca" — o grego de "descobri". Parece que as ideias surgem na vida durante períodos de inatividade, não durante o trabalho. Einstein estava sonhando acordado quando teve uma revelação — uma pessoa em queda livre não sente o próprio peso —, o que resultou na teoria geral da relatividade. O físico dinamarquês Niels Bohr literalmente sonhou com a estrutura de um átomo quando se viu "sentado no Sol com todos os planetas sibilando ao redor em pequenas cordas".[36] O famoso momento eureca de Arquimedes supostamente aconteceu quando ele estava relaxando em uma banheira.[37]

Existe um comercial de TV no qual executivos se espremem em um chuveiro no trabalho. Uma pessoa pergunta: "Por que estamos tendo essa reunião no chuveiro?" O chefe responde: "Bem, as boas ideias sempre me vêm enquanto estou tomando banho em casa."[38]

O momento da ideia no banho é clichê porque funciona. O método para consertar um espelho defeituoso no Telescópio Espacial Hubble foi sonhado no banho. Lançado em 1990 para tirar fotos de alta resolução do espaço, o telescópio estava com a visão embaçada por causa de um pequeno defeito. Para consertá-lo, os astronautas precisavam acessar as entranhas do telescópio — o que não era uma tarefa fácil no caso de um telescópio flutuando ao redor da Terra a centenas de quilômetros acima da sua superfície. Enquanto estava em um quarto de hotel alemão, o engenheiro da NASA James Crocker se deparou com um chuveiro ajustável cuja cabeça se estendia ou retraía para se adequar a alturas diferentes. Essa observação foi o "momento a-ha" de Crocker. Ele criou uma solução para fazer a mesma coisa com o Hubble usando braços automáticos que poderiam se estender até partes aparentemente inacessíveis do telescópio.[39]

Parece que essas epifanias surgiram sem esforço, mas elas foram o produto de uma queima lenta e demorada. Uma descoberta começa por se fazer uma boa pergunta, por se procurar uma resposta com afinco, e por ficar travado no ócio por dias, semanas ou até anos. Pesquisas mostram que períodos de incubação — o tempo que gastamos nos sentindo travados — estimulam nossa habilidade de resolver problemas.[40]

Como vimos antes, Andrew Wiles se tornou uma celebridade matemática depois de provar o último teorema de Fermat. Segundo Wiles, ficar travado faz "parte do processo".[41] Mas "as pessoas não se acostumam com isso", ele diz. "Elas acham que isso é estressante demais". Quando ficava travado — o que acontecia com frequência —, Wiles parava, deixava sua mente relaxar e dava uma caminhada à beira do lago. Ele explicou: "Caminhar exerce um bom efeito sobre nós, pois ficamos em um estado de relaxamento, mas, ao mesmo tempo, permitimos que nosso subconsciente trabalhe por nós."[42] Wiles sabia que uma panela vigiada nunca ferve. Geralmente, temos que nos afastar do problema — literal e metaforicamente — para que a resposta chegue.[43]

Uma boa caminhada faz parte do kit de ferramentas de muitos cientistas. Tesla sonhou com o motor de corrente alternada durante uma caminhada pelo Városliget, ou parque municipal, em Budapeste.[44] Para pensar em problemas difíceis, Darwin caminhava em uma rua de britas chamada "sandwalk", que ficava perto da sua casa em Kent, onde ele chutava algumas pedras no caminho.[45] O físico Werner Heisenberg desenvolveu o princípio da incerteza durante uma caminhada noturna por um parque em Copenhague.[46] Durante dois anos, ele vinha se frustrando com suas equações, que podiam prever o impulso de uma partícula quântica, mas não sua posição. Certa noite, ele teve uma epifania: e se não houver nada de errado com as equações? E se a incerteza for inerente à natureza das partículas quânticas? Depois de caminhar com essa pergunta por tempo suficiente, Heisenberg caminhou aos poucos em direção à resposta.

Alguns cientistas recorrem à música para ativar seu subconsciente. Einstein, por exemplo, tocava violino para decifrar a música do cosmos. Um dos seus amigos se lembrava: "Ele costumava tocar seu violino na cozinha, tarde da noite, improvisando melodias enquanto pensava em problemas complicados. Então, do nada, enquanto estava tocando, ele anunciava, animado: 'Eu descobri!' Como que por inspiração, a resposta ao seu problema vinha até ele no meio da música."[47]

Muitas pessoas criativas também adotam o ócio para ter pensamentos originais. As ideias "vêm quando sonhamos acordados", explicou o autor Neil Gaiman. Elas vêm "por nos deixarmos levar, naquele momento em que simplesmente estamos ali, sentados". Quando as pessoas pediam conselhos a Gaiman para se tornarem escritoras, sua resposta era simples: "Fique entediado."[48] Stephen King concorda: "O tédio pode ser uma coisa muito boa para uma pessoa que está com um bloqueio criativo."[49]

Ficar entediada fez com que uma mulher chamada Joanne fechasse seu primeiro contrato editorial. Em 1990, seu trem de Manchester para Londres atrasou quatro horas. Enquanto esperava pelo trem, uma história "se formou inteiramente" na sua mente — a de um jovem que frequentava uma escola de bruxos.[50] Aquele atraso de quatro horas acabou sendo uma benção para Joanne "J. K." Rowling, cuja série de livros Harry Potter cativou milhões ao redor do mundo.

Por outro lado, Rowling teve sorte. Sua epifania chegou até ela antes dos smartphones, de modo que ela não precisou se defender contra notificações enquanto esperava pelo trem. No entanto, o resto de nós precisa ser proativo quanto a deixar o tédio entrar nas nossas vidas. Bill Gates, por exemplo, programa retiros de uma semana em uma cabana isolada no noroeste do Pacífico que ele chama de "Semana do Pensamento", dedicada — você adivinhou — a pensar sem distrações.[51] Phil Knight, o cofundador da Nike, tinha uma cadeira específica na sua sala de estar para sonhar acordado.[52]

Seguindo seus passos, decidi acabar com a minha codependência em relação ao meu telefone e proativamente reacender meu caso de amor há muito tempo perdido com o tédio. Comecei a deliberadamente gerar tempo livre no meu dia — um tipo de modo avião —, durante o qual me sento na minha poltrona e só fico lá, pensando. Gasto 20 minutos, quatro dias por semana, na sauna, com nada além de papel e caneta na mão. Esse é um lugar estranho para escrever? Sim, mas, nas minhas lembranças mais recentes, algumas das minhas melhores ideias me vieram à mente nesse ambiente solitário e sufocante.

Parece tão simples. Caminhar no parque. Um banho. Sentar-se na sauna ou em uma cadeira para sonhar acordado. Mas não há nenhuma mágica aqui — pelo menos não no sentido de Hogwarts. A mágica é a intenção de um tempo marcado para pausar e refletir — um momento para o silêncio interior em vez do caos contemporâneo.

Em uma época de gratificação instantânea, esse hábito pode soar um pouco esmagador. Mas a criatividade costuma vir na forma de um sussurro sutil — não como um *big bang*. Precisamos ter paciência suficiente para correr atrás do sussurro e percepção suficiente para recebê-lo quando ele vier. Se vivermos com uma pergunta tempo suficiente, "gradualmente, e sem percebermos, em um dia distante, entraremos de cabeça na resposta", como escreveu o poeta Rainer Maria Rilke.[53]

Da próxima vez que sentir que está ficando entediado, resista à tentação de receber alguma informação ou de fazer alguma coisa "produtiva". Ficar entediado pode ser a coisa mais produtiva que você pode fazer.

O tédio tem outro benefício. Ele permite que nossa mente faça associações livres e conexões entre objetos que são drasticamente diferentes — como maçãs e laranjas, por exemplo.

Comparando Maçãs e Laranjas

Muitas figuras de linguagem do inglês me confundiram quando comecei a aprender esse idioma no ensino médio. Porém, uma delas está no topo da lista: comparar maçãs com laranjas. Quando ouvi essa expressão pela primeira vez na faculdade, fiquei paralisado. Achava que havia mais coisas que uniam as maçãs e as laranjas do que dividiam. (Nesse ponto, caro leitor, você talvez queira fingir que não me conhece. Estou a ponto de comparar maçãs com laranjas.) Ambas são frutas. Ambas são meio redondas. Ambas têm um sabor um tanto ácido. Ambas têm mais ou menos o mesmo tamanho. E ambas crescem em árvores.

Scott Sanford, do Centro de Pesquisa Ames da NASA, levou essa comparação para outro nível. Ele usou a espectrometria no infravermelho para comparar uma maçã-verde com uma laranja e viu que o espectro das duas frutas é bastante similar. Esse estudo, com o curioso título "Maçãs e Laranjas: Uma Comparação", foi publicado na satírica revista científica *Improbable Research* [Pesquisas Improváveis, em tradução livre].[54]

Apesar das similaridades entre as maçãs e as laranjas, essa expressão idiomática existe até hoje porque temos muita dificuldade em enxergar conexões entre coisas aparentemente dissimilares ou não relacionadas. Nas nossas vidas pessoais e profissionais, nos limitamos a comparar maçãs com maçãs e laranjas com laranjas.

A especialização é a moda hoje em dia. Nos países anglófonos, um generalista é pau para toda obra, mas não é mestre de nenhuma. Os gregos nos alertam que uma pessoa "que está familiarizada com muitos ofícios vive em uma casa vazia".[55] Os coreanos acreditam que uma pessoa de "12 talentos não tem nada para o jantar".[56]

Essa atitude tem um custo, pois restringe a polinização cruzada entre ideias de disciplinas diferentes. Permanecemos nas áreas de humanas ou científicas e desligamos nossas mentes para conceitos de outras áreas. Se estamos nos formando em línguas, por que haveríamos de estudar teoria quântica? Se somos engenheiros, por que se incomodar em ler a *Odisseia* de Homero? Se estamos estudando medicina, por que estudar artes visuais?

Essa última pergunta se tornou o assunto de um estudo de pesquisa.[57] Trinta e seis alunos que estavam no primeiro ano de medicina foram divididos de modo aleatório em dois grupos. O primeiro grupo assistiu seis aulas no Museu de Arte da Filadélfia sobre como observar, descrever e interpretar obras de arte. Os alunos foram comparados com um grupo de controle que não se inscreveu nas aulas de arte. Diferentemente do grupo de controle, os membros que receberam treinamento artístico apresentaram melhora significativa nos testes observacionais — como interpretar retinografias — realizados no início e no fim do estudo. Esse estudo sugere que "o treinamento artístico *por si só* pode ajudar alunos de medicina a se tornarem melhores observadores clínicos".[58]

O fato é que a vida não é compartimentalizada em silos. Não aprendemos muito comparando coisas similares. O biólogo François Jacob disse: "Criar é recombinar."[59] Décadas mais tarde, Steve Jobs refletiu o mesmo sentimento: "A criatividade se resume em conectar coisas. Quando perguntamos a pessoas criativas como elas fizeram alguma coisa, elas se sentem um pouco culpadas porque não *fizeram* algo de verdade, elas só *viram* alguma coisa. Tiveram mais experiências ou pensaram mais sobre suas experiências do que as outras pessoas."[60]

Em outras palavras, é mais fácil "pensar fora da caixa" quando exercitamos nossa criatividade com várias caixas.

Einstein chamou essa ideia de "criatividade combinatória" e achava que isso era uma "parte essencial do pensamento produtivo".[61] A criatividade combinatória nos obriga a nos expor a uma variada coalizão de ideias, enxergar o similar em coisas diferentes, e combinar e recombinar maçãs e laranjas para criar uma fruta nova. Com essa abordagem, o "todo se torna, não apenas maior, mas muito diferente da soma das suas partes", como explicado pelo físico e ganhador do prêmio Nobel Philip Anderson.[62]

Para facilitar a polinização cruzada, cientistas renomados costumam desenvolver interesses diversificados. Galileu, por exemplo, conseguiu identificar montanhas e planícies da Lua — não porque ele tinha um telescópio melhor, mas porque seu treinamento em pintura e desenho lhe possibilitaram entender o que as regiões claras e escuras da Lua representavam.⁶³ A inspiração de Leonardo da Vinci para a arte e a tecnologia também veio de fontes externas — no seu caso, da natureza. Ele aprendeu sobre assuntos tão diversos quanto "a placenta de um bezerro, a mandíbula de um crocodilo, a língua de um pica-pau, os músculos da face, a luz da Lua e as bordas das sombras".⁶⁴ A inspiração de Einstein para a relatividade geral veio do filósofo escocês do século XVIII David Hume, que foi o primeiro a se perguntar sobre a natureza absoluta do tempo e espaço. Em uma carta datada de dezembro de 1915, Einstein escreveu: "Posso dizer que é muito possível que [a relatividade] não teria surgido sem esses estudos filosóficos."⁶⁵ Einstein ficou sabendo dos trabalhos de Hume através da Academia Olímpia, nome dado a um grupo de amigos que se dedicava à criatividade combinatória e se reunia em Berna, Suíça, para discutir física e filosofia.

Enquanto estava desenvolvendo a teoria da evolução, Darwin foi inspirado por dois campos diferentes — a geologia e a economia. Em *Princípios de Geologia*, Charles Lyell argumentou na década de 1830 que as montanhas, os rios e os cânions foram formados por meio de um processo lento e evolucionário que aconteceu durante eras, à medida que a erosão, o vento e a chuva moldavam a Terra. A teoria de Lyell era o oposto da sabedoria convencional, que atribuía essas características geológicas apenas a catástrofes ou eventos sobrenaturais, como o Dilúvio de Noé.⁶⁶ Darwin leu o livro de Lyell enquanto velejava no *Beagle* e aplicou essa ideia geológica à biologia. Segundo o cientista de foguetes David Murray, Darwin argumentou que o material orgânico "evoluiu, assim como o material inorgânico: com diminutas alterações em cada descendente que, com o passar do tempo, se acumularam para formar novos apêndices biológicos, como olhos, mãos ou asas".⁶⁷ Darwin também se inspirou no economista Thomas Malthus, que viveu no fim do século XVIII. Malthus argumentou que os humanos tendem a existir em um número que não pode ser sustentado pelos recursos naturais existentes, como os alimentos, criando uma competição pela sobrevivência. Darwin acreditava que essa competição resultou no processo evolucionário, fazendo com que a espécie que estivesse mais bem adaptada ao seu ambiente sobrevivesse.⁶⁸

A criatividade combinatória também é a marca de grandes músicos. O renomado produtor musical Rick Rubin diz para suas bandas não ouvirem música popular enquanto estão produzindo um álbum. Rubin diz que elas "vão tirar mais proveito se inspirando nos maiores museus do mundo do que procurando por inspiração entre os que estão na lista dos dez mais".⁶⁹ Por exemplo, a música da banda Iron Maiden combina elementos improváveis de Shakespeare, história e *heavy metal*. "Bohemian Rhapsody", do Queen, que é considerada uma das maiores canções de rock de todos os tempos, parece um sanduíche musical, misturando uma abertura e um encerramento em balada com rock pesado e ópera no meio.

David Bowie foi outro mestre em misturar as coisas. Ao escrever suas letras, ele usava um programa de computador personalizado chamado Verbasizer.[70] Bowie digitava frases de diversas fontes — artigos de jornais, textos de diários e similares — no Verbasizer, que as dividia por palavras, as misturava e as combinava. Bowie explicou: "Como resultado, tínhamos um verdadeiro caleidoscópio de significados, e tópico[s], substantivos e verbos de todo tipo se encontrando uns com os outros." Essas combinações serviam de inspiração para as letras das suas músicas.

A criatividade combinatória também resultou em muitas descobertas na tecnologia. Larry Page e Sergey Brin adotaram uma ideia da universidade — a frequência das citações de um trabalho acadêmico é um indicativo da sua popularidade — e a aplicaram ao mecanismo de busca para criar o Google. Steve Jobs ficou famoso por se inspirar na caligrafia para criar várias fontes de letras proporcionalmente espaçadas no Macintosh. O cofundador da Netflix, Reed Hastings, se inspirou no modelo de assinatura usado na sua academia: "Podíamos pagar $30 ou $40 por mês para malhar o quanto quiséssemos, fosse isso muito ou pouco."[71] Frustrado com a grande multa de atraso que ele teve que pagar por ter alugado *Apollo 13*, Hastings decidiu aplicar o mesmo modelo às locações de vídeo.

O primeiro tênis de corrida da Nike se baseava em um aparelho eletroeletrônico comum.[72] Em princípios da década de 1970, o treinador de corrida Bill Bowerman, da Universidade de Oregon, estava procurando por um par de tênis que apresentasse um bom desempenho em diferentes superfícies. Na época, os atletas de Bowerman usavam tênis com pinos de metal, os quais não tinham a tração adequada e estavam acabando com a superfície de corrida.

Em certa manhã de domingo, durante o café da manhã, os olhos de Bowerman se voltaram para uma antiga máquina de waffles na cozinha. Ele viu o padrão em grade da máquina de waffles e pensou que se invertesse esse padrão, ele poderia criar um tênis sem pinos. Ele pegou a máquina de waffles, levou-a até a garagem e começou a criar moldes. O resultado desses experimentos foi o Nike Waffle Trainer, um tênis revolucionário com tração de borracha que fornecia uma firmeza melhor e se adaptava à superfície de corrida. A máquina de waffles original da cozinha de Bowerman repousa agora em um mostruário da sede da Nike.

Como esses exemplos mostram, a revolução de uma indústria pode começar com uma ideia inspirada em outra. Na maioria dos casos, o encaixe não será perfeito, mas o mero ato de comparar e combinar dará origem a novas linhas de pensamento.

Não podemos combinar ideias se não enxergamos as similaridades entre elas. O biólogo Thomas H. Huxley, depois de ler *A Origem das Espécies*, supostamente disse: "Que idiotice [da minha parte] não ter pensado nisso!"[73] A conexão entre as maçãs e as laranjas parecia óbvia — mas só em retrospectiva. Na época de Darwin, havia muitas pessoas que estudavam as espécies. Também havia muitas pessoas que liam Malthus e Lyell, o economista e o geólogo que inspiraram Darwin. Mas ele foi a pessoa rara que estudou as espécies, leu Malthus *e* leu Lyell — e que podia fazer a conexão entre os três campos.

Como esses exemplos mostram, para conectar maçãs e laranjas precisamos colhê-las antes. Quanto mais diversificada é a sua coleção, mais interessante será o seu resultado. Pegue uma revista ou um livro de um assunto sobre o qual você não sabe nada. Participe de uma conferência de uma outra indústria. Cerque-se de pessoas de profissões, histórico e interesses diferentes. Em vez de conversarem sobre o clima e repetir outras banalidades para jogar conversa fora, pergunte: "Qual é a coisa mais interessante na qual está trabalhando agora?" Da próxima vez que se deparar com um bloqueio criativo, pergunte-se: "Que outra indústria se deparou com uma questão como essa antes?" Por exemplo, Johannes Gutenberg tinha um problema de impressão, então ele analisou outras indústrias — como a vinícola e a de produção de azeite — que usavam prensas de parafuso para extrair suco e óleo. Então, Gutenberg aplicou os mesmos conceitos para iniciar a era da comunicação em massa na Europa.

As organizações podem aprender algo com a Pixar, o estúdio criativo por trás de vários sucessos de bilheteria, como *Toy Story* e *Procurando Nemo*. Essa empresa incentiva seus funcionários a passarem quatro horas por semana assistindo aulas na Universidade Pixar, seu programa de desenvolvimento profissional. Essas aulas incluem pintura, escultura, malabarismo, improvisação e dança do ventre.[74] Embora essas aulas não afetem a produção de filmes diretamente, a Pixar sabe que ideias criativas vêm de lugares aparentemente improváveis. Se continuarmos a colher maçãs e laranjas, e se passarmos algum tempo com elas, as ideias para novos frutos começarão a surgir logo.

O princípio da criatividade combinatória não se aplica só a ideias, mas a pessoas também. Como veremos na próxima seção, quando pessoas de diferentes disciplinas são combinadas, o resultado é maior do que a soma das suas partes.

O Mito do Gênio Solitário

"Esses *rovers* são tão complicados que ninguém os entende."

Essa pode lhe parecer uma declaração estranha vinda de Steve Squyres, o pesquisador principal do projeto Mars Exploration Rovers de 2003. Ele liderou a equipe responsável por imaginar os *rovers*, projetar os instrumentos de bordo e dirigi-los na superfície marciana. Entretanto, mesmo para Squyres, os *rovers* eram "complicados demais para uma única pessoa entendê-los por completo". A compreensão não vem individualmente, mas como parte do cérebro coletivo.

Nós costumamos idealizar o gênio solitário trabalhando na garagem — quer se trate de Bowerman ajustando sua máquina de waffles em sua garagem ou de Jobs construindo seu primeiro computador Apple na garagem da sua família. Essa é uma história bem legal, mas, como a maioria das histórias, trata-se de um desvio enganoso de como as coisas funcionam.

A melhor criatividade não acontece em isolamento total. As descobertas quase sempre envolvem um componente colaborativo. Uma declaração famosa de Newton foi: "Se vi mais além, foi porque subi nos ombros de gigantes". Esses gigantes contribuíram com diversas perspectivas, trazendo suas próprias maçãs e laranjas para que o corpo coletivo pudesse fazer comparações e conexões.

O empreendedor e escritor Frans Johansson chamou esse fenômeno de efeito Medici. Ele se referia à explosão criativa do século 15 que aconteceu quando a rica família Medici reuniu muitos indivíduos talentosos de diversos campos de estudo em Florença — cientistas, poetas, escultores, filósofos, entre outros. À medida que esses indivíduos se conectavam, novas ideias surgiam, pavimentando o caminho para a Renaissance (palavra que significa "renascença" em francês).[75]

A missão de ir até Marte resultou no seu próprio efeito Medici, reunindo cientistas e engenheiros para colaborarem na missão. Embora esses dois grupos convirjam em assuntos populares da exploração espacial, eles pertencem a tribos bem diferentes.[76] Os cientistas buscam a verdade de modo idealista, tentando entender como o universo funciona. Os engenheiros, por outro lado, são mais pragmáticos. Eles precisam projetar equipamentos que possam implementar a visão dos cientistas, ao mesmo tempo que lidam com realidades práticas, como baixos orçamentos e prazos apertados.

Os opostos nem sempre se atraem. Em cada missão, há tensão entre "os cientistas idealistas e pouco práticos" e "os engenheiros práticos e teimosos", como Squyres escreveu. Em boas missões, essa tensão se transforma em uma dança criativa que apresenta o melhor das duas disciplinas. Mas nas missões ruins, "é um ácido que consome a colaboração até que ela apodreça".[77]

A chave para fazer essa relação de trabalho funcionar é a criatividade combinatória. Os cientistas aprendem um pouco de engenharia, e os engenheiros aprendem um pouco de ciência. Essa abordagem era a maior prioridade de Squyres. Ele explicou: "Se chegássemos e nos sentássemos para mais uma das nossas sessões diárias de planejamento tático, onde tínhamos uma equipe de 12 cientistas e 12 engenheiros reunidos em uma sala, poderíamos ficar sentados ali por uma hora e ainda não saberíamos quem eram os cientistas e quem eram os engenheiros". A equipe era tão mista — com os cientistas e os engenheiros bem versados na linguagem e objetivos uns dos outros — que mal podíamos ver a diferença.

Poderíamos concluir que o ambiente de trabalho atual é o ambiente ideal para esse tipo de mistura. Sentados em cubículos de escritórios abertos e sempre conectados através de tecnologias que estão sempre funcionando, como o e-mail e o Slack, a maioria dos funcionários modernos estão constantemente colaborando uns com os outros. Talvez seja hora de uma renascença contemporânea que poderia ser chamada de efeito Slack.

Mas não tão rápido. Pense no resultado de um estudo no qual os pesquisadores dividiram os participantes em três grupos e lhes pediram para resolver um problema complexo.[78] O primeiro grupo trabalhou em total isolamento, o segundo grupo permaneceu em constante interação, e o terceiro grupo variou entre a interação e o isolamento.

O grupo que apresentou o melhor desempenho foi o terceiro. "Interrupções intermitentes na interação aprimoram a inteligência coletiva", observaram os pesquisadores.[79] Variar entre isolamento e interação aprimorou a pontuação média do grupo e o levou a encontrar as melhores soluções com mais frequência. É importante dizer que os membros do grupo que apresentaram tanto um desempenho alto quanto baixo se beneficiaram da interação intermitente. Esses resultados sugerem que o aprendizado flui em ambas as direções, com as conclusões de uma pessoa se tornando recursos para outras.[80]

A maioria dos ambientes de trabalho modernos é similar ao segundo, o grupo que permanece em constante interação, um arranjo subótimo para a criatividade. Como a pesquisa mostrou, a conexão é importante, mas um tempo isolado para reflexão também. O processo de criação pode ser vergonhoso. Asimov escreveu: "Para cada nova boa ideia que temos, já tivemos cem ou dez mil ideias tolas, as quais, obviamente, não queremos divulgar."[81] As pessoas devem ser capazes de cultivar ideias por si só, se reunir para compartilhar essas ideias com o grupo e, então, voltar a trabalhar sozinhas, alternando entre isolamento e colaboração. Esse padrão é similar ao ciclo de foco e tédio que foi mencionado antes.

No que se refere a impulsionar a criatividade, a diversidade cognitiva — misturar nossas versões de cientistas e engenheiros — não é só um chavão. É uma necessidade. Mas existe outro nível de diversidade cognitiva que costuma passar despercebido.

A Mentalidade de Iniciante

Na década de 1860, a indústria de seda na França foi ameaçada por uma doença que estava afetando os bichos-da-seda. O químico Jean-Baptiste Dumas pediu que seu ex-aluno, Louis Pasteur, trabalhasse no problema. Pasteur estava hesitante. "Mas eu nunca trabalhei com bichos-da-seda", ele protestou. Dumas respondeu: "É melhor assim."[82]

A maioria de nós não faz o que Dumas fez. Nós instintivamente rejeitamos as opiniões de amadores como Pasteur. *Eles não sabem do que estão falando. Eles ainda não assistiram a reuniões relevantes. Eles não têm o histórico necessário. Esse não é o campo deles.*

Porém, é justamente por esses motivos que as opiniões externas são valiosas.

O pensamento em princípios básicos, como a resposta de Dumas indica, costuma ter uma relação inversa com a perícia. Diferentemente de pessoas do ramo, cuja identidade ou salário pode depender da condição atual dos assuntos, pessoas de fora não têm interesse no status quo. É mais fácil rejeitar a sabedoria convencional quando não somos sufocados por ela.

Pense, por exemplo, na teoria geológica da deriva continental, que diz que os continentes já foram uma grande massa que se dividiu e se afastou com o passar do tempo. Essa teoria foi criada por Alfred Wegener — um meteorologista, alguém que não pertence ao ramo da geologia.[83] A deriva continental foi inicialmente considerada um absurdo por especialistas em geologia que achavam que os continentes eram estáveis e que não se moviam. O geólogo R. Thomas Chamberlain resumiu os sentimentos coletivos dos seus colegas: "Se fôssemos acreditar na hipótese de Wegener, teríamos que esquecer tudo o que aprendemos nos últimos 70 anos e começar tudo de novo."[84] A teoria de Wegener abalaria a base da reputação dos geólogos. Assim, eles se apegaram ao que já tinham. Por motivos similares, quando Johannes Kepler descobriu que os planetas tinham órbitas elípticas — e não circulares —, Galileu reclamou. É como o astrofísico Mario Livio observou: "Galileu ainda era prisioneiro dos ideais estéticos da antiguidade, que concluíam que as órbitas tinham que ser perfeitamente simétricas."[85]

O segredo de Einstein para o sucesso era fugir da prisão intelectual que confinava outros físicos. Quando publicou seu trabalho sobre a relatividade especial, ele era um funcionário desconhecido do escritório de patentes suíço. Como alguém de fora do campo da física, ele podia ir além do corpo coletivo de conhecimento — o que, no seu caso, era uma perspectiva newtoniana que encarava o tempo e o espaço como absolutos. Seu trabalho revolucionário sobre a relatividade especial — "Sobre a Eletrodinâmica dos Corpos em Movimento" — não se parecia em nada com um típico trabalho de física. Ele citava apenas um punhado de cientistas e não tinha quase nenhuma citação de trabalhos anteriores — uma atitude muito pouco convencional para os padrões acadêmicos.[86] No caso de Einstein, criar uma revolução significou ir além de fazer pequenas melhorias, desligando-se de citações de trabalhos anteriores.

Existem muitos outros exemplos similares. Musk entrou tarde na ciência de foguetes, sobre a qual aprendeu lendo livros acadêmicos. Bezos saiu do mundo financeiro para entrar no varejo, e Hastings era um desenvolvedor de software antes de fundar a Netflix. Por estarem fora do campo, esses revolucionários estavam em uma posição melhor para enxergar falhas e reconhecer métodos ultrapassados.

No zen-budismo, esse princípio é conhecido como *shoshin*, ou mentalidade de iniciante.[87] O instrutor zen Shunryu Suzuki escreveu: "As possibilidades estão na mentalidade de iniciante; elas são poucas na mente dos especialistas."[88] É por isso que a Wieden+Kennedy, a empresa de publicidade responsável por muitas das campanhas publicitárias de sucesso da Nike, incentiva que seus funcionários "cheguem burros" todo dia e abordem os problemas com uma perspectiva de iniciante.

Foi um iniciante que criou uma autora de um bilhão de dólares. Quando J. K. Rowling entregou um rascunho do seu primeiro livro do Harry Potter para editoras, elas foram unânimes na sua opinião: achavam que não valia a pena publicar o livro. Seu manuscrito foi rejeitado por várias editoras, até que acabou na mesa de Nigel Newton, o presidente da Bloomsbury Publishing.[89] Newton enxergou um potencial no livro que seus rivais desperceberam.

Como? Seu segredo foi sua filha Alice, uma jovem de 8 anos que gostava de ler.[90] Depois de Newton dar uma amostra do livro para Alice, ela o devorou e pediu por mais. "Papai, isso é muito melhor do que qualquer outra coisa", ela disse. A opinião de Alice convenceu seu pai a escrever um cheque de £ 2.500 para Rowling como um pequeno adiantamento para comprar os direitos de publicação do seu livro. E o resto é história.

O que deu a Newton sua vantagem de milhões de libras foi sua disposição de levar a opinião da sua filha em consideração — alguém de fora da indústria editorial, mas um membro do público-alvo do livro.

Não quero sugerir que todas as ideias originais vêm de iniciantes. Pelo contrário, a experiência é valiosa na geração de ideias, mas os especialistas não devem trabalhar em total isolamento. Para o inferno com a ideia do gênio solitário. Os especialistas também se beneficiam de períodos intermitentes de colaboração, em especial quando amadores são incluídos no grupo.

....

NÃO É PRECISO ser um gênio polímata para realizar experimentos mentais. Basta o desejo de colher maçãs e laranjas, a paciência de se sentar entediado enquanto seu subconsciente as compara e faz conexões entre elas, e a disposição de compartilhar os novos frutos com outros — quer sejam cientistas na sua equipe de engenheiros ou sua filha de 8 anos de idade.

Agora que estamos mais confortáveis com os experimentos mentais, é hora de aumentar o volume da sua imaginação para chegar até a Lua.

> Acesse **www.altabooks.com.br** e procure pelo ISBN do livro para encontrar desafios e exercícios que o ajudarão a implementar as estratégias discutidas neste capítulo.

4

PENSAMENTO MOONSHOT

A Ciência e o Negócio do Impossível

> ALICE: Não adianta tentar. Não se pode acreditar em coisas impossíveis.
>
> RAINHA BRANCA: Com certeza não tem muita prática. Quando eu tinha a sua idade, sempre praticava meia hora por dia. Ora, algumas vezes cheguei a acreditar em até seis coisas impossíveis antes do café da manhã.
>
> — LEWIS CARROLL, *Através do Espelho e o que Alice Encontrou por Lá*

CHARLES NIMMO ERA uma escolha improvável para uma cobaia de testes.[1] Ele era um criador de ovelhas da pequena cidade rural de Leeston, Nova Zelândia, que se voluntariou para participar de um projeto secreto que envolvia o voo de um objeto secreto. Durante os voos de teste iniciais na Califórnia e no Kentucky, esse objeto foi confundido com um OVNI por vários observadores. Ele foi gravado pela CNN e chegou até às manchetes dos jornais locais — "Objeto Misterioso no Céu Chama a Atenção dos Habitantes Locais", como apareceu no *Appalachian News-Express*.[2]

Nimmo é uma das mais de 4 bilhões de pessoas no mundo que não têm acesso a uma tecnologia com a qual muitos de nós já estamos acostumados: a internet de banda larga. A internet foi tão revolucionária quanto a rede elétrica. Quando nos conectamos a ela, energizamos nossa vida. De acordo com um estudo da Deloitte, levar um acesso confiável de internet à África, à América Latina e à Ásia "geraria mais de $2 trilhões de PIB adicionais".[3] O acesso à internet pode tirar as pessoas da pobreza, salvar vidas e, no caso de Nimmo, fornecer acesso a informações sobre o clima, o que é essencial para criar ovelhas. Nimmo precisa saber quando suas ovelhas estarão secas o suficiente para o *crutching* — um termo técnico para tosquiar apenas a lã do traseiro das ovelhas.

Iluminar o mundo com uma internet confiável e barata não é fácil. A internet por satélite é cara e produz sinais fracos e com um atraso de transmissão significativo por causa da distância que o sinal precisa percorrer para ir e voltar de um satélite na órbita da Terra. Torres de celular fixas costumam ter alcances limitados e não fazem sentido econômico para muitas áreas rurais e pouco povoadas — mesmo em países desenvolvidos, como a Nova Zelândia. Obstáculos geográficos, como montanhas e selvas, também podem impedir que os sinais das torres de celular cheguem até o seu destino.

Nimmo foi a primeira cobaia de um projeto audacioso que tinha o objetivo de acabar com a falta de internet que abrangia a maior parte do mundo. Esse projeto foi ideia da X, antigamente conhecida como Google X. Essa empresa notoriamente secreta se dedica à pesquisa e desenvolvimento de tecnologias inovadoras. A X não cria inovações *para* a Google. Ela cria a próxima Google.

Para resolver o problema do acesso à internet, os funcionários da X desenvolveram um experimento mental maluco: e se nós usássemos balões?

Eles imaginaram balões do tamanho de quadras de tênis, com o formato de uma medusa, flutuando na estratosfera a 18 mil metros — acima do clima e do trânsito aéreo. Os balões levariam pequenos computadores em caixas de poliestireno, alimentadas por energia solar para enviar sinais de internet para baixo.

Talvez você esteja se perguntando por que uma história sobre balões — uma tecnologia um tanto primitiva — está aparecendo neste livro. Afinal de contas, balões não se enquadram na ciência de foguetes. Na verdade, fazer um balão se elevar "é mais difícil do que a ciência de foguetes", disse um ex-funcionário da X. Como os balões são levados com facilidade pelo vento, eles precisam ser direcionados como barcos a vela para entrarem nas correntes de ar certas. Além disso, é difícil obter uma conectividade confiável quando os balões estão se movendo constantemente.

A solução da X para esse problema foi criar uma rede de balões que poderiam funcionar em cadeia e garantir uma conectividade confiável. Quando um balão saísse, outro poderia tomar o seu lugar. Os balões durariam vários meses antes de voltar para a Terra, para serem reutilizados.

Esse projeto maluco recebeu um nome apropriado: Projeto Loon ("maluco" em português). Depois de dar acesso à internet para Nimmo, o criador de ovelhas, e de realizar outras missões de teste, os balões Loon continuaram a voar por mais de 48 milhões de quilômetros. Quando enchentes catastróficas atingiram o Peru, em princípios de 2017, esses balões vieram ao resgate. A enchente afetou centenas de milhares de pessoas e acabou com a rede de comunicação do país. Em menos de 72 horas, o Projeto Loon apareceu em cena e começou a fornecer conectividade básica para dezenas de milhares de peruanos.[4] Um ano depois, quando o Furacão Maria devastou Porto Rico, o Loon ajudou fornecendo internet alimentada a balões às partes mais afetadas da ilha.[5]

O Loon foi um *moonshot* — um avanço tecnológico que trouxe uma solução radical para um grande problema. Este capítulo é dedicado ao poder do pensamento *moonshot*, que é responsável por projetos audaciosos como o Loon. Vamos ver por que algumas das maiores conquistas da história se originaram a partir do pensamento *moonshot*. Vou explicar por que você deveria agir mais como uma mosca do que como uma abelha e por que é melhor caçar antílopes que ratos. Você vai descobrir como o uso de uma única palavra pode estimular sua criatividade, o que você deve fazer primeiro para lidar com um alvo audacioso e por que para planejar seu caminho para o futuro muitas vezes é necessário se afastar dele.

O Poder do Pensamento Moonshot

A Lua é a nossa companheira mais antiga. Ela nos fez companhia durante grande parte da existência da Terra. É como Robert Kurson escreveu: a Lua tem "controlado as marés, guiado os perdidos, iluminado colheitas, inspirado poetas e amantes, conversado com crianças."[6] E, desde que nossos ancestrais olharam para cima pela primeira vez, a Lua vem nos tentado, apelando ao nosso instinto primitivo de explorar além do nosso lar. Contudo, durante grande parte da nossa existência, ela continuou a ser um destino distante, além do nosso alcance.

Quando o presidente Kennedy fez o discurso que apareceu na abertura deste livro — quando ele olhou para o futuro e escolheu a Lua como a nossa nova fronteira —, parecia que ele estava esperando por um milagre. Kennedy pediu à nação "para fazer o que a maioria das pessoas achava impossível, incluindo eu", relembra Gene Cernan, astronauta do Apollo.[7] A promessa de colocar o ser humano na Lua em menos de uma década era tão incrível, lembra-se Robert Curl, um professor da Universidade Rice que estava na audiência do discurso de Kennedy, "que fiquei maravilhado com o fato de que ele realmente estivesse propondo isso".[8]

O famoso diretor de voo da NASA, Gene Kranz — que foi interpretado por Ed Harris no filme *Apollo 13* —, também ficou abismado com o juramento audacioso de Kennedy.[9] Para Kranz e seus colegas da NASA, "que viram [seus] foguetes tombarem, perderem o controle ou explodirem, a ideia de colocar um homem na Lua parecia ambiciosa demais".[10] Mas Kennedy estava bem ciente das dificuldades à frente. Ele disse: "Decidimos ir à Lua nesta década e fazer as outras coisas, não porque elas são fáceis, mas porque elas são difíceis." Ele simplesmente se recusava a deixar a realidade da época dirigir o futuro da sua nação.

Esse foi o primeiro *moonshot* (lançamento para a Lua) real da humanidade, mas os humanos já estavam realizando *moonshots* metafóricos muito antes de Neil Armstrong e Buzz Aldrin terem andado na Lua. Quando nossos ancestrais abriram caminho para algum canto desconhecido da Terra, eles fizeram um *moonshot*. As pessoas que descobriram o fogo, inventaram a roda, construíram as pirâmides e fizeram automóveis — todas fizeram *moonshots*. Outros exemplos de *moonshot* foram os escravos terem alcançado a liberdade, mulheres chegarem às urnas e refugiados terem viajado por costas distantes em busca de uma vida melhor.

Somos uma espécie de *moonshots* — embora muitos de nós tenham se esquecido disso.

Os *moonshots* nos obrigam a raciocinar a partir de princípios básicos. Se nosso objetivo é 1% de melhoria, podemos trabalhar dentro do status quo. Mas se queremos uma melhoria dez vezes maior, o status quo deve sumir. Almejar um *moonshot* nos coloca em um nível diferente — e, em geral, em um jogo completamente diferente — dos nossos concorrentes, o que faz com que as jogadas e rotinas estabelecidas se tornem completamente irrelevantes.

Veja um exemplo.[11] Se nosso objetivo é melhorar a segurança de um carro, podemos fazer melhorias graduais no design do carro para proteger melhor a vida humana contra acidentes. Contudo, se nosso objetivo é o *moonshot* de eliminar todos os acidentes, precisamos começar com uma tela em branco e questionar todas as nossas suposições — incluindo o motorista humano atrás do volante. Essa abordagem em princípios básicos pavimenta o caminho para a possibilidade de veículos autônomos.

Considere também os *moonshots* planejados da SpaceX. Se o objetivo da empresa fosse apenas colocar satélites na órbita da Terra, não haveria motivos para fazer as coisas de um modo diferente. A empresa teria usado a mesma tecnologia que a NASA vem usando desde 1960. Não haveria muitos motivos para reduzir o custo dos lançamentos de foguetes em dez vezes, como a SpaceX está se esforçando para fazer, a menos que estivéssemos planejando um *moonshot*. A ambição audaciosa de colonizar Marte forçou a SpaceX a empregar o pensamento em princípios básicos e transformar o status quo.

Os estrategistas políticos James Carville e Paul Begala contam uma história sobre a escolha que um leão tem que tomar entre caçar um rato ou um antílope. Eles explicam: "Um leão tem a total capacidade de capturar, matar e comer um rato do campo. Mas acontece que a energia necessária para fazer isso ultrapassa o conteúdo calórico do rato em si." Os antílopes, por outro lado, são animais muito maiores, de modo que "eles exigem mais velocidade e força para capturar". Porém, depois de capturado, um antílope pode representar dias de alimento para o leão.[12]

Como você deve ter adivinhado, essa história é um microcosmo da vida. A maioria de nós corre atrás do rato em vez de ir atrás dos antílopes. Nós achamos que o rato é uma coisa garantida, mas que o antílope é um *moonshot*. Os ratos estão por toda parte; os antílopes vêm em menor número e estão mais distantes. Além disso, todos ao nosso redor estão caçando ratos. Concluímos que, se decidirmos ir atrás dos antílopes, talvez falhemos e passemos fome.

Assim, não lançamos um novo negócio porque achamos que não temos o que é necessário. Hesitamos em nos candidatarmos para uma promoção, concluindo que alguém mais competente a receberá. Não chamamos pessoas que parecem areia demais para o nosso caminhãozinho para um encontro. Jogamos para não perder em vez de jogarmos para vencer. Em 1933, o psicólogo Abraham Maslow escreveu: "A história da raça humana é a história de homens e mulheres se desvalorizando."[13]

Se Kennedy tivesse seguido esse modo de pensar, seu discurso teria sido bem diferente (e muito mais chato). Ele talvez tivesse dito: "Nós escolhemos colocar humanos na órbita da Terra e fazê-los circular por ela vez após vez — não porque isso seja desafiador —, mas porque é a coisa mais certa e realizável que temos." (O que acabou sendo exatamente o que a NASA decidiu fazer na década de 1980. Vamos falar mais sobre isso depois.)

Baixar nossos padrões é a moral do mito de Ícaro. O pai de Ícaro, o artesão Dédalo, fez asas de cera para que ele e seu filho pudessem fugir da ilha de Creta. Dédalo avisou ao seu filho que ele deveria seguir seu trajeto de voo e não voar perto demais do Sol. Você provavelmente já sabe o que aconteceu depois: Ícaro ignorou os avisos do seu pai e planou perto do Sol. Suas asas derreteram, fazendo com que Ícaro caísse no mar e morresse.

As lições do mito são claras: aqueles que voam alto derretem suas asas e morrem. Aqueles que seguem o caminho predefinido e obedecem às instruções fogem da ilha e sobrevivem.

Entretanto, como Seth Godin explicou no seu livro *A Ilusão de Ícaro*, há uma segunda parte do mito de Ícaro — uma que você provavelmente ainda não ouviu. Além de dizer a Ícaro que ele não deveria voar alto demais, Dédalo também lhe disse para não voar *baixo* demais porque a água poderia estragar suas asas.[14]

Como qualquer piloto poderá lhe dizer, a altitude é sua amiga. Se nosso motor falhar enquanto estivermos voando alto, teremos opções para planar o avião até um local seguro. Mas, se estivermos em baixas altitudes, as possibilidades são mais limitadas durante o voo — assim como as possibilidades na vida.

Os negócios que voam em altitudes maiores tendem a apresentar um desempenho melhor. Shane Snow resumiu as pesquisas relevantes em *Smartcuts*: "De 2001 a 2011, um investimento nas 50 marcas mais idealistas — as que optavam por um objetivo elevado e não apenas por lucros baixos — acabou se tornando 400% mais rentável do que as ações de um fundo de investimento de S&P."[15] Por quê? Os *moonshots* são atraentes para a natureza humana e atraem mais investidores. Acrescentando diversão às ambições limitadas da maioria das empresas do Vale do Silício, o manifesto da Founders Fund — uma proeminente empresa de capital de risco — diz: "Nós queríamos carros voadores. Em vez disso, recebemos 140 caracteres."[16] Essa empresa se tornou a primeira investidora externa dos *moonshots* da SpaceX.

Os *moonshots* também atraem talentos. É por isso que a SpaceX e a Blue Origin puderam selecionar os melhores cientistas de foguetes das companhias aeroespaciais tradicionais e fazer com que eles estivessem sempre trabalhando em projetos de engenharia audaciosos. O argumento de Musk foi que os engenheiros poderiam "ter a liberdade para realmente fazer seu trabalho — construir um foguete — em vez de ficarem sentados em reuniões que duram o dia inteiro e esperando meses para que o pedido de uma peça passasse pelos seus muitos processos burocráticos ou tivesse que se defender de ataques de política interna".[17]

Você talvez esteja pensando: "É fácil para bilionários da internet abrirem uma empresa espacial. Foi fácil para Kennedy correr atrás do seu *moonshot* com o Congresso injetando bilhões de dólares para chegar até à Lua antes dos soviéticos. Foi fácil para a X, com o apoio do poder financeiro da Google, correr atrás de ideias inovadoras como o Projeto Loon". Mas talvez esteja pensando que é impossível correr atrás de *moonshots* quando temos um negócio para manter, hipotecas para pagar e membros da diretoria para agradar.

Essa é uma objeção que Astro Teller — o capitão de *moonshots* da X (sim, esse é o seu título oficial) — ouve com frequência. "De alguma maneira, a sociedade desenvolveu essa noção de que precisamos ter um monte de dinheiro para sermos audaciosos", ele diz. Mas Teller não concorda com isso: "Assumir riscos bons e inteligentes é algo que qualquer um pode fazer, quer estejamos em uma equipe de 5 pessoas ou em uma empresa com 50 mil funcionários."[18] Bezos concorda com isso. "Sempre devemos apostar em algo que tem 10% de chance de dar certo, mas que dará um retorno 100 vezes maior", ele escreveu na sua carta anual da Amazon aos acionistas em 2015. No entanto, a maioria de nós não apostaria nem em algo que tivesse 50% de chance de dar certo, independentemente do possível retorno.

Sim, alguns *moonshots* são complexos demais para serem materializados no futuro próximo — se é que serão materializados algum dia. Mas nem todos os nossos *moonshots* precisam alçar voo. Desde que o nosso portfólio de ideias seja equilibrado — e não estejamos apostando nosso futuro em um único *moonshot* —, um grande sucesso compensará as ideias que são mais apropriadas para livros e filmes. Bezos disse: "Se fizermos apostas suficientes e se as fizermos cedo o suficiente, nenhuma delas jamais prejudicará a empresa."[19]

O ponto é: o fardo para se lançar *moonshots* não é nem financeiro nem prático. É mental. "Não são muitas as pessoas que acreditam que podem mover montanhas", disse David Schwartz em *A Mágica de Pensar Grande*. "Assim, como resultado, não são muitos os que o fazem."[20] Os obstáculos primários dos *moonshots* estão na nossa cabeça, reforçados por décadas de condicionamento da sociedade. Fomos seduzidos a acreditar que voar baixo é mais seguro do que voar mais alto, que se deixar levar é melhor do que planar, e que sonhos pequenos são mais sábios do que *moonshots*.

Nossas expectativas moldam a realidade e se tornam profecias autorrealizáveis. Aquilo pelo que lutamos se torna nosso teto. Se optarmos pela mediocridade, é isso o que vamos conseguir — no máximo. Nem sempre podemos conseguir o que queremos, como a banda Rolling Stones nos lembra, mas, se corrigirmos nosso curso até a Lua — o contrário do chão —, voaremos mais alto do que nunca. "Se estabelecermos alvos ridiculamente altos e falharmos, nossa falha ainda será maior do que o sucesso de todos os demais", disse James Cameron, o cineasta por trás de sucessos como *O Exterminador do Futuro* e *Titanic*.[21]

Muitos de nós evitam os *moonshots* porque concluímos que eles não nos servem. Acreditamos que o tipo de pessoas que pode voar alto tem asas melhores, que não derretem. Michelle Obama acabou com esse mito em uma entrevista de 2018, na qual explicou: "Eu, provavelmente, já estive em todas as mesas de poder que você possa imaginar. Já trabalhei com organizações sem fins lucrativos, já estive em fundações, já trabalhei em corporações, servi em diretorias, já estive em reuniões do G20 e da ONU: eles não são tão inteligentes assim."[22]

Eles não são tão inteligentes assim. Eles só sabem o que a maioria de nós nunca aprendeu: há muito menos competição por antílopes. Todo mundo está ocupado caçando ratos no mesmo território apertado e que está diminuindo rapidamente. Isso quer dizer que não podemos nos dar ao luxo de *não* realizar *moonshots*. Se esperarmos demais — se continuarmos correndo atrás de margens de negócio cada vez menores e a um custo maior —, outra pessoa realizará o *moonshot* que nos levará à falência ou tornará nosso negócio obsoleto.

A história que escolhemos contar a nós mesmos sobre nossas capacidades não passa disso: uma escolha. E, como qualquer outra escolha, podemos trocá-la. Até que nos forcemos além dos nossos limites cognitivos e ultrapassemos as fronteiras do que consideramos prático, não poderemos descobrir quais são as regras invisíveis que estão nos puxando para trás. Existem muitos benefícios de se realizar *moonshots* mesmo onde — ou especialmente onde — as condições da vida real não estão em sincronia com a nossa imaginação.

Nosso consolo é saber que a física de Dédalo estava toda errada. O ar fica mais frio, e não mais quente, quando subimos. Então, nossas asas não vão derreter. Se corrermos atrás do extraordinário, nos elevaremos para além dos caminhos neurais obsoletos que dominam o pensamento comum. E se persistirmos — e aprendermos com as falhas inevitáveis que surgirão —, as asas de que precisamos para voar vão acabar surgindo.

Ganhar essas asas exige uma estratégia chamada pensamento divergente, o qual exploraremos na seção a seguir.

Adotando o Improvável

Imagine uma garrafa de vidro cuja base está voltada em direção a uma luz. Se colocássemos 12 abelhas e moscas na garrafa, qual espécie encontraria a saída primeiro?

A maioria das pessoas responde que são as abelhas. Afinal, as abelhas são conhecidas por sua inteligência. Elas podem aprender tarefas bastante complexas — como levantar ou afastar uma tampa para obter acesso a uma solução com açúcar em um laboratório — e ensinar o que aprenderam para outras abelhas.[23]

Contudo, quando o assunto é encontrar a saída de uma garrafa, a inteligência da abelha a atrapalha, porque elas amam a luz e continuariam batendo contra a base da garrafa — voltada para a luz — até morrerem de exaustão ou fome. Em contraste, as moscas ignoram "o chamado da luz", como escreveu Maurice Maeterlinck em *A Vida das Abelhas*. Elas "voariam freneticamente aqui e acolá" até encontrar a saída do outro lado da garrafa para ganhar a liberdade novamente.[24]

As moscas e as abelhas, respectivamente, representam o que é conhecido como pensamento divergente e convergente. As moscas são as pensadoras divergentes, voando livremente até encontrarem a saída. As abelhas são as pensadoras convergentes, se concentrando na saída que parece mais óbvia com um comportamento que resultará no seu fim.

O pensamento divergente é uma maneira de gerar ideias diferentes com mente aberta e de uma maneira livre — como moscas voando por toda parte dentro da garrafa. No pensamento divergente, não pensamos nas restrições, nas possibilidades ou no orçamento. Simplesmente contribuímos com ideias, permanecendo abertos ao que quer que seja apresentado. Tornamo-nos otimistas, à maneira que o físico David Deutsch define o termo — como alguém que acredita que qualquer coisa permitida pelas leis da física possa ser feita.[25] O objetivo é criar um conjunto de opções — boas e ruins — sem julgá-las prematuramente, limitá-las ou escolher entre elas.

Nos estágios iniciais da formação de ideias, como dito pelo físico Max Planck, "não há lugar para o racionalista puro". Como Einstein também explicou, a descoberta "não é um trabalho para o pensamento lógico, embora o produto final seja entregue de forma lógica".[26] Para ativar o pensamento divergente, precisamos desligar o pensador racional que existe em nós, a parte responsável por comportamentos seguros, benéficos e adultos. Precisamos colocar as planilhas de lado e deixar nosso cérebro correr por aí. Investigar o absurdo. Esticar-nos para além do nosso alcance. Apagar a linha entre a fantasia e a realidade.

A pesquisa mostra que o pensamento divergente é um portal para a criatividade. Ele estimula a habilidade das pessoas de encontrar soluções inovadoras e de fazer novas associações. Em outras palavras, ele nos permite comparar e conectar maçãs e laranjas.[27]

Considere um estudo feito por três professores da Faculdade de Administração de Harvard que apresentaram um desafio ético complicado aos participantes.[28] Os pesquisadores descreveram um cenário em que a opção ética não era óbvia e dividiram os participantes do estudo em grupos. Para um dos grupos, eles perguntaram: "O que vocês *devem* fazer?" Ao outro grupo, eles perguntaram: "O que vocês *podem* fazer?" O grupo do "devem" chegou às conclusões mais óbvias — não as melhores, em geral —, mas o grupo do "podem" manteve a mente aberta e gerou um conjunto muito maior de abordagens possíveis. Como os pesquisadores explicaram: "As pessoas muitas vezes podem se beneficiar de uma mentalidade de *poderia* que envolve uma exploração mais expansiva de possíveis soluções antes de tomar uma decisão final". Um estudo diferente chegou à mesma conclusão. Os participantes que foram informados que o "objeto A *poderia* ser um brinquedo de cachorro" em comparação com o "objeto A *é* um brinquedo de cachorro" acabaram encontrando uma variedade muito maior de usos para o brinquedo.[29]

É tentador ignorar o pensamento divergente e recorrer ao pensamento convergente — avaliar o que é fácil, o que é provável, o que pode ser feito. O pensamento convergente é como fazer uma prova de múltipla escolha: escolhemos uma resposta entre um conjunto limitado e predeterminado de opções sem a capacidade de escrever uma nova resposta. Concluímos, como as abelhas, que só existe uma saída — voar em direção à luz. É como Justin Berg, professor de administração de Stanford, escreveu: "O pensamento convergente isolado é perigoso porque nos apoiamos apenas no passado. O que será bem-sucedido no futuro pode não parecer com o que foi bem-sucedido no passado".[30]

Para testar essa ideia, Berg realizou um estudo com os artistas do Cirque du Soleil.[31] Ele avaliou os papéis exercidos pelos criadores, que geravam novas ideias para novos atos circenses, e pelos gerentes, que decidiam se deveriam incluí-los no show. Ele descobriu que os gerentes eram terríveis para predizer o sucesso de um novo ato circense. Eles se baseavam demais no pensamento convergente, preferindo atos convencionais do que novos. Embora os criadores superestimassem o quão promissoras eram suas próprias ideias, eles eram muito mais precisos do que os gerentes ao julgar o potencial criativo dos novos atos dos seus colegas. Sua habilidade de pensar de modo divergente — somada à sua distância das ideias — lhes dava uma vantagem significativa.

Pensar de modo divergente *não* significa ter pensamentos felizes, salpicá-los com pó de pirlimpimpim e vê-los alçar voo. Precisamos que o idealismo do pensamento divergente seja acompanhado do pragmatismo do pensamento convergente. O historiador científico Steve Johnson explicou: "O processo criativo não se resume a um estado. Trata-se da habilidade de se mover entre diferentes estados mentais".[32] Você se lembra que falamos antes que o revezamento entre momentos de solidão e momentos de colaboração gera o ambiente ideal para a criatividade? A ideia é parecida aqui. Precisamos revezar entre o pensamento de uma mosca e o de uma abelha, mas precisamos fazer isso na ordem certa. Precisamos gerar ideias antes de começar a avaliá-las e eliminá-las. Se acabarmos com o processo de acumulação cedo demais — se começarmos a pensar imediatamente nas consequências —, corremos o risco de prejudicar a originalidade.

Todos nós já estivemos em uma reunião assim antes. As pessoas se reúnem ao redor da mesa de conferência, com copos pela metade de café morno espalhados por toda parte, para "ter ideias" e "explorar opções". Entretanto, em vez de explorar ideias, todos estão ocupados atirando nelas. "Já tentamos isso antes." "Não temos o orçamento." "A gerência nunca vai aprovar." A geração de ideias termina antes de começar. Como resultado, em vez de experimentar alguma coisa nova, acabamos fazendo o que fizemos ontem. O objetivo deveria ser resistir à tendência de ativar o pensamento convergente por meio de uma atitude de "Não dá para fazer isso". Ao contrário, devemos começar com o pensamento divergente de "Isso *pode* ser feito se..."

Sabemos muito pouco sobre como o cérebro funciona, mas, de acordo com uma teoria, a geração de ideias e a avaliação delas acontecem em partes diferentes do cérebro.[33] Por exemplo, alguns pesquisadores em um estudo da Universidade de Haifa usaram uma máquina de imagens de ressonância magnética funcional (fMRI) para avaliar a quantidade de oxigênio que diferentes partes do cérebro consomem durante tarefas criativas. Eles descobriram que pessoas que eram mais criativas apresentavam uma redução de atividade em partes do cérebro associadas à avaliação.[34]

Por causa das diferenças entre a geração e a avaliação de ideias, muitos autores separam seus rascunhos da edição. Criar rascunhos é mais apropriado para o pensamento divergente e a edição para o convergente. Durante minha pesquisa para este livro, coletei muitas informações de qualquer fonte que pudesse encontrar. Adotei uma definição ampla para *relevante*, preferindo errar no lado da inclusão em demasia e indo de uma parte da garrafa à outra. Apliquei uma abordagem similar ao escrever o primeiro rascunho do livro — não pensando demais sobre questões como estrutura, etiqueta, nem sequer sobre a gramática adequada — simplesmente escrevendo frases ruins uma após a outra. Meu processo inicial de rascunho, para parafrasear a autora Shannon Hale, foi como colocar areia em uma caixa com uma pá para que eu pudesse construir um castelo mais tarde. Foi só no estágio da edição que ativei o pensamento convergente e me concentrei em construir um castelo significativo com a areia que juntei (muita da qual, por falar nisso, foi jogada fora). Mas, quando há apenas uma folha em branco, precisamos manter a mente aberta para não deixar que a tarefa de construir um castelo se torne mais importante do que a de juntar a areia.

Começar com o pensamento divergente também é importante porque, nos estágios iniciais da formação, é difícil julgar o que será útil e o que não será. Quando Benjamin

Franklin estava observando seu primeiro balão de ar quente com humanos a bordo decolar em 1783, alguém lhe perguntou: "Para que serve o voo?" Supostamente, Franklin respondeu: "Uma criança acabou de nascer. Não podemos saber o que virá depois."[35] Deixando o milagre do voo de lado, quem poderia imaginar no século XVIII que balões um dia seriam usados para distribuir uma tecnologia mágica chamada "internet" aos cantos mais remotos do globo?

Avancemos para o século XXI. Em apenas uma década, o pensamento divergente produziu três maneiras diferentes de se pousar em Marte em três missões. A Mars Exploration Rovers, lançada em 2003, usou *rovers* rodeados por airbags, e a missão Phoenix, lançada em 2008, usou um aterrissador com pernas.[36] Mas esses mecanismos de aterrissagem não funcionariam para o *Curiosity*, um *rover* de uma tonelada — que mais parecia um Humvee —, lançado em 2011 com uma carga dez vezes mais pesada do que a dos *rovers* anteriores.[37] Para pousar esse *rover* gigante gentilmente na superfície de Marte, a equipe amarrou um propulsor a jato de oito motores atrás dele. O propulsor pousou o *rover* na superfície, se separou dele, foi ativado novamente e, então, caiu a centenas de metros de distância do primeiro ponto. O sistema de pouso do *rover* se parecia com "algo que Wile E. Coyote poderia conseguir entre os produtos da ACME Company", como Adam Steltzner, engenheiro da NASA, descreveu.

Jaime Waydo, que projetou o sistema motor do *Curiosity*, é uma fã de soluções improváveis. Ela me disse: "Eu me preocupo que estejamos programando as pessoas para fazer a coisa segura. Mas as respostas seguras nunca mudarão o mundo."

Essa ideia de expandir o que parece ser impossível surgiu nos anos iniciais de Waydo na escola. Seu professor de matemática, impressionado com o talento de Waydo para a matemática e a ciência, lhe disse que ela deveria pensar em se tornar uma engenheira, o que a fez perguntar: "Engenharia não é algo que os homens fazem?" Waydo me explicou: "Quando minha mãe foi para a faculdade, ela podia ser uma professora ou psicóloga porque isso era o que as mulheres faziam. Na sua geração, havia papéis claros para as mulheres na força de trabalho."

Mas o professor de matemática de Waydo a encorajou a desconsiderar o desequilíbrio histórico de gêneros e correr atrás do que, para ela, parecia ser um *moonshot* de gênero. Ela estudou mecânica e engenharia espacial e, depois de se formar, conseguiu um trabalho no Laboratório de Propulsão a Jato da NASA para projetar *rovers* para Marte — juntando-se à lista de um número crescente de mulheres nos corredores da ciência de foguetes, que antes estavam cheios de homens.

Para aqueles que tentaram seguir pelo lado seguro — concluindo que a luz estava apontando para a única saída da garrafa —, Waydo aconselha a ter o retorno em mente. Assumir riscos com grandes ideias — usando um propulsor a jato para pousar um Humvee em Marte ou construir uma carreira que desafia estereótipos — fica mais fácil se a recompensa em potencial também for grande. A recompensa, no caso do *Curiosity*, "é que teremos um Humvee circulando em Marte, explorando-o e descobrindo os segredos do sistema solar", disse Waydo. E a recompensa para Waydo? Ela ajudou a colocar três *rovers* em Marte e, mais tarde, começou a construir carros autônomos — conquistas que transcendem Waydo para enriquecer cada pessoa que foi tocada por suas habilidades.

Se você ainda está encontrando dificuldades para ativar esses músculos do pensamento divergente, mesmo com o retorno em mente, a próxima seção lhe dará o propulsor a jato do qual precisa para estimular sua própria visão.

Surpreendendo o Cérebro

Havia um cara que ficou famoso na década de 1970 levantando pesos. Você já deve ter ouvido falar dele. Talvez já tenha assistido a um ou dois dos seus filmes. Ele talvez tenha sido o governador do seu estado.

O maior obstáculo para um treinamento com pesos bem-sucedido, de acordo com Arnold Schwarzenegger, "é que o corpo se ajusta rápido demais". Ele escreveu: "Podemos fazer a mesma sequência de levantamentos todos os dias e, mesmo que continuemos a acrescentar peso, veremos nossos músculos crescerem devagar e, então, parar; os músculos se tornam bastante eficientes em realizar a sequência pela qual esperam."[38]

Em outras palavras, os músculos têm uma memória. Quando nos apegamos a uma rotina monótona, eles começam a pensar: *Sei exatamente o que você vai me mandar fazer hoje. Você vai subir na esteira e correr por 30 minutos, três minutos a mais ou a menos que isso. Toda segunda-feira, vai fazer supino e flexões. Estou esperto, eu aguento*. A solução de Schwarzenegger para a estagnação era surpreender os músculos — lhes dar exercícios, repetições e pesos de vários tipos, com os quais seus músculos ainda não haviam se adaptado.[39]

A regularidade nos torna vulneráveis. A irregularidade nos torna ágeis.

O cérebro funciona da mesma maneira. Se deixada à própria mercê, nossa mente procurará sempre o caminho de menor resistência. Embora isso possa parecer confortável, a ordem e a previsibilidade atrapalham a criatividade.[40] Precisamos provocar e surpreender nossas mentes do mesmo modo que Schwarzenegger surpreendia seus músculos.

A neuroplasticidade é uma coisa real. Nossos neurônios, assim como nossos músculos, podem se renovar e crescer por meio do desconforto. É como Norman Doidge, um especialista líder em neuroplastia, explica: O cérebro pode "alterar sua própria estrutura e funcionamento em resposta à atividade e à experiência mental".[41] Por meio de repetições e séries, os experimentos mentais e o pensamento *moonshot* forçam nossas mentes a se elevar para além do transe diário.

É por isso que *impossível* foi o maior elogio que alguém poderia receber do físico ganhador do prêmio Nobel Richard Feynman. Para Feynman, *impossível* não era o mesmo que inalcançável ou ridículo.[42] Em vez disso, isso significava "Puxa! Eis algo incrível que contradiz o que normalmente esperaríamos como verdade. Vale a pena entender isso!" Michio Kaku, o cofundador da teoria das cordas, concordaria. "O que geralmente consideramos como impossível não passa de problemas de engenharia", ele disse. "Não há nenhuma lei da física que nos impeça de solucioná-los."[43]

Pesquisas confirmam que há uma ligação entre as contradições cognitivas e a criatividade. Quando nos expomos ao que os psicólogos chamam de ameaça do sentido — algo que não faz sentido —, o senso de desorientação resultante pode nos fazer procurar por significado e associações em outro lugar.[44] Como Adam Morgan e Mark Barden escreveram, as ideias que parecem contraditórias "nos confundem o suficiente para começar a gerar novas sinapses".[45] Em um estudo, ler uma crônica absurda de Franz Kafka, acompanhada de ilustrações igualmente absurdas, estimulou a habilidade dos participantes de reconhecer padrões em histórias (em outras palavras, conectar maçãs e laranjas).[46]

Uma maneira de surpreender nosso cérebro e desenvolver ideias malucas é perguntando: "Como seria uma solução da ficção científica?" A ficção nos transporta para uma realidade diferente da nossa — sem a necessidade de sequer levantar do sofá. Júlio Verne disse: "Qualquer coisa que um homem possa imaginar, outro pode transformá-la em realidade."[47] O experimento mental que resultou no Projeto Loon de internet via balões parecia uma coisa que saiu direto do livro de Verne *A Volta ao Mundo em 80 Dias*. Outros livros de Verne, incluindo *Vinte Mil Léguas Submarinas* e *Robur, o Conquistador*, inspiraram os criadores do submarino e do helicóptero.[48] Robert Goddard, que inventou o primeiro foguete de combustível líquido, estava encantado com *A Guerra dos Mundos*, de H. G. Wells, um livro sobre uma invasão marciana, e decidiu dedicar sua vida a tornar a viagem espacial possível. O autor de ficção científica Neal Stephenson foi um dos primeiros funcionários da Blue Origin de Bezos. Stephenson recebeu a tarefa de sonhar com maneiras de chegar até o espaço sem foguetes convencionais (suas ideias incluíam usar elevadores espaciais e lasers que pudessem impulsionar uma espaçonave).[49]

A ficção científica não está reservada apenas para grandes invenções. Pense em uma empresa que produz peças de aeronaves.[50] Seu processo de inspeção era desnecessariamente longo, em especial porque inserir uma câmera do modo apropriado na peça da aeronave levava sete horas. Um auxiliar administrativo, inspirado pelo filme *Minority Report*, propôs um experimento mental: "Por que não inserimos uma aranha robótica na peça, como aquelas do filme?" O diretor de tecnologia ficou intrigado. Ele testou a ideia, e ela funcionou muito bem. Essa solução simples reduziu o tempo de inspeção em 85%.

Musk dá crédito aos livros de Asimov por ter estimulado seus pensamentos quanto ao futuro (tanto que a SpaceX lançou a Trilogia da Fundação, de Asimov, a bordo do veículo *Falcon Heavy* em fevereiro de 2018). Na série Fundação, um visionário chamado Heri Seldon prevê eras sombrias no futuro da humanidade e desenvolve um plano para colonizar planetas distantes. Musk disse: "A lição que tirei disso" é que os humanos devem "prolongar a civilização, minimizar a probabilidade de uma era das trevas e, se houver uma, reduzir seu período".[51]

Pessoas que, como Musk, professam transformar a ficção científica em um fato, costumam ser chamadas de insensatas. E Musk com certeza fez sua parte para firmar ainda mais essa imagem. Toda vez que ele abria sua boca, dava uma razão para se duvidar dele. O consultor aeroespacial Jim Cantrell, lembrando dos seus encontros iniciais, pensou que Musk estava louco.[52] Quando Musk começou a pensar pela primeira vez em uma missão para Marte, ele ligou para Cantrell do nada, se apresentou como um bilionário da internet e lhe falou sobre seus planos de criar uma "espécie multiplanetária". Musk se ofereceu para voar até a casa de Cantrell no seu jatinho particular, mas Cantrell recusou. Recorda: "Para dizer a verdade, eu queria encontrá-lo em um lugar onde ele não poderia trazer uma arma." Assim, eles se encontraram no saguão de um aeroporto em Salt Lake City. Não importa o quão doida a visão de Musk parecia ser, ela era muito tentadora. Cantrell disse: "Está bem, Elon, vamos montar uma equipe e ver quanto isso vai custar."[53]

Tom Mueller, um dos funcionários fundadores da SpaceX, costumava ter a mesma reação a Musk. "Havia vezes que eu pensava que [Musk] estava no mundo da lua", ele disse. Quando os dois se encontraram pela primeira vez, Mueller era um cientista de foguetes frustrado da TRW, uma grande empresa aeroespacial que mais tarde foi comprada pela Northrop Grumman. Mueller sentia que suas ideias sobre design de motores estavam sendo vetadas por trás de fitas vermelhas. Então, ele começou a projetar motores na sua própria garagem.⁵⁴ Musk visitou Mueller e lhe perguntou se ele poderia construir um motor de foguetes para a SpaceX que fosse barato, porém, confiável.⁵⁵ "Quanto você acha que podemos tirar do custo de um motor?", Musk perguntou. Mueller respondeu: "Oh, provavelmente um fator de três." Musk disse: "Precisamos de um fator de 10." Mueller pensou que essa resposta fosse pura fantasia. "Mas, no fim das contas, nos aproximamos do número dele", disse.⁵⁶

Para deixar uma marca no Universo, precisamos ser insensatos o suficiente para pensar que podemos marcá-lo. Insensato? Esse é só um rótulo que costuma ser aplicado a alguém que faz coisas que não entendemos. Era o cúmulo da insensatez achar que a Terra era redonda e não plana, ou achar que ela girava em torno do Sol e não o contrário. Quando Goddard sugeriu que os foguetes poderiam funcionar no vácuo do espaço, o *New York Times* o ridicularizou. "Aquele professor Goddard, com sua 'cadeira' na Faculdade Clark... só parece estar em falta com o conhecimento oferecido no ensino médio", escreveu o jornal em um editorial de 1920. (Mais tarde, o jornal teve que publicar desculpas a Goddard.)

A promessa de Kennedy de ir à Lua em menos de uma década? Impossível. As tentativas de Marie Curie de quebrar barreiras de gênero na ciência? Ridículas. A visão de Nikola Tesla de um sistema sem fio para transmitir informações? Ficção científica.

Em geral, nossos *moonshots* não são impossíveis o suficiente. Se as pessoas quiserem rir da nossa aparente inocência ou nos chamar de insensatos, devemos usar isso como um distintivo de honra. Sam Altman escreveu: "Grande parte das pessoas de sucesso estiveram muito certas sobre o futuro pelo menos uma vez enquanto as pessoas achavam que elas estavam erradas. Senão, elas teriam encarado uma concorrência muito maior."⁵⁷ A piada de hoje é o visionário de amanhã. Nós estaremos rindo quando cruzarmos a linha de chegada.

Surpreender o cérebro por meio do pensamento *moonshot* não quer dizer que deixaremos de considerar o lado prático das coisas. Depois de ter nossas ideias malucas, podemos compará-las com a realidade passando do pensamento divergente para o convergente — do idealismo ao pragmatismo. Nas duas seções a seguir, vamos aprender com duas empresas que institucionalizaram essa ideia.

O Negócio dos Moonshots

Elaborar *moonshots* para a X não estava nos planos de Obi Felten quando ela recebeu uma ligação de Astro Teller, o chefe da X. Felten é a mulher renascentista dos tempos modernos, uma polímata que fica tão à vontade conversando com engenheiros sobre equipamentos como quando está elaborando um plano de marketing. Ela cresceu em Berlim e viu a queda do muro. Então, foi para Oxford para se formar em filosofia e psicologia. Depois, entrou na Google na posição de diretora de vendas para o consumidor na Europa, Oriente Médio e África.[58] Enquanto ela ainda estava no auge da sua carreira no marketing, uma ligação telefônica de Teller mudou tudo.

Na ligação, Teller falou com Felten sobre os projetos audaciosos que a X estava desenvolvendo — incluindo carros autônomos e internet fornecida por meio de balões. Ela respondeu com perguntas que Teller jamais havia escutado: O que vocês estão fazendo é legal? Vocês conversaram com alguma agência reguladora ou do governo sobre isso? Vão colaborar com outras empresas? Têm um plano de negócios?[59]

Teller ficou sem resposta. "Oh, ninguém está realmente pensando nesses problemas", ele respondeu. "São só engenheiros e cientistas, e estamos só pensando em como fazer balões voarem."

Então, Felten entrou na diretoria para pensar nos problemas práticos. A X pode ser uma fábrica de *moonshots*, mas ainda é uma fábrica. Ela deve produzir produtos rentáveis. Felten explicou: "Quando cheguei aqui, a X era um lugar incrível, cheio de nerds raiz, a maioria dos quais nunca havia apresentado algum produto ao mundo."[60]

Idealistas puros não resultam em grandes empreendedores. Pense em Tesla, um dos maiores inventores de todos os tempos. "É uma história muito triste", explicou Larry Page, o cofundador do Google. "Ele não conseguia comercializar nada. Ele mal conseguia obter fundos para sua própria pesquisa".[61] Embora Tesla — a quem Edison pejorativamente chamou de "poeta da ciência" — tenha deixado um legado de 300 patentes para trás, ele morreu sem nenhum centavo em um hotel de Nova York.[62] Refletindo sobre essa história, Page diz: "Precisamos realmente fazer com que [nossas invenções] sejam apresentadas ao mundo; precisamos produzir [e] ganhar dinheiro fazendo isso."

Para fazer com que as invenções da X chegassem ao mundo real, Felten foi nomeada "chefe de fazer com que os *moonshots* fiquem prontos para o mundo real" (sim, esse é o seu título oficial). Durante seu primeiro ano na X, ela liderou os esforços publicitários da empresa, construiu equipes de relações legais e governamentais, e escreveu o primeiro plano de negócios do Loon.[63]

Quando a X começou a ter ideias para *moonshots*, o pensamento divergente predominou. Felten me disse: "Nos estágios iniciais da formação de ideias, o pensamento do estilo ficção científica foi extremamente valorizado. Se não quebrasse as leis da física, a ideia era potencialmente executável".[64]

Essas ideias são cultivadas por uma equipe multidisciplinar de polímatas idealmente posicionados para a criatividade combinatória. Felten disse: "As melhores ideias vêm de grandes equipes, não de grandes homens."[65] A X levou a diversidade cognitiva a um novo nível. Os membros da empresa incluíam bombeiros e costureiros, pianistas de concertos e diplomatas, políticos e jornalistas. Podemos encontrar um engenheiro aeroespacial trabalhando com um designer de moda, ou um veterano de operações especiais desenvolvendo ideias com um especialista em laser.[66]

O objetivo da X é fazer com que o pensamento *moonshot* se torne a nova regra. Para isso, a empresa procura sempre surpreender os músculos mentais coletivos da equipe. Um desses exercícios é a "geração de ideias ruins". Isso pode parecer estranho — por que desperdiçar tempo com ideias ruins? —, mas a X estava no caminho certo. "Não podemos ter boas ideias sem passar bastante tempo aquecendo nossa criatividade com um monte de ideias ruins", Teller explicou.[67] "Uma ideia horrível costuma ser a prima da boa ideia, que é vizinha da ideia excelente."

À medida que possíveis *moonshots* começam a se afunilar, o pensamento divergente se transforma no pensamento convergente. O primeiro estágio, quando as ideias malucas se deparam com a realidade, é chamado de avaliação rápida. O objetivo da equipe de avaliação rápida não é apenas desenvolver ideias diferenciadas, mas também acabar com elas antes de a X começar a investir dinheiro e recursos nelas. Nesse ponto, como Phil Watson, da X, explica, "a primeira coisa que nos perguntamos é: Essa ideia pode ser desenvolvida com a tecnologia que estará disponível a curto prazo, e estaria lidando com a parte certa de um problema real?"[68] Só algumas dessas ideias — aquelas que têm "a mesma quantidade de audácia e praticabilidade" — passam pela avaliação rápida e entram na próxima fase.[69]

Quando a ideia da internet fornecida por balões entrou na fase de avaliação rápida, suas perspectivas não eram boas. "Eu achei que não iria demorar para conseguir provar que isso era impossível", se lembra Cliff Biffle, da X. "Mas não consegui. Isso foi muito irritante."[70] Independentemente do quão radical essa solução fosse, Biffle percebeu que ela realmente poderia ser feita.

Se uma ideia passa pela avaliação rápida, equipes diferentes lideradas por Felten e outros assumem daí. Essas equipes pegam as tecnologias da ficção científica e constroem a base para fazer com que elas se transformem em negócios rentáveis e que possam resolver problemas da vida real. Felten explicou: "Dentro de um ano, ou eliminamos os riscos de um projeto a ponto de ele estar pronto para crescer ou acabamos com ele."[71]

Durante esse processo de eliminação de riscos, o Projeto Loon de internet via balões mostrou o seu valor. Os testes preliminares — oficialmente chamados de testes Ícaro em razão do objetivo audacioso da equipe de voar alto — pareciam promissores.[72] Mas havia um problema. Assim como as asas de Ícaro derreteram em altas altitudes, os balões murchavam depois de apenas 5 dias — muito menos do que a circulação contínua de 100 dias esperada. Parecia que os balões estavam sofrendo do mesmo tipo de problema de vazamento que fazia com que balões normais murchassem e assumissem aquele formato triste no dia depois de uma festa de aniversário. A equipe — que, nesse ponto, foi chamada de Dédalo, em homenagem ao pai artesão de Ícaro — trabalhou para resolver o problema. Eles compararam maçãs e laranjas, procurando por ideias em outras indústrias nas quais o vazamento é um problema. Por exemplo, eles examinaram como a indústria alimentícia fabricava sacos de batatinhas e embalagens de salsichas.[73] Por fim, resolveram o problema e sobreviveram a todas as outras tentativas dos funcionários da X de provar que esse projeto era impossível.

Projetos como o Loon, que passam pelo rigoroso processo de eliminação de riscos, se formam pela X — os funcionários recebem diplomas de verdade — e se tornam empresas independentes. Os graduandos da X incluem negócios que produzem carros e drones autônomos, e lentes de contato que medem o nível de glicose. Todas essas ideias se pareciam com ficção científica — até que a X atingiu o equilíbrio certo entre idealismo e pragmatismo, fazendo com que elas se tornassem realidade.

Em uma empresa diferente, a SpaceX, dois líderes representaram essas duas perspectivas de idealismo e pragmatismo. Musk, com sua transmissão liberal de *moonshots* pela sua conta no Twitter, é o idealista óbvio, o vocalista principal da banda. Porém, outra pessoa que fica por trás dos bastidores tem o trabalho extremamente difícil de fazer com que as ideias malucas de Musk se transformem em negócios práticos.

O nome dela é Gwynne Shotwell. Ela é a presidente com noção e diretora de operações da SpaceX. Na sua adolescência, Shotwell decidiu se tornar uma engenheira quando participou de um evento da Sociedade Feminina de Engenheiras.[74] Durante a discussão de um painel, Shotwell se encantou com uma engenheira mecânica que tinha uma empresa que desenvolvia materiais de construção que não prejudicavam o meio ambiente. A oradora acabou iluminando o caminho da engenharia para ela.

Agora, mais de 30 anos depois, Shotwell está no auge do seu ramo, sendo responsável pelas operações diárias da SpaceX. Entre outras coisas, de acordo com Hans Koenigsmann, da SpaceX, ela serve de "ponte entre Elon e o pessoal".[75] "Elon diz: 'Vamos para Marte', e ela diz: 'Está bem. Do que realmente precisamos para chegar em Marte?'" Para financiar o sonho inconvencional da empresa de colonizar Marte, Shotwell viaja pelo mundo buscando oportunidades convencionais para levar cargas úteis à órbita. Enquanto a SpaceX ainda estava começando, ela fechou contratos de bilhões de dólares com operadoras de satélites. Esses contratos continuam a pagar as contas, enquanto a SpaceX trabalha para realizar seu *moonshot* de levar os humanos para Marte.

Ainda é preciso, porém, lidar com outra questão importante: Mesmo que consigamos chegar até Marte, como vamos nos estabelecer lá? Entre outras coisas, nossos pioneiros marcianos precisarão coletar matérias-primas e gelo, ou até construir túneis e habitats subterrâneos para se protegerem de radiação a longo prazo.[76]

Para aperfeiçoar a criação de túneis em Marte, precisamos aperfeiçoar isso na Terra primeiro. Isso, por sua vez, exigirá o tipo certo de tecnologia de perfuração do tipo certo de empresa de perfuração.

Uma Empresa de Perfuração

O trânsito de Los Angeles é notoriamente ruim. Dependendo da hora do dia, talvez tenhamos que ficar sentados por horas no trânsito nos perguntando se realmente vamos ter que passar o resto da nossa vida na Rodovia 405.[77]

Se você é um planejador urbano típico que tem a responsabilidade de desentupir as artérias de LA, as perguntas são óbvias. Como vamos incentivar as pessoas a usarem bicicletas ou transporte público? Como vamos construir mais estradas? Como vamos criar uma faixa de caronas solidárias para diminuir o trânsito na hora do rush?

Essas perguntas, contudo, não resolverão o problema. No máximo, acrescentarão melhorias. Se as examinarmos de perto, veremos que está faltando o pensamento em princípios básicos. Todas elas funcionam com base na seguinte suposição: o trânsito é um problema bidimensional que exige uma solução bidimensional.

Em vez de continuar com as duas dimensões, a Boring Company (Empresa de Perfuração, mas que também pode ser traduzida por "Empresa Entediante"; sim esse é o seu nome de verdade) realizou um experimento mental: *E se acrescentássemos uma terceira dimensão e fôssemos acima ou abaixo do solo?* Na prática, isso significaria carros voadores e dirigir por túneis subterrâneos.

Se você já assistiu ao filme *De Volta para o Futuro* tanto quanto eu, os carros voadores seriam a escolha óbvia da ficção científica ("Estradas? Para onde vamos, não precisamos de estradas!").[78]

Independentemente do quão glamoroso isso possa parecer, carros voadores têm as suas desvantagens. Eles fazem muito barulho, podem ser prejudicados por condições climáticas e podem causar ansiedade em pedestres ao nível do chão no que se refere a uma colisão entre um carro voador e uma cabeça humana.

Os túneis subterrâneos, por sua vez, são à prova de condições climáticas e invisíveis aos pedestres acima da superfície. Se construirmos túneis a uma profundidade suficiente, sua construção e operação gerarão ruídos quase não discerníveis na superfície. Ao contrário da crença popular, os túneis são um dos locais mais seguros para se estar durante um terremoto. Eles protegem seus ocupantes contra a queda de destroços, o que pode causar grande dano durante um terremoto. E, diferentemente de estruturas da superfície, os túneis se movem com o chão quando ele é abalado. Além disso, com túneis subterrâneos, podemos dirigir de Westwood, Califórnia, até o Aeroporto Internacional de Los Angeles — uma distância de cerca de 16 quilômetros — em menos de seis minutos, em vez dos 60 minutos no trânsito da hora do rush.

O problema, contudo, é o seguinte: cavar túneis é muito caro — na casa das centenas de milhões de dólares por quilômetro.[79] Essa restrição, por si só, pode fazer com que o projeto se torne financeiramente proibitivo.

Vamos fazer uma pausa aqui. Nós começamos com o pensamento divergente (como podemos criar uma solução tridimensional para o engarrafamento do trânsito?) e nos permitimos explorar essa fantasia sem pensar nas restrições práticas. Agora, vamos passar para o pensamento convergente e lidar com esse problema evidente da questão financeira.

Para que possamos construir túneis, seu custo deve ser reduzido em *dez vezes*, o que, por sua vez, exige que as máquinas de perfuração de túneis sejam muito mais eficientes. Hoje em dia, essas máquinas são mais lentas do que uma lesma — em grande parte porque a tecnologia para se fazer túneis não melhorou muito nos últimos 50 anos. A Boring Company tem várias ideias para superar a lesma: aumentar a potência das máquinas, aprimorar a eficiência das operações para diminuir o período de inatividade e eliminar operadores humanos com o uso de máquinas automatizadas. Essa empresa também planeja reciclar a terra escavada para construir as estruturas necessárias do túnel — o que economizaria dinheiro e reduziria o uso de concreto e o impacto ambiental.

Em 2018, a cidade de Chicago escolheu a Boring Company para realizar negociações exclusivas para construir um túnel de 30 quilômetros entre o Aeroporto Internacional de O'Hare e o centro de Chicago.[80] Se o túnel for construído, espera-se que essa viagem seja feita em 12 minutos — três a quatro vezes mais rápido do que os meios de transporte existentes e por metade do valor típico de uma viagem de táxi. Las Vegas foi a próxima, assinando um contrato com a empresa para construir um túnel debaixo do centro de convenções.[81]

O tempo dirá se a Boring Company vencerá sua corrida contra a lesma. Os projetos dessa empresa estão recheados de desafios de engenharia e de possíveis complicações de condições geológicas traiçoeiras. Mas esses projetos não precisam dar certo. Mesmo que sejam um fracasso, eles provavelmente resultarão em melhorias em uma indústria que está estagnada por décadas. Eles transformarão uma coisa entediante em algo emocionante.

....

PESSOAS QUE SONHAM COM AS ESTRELAS NÃO são exatamente conhecidas por realizarem seus sonhos. Uma coisa é prometer a Lua em uma apresentação de PowerPoint e outra é tornar isso realidade. Antoine de Saint Exupéry escreveu certa vez: "No que se refere ao futuro, nossa tarefa não é prevê-lo, mas fazer com que ele se torne uma possibilidade."[82] Não importa o quão criativo o nosso *moonshot* talvez seja, uma hora ou outra vamos precisar canalizar nossa Shotwell interna para construir a fundação da nossa visão e descobrir como chegar até lá. E, em geral, chegar até o futuro exige dar um passo para trás — usando uma estratégia pouco conhecida chamada "projeção reversa".

De Volta para o Futuro

Para a maioria de nós, fazer planos para o futuro significa pensar no futuro. Nos nossos negócios, nós analisamos nossos recursos atuais e a demanda por produtos e fazemos uma projeção deles para o futuro. Nas nossas vidas pessoais, deixamos que nosso conjunto de habilidades atual oriente nossa visão de quem poderemos nos tornar.

Entretanto, a projeção para o futuro, por definição, não se inicia com princípios básicos. Na projeção para o futuro, nós olhamos no espelho retrovisor e para as matérias-primas que estão bem na nossa frente em vez de olhar para as possibilidades futuras. Quando projetamos para o futuro, nós nos perguntamos: "O que podemos fazer com o que temos?" Em geral, o status quo em si faz parte do problema. A projeção futura pega todas as nossas suposições e inclinações problemáticas e as leva para o futuro. Fazer isso artificialmente restringe nossa visão do que é possível, dadas as circunstâncias atuais.

A projeção reversa inverte isso. Em vez de fazer projeções para o futuro, a projeção reversa procura determinar como um futuro pode ser alcançado. Alan Kay diz: "A melhor maneira de prever o futuro é inventá-lo."[83] Em vez de deixar que nossos recursos orientem nossa visão, a projeção reversa faz com que nossa visão oriente nossos recursos.

Quando realizamos uma projeção reversa, pegamos nossa ambição audaciosa e introduzimos passos que podem ser realizáveis. Nós visualizamos nosso trabalho ideal e fazemos um rascunho do mapa para chegar até lá. Nós imaginamos o produto perfeito e nos perguntamos o que é necessário para fabricá-lo. Somente quando nos deparamos com a perspectiva real de fazer um rascunho da planta do nosso sucesso — agora, e não mais tarde — é que somos forçados a diferenciar os fatos da ficção.

A projeção reversa possibilitou o primeiro *moonshot* da humanidade em direção à Lua. A NASA começou com o resultado de fazer com que humanos pousassem na Lua e trabalhou desse ponto para trás para determinar quais passos seriam necessários para chegar até lá: fazer com que um foguete saísse do chão primeiro, para depois colocar uma pessoa na órbita da Terra, realizar uma caminhada espacial, encontrar e se atracar a um veículo-alvo na órbita da Terra, e então enviar uma espaçonave tripulada até a Lua, circulá-la e voltar. Só quando esses passos progressivos foram realizados é que se tentou pousar na Lua.

A Amazon realiza uma abordagem de projeção reversa similar com seus produtos.[84] Seus funcionários escrevem comunicados de imprensa internos de produtos que ainda não existem. Cada comunicado de imprensa funciona como um experimento mental — a visão inicial de uma ideia revolucionária. Esse documento descreve o "problema do cliente, como as soluções atuais (internas ou externas) deixam a desejar e como o novo produto deixará as soluções existentes para trás". Então, o comunicado de imprensa é apresentado à empresa com o mesmo entusiasmo que acompanha o lançamento público de um produto concluído. "Só financiamos coisas que podem ser explicadas com toda a clareza", explicou Jeff Wilke, da Amazon.

Essa explicação é tão clara que os comunicados de imprensa incluem uma lista de seis páginas de perguntas frequentes hipotéticas feitas pelos clientes. Esse exercício obriga a equipe de especialistas da Amazon a se colocarem na posição de leigos e enxergar o produto do seu ponto de vista. Isso exige que eles façam perguntas "idiotas" e apresentem respostas — mesmo antes de o produto ter sido fabricado.

Por meio da projeção reversa, a Amazon consegue avaliar se vale a pena investir nas suas ideias sem gastar muito dinheiro. Ian McAllister, da Amazon, explica: "Simular um comunicado de imprensa é bem mais barato do que simular o produto em si (e mais rápido!)." A projeção reversa também permite que a Amazon se concentre no seu maior objetivo: a satisfação do cliente. Ao escrever comunicados de imprensa, a Amazon não começa a projeção reversa a partir do produto final. Em vez disso, ela começa a projeção reversa com o cliente satisfeito. Para isso, o comunicado de imprensa inclui a opinião de um cliente hipotético falando sobre o produto. Esse comunicado de imprensa não é um exercício ilusório que conclui que o produto agradará todos os clientes. Ao escrever seus comunicados de imprensa, os funcionários da Amazon também se perguntam: "Com o que os clientes ficarão mais decepcionados no que se refere à versão 1 do que estamos oferecendo?"

Depois de escrito, o comunicado de imprensa é arquivado. Ele guiará a equipe durante todo o processo de desenvolvimento. Em cada estágio, a equipe pergunta: "Nós estamos construindo o que está no comunicado?" Se a resposta for "não", é hora de pausar e refletir. Qualquer desvio significativo da trajetória inicial pode significar que é necessário realizar alguma correção de curso.

Ainda assim, também é importante não tratar o comunicado de imprensa como uma bíblia. É como o empreendedor e autor Derek Sivers escreveu: "Sonhos detalhistas nos cegam para novos significados."[85] As especificações iniciais do nosso comunicado de imprensa podem ter uma meia-vida curta, visto que o mundo ao nosso redor muda. Esses detalhes desatualizados não devem sufocar a visão geral. Em outras palavras, não devemos permanecer no curso só para permanecer no curso.

Por nos fazer dar uma olhada mais de perto no caminho até o destino final, a projeção reversa também pode nos ajudar a avaliar a nossa realidade com seriedade. Costumamos ficar fascinados com o destino final e não com a jornada. Não queremos escalar uma montanha. Queremos já ter escalado a montanha. Não queremos escrever um livro. Queremos já ter escrito um.

A projeção reversa nos reorienta em direção ao caminho. Se queremos escalar uma montanha, nos imaginaremos treinando com uma mochila, caminhando em altas altitudes para nos acostumarmos com o ambiente com pouco oxigênio, subindo as escadas para fortalecer os músculos e correndo para aumentar a resistência. Se queremos escrever um livro, nos imaginaremos sentados na frente do nosso computador todos os dias por dois anos, escrevendo uma palavra estranha após a outra, escrevendo o rascunho vergonhoso de um capítulo após o outro, polindo, ajustando e reajustando — mesmo que não estejamos com vontade — sem reconhecimento ou elogios.

Se você fizer esse exercício, e se essa ideia lhe parecer uma tortura, é melhor parar. Se alguma parte disso lhe parecer estranhamente divertida — assim como escrever é divertido para mim —, então, por favor, vá em frente. Com essa reorientação, você se condicionará a extrair o valor intrínseco ao processo em vez de ficar correndo atrás de resultados inexistentes.

Quando nosso mapa estiver pronto, é hora de aplicar a "estratégia do macaco primeiro".

O Macaco Primeiro

Você foi colocado no comando de um projeto particularmente audacioso no trabalho. Seu chefe disse que você precisa fazer um macaco ficar de pé em um pedestal e treiná-lo para recitar passagens de Shakespeare. Como começaria?

Se for como a maioria das pessoas, provavelmente começará construindo o pedestal. Em certo ponto, como Teller explica, "o chefe vai aparecer e lhe perguntar como anda o projeto, e você vai querer poder lhe mostrar alguma coisa além de uma longa lista de motivos de por que ensinar um macaco a falar é muito, *muito* difícil". Você iria preferir que seu chefe lhe desse umas palmadinhas nas costas e dissesse: "Poxa! Que belo pedestal! Ótimo trabalho!"[86] Assim, construiria o pedestal e esperaria que um macaco shakespeariano surgisse do nada.

No entanto, o ponto é o seguinte: construir o pedestal é a parte mais fácil. "Podemos construir o pedestal a qualquer momento", diz Teller. "Todo o risco e o aprendizado vêm da tarefa extremamente difícil de treinar o macaco primeiro."[87] Se o projeto tem um calcanhar de Aquiles — se o macaco não puder ser treinado para falar, e muito menos recitar Shakespeare —, seria bom saber isso logo de cara.

Além disso, quanto mais tempo gastarmos construindo o pedestal, mais difícil será nos afastarmos de *moonshots* com os quais não devemos perder tempo. Isso é chamado de falácia dos custos irrecuperáveis. Os seres humanos se apegam de modo irracional aos seus investimentos. Quanto mais investirmos tempo, esforço e dinheiro, mais difícil será mudarmos de curso. Nós continuamos a ler um livro terrível porque já gastamos uma hora lendo os primeiros capítulos ou continuamos em uma relação disfuncional porque ela já nos roubou oito meses.

Para lidar com a falácia dos custos irrecuperáveis, devemos colocar o macaco primeiro — lidar com as partes mais difíceis do *moonshot* primeiro. Começar com o macaco garante que nosso *moonshot* terá grandes chances de se tornar viável *antes* de investirmos grandes quantidades de recursos em um projeto.

A atitude do macaco primeiro exige que desenvolvamos um conjunto de "métricas de eliminação", de acordo com o termo criado pela X, ou seja, um conjunto de critérios de aprovação/reprovação para determinar se devemos seguir em frente ou desistir.[88] Esses critérios devem ser definidos no início — quando estamos com a mente relativamente tranquila —, antes que os nossos investimentos emocional e financeiro ativem a falácia dos custos irrecuperáveis e prejudiquem nosso raciocínio.

Esse método acabou com um projeto da X chamado "Foghorn".[89] Esse empreendimento parecia promissor de início. Um membro da X havia lido um trabalho científico que falava sobre tirar o dióxido de carbono da água do mar e transformá-lo em um combustível líquido acessível que pudesse substituir a gasolina. A tecnologia se parecia com algo tirado de um filme de ficção científica. Assim, a X — seguindo seus ideais — aceitou o desafio.

Antes de começar a transformar a ficção em fato, os membros da Equipe Foghorn estabeleceram uma métrica de eliminação. Na época, a gasolina estava valendo $2/litro nos mercados mais caros. O objetivo da equipe, dentro de 5 anos, era produzir o equivalente a um litro de gasolina por $1,30, deixando uma folga para uma margem de lucro e outras despesas empresariais.

No fim, essa tecnologia era o pedestal. A equipe descobriu que era relativamente fácil transformar água do mar em combustível, mas o macaco era o custo. Esse processo era caro, em especial diante da redução do preço da gasolina. Quando as equipes entenderam que o projeto não iria satisfazer o critério de eliminação, eles decidiram encerrá-lo. Embora essa decisão tenha sido difícil, é como a líder do projeto, Kathy Hannun, explicou: "O forte modelo técnico-econômico que desenvolvemos no início da pesquisa tornou óbvio que essa era a coisa certa a se fazer."

Construir um pedestal é muito mais garantido do que fazer um macaco falar. Não sabemos como treinar um macaco, mas sabemos como construir um pedestal. Então, fazemos isso. Nas nossas vidas, gastamos nosso tempo fazendo o que sabemos fazer de melhor — escrever e-mails, participar de reuniões sem fim — em vez de lidar com a parte mais difícil dos projetos.

A construção dos pedestais não é totalmente sem justificativa. Afinal, o projeto exige que o macaco esteja sobre o pedestal. Montar o pedestal nos dá o senso de satisfação de que estamos fazendo alguma coisa para resolver o problema e nos dá um senso de progresso — ao mesmo tempo em que adiamos o inevitável. Parece que todo esse trabalho é produtivo, mas não é. Construímos um lindo pedestal, mas o macaco ainda não está falando.

O ponto é: o que é fácil costuma não ser importante, e o que é importante nem sempre é fácil.

No fim das contas, temos uma escolha. Podemos continuar construindo pedestais e esperar que um macaco mágico apareça do nada recitando Shakespeare (spoiler: não existem macacos mágicos). Ou podemos nos concentrar no que é importante em vez de nos concentrar no que é fácil, e tentar ensinar o macaco a falar, uma sílaba de cada vez.

....

TEM UMA CENA, no início do filme *Apollo 13, na qual* Jim Lovell, o comandante reserva da missão Apollo 11, está observando com admiração enquanto Armstrong e Aldrin dão seus primeiros passos na superfície da Lua. "Isso não é um milagre", Lovell diz. "Simplesmente decidimos ir até lá."

Isso não é um otimismo sem limites — uma atitude que diz que quando sonhamos alto, o *Eagle* irá se materializar em um passe de mágica na Base da Tranquilidade. Em vez disso, é uma combinação de otimismo e pragmatismo — a simples audácia que combina o sonhar com as estrelas com um mapa passo a passo para transformar o que aparenta ser insensato em realidade. Uma das citações famosas de George Bernard Shaw é: "O homem razoável se adapta ao mundo. O insensato continua tentando adaptar o mundo a si próprio. Assim, todo progresso depende do homem insensato".[90]

Esse é o meu *moonshot* para você: seja mais insensato. Afinal, os avanços são razoáveis somente em retrospectiva. O engenheiro espacial Burt Rutan, que projetou a primeira espaçonave de financiamento privado que chegou ao espaço, disse: "No dia anterior, um grande avanço é só uma ideia maluca."[91] Se limitamos o que é possível com base no que temos, nunca alcançaremos a velocidade de escape nem criaremos um futuro com o qual vale a pena se entusiasmar.

No fim das contas, todos os *moonshots* são impossíveis. Até que decidamos torná-los realidade.

> Acesse **www.altabooks.com.br** e procure pelo ISBN do livro para encontrar desafios e exercícios que o ajudarão a implementar as estratégias discutidas neste capítulo.

ESTÁGIO DOIS
ACELERE

Neste segundo estágio do livro, você vai aprender a fazer as ideias que desenvolveu no primeiro estágio avançarem. Vai aprender a reformular perguntas e dar respostas melhores; por que tentar provar que está errado é a melhor maneira para encontrar o caminho certo; e como fazer testes e experimentos como um cientista de foguetes para se certificar de que seus *moonshots* tenham as melhores chances de dar certo.

5

E SE ENVIÁSSEMOS DOIS ROVERS EM VEZ DE UM?

Como Reformular Perguntas para Obter Respostas Melhores

Um problema bem definido já é meio caminho andado.
— AUTOR DESCONHECIDO

POUSAR EM Marte é realizar uma coreografia cósmica perfeita.[1] "Se alguma coisinha não funcionar direitinho, é fim de jogo", explicou o engenheiro da NASA Tom Rivellini.[2]

Por um lado, Marte é um alvo que está se movendo muito depressa. Dependendo do seu alinhamento com a Terra, o planeta vermelho está entre 56 milhões e 400 milhões de quilômetros de distância, orbitando o Sol a 80 mil km/h.[3] Aterrissar em um local específico, em um momento específico, exige nada menos do que um tiro interplanetário certeiro.

Mas a parte mais perigosa da jornada interplanetária não são os seis meses que costumam levar para que uma espaçonave viaje da Terra até Marte, quando os dois planetas estão mais perto um do outro. Em vez disso, são os seis minutos de terror no fim dessa jornada, quando a espaçonave entra, desce e (assim esperamos) aterrissa na superfície.

Durante sua jornada, um típico aterrissador com destino a Marte fica dentro de um aeroescudo de duas partes — um tipo de casulo —, com um escudo térmico na frente e um escudo traseiro do outro lado. Quando a espaçonave tocar a atmosfera marciana, ela estará cruzando o espaço a mais de 16 vezes a velocidade do som. Em 6 minutos, ela deve reduzir sua velocidade de 19.000km/h para pousar com segurança na superfície. À medida que a espaçonave cruza a atmosfera, sua temperatura externa ultrapassa os 1.400°C (cerca de 2.600°F). O escudo térmico impede que a espaçonave seja consumida pelas chamas enquanto a fricção atmosférica reduz a sua velocidade a cerca de 1.600km/h.

Isso ainda é muito rápido. A cerca de 10km da superfície, a espaçonave abre um paraquedas supersônico e libera o escudo térmico. Mas só o paraquedas não é suficiente para reduzir a velocidade da espaçonave. A atmosfera marciana é fina — sua densidade é de menos de 1% da atmosfera da Terra —, e os paraquedas funcionam ao criar resistência contra as moléculas do ar. Quanto menos moléculas existirem, menor será a resistência. Como resultado, um paraquedas consegue diminuir a velocidade da espaçonave a apenas 320km/h. Precisamos de mais alguma coisa para diminuir essa velocidade, para que a espaçonave não atinja a superfície com a velocidade de um carro de corrida.

Em 1999, quando comecei a trabalhar na equipe operacional do que mais tarde seria a missão Mars Exploration Rovers, esse "algo mais" era um aterrissador de três pernas com motores de foguete. Depois do paraquedas reduzir a velocidade, o aterrissador liberaria as três pernas feitas para absorver o choque e que ficaram bem guardadas durante toda a viagem. Então, o aterrissador acionaria os foguetes e, usando um radar, navegaria até a superfície para realizar um pouso suave e tranquilo com as três pernas.

Essa era a teoria, mas havia um problema prático. O Aterrissador Mars Polar de 1999, que usava esse sistema de aterrissagem, morreu rapidamente. Um grupo de avaliação da NASA concluiu que o Aterrissador provavelmente se chocou contra a superfície depois que seus motores de foguete desligaram prematuramente.

Do nosso ponto de vista, esse acidente representou um desafio significativo. Estávamos pensando em usar o mesmo método de aterrissagem que o Aterrissador Mars Polar, e esse mecanismo falhou de modo espetacular. Nossa missão estava presa ao chão.

De início, nos fizemos as perguntas mais óbvias: Como podemos inovar o design falho do Aterrissador Mars Polar? Como podemos projetar um aterrissador de três pernas melhor para garantir uma aterrissagem suave? Essas perguntas, no entanto, como veremos, não eram as perguntas certas a se fazer.

Este capítulo examina a importância de se procurar por perguntas melhores em vez de respostas melhores. Na primeira parte deste livro ("Lançar"), você aprendeu a raciocinar a partir de princípios básicos e acionar a ignição do seu pensamento ao realizar experimentos mentais e *moonshots* para desenvolver soluções radicais a problemas espinhosos. Mas, em geral, a pergunta que fazemos primeiro não é a melhor pergunta a se fazer, e o primeiro problema que identificamos não é o melhor problema com o qual lidar.

Neste capítulo, vamos explorar como resistir à formulação inicial das nossas perguntas e entender a importância de descobrir — em vez de resolver — o problema certo. Você vai aprender quais são as duas perguntas aparentemente simples que salvaram a missão Mars Exploration Rovers e a estratégia que a Amazon usou para criar sua divisão mais rentável. Vou explicar o que você pode aprender de um desafio que muitos alunos de Stanford não conseguiram solucionar e por que jogadores profissionais de xadrez jogam tão mal quando veem uma jogada familiar no tabuleiro. Você também vai descobrir como a mesma pergunta nos deu uma tecnologia inovadora que usamos todos os dias, revolucionou um evento olímpico e resultou em uma campanha de marketing transformadora.

A Sentença Antes do Veredito

A maneira como a maioria das pessoas resolvem problemas me lembra de uma cena de *Alice no País das Maravilhas* na qual o Valete de Copas está sendo julgado por supostamente ter roubado tortas. Depois da apresentação das provas, o Rei de Copas, que está presidindo como juiz, diz: "Vamos deixar o júri chegar a um veredito." A impaciente Rainha de Copas interrompe e diz: "Não, não! A sentença primeiro. O veredito depois".

Ao resolver problemas, nós instintivamente queremos identificar as respostas. Em vez de produzir hipóteses com cuidado, oferecemos conclusões audaciosas. Em vez de reconhecermos que os problemas têm vários motivos, nos apegamos ao primeiro motivo que nos vem à mente. Os médicos concluem que deram o diagnóstico certo, com base nos sintomas que viram no passado. Nas diretorias dos Estados Unidos, os executivos, querendo se mostrar decisivos, tropeçam uns nos outros para serem os primeiros a apresentar a resposta correta ao problema aparente.

Contudo, esse método coloca a carroça na frente dos bois — ou a sentença antes do veredito. Quando nos colocamos imediatamente no modo resposta, acabamos correndo atrás do problema errado. Quando nos apressamos em identificar soluções — quando nos apaixonamos pelos nossos diagnósticos —, nossa resposta inicial oculta respostas melhores que estão bem debaixo do nosso nariz. Quando a sentença é anunciada primeiro, o veredito é sempre o mesmo: culpado. Como dito por John Maynard Keynes, a dificuldade "não está nas novas ideias, mas em fugir das antigas".⁴

Quando estamos familiarizados com um problema, e quando pensamos que temos a resposta correta, paramos de enxergar as alternativas. Essa tendência é conhecida como o efeito Einstellung. Em alemão, *Einstellung* significa "configuração", e, neste contexto, esse termo se refere a uma configuração ou atitude mental fixa. A formulação inicial de uma pergunta — e a resposta inicial — permanecem.

O efeito Einstellung é, em parte, um resultado do nosso sistema educacional. Nas escolas, somos ensinados a responder problemas e não a reformulá-los. Os problemas são apresentados — bem, estão mais para forçados — aos alunos na forma de conjuntos de problemas. A expressão *conjuntos de problemas* esclarece essa abordagem. Os problemas são configurados em conjuntos (*Einstellung*), e o trabalho dos alunos é resolvê-los. Um problema típico apresenta "*todas* as suas restrições, todas as suas informações fornecidas de modo abrangente e com antecedência", como o professor do ensino médio Dan Meyer explica.⁵ Então, os alunos pegam o problema pré-preparado e pré-aprovado e o ligam a uma fórmula que eles memorizaram, o que, por sua vez, apresenta a resposta certa.

Essa abordagem não tem nada a ver com a realidade. Na vida adulta, os problemas não costumam ser apresentados em uma bandeja de prata. Precisamos encontrá-los, defini-los e redefini-los sozinhos. Mas, quando encontramos um problema, nosso condicionamento educacional entra em ação, nos colocando no modo resposta em vez de perguntar se existe uma maneira melhor de resolvê-lo. Embora digamos que é importante encontrar o problema correto, nós apostamos nas mesmas táticas que falharam no passado.

Com o passar do tempo, nos tornamos um martelo, e todo problema se parece com um prego. Em uma pesquisa com 106 executivos seniores, que abrangeu 91 empresas em 17 países, 85% deles concordou ou concordou bastante que seus negócios eram ruins na hora de definir problemas e que essa fraqueza, por sua vez, resultava em custos significativos.⁶ Um estudo diferente feito por Paul Nutt, especialista em administração, descobriu que falhas acontecem nos negócios em parte porque os problemas não haviam sido definidos corretamente.⁷ Por exemplo, quando os negócios identificam um problema publicitário, eles procuram por uma solução publicitária, excluindo artificialmente todas as outras possibilidades. No estudo, os gerentes consideraram mais de uma alternativa em menos de 20% das suas decisões. Esse ambiente é hostil à inovação. Nutt concluiu: "Soluções preconcebidas e buscas limitadas por opções são receitas para o fracasso."⁸

Considere outro estudo. Os pesquisadores dividiram jogadores profissionais de xadrez em dois grupos e lhes deram um problema de xadrez para resolver.[9] Os jogadores foram orientados a realizar o xeque-mate usando a menor quantidade de jogadas possível. Para o primeiro grupo de jogadores, o tabuleiro tinha duas soluções: (1) uma solução que era familiar para qualquer jogador de xadrez habilidoso e por meio da qual era possível obter o xeque-mate em cinco jogadas, e (2) uma solução menos familiar, mas melhor, por meio da qual seria possível obter o xeque-mate em três jogadas.

Muitos especialistas do primeiro grupo não conseguiram chegar a melhor solução. Os pesquisadores acompanharam os movimentos oculares dos jogadores e descobriram que eles passaram muito do seu tempo refazendo a solução familiar no tabuleiro. Mesmo quando diziam que estavam procurando por alternativas, os especialistas literalmente não conseguiam tirar seus olhos do que lhes era familiar. Quando podiam ver a solução familiar — o martelo para seus pregos —, seus desempenhos eram efetivamente reduzidos a três variações padrões.

No caso do segundo grupo de jogadores, os pesquisadores alteraram a configuração para que a opção da solução familiar não estivesse mais disponível. Em vez disso, apenas a melhor opção poderia resultar em um xeque-mate. Sem a solução familiar para distraí-los, todos os especialistas nesse segundo grupo encontraram a melhor solução. No fim das contas, esse estudo confirmou uma declaração que é atribuída a vários campeões de xadrez mundial: "Quando enxergar uma boa jogada, não a realize imediatamente. Procure por uma que seja melhor."

Quando o efeito Einstellung nos atrapalhar — quando não conseguirmos enxergar uma jogada melhor —, podemos alterar nossa definição do problema por questionar a pergunta.

Questionando a Pergunta

Mark Adler desafia todos os estereótipos de engenheiros. Ele é charmoso e carismático, e geralmente tem um par de óculos de sol pendurados no seu pescoço — o resultado de ter sido criado na ensolarada Flórida. Ele ri bastante, mas também tem uma grande intensidade subjacente. No seu tempo livre, gosta de pilotar pequenos aviões e mergulhar. E ele fala na mesma velocidade em que pensa: minha entrevista com ele durou mais de uma hora, e eu só lhe fiz umas três perguntas.

Quando o Aterrissador Mars Polar caiu em 1999, Adler era um engenheiro no Laboratório de Propulsão a Jato da NASA. Lembre-se de que nossa missão de Marte foi cancelada porque estávamos pensando em usar o mesmo sistema de aterrissagem de três pernas utilizado pelo Aterrissador Mars Polar. Naquela época, todos os que estavam envolvidos na nossa missão — exceto Adler — estavam sofrendo do efeito Einstellung. Como os jogadores profissionais de xadrez, estávamos nos concentrando na solução familiar do tabuleiro de xadrez, o que, no nosso caso, era o aterrissador de três pernas.

Adler, porém, apresentou um problema melhor para resolver. Quando lhe perguntei sobre sua linha de raciocínio, ele me disse que foi "muito, muito simples". Do seu ponto de vista, o problema não era o aterrissador. Era a gravidade. Estávamos preocupados com a pergunta óbvia: "Como podemos projetar um aterrissador de três pernas melhor?" Adler deu um passo atrás e perguntou: "Como podemos derrotar a gravidade e fazer com que nosso aterrissador aterrisse com segurança em Marte?" A mesma força que faz uma maçã cair de uma árvore gera encontros infelizes entre uma espaçonave e a superfície marciana, a menos que façamos alguma coisa para amortecer a queda.

A solução de Adler foi abandonar o design do aterrissador de três pernas. Em vez disso, propôs o uso de airbags gigantes com nosso *rover* encapsulado dentro de um aterrissador. Esses balões seriam inflados logo antes do impacto com a superfície marciana. Protegido com essas grandes uvas brancas, nosso geólogo robô seria liberado de uma altura de cerca de 10 metros, atingiria a superfície e pularia umas 30 ou 40 vezes antes de parar.[10]

Sim, os balões eram brutos. Sim, eram feios de doer. Mas funcionavam. Os airbags fizeram com que a espaçonave *Pathfinder* aterrissasse com sucesso em Marte em 1997. Adler sabia "que eles poderiam funcionar porque já haviam funcionado antes".

Ele levou sua proposta a Dan McCleese, cientista-chefe da exploração de Marte do JPL, e perguntou por que ela não havia sido considerada. McCleese disse: "Porque ninguém está defendendo isso." Então, Adler decidiu defendê-la. Ele levou sua ideia a alguns dos melhores funcionários do JPL e fez com que eles concordassem com ela. Em menos de quatro semanas — o tempo recorde para se projetar uma missão —, eles desenvolveram o conceito de uma missão usando o sistema de aterrissagem do *Pathfinder*. Essa proposta acabou se tornando uma realidade. A NASA optou pelo design de Adler principalmente porque ele tinha a maior probabilidade de fazer com que a espaçonave chegasse com segurança em Marte.

Clayton Christensen, professor da Faculdade de Administração de Harvard, disse: "Toda resposta tem uma pergunta que a gera."[11] A resposta costuma estar escondida dentro da própria pergunta. Assim, a formulação da pergunta é essencial para a solução. Charles Darwin concordaria com isso. Ele escreveu em uma carta para um amigo:

"Em retrospectiva, acho que foi mais difícil enxergar quais foram os problemas do que resolvê-los."[12]

Pense nas perguntas como lentes de câmera diferentes. Se usarmos uma lente grande-angular, capturaremos a cena inteira. Se usarmos uma lente zoom, tiraremos uma foto dando um close em uma borboleta. "O que observamos não é a natureza em si, mas a natureza exposta aos nossos métodos de questionamento", disse Werner Heisenberg, o cérebro por trás do princípio da incerteza na mecânica quântica.[13] Quando reformulamos uma pergunta — quando alteramos o método de questionamento —, podemos alterar as respostas.

Pesquisas apoiam essa conclusão. Uma metanálise de 55 anos de pesquisas sobre encontrar problemas em várias disciplinas encontrou uma relação positiva significativa entre a formulação de problemas e a criatividade.[14] Em um estudo famoso, Jacob Getzels e Mihaly Csikszentmihalyi descobriram que os alunos de arte mais criativos gastavam mais tempo no estágio de preparação e descoberta do que suas contrapartes menos criativas.[15] Encontrar problemas, de acordo com esses pesquisadores, não termina no estágio da preparação. Mesmo depois de gastar algum tempo analisando os problemas de ângulos diferentes, os indivíduos mais criativos mantinham a mente aberta ao entrar no estágio da solução e estavam prontos para fazer mudanças na sua definição inicial do problema.

Na nossa missão de Marte, Adler era como os alunos de arte mais criativos, gastando mais tempo na formulação desses problemas e enxergando uma pergunta que ninguém mais viu. O que aconteceu depois, no entanto, nem mesmo Adler podia prever.

O Sósia

De várias maneiras, Marte é o planeta irmão da Terra. Contando a partir do Sol, ele é o próximo na sequência. Suas estações, bem como seu período de rotação e a inclinação do seu eixo, são similares aos nossos. Embora Marte esteja frio e desolado agora, ele já foi mais quente e úmido no passado, com evidência de que água no estado líquido fluía pela sua superfície.

Essas características fazem de Marte um dos poucos lugares do sistema solar em que a vida extraterrestre pode ter existido — até mesmo prosperado. Depois da última missão Apollo à Lua, em 1972, Marte naturalmente parecia ser a próxima fronteira. As sondas Mariner, uma série de espaçonaves lançadas entre 1962 e 1973, já haviam tirado fotos do planeta vermelho na sua órbita.[16] Era hora de pousar na sua superfície.

Se os astronautas pudessem fazer o que Armstrong e Aldrin fizeram — vestir um traje espacial e ir até Marte com martelos, escavadeiras e ancinhos para coletar amostras —, eles já teriam feito isso. Mas, do ponto de vista da NASA, essa opção não era financeiramente viável. Então, a NASA fez o melhor que pôde: em vez de geólogos humanos, ela enviou geólogos robóticos.

A primeira tentativa da NASA de pousar em Marte aconteceu em 1975, com o lançamento da missão Viking. Nomeada em homenagem aos exploradores nórdicos, essa missão enviou duas sondas espaciais idênticas a Marte, que receberam nomes que não refletiam qualquer pingo de imaginação *Viking 1* e *Viking 2*.[17] Cada uma delas continha um orbitador projetado para analisar o planeta da órbita marciana e um aterrissador para estudar sua superfície. Depois que a espaçonave chegou em Marte, os orbitadores passaram algum tempo procurando por locais de pouso apropriados. Quando os locais de pouso eram identificados, os aterrissadores eram liberados dos orbitadores e desciam até a superfície.

O aterrissador *Viking 1* aterrissou em 20 de julho de 1976 — 7 anos depois do pouso do *Eagle* na Base Tranquilidade —, seguido pelo *Viking 2* em setembro do mesmo ano. Projetados para durar 90 dias, ambos os aterrissadores funcionaram por muito mais tempo do que o seu período de garantia. O aterrissador *Viking 1* contribuiu para a ciência por mais de seis anos e o *Viking 2* por quase quatro, enviando dezenas de milhares de imagens para a Terra.[18]

Algumas dessas imagens estão na entrada do prédio de Ciências Espaciais de Cornell, onde passei muito do meu tempo como estudante universitário. Um sorriso gigante automaticamente aparecia no meu rosto quando eu passava por elas todo dia antes de subir para o meu local de trabalho no quarto andar, no Mars Room. Se fosse feita uma montagem da minha vida universitária, as fotos dos Vikings seriam um destaque.

Em certo ponto, nos anos 2000, eu estava ocupado elaborando cenários de operações no Mars Room, simulando o que aconteceria depois que nosso *rover* pousasse em Marte. Isso foi depois que a brilhante ideia de Adler com os airbags nos trouxe de volta à vida. Enquanto eu e meus colegas estávamos no corredor, ouvi os ruídos distintos das botas de Steve Squyres vindo em nossa direção. Squyres, meu chefe e o investigador principal da nossa missão, entrou na sala e anunciou que havia falado com Scott Hubbard, da sede da NASA, pelo telefone.

Quando o assunto é pensar nas piores possibilidades, minha imaginação é especialmente vívida. Pensamentos pessimistas começaram a vir imediatamente à minha mente. O que havia dado errado desta vez? Seríamos vetados de novo?

Mas não eram más notícias. Hubbard ficou encarregado de consertar o programa de exploração de Marte da NASA depois do acidente com o Aterrissador Mars Polar. Ele havia saído de uma reunião com o administrador da NASA, Dan Goldin, que havia pedido a Hubbard para fazer uma simples pergunta a Squyres.

"Vocês podem construir duas?", Hubbard perguntou a Squyres pelo telefone. "Duas o quê?", perguntou Squyres em resposta.

Hubbard respondeu: "Duas cargas."

Estupefato, Squyres perguntou: "Por que vocês querem duas cargas?"

"Para dois *rovers*", disse Hubbard.[19]

Era uma pergunta simples que ninguém havia pensado em fazer antes: podemos enviar dois *rovers* em vez de um? Depois que o Aterrissador Mars Polar caiu, concentramo-nos apenas no problema com nosso aterrissador e o substituímos pelo design dos airbags de Adler. Contudo, o risco não se resumia ao sistema de aterrissagem. Várias coisas aleatórias poderiam estragar nossa espaçonave enquanto ela estivesse viajando por quase 65 milhões de quilômetros através do espaço sideral para pousar em uma superfície marciana cheia de pedras assustadoras e sendo castigada por ventos fortes.

A solução de Goldin para essa incerteza era usar uma estratégia que discutimos mais cedo no livro: incluir uma redundância. Em vez de colocar todos os ovos na cesta de apenas uma espaçonave e cruzar os dedos para que nada de ruim acontecesse na jornada, decidimos enviar dois *rovers* em vez de um. Mesmo se um falhasse, o outro poderia chegar lá. E tem mais, com a economia de escala, o custo do segundo *rover* seria apenas de centavos de dólares. Depois que Goldin teve essa ideia, Adler e outro engenheiro do JPL, Barry Goldstein, tiveram 45 minutos para calcular quanto o segundo *rover* custaria. Eles chegaram ao valor de $665 milhões para os dois *rovers*, que era cerca de 50% além do preço de $440 milhões por apenas um.[20] A NASA conseguiu a grana extra e nos deu a permissão.

E, assim, nosso *rover* deu à luz um sósia.

Dessa vez, a NASA decidiu ser mais criativa com os nomes e fez um concurso de Dê Nome aos *Rovers*, permitindo que crianças em idade escolar entregassem redações com sugestões.[21] A vencedora entre as 10 mil redações foi Sofi Collins, uma aluna do terceiro ano do Arizona que nasceu na Sibéria e que morou em um orfanato até que foi adotada por uma família norte-americana. "Era escuro, frio e solitário", ela escreveu ao descrever o orfanato. "À noite, eu olhava para o céu estrelado e me sentia melhor. Sonhava que poderia voar até lá. Nos Estados Unidos, posso fazer todos os meus sonhos se tornarem realidade. Obrigada pelo 'Espírito' ['*Spirit*'] e pela 'Oportunidade' ['*Opportunity*']".

O objetivo científico primário dos recém-nomeados *rovers Spirit* e *Opportunity* era determinar se Marte algum dia pôde sustentar vida. Como a água é um ingrediente fundamental para a vida como a conhecemos, queríamos ir aonde a água já havia ido antes. O dobro de *rovers* também significava o dobro de ciência. Dois *rovers* poderiam examinar locais de aterrissagem completamente diferentes. Se um local fosse um fracasso do ponto de vista científico, o outro poderia salvar o dia.[22]

Para o *Opportunity*, nós escolhemos o Meridiani Planum, uma planície que fica perto do equador marciano. Essa área parecia promissora porque sua composição química — mais especificamente, a existência de um mineral chamado hematita — sugeria um histórico de água no estado líquido. Além disso, o Meridiani Planum é um dos "locais mais tranquilos, planos e com menos vento" do planeta vermelho, o equivalente marciano de um estacionamento gigante.[23] Em termos de locais de aterrissagem, seria difícil encontrar um que fosse mais seguro.

Com o *Opportunity* indo em direção a um local rico em química, escolhemos Gusev, um local de aterrissagem rico pela sua topografia, para o *Spirit*. Localizado do lado oposto do Meridiani no planeta, Gusev é uma gigante cratera de impacto com um canal visível. Os cientistas suspeitavam que esse canal havia sido escarvado pela água em algum período no passado e que essa cratera tinha um lago. Gusev era um pouco mais arriscado do ponto de vista da aterrissagem: ventava mais ali e a densidade de pedras era maior do que no Meridiani. Mas com dois objetivos em vista, podíamos nos arriscar um pouco mais com um deles.

O *Spirit* foi o primeiro a chegar em Marte.[24] Depois que a espaçonave entrou na atmosfera marciana, as coisas aconteceram como esperado. O paraquedas foi ativado. O escudo térmico foi liberado. Os airbags inflaram, o que seria seguido de muitos pulos e giros na superfície de Marte até que o aterrissador parasse. Quaisquer resquícios de dúvidas sobre se o design dos airbags de Adler funcionaria desapareceram rapidamente quando as primeiras fotos de Marte começaram a chegar. Depois de anos olhando fotos de Gusev tiradas da órbita, era surreal ver, pela primeira vez, o interior da cratera da superfície marciana gloriosamente em alta resolução.

Essa emoção inicial da aterrissagem, no entanto, começou a desvanecer quando nosso grupo começou a analisar essas imagens de perto. Sim, havíamos chegado em segurança em Marte, e, sim, essa conquista nos colocou entre as minorias de missões distintas que haviam conseguido pousar lá com sucesso. Mas, com exceção do fato de que estávamos vendo Marte, o que estávamos vendo era menos empolgante. As imagens do *rover* se pareciam muito com aquelas tiradas pelos aterrissadores Vikings que estavam penduradas no prédio de Ciências Espaciais como decoração: pedras parecidas, cenários parecidos, estruturas parecidas — tudo parecido.

Esse gemido científico inicial mais tarde se transformaria em uma explosão quando o *Spirit* começou a explorar o terreno e chegou em Columbia Hills, uma série de picos que ficavam a três quilômetros de distância do nosso local de pouso inicial. Esses picos receberam os nomes de sete astronautas que faleceram no desastre do ônibus espacial *Columbia* um ano antes da nossa aterrissagem. Nessas colinas, o *Spirit* acabaria encontrando goethita — um mineral que se forma apenas na água, um forte indício de que Marte teve atividade aquática acima da sua superfície.

Três semanas depois, o gêmeo do *Spirit*, *Opportunity*, aterrissou em Marte. O Meridiani Planum, que era o local de pouso do *Opportunity*, não era como nada que havíamos visto antes. Toda foto tirada da superfície marciana tinha pedaços de rochas espalhadas na sua superfície. Mas onde o *Opportunity* pousou não havia rochas. Quando o *rover* começou a enviar suas primeiras fotos da área de pouso para a Terra, a equipe de suporte da missão no JPL começou a rir, gritar e chorar. O diretor de voo, Chris Lewicki, pediu que Squyres desse uma rápida visão geral científica do que estavam vendo na tela, mas Squyres estava engasgado. Ele ligou o interruptor do seu headset devagar e disse: "Meu Deus. Desculpe, eu só… estou encantado com isso."

O que eles estavam vendo era um afloramento de uma base rochosa bem na frente do *rover*. Por que algo tão comum como uma base rochosa deixaria um cientista sem palavras? Uma base rochosa exposta e com camadas é o que existe de mais próximo de uma máquina do tempo. Uma base rochosa é como um livro de história. Ela nos mostra exatamente o que aconteceu há muito, muito tempo nesse planeta tão, tão distante. Diferentemente do *Spirit* — que precisou escalar uma montanha, literal e figurativamente, para encontrar coisas cientificamente interessantes — o *Opportunity* entregou segredos científicos em uma bandeja de prata, ou, nesse caso, em uma base rochosa. Todas as grandes descobertas do *Opportunity* vieram dentro das primeiras seis semanas da missão, graças a esse local de aterrissagem oportuno — o que se tornou possível graças à nossa decisão de enviar dois *rovers*.

Squyres não havia percebido até então, mas seus comentários — incluindo a parte do "meu Deus" — foram transmitidos ao redor do mundo. Eles chamaram a atenção de um jornalista de Seoul, Coreia do Sul, que escrevia para o jornal *Munhwa Ilbo*. Esse jornalista escreveu sobre o pouso histórico do *Opportunity* em Marte, resumido pela seguinte manchete: "O Segundo Mars Rover Aterrissa e Vê Uma Fumaça Misteriosa." Como outro jornalista coreano observou, foi bom que Squyres não tenha dito *caraca*.

Como seus avós Vikings, nossos *rovers* foram projetados para funcionar por 90 dias, mas funcionaram por muito mais tempo do que os aterrissadores Vikings. O *Spirit* durou por mais de seis anos, até que ficou atolado em um solo macio. Ele acabou perdendo a comunicação com a Terra depois que o inverno chegou e privou seus painéis solares da sua fonte de energia. Uma despedida formal foi realizada para o *Spirit* — repleta de brindes e elogios cheios de personalidade para um *rover* que subiu montanhas (o que ele não foi projetado para fazer) e lidou com intensas tempestades de areia.[25]

O *Opportunity* — ou *Oppy*, como costumávamos chamá-lo carinhosamente — continuou funcionando até junho de 2018, quando uma gigante tempestade de areia cobriu seus painéis solares, acabando com sua carga. Os funcionários da NASA enviaram centenas de comandos pedindo que o *Oppy* ligasse para casa, mas sem sucesso. Em fevereiro de 2019, o *Opportunity* foi oficialmente declarado morto — depois de 14 anos após sua expectativa de vida de 90 dias, tendo rodado a distância recorde de 45 quilômetros no planeta vermelho.[26]

Meu Deus, de fato.

No fim das contas, duas perguntas que foram reformuladas acabaram produzindo uma das missões interplanetárias mais bem-sucedidas de todos os tempos: E se usássemos airbags em vez de um aterrissador de três pernas? E se enviássemos dois *rovers* em vez de um?

Essas perguntas podem parecer óbvias, mas são óbvias só em retrospectiva. Como podemos fazer o que Adler e Goldin fizeram e enxergar os problemas de uma perspectiva que outros deixaram passar? Uma das abordagens é diferenciar dois conceitos — a estratégia e as táticas — que costumam ser confundidos. Para entender a diferença, vamos nos despedir de Marte (por enquanto) e ir para o Nepal.

Estratégia e Táticas

Os bebês que nascem cedo demais — antes de certos órgãos vitais terem se desenvolvido — são chamados de bebês prematuros. No mundo todo, cerca de um milhão de prematuros morrem de hipotermia a cada ano.[27] Como esses bebês nascem com muito pouca gordura corporal, eles encontram dificuldades para controlar sua temperatura corporal.[28] Para eles, a temperatura ambiente pode parecer uma água congelante.

Em países desenvolvidos, a solução é colocar o bebê em uma incubadora. Do tamanho de um berço normal, uma incubadora mantém os bebês quentinhos enquanto seus corpos terminam de se desenvolver.[29] As incubadoras originais eram aparelhos bem simples, mas outras características foram acrescentadas com o tempo. Hoje em dia, as incubadoras têm aberturas para manusear o bebê, aparelhos de suporte de vida como ventiladores e equipamentos que controlam a umidade.[30] Esse avanço na tecnologia também resultou em um avanço no custo. Uma incubadora moderna custa entre $20 mil e $40 mil, um preço que nem sequer inclui a eletricidade necessária para fazê-la funcionar. Consequentemente, é difícil encontrar incubadoras em muitos países em desenvolvimento, e o resultado são mortes que poderiam ter sido evitadas.

Quatro graduandos da Universidade Stanford enfrentaram esse desafio em 2008 e construíram incubadoras mais baratas.[31] Eles se inscreveram em um curso chamado Design para Viabilidade Extrema, no qual os alunos "aprendem a projetar produtos e serviços que mudam as vidas dos cidadãos mais pobres do mundo".[32]

Em vez de tentar inovar do conforto do Vale do Silício, essa equipe decidiu fazer uma viagem de campo até Kathmandu, a capital do Nepal, para imergir nas práticas de uma unidade neonatal. Eles queriam observar como as incubadoras estavam sendo usadas em hospitais, para que pudessem projetar um equipamento mais barato para trabalhar nas condições locais.

Entretanto, uma surpresa os esperava. As incubadoras dos hospitais estavam juntando pó, pois não eram usadas. Parte do problema era a perícia técnica. As incubadoras costumam ser difíceis de operar. Além disso, a maioria dos bebês prematuros do Nepal nasce nas áreas rurais e nem sequer consegue chegar até um hospital.

Assim, o problema não era a falta de incubadoras nos hospitais. Antes, era a falta de acessibilidade a aquecedores infantis em áreas rurais sem acesso a hospitais ou, nesse caso, a uma fonte de eletricidade confiável. A solução tradicional — enviar mais incubadoras para hospitais ou diminuir seu custo — não ajudaria em nada.

À luz dessa experiência, a equipe de Stanford reformulou o problema. Bebês prematuros não precisavam de incubadoras. Bebês prematuros precisavam de calor. É claro que os outros recursos avançados das incubadoras modernas, como monitores cardíacos, são úteis, mas o desafio mais importante — o que exerceria o maior impacto — era manter o bebê aquecido até que seus órgãos se desenvolvessem. O aparelho para fornecer calor precisava ser barato e intuitivo, de modo que pudesse ser usado por pais da área rural que, em geral, são analfabetos e não têm acesso a uma fonte confiável de eletricidade.

O resultado foi o aquecedor infantil Embrace. Trata-se de um pequeno saco de dormir que envolve a criança. Uma bolsa de um material de mudança de fase — no caso, uma cera inovadora — mantém o bebê na temperatura certa por até quatro horas. Podemos "recarregar" o aquecedor em apenas alguns minutos colocando-o na água fervente. E, em comparação com o preço de $20 mil a $40 mil da incubadora tradicional, o Embrace custa apenas $25. Em 2019, esse produto barato e confiável já havia abraçado centenas de milhares de bebês prematuros em mais de 20 países.

Em geral, nos apaixonamos pela nossa solução favorita e então definimos o problema como sendo a ausência dessa solução. "O problema é que precisamos de um aterrissador de três pernas." "O problema é que não temos incubadoras suficientes." Em cada caso, estávamos nos empenhando pela tecnologia por causa da tecnologia. Perdíamos a floresta por causa das árvores, o objetivo por causa do método, a função por causa da forma.

Essa abordagem confunde a tática com a estratégia. Embora esses termos sejam frequentemente usados de modo intercambiável, eles se referem a conceitos diferentes. Uma estratégia é um plano para alcançar um objetivo. As táticas, por outro lado, são ações que tomamos para implementar essa estratégia.

Nós costumamos perder a estratégia de vista para nos concentrar nas táticas e nas ferramentas, e acabamos nos tornando dependentes delas. Mas as ferramentas, como o autor Neil Gaiman nos lembra, "podem ser as armadilhas mais sutis".[33] O fato de que um martelo está bem na nossa frente não significa que ele é a ferramenta certa para o trabalho. É só quando nos afastamos e determinamos a estratégia mais ampla que podemos nos afastar de uma tática falha.

Para encontrar a estratégia, devemos nos perguntar: "Qual é o problema que essa tática resolve?" Essa pergunta exige que abandonemos o "o quê" e o "como" e nos concentremos no porquê. O aterrissador de três pernas era uma tática, e pousar em Marte com segurança era a estratégia. A incubadora era a tática, e salvar bebês prematuros era a estratégia. Se estamos sentindo dificuldades para nos afastar, podemos incluir terceiros na conversa. As pessoas que não costumam usar martelos têm menos probabilidade de se distraírem com um se ele estiver bem na frente delas.

Depois de identificar a estratégia, vai ficar mais fácil brincar com as diferentes táticas. Se o problema for formulado de modo mais amplo como um problema de gravidade — e não um aterrissador falho de três pernas —, os airbags podem representar uma alternativa melhor. Se formularmos o problema de modo mais amplo como o risco envolvido em se aterrissar em Marte — não apenas como um aterrissador defeituoso —, enviar dois *rovers* em vez de um diminui o risco e aumenta a recompensa.

Peter Attia, um físico e especialista renomado em longevidade humana, é um mestre em diferenciar a estratégia das táticas. Eu lhe perguntei o que ele faz quando pacientes vêm até ele em busca das "respostas certas". *Que dieta devo fazer? Se tenho colesterol alto, deveria tomar estatinas?* "Em geral, não deixo que os pacientes se concentrem nas táticas", ele me disse. "Em vez disso, tento fazer com que eles se concentrem na estratégia. Quando as pessoas buscam pelas 'respostas certas', elas geralmente estão fazendo perguntas táticas. Concentrarmo-nos nas estratégias nos permite ser mais maleáveis com as táticas." Para Attia, usar ou não estatinas é "uma questão tática que serve à estratégia muito mais ampla" de adiar a morte por aterosclerose.[34]

Para ensinar a diferença entre a estratégia e as táticas aos seus alunos, Tina Seelig, a diretora docente do Programa de Investimento em Tecnologia de Stanford, usa o que ela chama de desafio dos cinco dólares.[35] Os alunos são divididos em equipes, e cada equipe recebe o financiamento de cinco dólares. Seu objetivo é ganhar o máximo de dinheiro em duas horas e, então, fazer uma apresentação de três minutos à classe sobre o que conseguiram.

Se você fosse um aluno dessa aula, o que faria?

Respostas típicas incluem usar os cinco dólares para comprar materiais para montar um lava jato improvisado ou uma barraquinha de limonada e comprar um bilhete de loteria. Mas as equipes que seguem esses caminhos comuns tendem a ficar em último lugar na aula.

As equipes que ganham mais dinheiro não usam os cinco dólares. Elas percebem que os cinco dólares são um recurso que serve para distrair, que é essencialmente inútil.

Então, eles o ignoram. Em vez disso, eles reformulam o problema de modo mais amplo: "O que podemos fazer para ganhar dinheiro se começássemos com absolutamente nada?" Uma equipe especialmente bem-sucedida fez reservas em restaurantes locais populares e vendeu os horários de reserva para quem não queria esperar. Esses alunos ganharam algumas impressionantes centenas de dólares em apenas duas horas.

A equipe que ganhou mais dinheiro abordou o problema de um modo diferente. Os alunos entenderam que tanto o financiamento de cinco dólares quanto o período de duas horas não eram os recursos mais valiosos à sua disposição. Antes, o recurso mais valioso era a apresentação de três minutos que tinham na frente de uma classe cativa de Stanford. Eles venderam seu tempo de três minutos para uma empresa que estava interessada em recrutar alunos de Stanford e ganharam $650.

Qual é a tática de cinco dólares da sua vida? Como você pode ignorá-la e aproveitar seu prazo de duas horas? Ou, melhor ainda, como pode encontrar os três minutos mais valiosos do seu arsenal? Depois de passar do "o quê" e do "por quê" — depois de ter formulado o problema amplamente em termos do que está tentando fazer em vez da sua solução favorita —, você encontrará outras possibilidades nas periferias.

Assim como podemos reformular perguntas para obter respostas melhores, podemos reformular objetos, produtos, habilidades e outros recursos para usá-los de modo mais criativo. Isso exige um pensamento fora da caixa — nesse caso, uma caixa de tachinhas.

Pensando Fora da Caixa de Tachinhas

Para que serve um barômetro?

Se você pensou apenas em *medir a pressão*, pense de novo.

O professor de ciências Alexander Calandra — que defende métodos não ortodoxos de pensamento — certa vez escreveu uma pequena história intitulada "Anjos em um Alfinete".[36] Na história, um colega pede que Calandra decida uma disputa entre esse mesmo colega e um aluno sobre uma questão de uma prova de física. O professor de física acredita que o aluno merece um zero, mas o aluno exige que ele receba todo o crédito.

A pergunta era a seguinte: "Mostre como é possível determinar a altura de um prédio alto usando um barômetro." A resposta tradicional é clara: realizamos medidas de pressão com o barômetro no topo e na base do prédio, e usamos a diferença para calcular a altura.

Essa, contudo, não foi a resposta que o aluno deu. Em vez disso, ele escreveu: "Leve o barômetro até o topo do prédio, amarre uma corda nele, baixe o barômetro até a rua e depois puxe-o de volta, medindo o comprimento da corda. O comprimento da corda é a altura do prédio."

Definitivamente, a resposta estava certa, mas se tratava de um desvio da norma. Não era o que o professor havia ensinado na aula — o caminho esperado para um resultado esperado. Um barômetro deveria medir a pressão, não servir de peso improvisado para uma corda.

Essa história do barômetro é um bom exemplo de fixação funcional. Como o psicólogo Karl Duncker explica, esse conceito se refere a um "bloqueio mental contra usar um objeto de uma maneira diferente da exigida para se resolver um problema". Assim como encaramos problemas e perguntas de modo fixo, fazemos a mesma coisa com ferramentas. Quando aprendemos que um barômetro mede a pressão, nos cegamos para outras maneiras de usá-lo. Assim como os jogadores de xadrez, cujos olhos ficavam encarando a solução familiar no tabuleiro, nossas mentes se fixam nas funções que conhecemos.

Talvez o exemplo mais famoso de uma fixação funcional seja o problema da vela, criado por Duncker. Ele desenvolveu um experimento no qual ele sentava participantes em uma mesa adjacente a uma parede e lhes dava uma vela, alguns fósforos e uma caixa de tachinhas. Ele lhes pedia para descobrirem um jeito de prender a vela na parede de uma forma em que a cera não escorresse para debaixo da mesa. A maioria das pessoas tentava uma das duas abordagens. Elas tentavam usar as tachinhas para prender a vela na parede ou derreter um lado da vela com um fósforo para grudá-la na parede.

Mas nenhum desses métodos funcionava. Esses participantes falharam em parte porque se concentraram nas funções tradicionais dos objetos: As tachinhas servem para prender coisas. As caixas servem para guardar coisas.

Os participantes bem-sucedidos desconsideraram a função tradicional da caixa. Em vez disso, eles reformularam a caixa como uma base na qual a vela poderia ser colocada. Então, fixaram a caixa na parede usando as tachinhas.

Todos nós encontramos variações do problema da vela em nossas vidas pessoais e profissionais. E, com frequência, fazemos o que os participantes que não foram bem-sucedidos fizeram e enxergamos a caixa como um recipiente, e não como uma base. Assim, como podemos nos treinar para pensar fora da caixa de tachinhas? Como podemos enxergar os produtos e serviços que oferecemos de uma perspectiva diferente? Como podemos fazer com que as habilidades que temos em um campo sejam reconhecidas em outro?

Em um estudo realizado para o exército, Robert Adamson tentou responder a essas perguntas.[37] Ele replicou o experimento da vela de Duncker, mas com um detalhe: ele dividiu os participantes em dois grupos e modificou ligeiramente a premissa em cada um deles. O segundo grupo apresentou um desempenho muito superior ao primeiro. Apenas 41% dos participantes do primeiro grupo resolveu o quebra-cabeças, em comparação com os 86% do segundo.

O que explicou essa grande diferença de resultado? No primeiro grupo, os três tipos de materiais — a vela, os fósforos e as tachinhas — foram colocados em três caixas. O primeiro grupo viu as caixas sendo usadas como recipientes e, como resultado, sofreu de fixação funcional aguda. Eles encontraram mais dificuldade de usar a caixa para qualquer outra coisa além de guardar objetos.

Porém, no segundo grupo, os objetos estavam em cima da mesa ao lado — e não dentro — das caixas, que estavam vazias. Com os objetos fora das caixas, os participantes puderam enxergá-las com mais facilidade como possíveis locais para colocar a vela. Os resultados foram similares à conclusão do estudo que envolveu jogadores profissionais de xadrez. Em ambos os casos, seu desempenho melhorou quando a solução familiar foi removida.

A fixação funcional resulta de um conjunto de suposições que temos sobre o que uma caixa ou um barômetro deveriam fazer. Podemos diminuir a fixação funcional usando a navalha de Occam — sobre a qual falamos antes neste livro — para cortar em pedacinhos nossas suposições sobre a ferramenta. Se não soubesse o que sabe, o que mais você poderia fazer com determinada coisa? Isso pode ser tão simples como bloquear seu uso óbvio — tirar os materiais da caixa (como feito no estudo de Adamson), eliminando a solução familiar do tabuleiro de xadrez ou usando o barômetro para outra coisa além de medir a pressão.

A criatividade combinatória também ajuda. Podemos nos inspirar vendo como os objetos são usados em outros campos. Por exemplo, os airbags que foram usados para fazer os *rovers* do meu grupo pousarem em segurança em Marte usaram o mesmo mecanismo que amortece uma colisão com nosso volante no caso de um acidente de carro. O mesmo tecido usado nos trajes espaciais dos astronautas são usados pela Embracc para fazer os envoltórios de controle de temperatura.[38] George de Mestral criou o Velcro depois que viu suas calças cheias de carrapichos após uma caminhada.[39] Ele examinou os carrapichos no microscópio e viu um formato em forma de gancho que ele copiou para criar o fixador de ganchos e voltas chamado Velcro — com um lado rígido como os carrapichos e o outro macio como suas calças.

Também é útil separar a função da forma. Quando vemos um objeto, temos a tendência de ver sua função. Pensamos: "Um barômetro serve para medir a pressão." "Um martelo serve para acertar pregos." "Uma caixa serve para guardar objetos." Mas essa inércia natural que tende para a função atrapalha a inovação. Se pudermos enxergar o formato além da função, poderemos descobrir outras maneiras de usar um produto, serviço ou tecnologia. Por exemplo, se enxergarmos um barômetro típico apenas como um objeto redondo, ele também poderá ser usado como peso. Se enxergarmos uma caixa como uma plataforma plana com lados, também poderemos usá-la como uma base.

Em um estudo, os participantes foram divididos em dois grupos, nos quais deveriam resolver oito problemas de percepção — incluindo o problema da vela — que exigiam a superação da fixação funcional.[40] O grupo de controle não recebeu nenhum treinamento. O outro grupo foi ensinado a usar a descrição livre de funções dos objetos — por exemplo, em vez de dizerem "a ponta de um plugue elétrico", eles foram ensinados a descrever a ponta como "um pedaço de metal fino e retangular". O grupo que recebeu o treinamento resolveu 67% mais problemas do que os outros participantes.

Fazer a troca da função para o formato também é útil ao se reformular os recursos à nossa disposição. Pense, por exemplo, no desenvolvimento dos Serviços Online da Amazon (AWS).[41] Quando a Amazon expandiu de uma livraria online para uma loja de "tudo", ela construiu uma imensa infraestrutura eletrônica, incluindo armazenamento e bancos de dados. Ela percebeu que sua infraestrutura não era apenas um recurso interno. Ela também poderia ser vendida a outras empresas como um serviço de computação em nuvem que poderia ser usado para armazenamento, conexão e bancos de dados. Os AWSs acabaram se tornando uma galinha dos ovos de ouro para a Amazon, gerando cerca de $17 bilhões em renda em 2017 — mais do que a divisão de varejo da Amazon.[42]

A Amazon reformulou a caixa de tachinhas de novo com sua compra da Whole Foods Market. Essa compra confundiu muitos observadores. Por que essa gigante da internet estava comprando uma rede de lojas físicas de mantimentos? Uma resposta se baseava na reestruturação das lojas físicas da Whole Foods Market. Em vez de encará-las apenas como lojas de mantimentos, a Amazon as reestruturou como centros de distribuição localizados em pontos urbanos densamente populados. Esses centros possibilitariam a entrega rápida de produtos a clientes da Amazon Prime.[43]

Em ambos os casos, a Amazon enxergou o formato além da função. A função das lojas da Whole Foods era vender mantimentos, mas a forma dessas lojas apresentava uma área gigantesca de armazenamento e refrigeração que poderia ser reaproveitada para a distribuição. A função da infraestrutura computacional da Amazon era o suporte interno, mas sua forma — um imenso centro de dados — poderia fornecer um serviço altamente rentável para empresas como a Netflix e a Airbnb.

Se estiver encontrando dificuldades para fazer essa troca da função para a forma e enxergar a caixa de tachinhas como uma base, existe outro método que você pode experimentar: inverter a caixa.

E Se Fizéssemos o Contrário?

Em uma sexta-feira, no dia 4 de outubro de 1957, a União Soviética lançou o *Sputnik*, o primeiro satélite artificial a orbitar a Terra.[44] Palavra russa para "companheiro viajante", o *Sputnik* dava uma volta na órbita da Terra a cada 98 minutos. Se tínhamos dúvidas de que a humanidade havia criado sua própria lua, podíamos sair com um par de binóculos depois do pôr do sol para vê-la voando sobre as nossas cabeças.

Não só podíamos ver o *Sputnik*, como ouvi-lo também. Certa vez, dois jovens físicos chamados William Guier e George Weiffenbach estavam trabalhando no Laboratório de Física Aplicada Johns Hopkins, em Maryland.[45] Eles queriam saber se os sinais de micro-ondas emitidos pelo *Sputnik* poderiam ser recebidos na Terra. Em questão de horas, Guier e Weiffenbach captaram uma série de sinais que vinham do satélite.

Bip. Bip. Bip.

Essa assinatura facilmente detectável não foi um descuido da parte dos soviéticos. Como mestres da propaganda, eles haviam intencionalmente projetado o *Sputnik* para transmitir um sinal que pudesse ser captado com facilidade por qualquer pessoa na Terra com um rádio de ondas curtas.

Bip. Bip. Bip.

Enquanto Guier e Weiffenbach ouviam a transmissão dos comunistas, eles perceberam que poderiam usar esse sinal para calcular a velocidade e a trajetória do *Sputnik*. Assim como a sirene de uma ambulância diminui de intensidade depois de passar por nós, os bips do *Sputnik* mudaram depois que o satélite se distanciou da localização dos cientistas. Usando esse fenômeno — chamado de efeito Doppler —, esses dois homens traçaram a trajetória inteira do *Sputnik*.

O lançamento do *Sputnik* causou muita admiração, mas também fez com que os norte-americanos ficassem histéricos. Foi escrito em um editorial no *Chicago Daily News*: "Se os russos conseguem colocar uma 'Lua' de 83 quilos em um trajeto predeterminado a 900 quilômetros no espaço, o dia em que eles poderão enviar uma ogiva mortífera até um alvo predeterminado em qualquer lugar da superfície da Terra não está longe."[46]

Frank McClure também ficou abismado com o *Sputnik*, mas por um motivo diferente. Naquela época, McClure era o vice-diretor do Laboratório de Física Aplicada. Ele chamou Guier e Weiffenbach no seu escritório e lhes fez uma pergunta bem simples: "Vocês conseguem fazer o contrário?" Se os dois podiam calcular a trajetória desconhecida de um satélite a partir de uma posição conhecida na Terra, eles poderiam encontrar uma posição desconhecida na Terra usando a posição conhecida de um satélite?

Essa pergunta pode parecer uma charada teórica, mas McClure tinha uma aplicação bem prática em mente. Na época, o exército estava desenvolvendo mísseis nucleares que podiam ser lançados de submarinos. Mas havia um problema. Para atingir uma localização exata com um míssil nuclear, os soldados precisavam saber qual era a localização exata do local de lançamento. No caso de submarinos nucleares navegando pelo Oceano Pacífico, sua localização exata era desconhecida. Então, a pergunta era: Vocês conseguem localizar a posição desconhecida dos nossos submarinos por meio da localização conhecida de um satélite que lançaremos no espaço?

A resposta era um grande "sim". Apenas três anos depois do lançamento do *Sputnik*, os Estados Unidos conseguiram implementar esse experimento mental e lançar cinco satélites em órbita para guiar seus submarinos nucleares. Embora ele tenha sido chamado de sistema Trânsito na época, seu nome foi alterado na década de 1980 para algo que se tornou uma expressão cotidiana: o sistema de posicionamento global ou GPS.

A abordagem de McClure ilustrou um poderoso método para reformular perguntas: pegar uma ideia e virá-la de cabeça para baixo. Esse método existe pelo menos desde o século XIX, quando o matemático alemão Carl Jacobi apresentou essa ideia com a máxima: "Inverta, sempre inverta" (*Man muss immer umkehren*).[47]

Michael Faraday aplicou esse princípio para fazer uma das maiores descobertas científicas de todos os tempos. Em 1820, Hans Christian Ørsted — que criou o termo *experimento mental* — descobriu a conexão entre a eletricidade e o magnetismo. Ele percebeu que a agulha de uma bússola se movia quando um fio carregado eletricamente passava por cima dela.

Mais tarde, Faraday veio e inverteu o experimento de Ørsted. Em vez de passar o fio eletricamente carregado por cima de um ímã, ele passou um ímã ao redor de uma bobina de fio. Isso gerou uma corrente elétrica que aumentava em função da velocidade com que ele girava o ímã. O experimento reverso de Faraday abriu caminho para as usinas hidroelétricas e nucleares modernas, as quais usam turbinas magnéticas que produzem eletricidade ao girarem um fio.[48]

Entre disciplinas, na biologia, Darwin adotou o mesmo mantra reverso.[49] Enquanto outros biólogos em campo procuravam por diferenças entre as espécies, Darwin procurou por similaridades. Ele comparou, por exemplo, a asa de um pássaro com a mão humana. Ao explorar as similaridades entre espécies que, caso contrário, seriam bem diferentes, ele acabou chegando na teoria da evolução.

O poder da inversão se estende muito além da ciência. Para mencionar um exemplo empresarial, a empresa de roupas Patagonia inverteu a melhor prática de uma indústria em uma campanha publicitária de 2011.[50] A empresa perguntou: "Em vez de falar para as pessoas comprarem de nós, e se lhes disséssemos para *não* comprarem de nós?" O resultado foi uma propaganda de uma página inteira no *New York Times* publicada na Black Friday — a sexta-feira depois da Ação de Graças nos EUA, quando os norte-

-americanos vão às lojas para aproveitar os grandes descontos da época de compras do feriado. Esse anúncio apresentava uma jaqueta da Patagonia com a seguinte frase: "Não compre essa jaqueta." Com essa propaganda, a Patagonia se tornou "a única varejista que estava pedindo para as pessoas comprarem menos na Black Friday".[51] A propaganda funcionou, em parte porque ela apoiava a missão da Patagonia de diminuir o consumismo e reduzir o impacto ambiental, mas, por ser contrária, acabou ajudando nos resultados finais da empresa ao atrair clientes que compartilhavam a mesma mentalidade.

No mundo do atletismo, inverter a sabedoria convencional fez com que Dick Fosbury ganhasse a medalha olímpica de ouro.[52] Naquela época, se conhecêssemos Fosbury em pessoa, não teríamos imaginado que ele era um atleta. Ele era estranho, magricela e alto, com um problema considerável de acne do qual ele parecia não conseguir se livrar. Quando Fosbury estava treinando para dar o salto mais alto, os atletas usavam uma técnica chamada de método da sela, no qual pulavam com o rosto voltado para o chão por cima da barra. Na época, achava-se que o método da sela não podia ser aprimorado. Não havia necessidade de realizar experimentos ou inventar alguma coisa nova.

No entanto, o método da sela nunca funcionou para Fosbury. Enquanto estava no segundo ano do ensino médio, ele ainda competia no nível do ensino fundamental. Em uma viagem de ônibus para ir até uma competição, Fosbury decidiu que faria algo em relação à sua mediocridade. As regras permitiam que os atletas passassem por cima da barra do jeito que quisessem desde que o pulo fosse feito com um pé. O método da sela era apenas uma tática, mas passar por cima da barra era a estratégia. Assim, em vez de pular com o rosto voltado para a barra, Fosbury fez o contrário. Ele pulou de costas.

De início, sua abordagem abriu as portas para a ridicularização. Um jornal o chamou de "O Saltador Mais Preguiçoso do Mundo".[53] Muitos fãs riam dele quando ele passava pela barra como um peixe que pula para dentro de um barco.

Por fim, as risadas viraram aplausos quando Fosbury mostrou que seus críticos estavam errados e levou a medalha de ouro das Olimpíadas de Verão de 1968 — por fazer exatamente o oposto do que todo mundo estava fazendo. O salto Fosbury, como ficou conhecido, é agora o método-padrão usado nos eventos de salto em altura dos Jogos Olímpicos. Fosbury voltou para casa sendo recebido com um desfile de fitas e apareceu ao vivo no *Tonight Show*, no qual ensinou Johnny Carson a realizar o salto Fosbury.

O empreendedor em série Rod Drury chama esse método de "teoria de administração de George Costanza".[54] Em um episódio de *Seinfeld*, Costanza se propõe a melhorar sua vida ao fazer exatamente o oposto do que ele havia feito antes. Drury, que fundou e geriu a empresa de software de contabilidade Xero, superava seus maiores concorrentes ao se perguntar: "Qual seria o exato oposto do que um forte concorrente esperaria de nós?" Ao se fazer essa pergunta em 2005, Drury apostou todas as suas fichas em uma plataforma em nuvem, enquanto seus concorrentes ainda estavam presos aos programas em desktop.[55]

Drury conhece um segredo que muitos líderes empresariais deixaram passar: a fruta mais baixa já foi apanhada. Não podemos vencer um concorrente mais forte ao copiá-lo, mas podemos vencê-lo ao fazer o oposto do que ele tem feito.

Em vez de adotar a melhor prática comum ou o padrão da indústria, reformule a pergunta da seguinte maneira: "E se eu fizesse o contrário?" Mesmo que não chegue a executá-lo, o simples processo de pensar no oposto o fará questionar suas suposições e o tirará da sua perspectiva atual.

....

DA PRÓXIMA VEZ que se sentir tentado a resolver um problema, tente descobrir primeiro qual é o problema. Pergunte-se: "Estou fazendo a pergunta correta? Se eu trocasse de ponto de vista, como o problema mudaria? Como posso formular a pergunta em termos de estratégia em vez de táticas? Como faço para virar a caixa de tachinhas e enxergar esse recurso em termos de forma e não de função? E se fizéssemos o contrário?"

As descobertas, ao contrário da sabedoria popular, não começam com uma resposta inteligente. Elas começam com uma pergunta inteligente.

> Acesse **www.altabooks.com.br** e procure pelo ISBN do livro para encontrar desafios e exercícios que o ajudarão a implementar as estratégias discutidas neste capítulo.

6

O PODER
DA MUDANÇA DE OPINIÃO

Como Identificar a Verdade e Tomar Decisões Mais Inteligentes

> É um grande erro teorizar antes de obter informações. Sem perceber, começamos a distorcer os fatos para se adequarem às teorias em vez de as teorias se adequarem aos fatos.
>
> — SHERLOCK HOLMES

MARTE É UM mestre do engano.[1] Desde o início da humanidade, o planeta vermelho vem nos encarando como uma das luzes mais brilhantes do céu noturno. Com sua tonalidade vermelha, o planeta pode parecer quente, aconchegante e até convidativo para um observador inocente.

Mas isso não é verdade. Marte é um local hostil — não só porque a temperatura da sua superfície é de -63°C (-81°F), não só porque ele é mais seco do que o deserto mais seco da Terra e não só porque ele tem tempestades de areia do tamanho de continentes.[2]

Marte é hostil para nós porque ele é o local do maior cemitério de espaçonaves humanas que existe.

Quando comecei a trabalhar na equipe operacional do projeto Mars Exploration Rovers, a cada três missões de Marte, duas falhavam. Não demorou para que eu descobrisse que o planeta vermelho não nos estenderia nenhum tapete vermelho. Ao adentrar a atmosfera marciana, seríamos recebidos pelo que foi chamado de "fantasma galáctico", um monstro marciano fictício que se alimenta de espaçonaves humanas.

Em 23 de setembro de 1999, a Sonda Climática de Marte tornou-se a última vítima do fantasma galáctico. A sonda foi projetada para ser a primeira espaçonave a estudar o clima de outro planeta a partir da sua órbita. Na tarde em que ela chegou a Marte, eu me reuni com os outros membros da equipe da Mars Exploration Rovers em Cornell para assistir à TV NASA enquanto prendíamos a respiração. Ela não era o nosso bebê, mas muita coisa dependia do sucesso dessa sonda. Esse veículo serviria como nosso relé de rádio primário depois que pousássemos em Marte. Ela comunicaria nossos comandos aos *rovers* na superfície e enviaria suas respostas de volta para nós. Era nosso walkie-talkie.

A sonda chegou em Marte, como esperado. O próximo passo era uma queima de inserção orbital: a equipe de navegação ativou o motor principal da sonda para diminuir sua velocidade e colocá-la na órbita do planeta vermelho. Quando a espaçonave estava passando atrás de Marte, seu sinal de rádio foi bloqueado pelo planeta e desapareceu, como esperávamos. Esperamos, junto com os engenheiros no controle da missão, o ressurgimento do sinal, quando a espaçonave aparecesse novamente.

O sinal, no entanto, não ressurgiu. À medida que o relógio continuou a avançar, sem sinal da sonda, o humor da sala mudou bem rápido. Havíamos acabado de perder nosso walkie-talkie.

Não se escreviam obituários para espaçonaves que foram devoradas por fantasmas galácticos, mas, se existissem, o obituário da Sonda Climática de Marte diria: "Uma espaçonave perfeitamente saudável, operada pelos cientistas de foguetes mais inteligentes do mundo, foi guiada até a atmosfera marciana, onde teve uma morte horrível."

Se nosso objetivo é colocar uma espaçonave na órbita de Marte, precisamos mantê-la acima da atmosfera. Em baixas altitudes, a atmosfera se torna hostil. A espaçonave pode queimar se seu atrito com a atmosfera for grande demais ou pode passar reto por ela e seguir em direção ao abismo sem fim do espaço. A sonda foi programada para entrar na órbita a seguros 150 quilômetros acima da superfície. Em vez disso, porém, ela entrou em Marte com uma altitude de apenas 57 quilômetros — bem dentro da atmosfera.

Um comunicado de imprensa da NASA atribuiu a diferença de quase 100 quilômetros a uma "suspeita de erro de navegação".[3] Mas, em menos de uma semana, ficou claro que esse "erro de navegação" foi o eufemismo da década da NASA. A espaçonave de $193 milhões se perdeu porque os cientistas de foguetes que estavam trabalhando na missão viram o que eles queriam ver, em vez de ver o que realmente estava na sua frente.

No último capítulo, vimos como refinar e reformular as ideias que tivemos na primeira parte do livro ("Lance") ao fazer perguntas melhores e encontrar problemas melhores. Neste capítulo, vamos utilizar essas ideias refinadas e aprender a realizar um teste de estresse nelas. Vou lhe apresentar o kit de ferramentas dos cientistas de foguetes para identificar falhas na nossa tomada de decisões, eliminar desinformações e detectar erros antes que eles se acumulem e causem uma catástrofe. Você vai aprender o teste de uma inteligência de alto nível e a pergunta que o ajudará a se tornar um solucionador de problemas melhor. Vou explicar por que uma simples mudança no vocabulário pode tornar sua mente mais flexível e o que podemos aprender de um quebra-cabeça básico que 80% das pessoas não consegue resolver. Vamos falar sobre os benefícios de parar de tentar convencer os outros de que estamos certos para nos convencer de que estamos errados.

Os Fatos Não Mudam a Nossa Mente

Como um ex-cientista, fui treinado para confiar em fatos objetivos. Durante anos, quando tentava convencer alguém, eu baseava meus argumentos em dados básicos, frios e irrefutáveis e esperava resultados imediatos. Pensava que entulhar a outra pessoa com fatos era a melhor maneira de provar que a mudança climática é real, que a guerra contra as drogas havia falhado ou que a estratégia de negócios atual adotada por chefes sem imaginação que odeiam riscos não está funcionando.

Eu descobri, porém, que existe um grande problema com essa abordagem. Ela não funciona.

A mente não segue os fatos. Os fatos, como John Adams disse, são coisas teimosas, mas nossas mentes são ainda mais teimosas. A dúvida nem sempre é sanada com fatos, até para os mais inteligentes entre nós, independentemente do quão verossímeis e convincentes esses fatos possam ser. Os mesmos cérebros que possibilitam o pensamento racional também distorcem nosso bom senso e apresentam distorções subjetivas.

Nossa tendência para o bom senso distorcido é em parte o resultado da nossa preferência pela confirmação. Nós desvalorizamos evidências que contradizem nossas crenças e supervalorizamos evidências que as confirmam. "É intrigante", escreveu Robert Pirsig. "A verdade nos bate à porta e dizemos: 'Vá embora. Estou procurando pela verdade', e ela vai embora."[4]

Por mais maravilhosa que a internet seja, ela reforçou nossas piores tendências. Aceitamos a primeira pesquisa no Google que confirma nossas crenças — mesmo quando ela surge na página 12 dos resultados da nossa pesquisa. Não procuramos por múltiplas referências ou filtramos informações de baixa qualidade. Pulamos rapidamente de "Isso parece certo para mim" para "Isso é verdade".

Sentimo-nos bem quando nossas teorias são confirmadas. Recebemos uma dose de dopamina sempre que conseguimos uma prova de que estamos certos. Por outro lado, escutar pontos de vista diferentes é uma experiência realmente desagradável — tanto que as pessoas recusam dinheiro vivo para permanecerem nas suas bolhas ideológicas. Em um estudo feito com 200 norte-americanos, cerca de dois terços dos participantes se recusaram a ganhar uma grana extra para ouvir os argumentos do outro lado sobre o casamento entre pessoas do mesmo sexo.[5] Eles não recusaram o dinheiro porque eles já sabiam o que o outro lado pensava. Não, os participantes explicaram aos pesquisadores que ouvir a opinião do outro lado seria muito frustrante e desconfortável para eles. Os resultados foram ideologicamente neutros: os participantes de ambos os lados da questão recusariam igualmente o dinheiro se tivessem que ouvir o outro lado.

Quando nos separamos de argumentos contrários, nossas opiniões se solidificam e se tornam cada vez mais rígidas, dificultando a mudança nos nossos padrões de pensamento estabelecidos. Gerentes corporativos terrivelmente medíocres continuam empregados porque interpretamos a evidência para confirmar a veracidade da nossa decisão de contratação inicial. Os médicos continuam a falar sobre os males do colesterol na dieta apesar de pesquisas contrárias. Alunos universitários mantêm suas crenças, mesmo que elas violem as leis da física.

Lembre-se de que foi Galileu quem descobriu, por meio de um experimento mental, que objetos de massas diferentes caem com a mesma velocidade no vácuo. Em um estudo, perguntou-se a alunos universitários se eles achavam que objetos mais pesados caíam mais rápido do que os mais leves.[6] Depois de registrarem suas respostas, os alunos observaram uma demonstração física em que um metal e um plástico do mesmo tamanho eram largados da mesma altura no vácuo. Embora os dois objetos tenham caído na mesma velocidade, os alunos que, de início, acreditavam que o objeto mais pesado cairia mais rápido estavam mais propensos a dizer que o metal caiu mais rápido.

Em um estudo diferente, pesquisadores enviaram mais de 1.700 pais a uma de quatro campanhas que tinham o objetivo de aumentar o índice de vacinação contra sarampo, caxumba e rubéola (tríplice viral).[7] Essas campanhas, que usaram praticamente o mesmo texto usado pelas agências federais, adotaram abordagens diferentes. Por exemplo, uma campanha apresentou informações textuais que refutavam a conexão entre a vacinação e o autismo, e outra apresentava imagens gráficas de crianças que desenvolveram doenças que poderiam ter sido evitadas pela vacinação. O objetivo desse estudo era determinar qual campanha seria mais eficaz para superar a relutância dos pais em vacinar seus filhos.

Por incrível que pareça, nenhuma das campanhas funcionou. No caso dos pais que tinham uma atitude menos favorável em relação às vacinas, essas campanhas, na verdade, tiveram um efeito contrário, e fez com que a probabilidade de eles vacinarem seus filhos se tornasse *menor*. No caso de pais que já estavam hesitantes, a campanha baseada no medo — apresentar imagens trágicas de crianças sofrendo com sarampo — paradoxalmente *aumentou* sua crença de que a tríplice viral causa autismo. As imagens gráficas podem ter feito com que pais nervosos pensassem em perigos adicionais aos seus filhos — perigos que eles associavam às vacinas. Os pesquisadores concluíram: "A melhor resposta contra crenças falsas não necessariamente é fornecer informações corretas."

Talvez você esteja pensando: "Os fatos podem não ter dominado a emoção dos pais, mas isso não pode ser verdade no caso dos cientistas de foguetes" — essa classe brilhante de pessoas racionais a quem são confiadas espaçonaves caras justamente porque elas foram treinadas para tomar boas decisões com base em dados objetivos. Como veremos na próxima seção, contudo, até os cientistas de foguetes têm dificuldade de pensar como um cientista de foguetes.

Alguma Coisa Estranha Está Acontecendo

Com um smartphone na maioria dos bolsos, problemas de navegação são praticamente uma coisa do passado. Acabaram-se os dias de abaixar o vidro do carro e pedir informações para um estranho bem aparentado e, quando essas informações se mostravam erradas, pedir a outros estranhos que nos indicassem o caminho. Agora, simplesmente indicamos nosso destino e recebemos um passo a passo instantâneo da nossa rota.

A navegação interplanetária de espaçonaves, porém, se parece mais com a forma antiga de se dirigir. Não é necessário baixar o vidro, mas, durante o lançamento e no voo, a espaçonave identifica imprecisões na sua trajetória. Essas imprecisões são esperadas em cada voo, de modo que a equipe de navegação programa manobras de correção de trajetória, ativando os motores da espaçonave para garantir que ela permaneça em rota — o equivalente a perguntar o caminho para estranhos durante a viagem.

No caso da Sonda Climática de Marte, foram planejadas quatro manobras de correção de trajetória pelo grupo de engenheiros responsáveis pela navegação da espaçonave no JPL.[8] Durante a quarta manobra, que ocorreu cerca de dois meses antes da chegada da espaçonave em Marte, algo estranho aconteceu. Os dados coletados depois da queima mostraram que a altitude da espaçonave seria menor do que o esperado quando ela entrasse na órbita marciana. O movimento para baixo foi sutil, mas palpável e contínuo. À medida que a espaçonave se aproximava de Marte, ela inexplicavelmente continuava a descer.

Algumas predições apresentavam uma diferença de até 70 quilômetros do objetivo. Ainda assim, os "navegadores continuavam a agir como se acreditassem que a precisão em relação ao objetivo estava dentro de 10 quilômetros".[9] Essa diferença de 70 quilômetros, de acordo com um especialista, "deveria ter feito as pessoas começarem a gritar nos salões. Isso nos dizia que não fazíamos ideia de onde nossa espaçonave estava, e que a nossa trajetória tinha uma probabilidade inaceitável de se deparar com a atmosfera do planeta".[10] Mesmo assim, os navegadores concluíram que isso era erro do software de navegação, não da trajetória da espaçonave, que aparentemente permanecia *nominal* — um jargão de ciência de foguetes para "como esperado".

Houve cochichos no JPL de que não estava tudo nominal com a sonda. Uma semana ou duas antes da entrada programada da sonda na órbita marciana, Mark Adler perguntou aos membros da equipe da sonda como as coisas estavam (você talvez se lembre de que ele foi mencionado em um capítulo anterior. Ele foi o engenheiro do JPL que teve a ideia do airbag para a Mars Exploration Rovers). Adler continuava recebendo a mesma resposta críptica: "Alguma coisa estranha está acontecendo", mas os navegadores pareciam confiantes. "Ela vai se resolver sozinha", disseram a Adler.

Embora houvesse apenas quatro manobras de correção de trajetória programadas, ainda havia a possibilidade de se acrescentar uma quinta. Os membros da equipe, no entanto, decidiram não realizá-la. Eles continuaram a acreditar que a espaçonave entraria em Marte em uma altitude segura — mesmo que os dados continuassem a gritar o contrário.

O que acabou acontecendo com a sonda me lembra das minhas aulas de física do colégio. Nossa professora nos dava zero no caso de uma resposta de prova que não tivesse unidades de medida. Ela não mostrava misericórdia: mesmo que a resposta estivesse correta, ela seria considerada errada se escrevêssemos "150" em vez de "150 metros". Eu tinha uma atitude despreocupada com unidades de medida e não entendia por que elas eram tão importantes — até que descobri mais sobre o erro de navegação que acabou com a Sonda Climática de Marte.

No fim das contas, Lockheed Martin, que havia construído a sonda, estava usando o sistema norte-americano de polegadas e libras, mas o JPL, que estava navegando a sonda, estava usando o sistema métrico. Quando Lockheed programou o software de trajetória, os engenheiros do JPL concluíram — erroneamente, no caso — que os números estavam em newtons, a unidade métrica para força. Uma libra de força são 4,45 newtons, de modo que todas as medidas relevantes estavam erradas por mais de um fator de quatro. O JPL e Lockheed Martin estavam falando em idiomas diferentes, e nenhuma das equipes estava ciente do problema, porque ambos os grupos esqueceram de incluir as unidades de medida.

Todos esses cientistas de foguetes seriam reprovados na minha aula de física do colégio.

Entretanto, resumir essa catástrofe de $193 milhões à incapacidade da NASA de fazer contas de física de colegial ou ao uso inexplicável de Lockheed Martin do sistema arcaico de polegadas e libras seria simplificar demais a questão. Os cientistas de foguetes que estavam trabalhando nesse projeto foram vítimas da mesma tendência que faz com que os seres humanos se afastem do pensamento racional. "As pessoas erram às vezes", explicou o administrador associado da NASA, Edward Weiler, depois da queda da sonda. "O problema aqui não foi o erro. Foi a falha da engenharia de sistemas da NASA, e da verificação e equilíbrio em nossos processos de detectar erros. Foi por isso que perdemos a espaçonave." Havia uma lacuna — que passou despercebida — entre a história que os dados contavam e a história que os cientistas de foguetes estavam contando para si mesmos.

Ninguém veio equipado com um chip de pensamento crítico para diminuir a tendência humana de deixar nossas crenças pessoais distorcerem os fatos. Independentemente da nossa inteligência, a máxima de Feynman é verdade: "O princípio primário é que não devemos nos enganar — e que somos a pessoa mais fácil de enganar que existe no mundo."[11]

Em vez de serem rancorosos com sua programação genética, os cientistas criaram ferramentas para sua inclinação humana de se enganarem. Essas ferramentas não servem apenas para cientistas. Na verdade, elas são um conjunto de táticas — um conjunto de manobras de correção de trajetória — que todos nós podemos usar para fazer nossas ideias passarem por um teste de estresse e falarem a verdade.

Começaremos em um lugar improvável — uma obra de ficção — que apresenta uma visão incrivelmente precisa do kit de ferramentas de pensamento crítico dos cientistas: uma cena do filme *Contato*.

O Caso Contra as Opiniões

Já é noite no meio do deserto do Novo México. A personagem de Jodie Foster, Ellie Arroway, é uma cientista que está procurando por vida extraterrestre. Ela está deitada em cima do seu carro, com as antenas brancas em forma de disco do Very Large Array girando ao fundo. Seus olhos estão fechados. Com seus fones de ouvido, ela ignora o resto do mundo. Ela está ouvindo sinais de rádio do espaço sideral — esperando um telefonema do E.T.

Bem quando ela está se ajeitando, um sinal alto e rítmico surge acima do ruído cósmico e faz com que ela desperte. "Merda", ela diz. Ela pula dentro do carro, começa a gritar coordenadas e instruções pelo walkie-talkie aos seus colegas distraídos, e dirige a toda velocidade de volta ao escritório.

Ao voltar ao escritório, sua equipe começa a trabalhar, carregando equipamento, girando botões, verificando frequências e digitando coisas em vários computadores.

"Diga que estou errada, Fish!" Arroway diz a Fisher, seu colega.

Então, Fisher começa a propor várias hipóteses alternativas sobre qual poderia ser a fonte do sinal. "Poderiam ser AWACS de Kirkland interferindo com nossos radares", ele diz, referindo-se ao Sistema Aéreo de Alerta e Controle. Mas o status do AWACS é negativo, então é descartado. Outras possíveis fontes são descartadas. "O NORAD não está rastreando invasores nesse vetor", Fisher diz, referindo-se ao Comando Aeroespacial Norte-Americano de Defesa, antes de acrescentar que o Ônibus Espacial *Endeavor* também está no modo silencioso. Então, Arroway verifica o FUDD — a abreviação para o Aparelho de Detecção de Rastreio —, que é usado para confirmar que o sinal veio do espaço e não da Terra. Depois que a origem espacial foi confirmada, ela beija a tela do computador e diz: "Obrigada, Elmer!", referindo-se a Elmer Fudd, o nome norte-americano para Hortelino Troca-Letras, agradando aos amantes de Looney Tunes do mundo todo.[12]

A fonte do sinal é determinada mais tarde. É a estrela Vega. Mas, em vez de se conformar com essa resposta, a equipe começa a tentar provar que sua hipótese está errada: Vega é perto demais, é jovem demais para desenvolver vida inteligente e foi escaneada várias vezes antes, mas só apresentou resultados negativos.

Contudo, não há dúvidas quanto ao sinal. Logo, eles percebem que o sinal é uma sequência de números primos — um sinal claro de inteligência. Por um momento, Arroway pensa em levar essa descoberta a público imediatamente, mas logo reconsidera. Ela sabe que essa descoberta deve ser confirmada de modo independente e replicada por outros cientistas. Esse sinal pode ser uma falsificação, um erro, uma ilusão — várias coisas podem ter enganado a equipe norte-americana.

Então, ela faz disso uma questão mundial. Como Vega está a ponto de se pôr nos Estados Unidos, ela liga para um colega no Observatório Parks, que tem um radiotelescópio em Nova Gales do Sul, Austrália. Seu colega australiano confirma o sinal.

"Você já identificou a fonte?", Arroway pergunta, sem revelar suas descobertas.

"Podemos lhe dizer com exatidão", o australiano responde. Depois de uma breve pausa, que parece durar minutos, ele acrescenta: "Vega."

Arroway se afasta do seu computador, absorvendo a magnitude do momento.

"Para quem vamos ligar agora", pergunta um colega.

"Todo mundo", diz Arroway.

....

ESSA CENA — QUE vamos dissecar no restante deste capítulo — se baseia em um livro de Carl Sagan, cujo toque científico é inquestionável. Sim, o diretor do filme, Robert Zemeckis, tomou algumas liberdades científicas. A mais óbvia é que os cientistas não ficam escutando sinais de rádio no meio do deserto com fones de ouvido. Eles usam computadores. ("Eu tive que usar uma licença criativa aqui", Zemeckis explicou. É apenas uma imagem romântica."[13]) Mas os casos de romance cinemático são raros nessa cena.

A primeira coisa que percebemos é o que Arroway *não* faz. Mesmo ao escutar um sinal diferente que parece ser um indicativo de vida inteligente, ela evita dar uma opinião imediata sobre o que esse sinal pode significar.

Do ponto de vista científico, as opiniões apresentam muitos problemas. As opiniões são resistentes. Quando formamos uma opinião — nossa própria ideia brilhante —, temos a tendência de nos apaixonarmos por ela, em especial quando a declaramos em público por meio de um megafone real ou virtual. Para evitar mudar de ideia, colocamo-nos em posições que até iogues experientes não conseguem manter.

Com o passar do tempo, nossas crenças começam a fazer parte da nossa identidade. Se acreditamos em CrossFit viramos Crossfiteiros, nossa crença na mudança climática nos transforma em ambientalistas, e acreditar na dieta paleolítica nos faz aderir a ela. Quando nossas crenças e identidade são a mesma coisa, mudar nossa maneira de pensar significa mudar nossa identidade — e é por isso que desentendimentos costumam resultar em lutas existenciais até à morte.

Por esse motivo, no início das suas pesquisas, os cientistas evitam dar opiniões. Em vez disso, eles formam o que é chamado de hipótese. A ideia principal por trás dela é de algo em andamento. "Em andamento" significa algo em evolução. "Em andamento" significa algo que não é final. "Em andamento" significa que a hipótese pode ser alterada ou abandonada, dependendo dos fatos.

As opiniões são defendidas, mas as hipóteses são testadas. Esse teste é realizado, como o geólogo e educador T. C. Chamberlin explica, "não por causa da hipótese, mas por causa dos fatos".[14] Algumas hipóteses se transformam em teorias, mas muitas outras, não.

Nos meus anos iniciais na academia, ignorei todos os conselhos que estou dando aqui. Encarava meus trabalhos como opiniões formadas, em vez de hipóteses. Quando alguém desafiava uma das minhas opiniões durante uma apresentação acadêmica, eu ficava na defensiva. Minha frequência cardíaca disparava, eu ficava tenso e minhas respostas refletiam a irritação com a qual eu encarava a pergunta e a pessoa que a fazia.

Então voltei para o meu treinamento científico e reformulei minhas opiniões como hipóteses. Mudei meu vocabulário para refletir essa alteração mental. Nas conferências, em vez de dizer: "Eu defendo…", começava dizendo: "A hipótese deste trabalho é…"

No meu caso, esse ajuste verbal sutil ajudou minha mente a separar meus argumentos da minha identidade pessoal. É claro que eu tinha as ideias, mas, quando elas saíam do meu corpo, assumiam uma identidade própria, se tornavam coisas distintas e abstratas que eu enxergava com certa objetividade. Não era mais pessoal. Era uma hipótese na qual eu simplesmente precisava trabalhar mais.

Mas mesmo uma hipótese é um filho intelectual que pode gerar apego emocional. Uma solução para isso, conforme veremos na próxima seção, é ter vários filhos.

Uma Família de Hipóteses

Os radiotelescópios não são usados só para procurar vida alienígena, como em *Contato*, mas também para fazer ligações interplanetárias de longa distância para naves espaciais que viajam pelo sistema solar.[15] A Rede do Espaço Profundo — um conjunto de três antenas de rádio gigantes — funciona como a central dessa rede. As estações de rastreio ficam espalhadas de modo equidistante umas das outras ao redor do mundo em Goldstone, Califórnia; perto de Madri, Espanha; e perto de Canberra, Austrália. À medida que a Terra gira e uma estação perde o sinal, a próxima assume o comando.

No dia 3 de dezembro de 1999, a estação de Madri estava rastreando o Aterrissador Mars Polar enquanto ele se dirigia à superfície de Marte na noite programada para a sua aterrissagem. O aterrissador estava chegando em Marte alguns meses antes da perda vergonhosa da Sonda Climática de Marte por causa do erro com as unidades de medida. Essa era a oportunidade da NASA de se redimir.

Por volta de 11:55 a.m., Horário do Pacífico, o aterrissador entrou na atmosfera de Marte e começou a descer até a sua superfície. Como programado, a estação de Madri perdeu o sinal do aterrissador. Se tudo corresse conforme o plano, a estação de Goldstone captaria o sinal novamente às 12:39 p.m.

Mas às 12:39 p.m. não havia nenhum sinal do aterrissador. A busca por um sinal continuou por vários dias, com engenheiros enviando comandos repetidamente ao aterrissador. Suas chamadas não tiveram respostas.

Quando a NASA estava para anunciar o óbito do aterrissador, algo estranho aconteceu. Em 4 de janeiro de 2000, depois de um mês de silêncio por parte do aterrissador, um sinal de Marte foi captado por meio de um radiotelescópio ultrassensível da Universidade Stanford. "Era algo com uma radiofrequência equivalente a um assovio", explicou Ivan Linscott, um pesquisador sênior associado em Stanford.[16] Esse assovio tinha as mesmas características que esperaríamos de um sinal do Aterrissador Mars Polar. Para verificar a origem do sinal, os cientistas mandaram a espaçonave enviar sinais de fumaça ao "ligar e desligar seu rádio em uma sequência específica".[17] A espaçonave parecia obedecer. Os cientistas receberam o sinal de fumaça e anunciaram, assim como o Dr. Frankenstein, que a espaçonave estava viva.

Só que não estava. No fim das contas, esse sinal não passava de uma coincidência. Os cientistas de Stanford estavam experimentando um fenômeno conhecido como "eu não teria visto se não tivesse acreditado".[18] Os radiotelescópios da Holanda e do Reino Unido tentaram localizar o sinal, mas não conseguiam replicar os resultados de Stanford.

O problema foi diagnosticado por Francis Bacon há quase 400 anos: "Trata-se do erro peculiar e perpétuo do entendimento humano de se sentir mais motivado e emocionado por afirmativas do que por negativas."[19] A técnica de pesquisa de Stanford foi projetada para obter sinais do Aterrissador Mars Polar. Tratava-se de um sinal que os membros da equipe estavam aguardando — não, torcendo — obter. E foi exatamente isso o que viram.

Além disso, os cientistas estavam emocionalmente apegados à sobrevivência do aterrissador. "É como ter um ente querido que se perdeu em batalha", explicou John Callas, cientista de pesquisa do JPL.[20] Querendo acreditar desesperadamente que o aterrissador estava vivo, eles concluíram que ele estava.

Essa não foi a primeira vez que os cientistas se deixaram levar por sinais imaginários de Marte. Tesla também disse que havia detectado mensagens de Marte que consistiam numa "repetição regular de números", como a detecção de números primos de Vega no caso de Arroway. Tesla interpretou esses números como uma "evidência experimental extraordinária" de vida inteligente em Marte.[21]

Nenhum desses cientistas estava tentando enganar o público de modo intencional. Suas conclusões se baseavam na interpretação de dados aparentemente objetivos. Então, como essas pessoas brilhantes enxergaram algo que não existia?

Uma hipótese — mesmo em andamento — ainda é um filho intelectual. Como Chamberlin explicou, a hipótese "se torna cada vez mais atraente [ao seu autor], de forma que, enquanto ele se apegar a ela de modo aparentemente provisório, ela se tornará uma paixão provisória, e não algo provisório e imparcial. De um filho favorecido sem merecer, ele logo se torna o mestre e guia o autor para onde quer que ela vá".[22]

Quando começamos com uma simples hipótese e adotamos a primeira ideia que surge na nossa mente, é muito fácil que essa ideia se torne o nosso mestre. Ela nos prende e nos cega a alternativas que estão na periferia. É como o autor Robertson Davies diz: "O olho só vê o que a mente está preparada para entender."[23] Se a mente antecipar uma única resposta — o Aterrissador Mars Polar ainda pode estar vivo —, é isso que o olho verá.

Antes de anunciar uma hipótese, pergunte-se: "Quais são minhas pré-concepções? O que acredito ser verdade?" Pergunte-se também: "Eu realmente quero que essa hipótese em particular seja verdade?" Se sim, tenha cuidado. Tenha muito cuidado. Assim como na vida, quando gostamos de alguém, tendemos a ignorar suas falhas. Veremos sinais vindos de um interesse amoroso — ou de uma espaçonave — mesmo que não haja nada sendo enviado.

Para se certificar de que não nos apaixonaremos por uma única hipótese, é melhor criar várias. Quando temos várias hipóteses, diminuímos nossa ligação com qualquer uma delas e dificultamos o processo de nos identificarmos rapidamente com uma só. Com essa estratégia, como Chamberlin explica, o cientista se torna "o pai de uma família de hipóteses: e, por causa de sua relação paterna com todas, ele não pode se apegar indevidamente a nenhuma delas".[24]

O ideal é que as hipóteses que criamos entrem em conflito umas com as outras. F. Scott Fitzgerald disse: "O teste de uma inteligência do mais alto nível é a habilidade de ter duas ideias em mente ao mesmo tempo e ainda assim conseguir funcionar."[25] Essa abordagem não é fácil. Até cientistas têm dificuldade de abordar vários pontos de vista sem fazer com que suas cabeças explodam. Durante séculos, a comunidade científica esteve dividida em dois campos, um que acreditava que a luz era uma partícula, como a poeira, e o outro que dizia que ela era uma onda, como as ondulações da água. No fim das contas, os dois campos estavam certos (ou errados, dependendo do seu ponto de vista). A luz se enquadra nessas duas categorias e exibe propriedades tanto de uma partícula como de uma onda.

O Grande Colisor de Hádrons é um acelerador de partículas de 27 quilômetros que faz com que partículas subatômicas, chamadas de hádrons, se choquem umas com as outras. Sua colisão é descrita como "menos uma colisão e mais uma sinfonia".[26] Quando os hádrons colidem, eles na verdade passam uns pelos outros, e "seus componentes fundamentais passam tão perto uns dos outros que eles podem até conversar".[27] Se essa sinfonia for tocada direito, a colisão dos hádrons "pode revelar campos ocultos que cantarão no seu próprio tom em resposta — produzindo novas partículas".[28]

Várias hipóteses dançam umas com as outras da mesma maneira. Se conseguirmos manter pensamentos conflitantes na nossa mente e deixá-los dançar uns com os outros, eles produzirão uma sinfonia que resultará em notas adicionais — na forma de novas ideias — muito superiores às originais.

Mas como podemos gerar ideias conflitantes? Como encontramos a contra-melodia da nossa melodia? Uma maneira é procurar ativamente o que está faltando.

O Que Está Faltando?

O diretor de 27 anos tinha um baita problema nas mãos.[29] Bruce, o astro do seu filme, era difícil de agradar, até pelos padrões de Hollywood. Ele era um tubarão mecânico, que foi batizado em homenagem ao advogado do diretor. Mas esse tubarão não conseguia fazer a única coisa para a qual ele foi construído: nadar direito. No seu primeiro dia no set, o tubarão afundou como uma pedra. Uma semana depois, seu motor elétrico apresentou defeito. Mesmo depois de um bom dia, Bruce "precisava ser drenado, esfregado e pintado novamente" para ficar pronto para a filmagem — exigindo um tipo de mimo raramente esperado por astros de cinema.

Então, o diretor fez o que todos os diretores gostariam de fazer com um ator que exige demais e entrega de menos. Ele demitiu o tubarão. "Não tive escolha a não ser descobrir uma maneira de contar a história sem o tubarão", ele explicou. Ao lidar com essa situação difícil, ele se perguntou: "O que Hitchcock faria em uma situação assim?" A resposta lhe deu uma onda de inspiração que o ajudou a transformar um obstáculo aparentemente intransponível em uma oportunidade de sucesso.

Na cena inicial do filme, Chrissie decide dar um mergulho noturno. Enquanto nadava sozinha, ela é puxada para os lados e para baixo de repente, enquanto tenta respirar e gritar por ajuda. O foco está em Chrissie, e o vilão não é visto em parte alguma. O mostro fica inteiramente a cargo da imaginação da audiência, que não vê o tubarão até o terceiro ato. Essa omissão acabou produzindo um estado de ansiedade constante na audiência — um sentimento que foi intensificado pela música tema sinistra (*da-dum... da-dum... da-dum-da-dum-da-dum*).

O filme, como você já deve ter adivinhado, era *Tubarão*, e seu diretor foi o jovem Steven Spielberg. Mesmo no início da sua carreira, Spielberg sabia o que muitos de nós deixamos de reconhecer: o que não vemos pode ser mais assustador do que aquilo que vemos.

Do ponto de vista humano, nem todos os fatos são iguais. Temos a tendência incessante de nos concentrar nos fatos à nossa frente e negligenciar outros fatos que podem estar escondidos atrás de um ponto cego.

Esse ponto cego é, em parte, o resultado da nossa programação genética. O psicólogo Robert Cialdini explica: "É mais fácil registrar a presença de algo do que sua ausência."[30] Fomos feitos para reagir a sinais óbvios: um barulho no escuro, o cheiro de gás, o surgimento de fumaça e o som de pneus freando. Nossas pupilas se dilatam, nosso coração começa a bater mais rápido e a adrenalina é liberada. Nossa mente se concentra na ameaça em potencial, filtrando todas as outras informações sensoriais. Esses mecanismos são essenciais para a nossa sobrevivência, mas eles também podem bloquear outras operações e fazer com que percamos dados cruciais.

Em um estudo famoso, pesquisadores filmaram um grupo de seis pessoas — metade delas usavam camisetas brancas e a outra metade, camisetas pretas — passando uma bola de basquete umas para as outras. As instruções eram simples (ouso dizer que não eram ciência de foguetes): "Contem quantas vezes os jogadores que estavam de branco passaram a bola de basquete." Depois de cerca de dez segundos de filmagem, uma pessoa usando uma fantasia de gorila entra lentamente em cena. Ela para visivelmente no meio dos jogadores, encara a câmera, bate no peito enquanto os jogadores continuam a passar a bola ao redor dela e sai de cena. Essa não é uma interrupção sutil — parece impossível não perceber o gorila.[31] Ainda assim, metade dos participantes do estudo não o viram. Eles estavam tão preocupados em contar os passes que ignoraram o gorila na sala.[32]

No entanto, contrário à sabedoria popular, o que os olhos não veem, o coração sente. O advogado amador não enxerga o argumento legal que lhe trará a vitória. O médico medíocre não acerta no diagnóstico. O motorista comum não percebe onde estão os verdadeiros perigos.

Ao nos concentrarmos nos fatos à nossa frente, não nos concentramos o suficiente — ou nem sequer nos concentramos — nos fatos ocultos. Quando os fatos principais chamam a nossa atenção, precisamos nos perguntar: "O que não estou vendo? Que fato deveria estar presente, mas não está?" Siga o exemplo dos cientistas de *Contato*, que se perguntavam repetidamente o que poderia estar faltando — o sinal poderia ter vindo do AWACS, do NORAD ou do Ônibus Espacial *Endeavor*.

Os cientistas de foguetes que estavam trabalhando na Sonda Climática de Marte deixaram de se fazer essas perguntas. Uma força invisível continuava a lhes puxar em direção à sonda — assim como puxou a Chrissie — e os trazer para baixo à medida que nadavam através do oceano cósmico. Mas o tubarão da incompatibilidade entre as unidades de medida permaneceu oculto. Apesar dos sinais de alerta, ninguém ergueu a mão de modo formal e perguntou: "Estamos esquecendo alguma coisa?"

Uma autópsia realizada depois da queda da sonda recomendou que os membros da equipe adotassem "um método de Sherlock Holmes e uma disposição de buldogue para correr atrás de indícios estranhos".[33] A equipe havia desenvolvido uma teoria sem reunir todos os fatos — o que, se você conhece Holmes, é o pior erro que um investigador pode cometer — e, então, se recusaram a deixar os fatos perturbá-la.

A importância de procurar por fatos ocultos é fundamental para a história de mistério "Estrela de Prata", na qual Holmes revela que um roubo foi um trabalho interno ao se concentrar no que estava faltando:

GREGORY (detetive da Scotland Yard): Há algum outro ponto ao qual gostaria de chamar a minha atenção?

HOLMES: Ao curioso incidente do cão à noite.

GREGORY: O cão não fez nada à noite.

HOLMES: Esse foi o incidente curioso.[34]

O cão que estava protegendo a propriedade não latiu, então Holmes concluiu que o ladrão não poderia ter sido o estranho que a polícia se apressou em prender.

Então, da próxima vez que se sentir tentado, meu caro Watson, em anunciar uma conclusão com confiança, faça o que deve fazer sempre que dirige. Não confie apenas nos perigos visíveis nos retrovisores. Pergunte-se: "O que está faltando?" Quando achar que já pensou em todas as possibilidades, pergunte-se: "O que mais?" Faça um esforço deliberado de repetidamente girar a cabeça e verificar seu ponto cego.

Você ficará surpreso ao encontrar tubarões escondidos ali.

....

ENCONTRAR O QUE ESTÁ FALTANDO e usar essa informação para gerar várias hipóteses é útil, mas não garante a objetividade. Involuntariamente, talvez cheguemos a dar o benefício da dúvida a um dos nossos filhos intelectuais por ter chegado depois do toque de recolher, enquanto deixamos os outros de castigo pelo mesmo motivo. É por isso que, depois de gerar vários queridinhos intelectuais, precisamos fazer o inimaginável: matá-los.

Mate Seus Queridinhos Intelectuais

Uma pesquisadora entra em uma sala e lhe dá esses três números: 2, 4 e 6. Ela lhe diz que esses números seguem uma regra simples e que seu trabalho é descobrir qual é a regra propondo diferentes sequências de três números. Então, a pesquisadora lhe dirá se a sequência que você propôs segue a regra. Você pode receber quantas chances precisar, e não há limite de tempo.

Experimente. Qual você acha que é a regra?

Para a maioria dos participantes, o experimento teve duas vertentes. O Participante A disse: "4, 6, 8". A pesquisadora respondeu: "Segue a regra." Então, o Participante B disse: "6, 8, 10." A pesquisadora disse: "Também segue a regra." Depois de várias outras sequências de números serem apresentadas com a pesquisadora aprovando com um balançar de cabeça, o Participante A disse que a regra era "somar intervalos de dois".

O Participante B começou com "3, 6, 9". A pesquisadora respondeu: "Segue a regra." Então o participante disse: "4, 8, 12." A resposta da pesquisadora foi: "Também segue a regra". Depois do Participante B ter apresentado muitas outras sequências numéricas que seguiam a regra, ele declarou que a regra era "múltiplos do primeiro número."

Mas, para a sua surpresa, ambos os participantes estavam errados.

No fim das contas, a regra era "números em ordem crescente". As sequências numéricas que tanto o Participante A como o Participante B apresentaram seguiam a regra, mas a regra era diferente do que eles tinham em mente.

Se não acertou a regra, você não foi o único. Apenas uma a cada cinco pessoas do estudo conseguiu identificar a regra na sua primeira tentativa.

Qual é o segredo para resolver esse quebra-cabeça? O que diferenciou os participantes bem-sucedidos dos malsucedidos?

Os participantes malsucedidos acharam que haviam descoberto qual era a regra de início e propuseram sequências de números que confirmavam sua crença. Se eles achavam que a regra era "intervalos crescentes de dois em dois", eles apresentavam sequências como 8, 10, 12 ou 20, 22, 24. Quando a pesquisadora confirmava cada sequência nova, os participantes confiavam cada vez mais no brilhante palpite inicial e concluíam que estavam no caminho certo. Eles estavam ocupados demais tentando encontrar números que combinavam com o que eles achavam que era a regra certa em vez de tentar descobrir a regra verdadeira.

Os participantes bem-sucedidos fizeram exatamente o contrário. Em vez de tentarem provar que estavam certos por apresentar sequências que confirmavam sua hipótese, eles tentaram provar que ela era falsa. Por exemplo, se eles achavam que a regra era "intervalos crescentes de dois em dois", eles diziam: "3, 2, 1." Essa sequência não segue a regra. Então, eles poderiam dizer: "2, 4, 10." Essa sequência segue a regra do experimento, mas não o que a maioria dos participantes achava que era a regra certa.

Como você deve ter adivinhado, esse jogo de números é um microcosmo da vida. Nosso instinto na nossa vida pessoal e profissional é tentar provar que estamos certos. Todo "sim" faz com que nos sintamos bem. Todo "sim" faz com que nos apeguemos ao que achamos que sabemos. Todo "sim" nos dá uma estrelinha dourada e uma dose de dopamina.

Todo "não", porém, nos traz um passo mais perto da verdade. Todo "não" nos dá muito mais informação do que um "sim". O progresso só acontece quando geramos resultados negativos ao tentarmos refutar nosso palpite inicial em vez de confirmá-lo.

O objetivo de tentar provar que estamos errados não é fazer com que nos sintamos bem. O objetivo é nos certificarmos de que nossa espaçonave não vai cair, que nosso negócio não vai desmoronar ou que nossa saúde não vai desaparecer. Cada vez que validamos o que achamos que sabemos, reduzimos nossa visão e ignoramos possíveis alternativas — da mesma maneira que cada confirmação da pesquisadora fez com que os participantes se apegassem a hipóteses erradas.

O estudo dos números é um experimento real realizado pelo psicólogo cognitivo Peter Cathcart Wason, que criou a expressão *viés de confirmação*.[35] Wason estava interessado em explorar o que Karl Popper chamou de *falseabilidade*, que significa que as hipóteses científicas devem ter a capacidade de serem refutadas.[36]

Usemos, por exemplo, a declaração: "Todas as pombas são brancas." Essa declaração é falseável. Se encontrarmos uma pomba branca, marrom ou amarela, teremos provado que essa hipótese está errada — do mesmo modo que uma sequência numérica que não segue a regra pode falsear nosso palpite inicial no estudo dos números.

Nunca precisamos provar que uma teoria científica é verdadeira. Simplesmente não conseguimos provar que ela está errada. É só quando os cientistas se esforçam — mas não conseguem — para dar uma surra nas suas ideias que eles desenvolvem confiança nelas. Mesmo depois de uma teoria ser aceita, novos fatos costumam surgir, exigindo o refinamento ou o completo abandono do status quo.

"Nada no mundo físico parece ser constante ou permanente", escreveu o físico Alan Lightman. "As estrelas se apagam. Os átomos se desintegram. As espécies evoluem. O movimento é relativo."[37] Isso também acontece com os fatos. A maioria dos fatos tem uma meia-vida. O que aconselhamos com confiança este ano é desaconselhado no próximo.

A história da ciência, como o médico e autor Chris Kresser diz, "é a história de grande parte dos cientistas se enganando sobre grande parte das coisas na maior parte das vezes".[38] As ideias de Aristóteles foram falseadas pelas de Galileu, cujas ideias foram substituídas pelas de Newton, cujas ideias foram modificadas por Einstein. E a própria teoria da relatividade de Einstein foi despedaçada a nível subatômico — na imperceptível terra das pequenas partículas, como os quarks, os glúons e os hádrons —, que hoje em dia é dominada pela teoria do campo quântico. Tínhamos certeza sobre cada um desses fatos — até que não tínhamos mais. A natureza do "existe hoje, desaparece amanhã" da teoria científica não passa do seu "ritmo natural", escreveu Gary Taubes.[39]

Embora os cientistas tenham dedicado suas vidas ao exame cruzado das suas próprias ideias, esse modo de agir é contrário à condição humana. Na política, por exemplo, a consistência anuncia a precisão. Quando políticos admitem que vão mudar de ideia — porque os fatos mudaram ou um argumento melhor os persuadiu —, eles são castigados pela oposição por terem mudado de opinião. Eles são arrastados pela lama por serem inconsistentes, indecisos e, de modo geral, inaptos para serem a pessoa rígida e ideológica adequada para o cargo.

Para a maioria dos políticos, a declaração "esse argumento é irrefutável" é uma virtude. Para os cientistas, porém, é uma falha. Se não existe uma maneira de testar uma hipótese científica e refutá-la, ela é essencialmente inútil. Sagan explica: "Os céticos devem receber a oportunidade de acompanharem seu raciocínio, de duplicar seus experimentos e ver se obtêm o mesmo resultado."[40]

Pense, por exemplo, na "hipótese da simulação", postulada pela primeira vez pelo filósofo Nick Bostrom e depois popularizada por Elon Musk. Essa hipótese diz que somos pequenas criaturas que vivem em uma simulação de computador controlada por poderes mais inteligentes.[41] Essa hipótese não é falseável. Se somos como os personagens do videogame *The Sims*, não poderemos adquirir informações sobre o mundo exterior. Como resultado, nunca poderemos provar que nosso mundo *não* é apenas uma ilusão.

A falseabilidade é o que separa a ciência da pseudociência. Quando mantemos os argumentos contrários em xeque por meio de argumentos que não podem ser falseados e não permitimos que outros testem nossas crenças, a desinformação prospera.

Quando criamos hipóteses falseáveis, devemos imitar os participantes bem-sucedidos do estudo dos números e tentar falsear essas hipóteses em vez de procurar por informações que as comprovem. O travamento ideológico acontece sem percebermos. Assim, precisamos deliberadamente nos expor ao desconforto do autofalseamento em vez de simplesmente continuar a repetir banalidades como "estou disposto a provar que estou errado". Quando o nosso foco muda de tentar provar que estamos certos para provar que estamos errados, procuramos por informações diferentes, combatemos preconceitos profundamente enraizados, e nos dispomos a comparar fatos com argumentos. Abraham Lincoln supostamente fez a seguinte observação: "Eu não gosto deste homem. Preciso conhecê-lo melhor." A mesma abordagem deve ser aplicada aos argumentos contrários.

Sempre se pergunte — como Stewart Brand, o fundador do *Whole Earth Catalog* —: "Sobre quantas coisas estou extremamente errado?"[42] Encontre falhas nos seus argumentos preferidos e procure por fatos que os refutem (Que fato mudaria a minha opinião?). Siga a "regra de ouro" de Darwin, que, depois de descobrir um fato que contradizia uma das suas crenças, o anotou imediatamente.[43] Ele sabia que, quando matamos nossas ideias ruins ou desatualizadas, abrimos espaço para que as boas ideias surjam. Por nos fazer questionar nossas crenças mais enraizadas, essa tática também pode aprimorar o pensamento em princípios básicos.

Pense também em Daniel Kahneman, que ganhou o prêmio Nobel em 2002 pelo seu trabalho revolucionário sobre a psicologia do julgamento e da tomada de decisões. Levar o Nobel para casa é um feito impressionante, mas foi ainda mais impressionante no caso de Kahneman. Ele ganhou o prêmio de economia, embora seja um psicólogo. "Depois de ganhar o prêmio Nobel, a maioria das pessoas só quer ir jogar golfe", explicou o professor de Princeton Eldar Shafir. "Danny se ocupou em tentar refutar suas próprias teorias que o fizeram ganhar o prêmio. Isso é realmente lindo."[44] Kahneman também convidou seus críticos a se juntarem a ele por diversão ao persuadi-los a colaborarem com ele.[45]

Uma das minhas opiniões favoritas da Suprema Corte dos EUA foi a do juiz John Marshall Harlan sobre o caso de 1896 de *Plessy vs. Ferguson*. Nesse caso, a maioria do tribunal, contra a dissidência única de Harlan, apoiou a constitucionalidade da segregação racial (o caso foi mais tarde revertido em *Brown vs. Conselho Educativo*).

A dissidência de Harlan foi uma surpresa para muitos. Harlan apoiava a supremacia branca. Ele tinha escravos[46] e se opôs firmemente contra os Aditamentos de Reconstrução da Constituição dos EUA, que proibiam o governo de discriminar com base na raça (entre outras coisas). Quando os críticos de Harlan o acusaram de vira-casaca, sua resposta foi simples:

Prefiro estar certo do que ser consistente.[47]

Walter Isaacson disse: "Uma marca de uma grande mente é a sua disposição de mudar de opinião."[48] Visto que o mundo ao nosso redor muda — quando a bolha tecnológica estoura ou carros autônomos se tornam a regra —, a habilidade de mudarmos com o mundo nos dá uma vantagem extraordinária. Walt Bettinger, diretor executivo da Charles Schwab, explica: "O executivo bem-sucedido não demora para reconhecer uma má decisão e se ajustar, ao passo que os executivos ruins costumam bater o pé e tentar convencer todo mundo de que eles estão certos."[49]

Se estamos encontrando dificuldades para colocar nossas crenças à prova, podemos fingir que elas são de outra pessoa. Ao escrever este livro, adotei a estratégia de Stephen King, que coloca seus rascunhos de lado por semanas antes de voltar a eles. Quando ele volta a trabalhar com uma separação psicológica, fica mais fácil fingir que outra pessoa escreveu o capítulo. Enxergar o mundo a partir de uma perspectiva diferente levanta as persianas e permite que ele critique a escrita. O método de King é apoiado pela pesquisa. Em um estudo, os participantes criticaram mais suas próprias ideias quando elas lhe foram apresentadas como ideias de outras pessoas.⁵⁰

No fim das contas, se não provarmos que estamos errados, outros farão isso por nós. Se fingirmos que temos todas as respostas, nossa máscara eventualmente cairá. Se não reconhecermos as falhas do nosso pensamento, elas voltarão para nos assombrar. É como os cientistas cognitivos Hugo Mercier e Dan Sperber destacam: um rato "que quer confirmar sua crença de que não há gatos por perto", acabará servindo de almoço para eles.⁵¹

Nosso objetivo deve ser *encontrar* o que está certo — e não *estarmos* certos.

Anos depois de haver publicado o estudo dos números que abriu esta seção, Wason foi abordado na rua por Imre Lakatos, um filósofo de ciências da Escola de Economia de Londres. Lakatos disse a Wason: "Lemos tudo o que você escreveu, e discordamos de tudo." Ele acrescentou: "Venha e nos apresente um seminário."⁵²

Ao estender um convite ao seu oponente intelectual, Lakatos estava seguindo a estratégia que vamos explorar na próxima seção.

Uma Caixa Cheia de Luz

Niels Bohr e Albert Einstein estavam entre os maiores rivais intelectuais da ciência. Eles realizaram uma série de debates públicos sobre mecânica quântica — mais especificamente, sobre o princípio da incerteza, que diz que é impossível determinar a posição exata e o momento exato das partículas subatômicas.⁵³ Bohr defendia esse princípio, mas Einstein se opunha a ele.

Apesar do seu grande desacordo intelectual, a relação entre Bohr e Einstein era de respeito mútuo. Como era de se esperar, Einstein criou uma série de experimentos mentais para questionar o princípio da incerteza. Durante as conferências de física de Solvay, que reuniam os físicos mais proeminentes do mundo, Einstein chegava para o café da manhã e casualmente anunciava que havia inventado outro experimento mental que falseava o princípio da incerteza.⁵⁴

Bohr pensava no desafio de Einstein o dia inteiro. No jantar, Bohr geralmente já teria uma resposta para colocar Einstein no seu lugar. Então, Einstein voltaria para o seu quarto de hotel e desceria para o café da manhã no dia seguinte armado com um experimento mental novo em folha.

Essa luta de boxe intelectual era parecida com a de Rocky Balboa e Apollo Creed treinando depois das lutas oficiais no ginásio — dois gigantes, virando o mundo do avesso, testando suas habilidades um no outro e se fortalecendo em resultado disso. No trabalho de cada homem, podemos ver indícios de outro — se não nominalmente, pelo menos em espírito. Não se trata de ganhar ou perder. É sobre o jogo ou, nesse caso, a ciência.

Bohr e Einstein recorriam um ao outro para fazer suas opiniões passarem pelo teste do estresse porque eles estavam perto demais das suas próprias perspectivas para enxergar seus próprios pontos cegos. O ganhador do prêmio Nobel Thomas Schelling certa vez observou: "Uma coisa que uma pessoa nunca pode fazer, não importa o quão rigorosa seja sua análise ou quão heroica seja sua imaginação, é uma lista de coisas que nunca lhe ocorreriam." É por isso que, em *Contato*, Arroway grita: "Diga que estou errada, Fish", pedindo que seu colega refute suas teorias.[55]

É por isso que o desacordo foi inserido no processo científico. O físico teórico John Archibald Wheeler diz: "O progresso na ciência se deve mais ao conflito entre as ideias do que ao acúmulo constante dos fatos."[56] Até cientistas que trabalham em isolamento devem, eventualmente, expor suas ideias aos seus colegas para revisão — um fardo que todas as grandes publicações científicas deveriam esclarecer. Mas a publicação não é o fim de tudo. As conclusões na publicação devem então ser verificadas de modo independente por outros cientistas que não têm motivos para apoiar as ideias — da mesma maneira que a sequência de números primos em *Contato* foi verificada pelos colegas australianos de Arroway.

Em um dos meus discursos de abertura favoritos de todos os tempos, David Foster Wallace conta a história de dois peixinhos. Eles estavam nadando juntos "e então encontraram um peixe mais velho nadando na direção oposta, que os cumprimenta e diz: 'Bom dia, jovens. Como está a água?'" Os peixinhos continuam nadando "e então um deles olha para o outro e diz: 'O que raios é água?'"[57]

Tudo o que observamos no mundo é através dos nossos próprios olhos. O que pode parecer óbvio para os outros — estamos nadando na água — não é óbvio para nós. Os outros têm aquela habilidade aparentemente estranha de identificar um erro nas nossas unidades de medida ou na nossa ilusão coletiva sobre um sinal de um aterrissador marciano destruído. Eles não estão comprometidos com a nossa visão do mundo, não têm o mesmo apego emocional às nossas opiniões e não rebatem informações conflitantes como nós. O psicólogo David Dunning disse: "A estrada para a autoiluminação passa por outras pessoas."[58]

Essa estrada, porém, costuma ter obstáculos. No mundo moderno, vivemos em uma câmara de eco perpétua. Embora a tecnologia tenha derrubado algumas barreiras, ela acabou criando outras. Nós nos tornamos amigos no Facebook de pessoas que são parecidas conosco. Seguimos pessoas no Twitter que são parecidas conosco. Lemos blogs e jornais que vibram com a mesma frequência política. É fácil se conectar apenas com a nossa tribo e nos desconectar dos outros. É só cancelar a inscrição, deixar de seguir ou cortar a amizade.

Esse tribalismo alimentado pela internet exacerba nossa tendência por confirmação. À medida que nossas câmaras de eco se tornam cada vez mais altas, somos repetidamente bombardeados com ideias que confirmam as nossas. Quando vemos nossas ideias espelhadas em outros, nosso nível de confiança sobe vertiginosamente. Não encontramos ideias contrárias em lugar nenhum, de modo que concluímos que elas não existem ou que aqueles que as adotam devem ser irracionais.

Em resultado disso, precisamos tomar a iniciativa de sair da nossa câmara de eco. Antes de tomar uma decisão importante, pergunte-se: "Quem vai discordar de mim?" Se não conhece ninguém que discorde de você, faça questão de encontrar alguém. Exponha-se a ambientes onde suas opiniões podem ser questionadas, por mais desconfortável e estranho que isso possa parecer. Se você é Niels Bohr, quem é o seu Albert Einstein jogando experimentos mentais em cima de você? Se é Ruth Bader Ginsburg, onde está seu Antonin Scalia para redigir um voto contrário atrevido, porém, poderoso? Se é Andre Agassi, quem é seu Pete Sampras para lhe manter em forma com um saque poderoso?

Você também pode pedir para pessoas que normalmente concordam com você discordem. Por exemplo, eu dei rascunhos deste livro a conselheiros de confiança e não lhes pedi para indicarem o que estava certo ou do que eles gostaram, mas sim o que estava errado, o que deveria ser alterado e o que eles eliminariam. Essa abordagem fornece segurança psicológica aos que, de outra maneira, poderiam ocultar sua discordância por terem medo de lhe ofender.

Se não conseguir encontrar vozes contrárias, crie-as. Elabore um modelo mental do seu adversário favorito, e tenha conversas imaginárias com ele. É isso o que Marc Andreessen faz. "Eu faço um pequeno modelo mental de Peter Thiel", explica Andreessen, referindo-se ao seu colega capitalista de risco e cofundador da PayPal, "uma simulação que mora no meu ombro, e discuto com ele o dia inteiro".[59] Ele acrescenta: "As pessoas podem olhar para você com uma expressão estranha quando isso acontece", mas vale a pena passar pelo ridículo.

A voz da discordância pode ser qualquer um. Você pode se perguntar: "O que um cientista de foguetes faria?" e imaginar um cientista de foguetes, armado com as ferramentas deste livro, questionando criticamente suas ideias. Imagine o que um cliente insatisfeito diria sobre seu novo produto ou como um novo diretor executivo que poderia substituí-lo abordaria o mesmo problema (um truque que o ex-diretor executivo da Intel, Andy Grove, usou).[60]

Ao elaborar um modelo de como nosso adversário pensa, precisamos ser o mais objetivos e justos possível. Devemos evitar o instinto de transformar a posição contrária em uma caricatura, o que tornaria mais fácil derrotá-la — uma tática chamada de espantalho. Por exemplo, um candidato político defende intensificar o regulamento sobre os gases de efeito estufa dos carros. Outro candidato responde que as pessoas precisam de carros para ir trabalhar e que essa proposta destruiria a economia. Esse argumento é o espantalho porque a proposta pede um regulamento mais rígido — não a eliminação — dos carros, mas é mais fácil contra-atacar uma visão mais extrema da ideia.

Em vez de usar a tática do espantalho, use a do homem de aço. Essa abordagem exige que você encontre e discuta com a forma mais forte, e não a mais fraca, dos argumentos da oposição. Charlie Munger, vice-presidente da Berkshire Hathaway, é um grande defensor dessa ideia. Ele alerta: "Não podemos adotar uma visão a menos e até que possamos argumentar melhor contra essa visão do que a pessoa mais inteligente que tem uma visão contrária."[61]

O jogo de xadrez intelectual entre Bohr e Einstein foi muito frutífero, em parte porque ambos eram mestres na técnica do homem de aço. Esse jogo continuou até a morte de Einstein. Alguns anos mais tarde, quando o próprio Bohr morreu, ele deixou um desenho no seu quadro-negro.[62] O desenho não era uma grande revelação ou uma defesa das suas próprias ideias. Antes, era uma caixa cheia de luz — parte de um experimento mental que Einstein propôs para desafiar Bohr.

Até o seu último fôlego na Terra, Bohr aceitou os questionamentos de Einstein, acreditando que eles tornavam suas ideias mais fortes e não mais fracas. Sua defesa da mecânica quântica se baseava não na força, mas em duvidar de si mesmo.

Enquanto viver, procure por essa caixa cheia de luz — o questionamento de todo o seu conjunto de crenças — e nunca a perca. No fim das contas, é necessário coragem, humildade e determinação para encontrar a verdade em vez do que é conveniente. Mas vale a pena o esforço.

....

COMO MORPHEUS DISSE, existe uma diferença entre conhecer o caminho e andar nele. Depois de fazer nossas ideias passarem pelo teste de estresse ao tentar provar que estamos errados, é hora de comparar essas ideias com a realidade em testes e experimentos. Contudo, como veremos no próximo capítulo, os cientistas de foguetes têm abordagens radicalmente diferentes para ambos.

> Acesse **www.altabooks.com.br** e procure pelo ISBN do livro para encontrar desafios e exercícios que o ajudarão a implementar as estratégias discutidas neste capítulo.

7

TESTE ASSIM COMO SE VOA, VOE ASSIM COMO SE TESTA

Como Ter Sucesso no Seu Próximo Lançamento de Produto ou Entrevista de Emprego

> Não nos elevamos ao nível das nossas expectativas.
> Nós nos rebaixamos ao nível do nosso treinamento.
>
> — DESCONHECIDO

MILHÕES DE NORTE-AMERICANOS aguardavam por esse momento.[1] Uma promessa havia sido feita por um jovem presidente, uma revolução de proporções cósmicas estava a ponto de ser realizada.

O lançamento estava bem atrasado. Meses antes da data de lançamento oficial, surgiram preocupações quanto à conclusão. Ainda assim, os responsáveis fecharam os olhos e esperaram que os problemas ofuscantes acabassem se resolvendo sozinhos. Eles foram aconselhados a atrasar ou abortar o lançamento, mas se recusaram a fazer isso. Os testes de estresse realizados no dia anterior do lançamento revelaram uma falha persistente que poderia comprometer toda a missão.

Os resultados dos testes, no entanto, foram ignorados. Na pressa para lançar dentro do prazo apertado, os responsáveis puxaram o gatilho. Quando os dados começaram a entrar, as telas dos engenheiros rapidamente contaram uma história de vida e morte que estava se desdobrando. Eles assistiam, com as bocas abertas, enquanto tudo ficava vermelho.

Aconteceu uma catástrofe. Logo depois do lançamento, ele caiu e queimou.

....

ISSO NÃO FOI um lançamento de foguete. Antes, foi a revelação do healthcare.gov — uma peça central do Affordable Care Act —, um marco de lei criado durante o mandato do presidente Barack Obama para fornecer um seguro de saúde barato aos norte-americanos. Essa lei havia sido uma promessa, e o site foi seu cumprimento — ou deveria ter sido o cumprimento. Os norte-americanos poderiam usá-lo para comprar o seguro.

Infestado de problemas técnicos, o site caiu logo depois do lançamento. Os usuários não conseguiam realizar funções básicas, como criar novas contas. O site calculou mal os subsídios de seguro de saúde e colocou os usuários em loops infinitos. Apenas seis pessoas conseguiram se inscrever para obter o seguro no primeiro dia de operação do site.

Por que o healthcare.gov — tão importante para o sucesso do Affordable Care Act — foi tão mal feito? Por que uma plataforma que custou cerca de $2 bilhões era incapaz de realizar comandos básicos?

Os foguetes e os sites são feras diferentes, mas têm pelo menos uma coisa em comum: eles caem se não seguimos um princípio orientador da ciência de foguetes chamado de *teste assim como se voa, voe assim como se testa*.

Este capítulo fala sobre o princípio de testar assim como voamos. Vou explicar como você pode usar esse princípio para testar as ideias que teve na primeira parte deste livro ("Lance") e para garantir que elas tenham as melhores chances de aterrissar. Você descobrirá por que nos enganamos quando realizamos testes e ensaios gerais e o que podemos fazer sobre isso. Vou mostrar o que podemos aprender de uma falha que corrompeu o Telescópio Espacial Hubble, de $1,5 bilhão, e por que um dos produtos mais populares de todos os tempos quase não foi produzido. Você vai aprender por que um grande comediante faz visitas surpresas regulares em pequenos clubes de comédia e como um famoso advogado e um corredor de obstáculos de renome mundial usam a mesma estratégia da ciência de foguetes para ter sucesso em suas áreas.

O Problema com os Testes

Grande parte das nossas decisões de vida não se baseia em testes, mas em palpites e informações limitadas. Nós lançamos um novo produto, mudamos de carreiras ou experimentamos uma nova abordagem de marketing — tudo sem um único experimento. Culpamos a falta de recursos por pularmos os testes, mas não reconhecemos os custos de novas abordagens que acabam falhando.

Até quando realizamos testes, realizamos ensaios gerais superficiais que valem o dobro como exercícios de autoengano. Nós realizamos testes — não para provar que estamos errados, mas para confirmar o que acreditamos que está certo. Ajustamos as condições do teste ou interpretamos resultados ambíguos para confirmar nossas pré-concepções.

Professores de Wharton e Harvard fizeram uma pesquisa com 32 companhias de varejo de ponta para estudar suas práticas de testes.[2] Os pesquisadores descobriram que 78% das empresas testam novos produtos em lojas antes de lançá-los. Embora esse número seja impressionante, as condições de teste não eram. De acordo com os pesquisadores, as companhias acreditavam que "seus produtos venderiam bem apesar dos resultados dos testes" e culpavam "o clima (bom ou ruim), a má escolha do local dos testes, a execução inferior dos testes, e outros fatores, pelas vendas subótimas".[3] Em outras palavras, os varejistas fizeram com que os testes se adequassem às suas expectativas em vez de ajustarem suas expectativas aos resultados dos testes.

Em um teste bem planejado, os resultados não podem ser predeterminados. Devemos estar dispostos a fracassar. O teste deve ser realizado para iluminar a incerteza em vez de voltar para trás e confirmar nossas pré-concepções. É como Feynman disse: "Se não estiver de acordo com o experimento, está errado. Nessa simples declaração está a chave da ciência. Não importa o quão bonita sua suposição é, não faz diferença o quão inteligente você é, quem fez a suposição ou qual é o seu nome — se não estiver de acordo com o experimento, está errada."[4]

O autoengano é apenas parte do problema. A outra parte é a desconexão entre as condições do teste e a realidade. Grupos focais e audiências de testes costumam ser inseridos em condições artificiais e respondem a perguntas que nunca lhes seriam feitas na vida real. Como resultado, esses "experimentos" apresentam conclusões redondinhas, mas totalmente incorretas.

A ciência de foguetes oferece um caminho que segue em frente por meio de um princípio enganosamente simples: teste assim como se voa, voe assim como se testa. De acordo com esse princípio, os experimentos na Terra devem imitar o máximo possível as mesmas condições de voo. Os cientistas de foguetes testam a espaçonave como se ela fosse voar. Se o teste for bem-sucedido, o voo deve ser realizado sob circunstâncias similares. Qualquer desvio significativo entre o teste e o voo pode resultar em catástrofe — quer estejamos falando de um foguete, de um site do governo, da nossa entrevista de emprego ou do nosso próximo produto.

Em um teste real, o objetivo não é descobrir tudo o que pode dar certo. Em vez disso, o objetivo é descobrir tudo o que pode dar errado e qual é o ponto de ruptura.

O Ponto de Ruptura

A melhor maneira de determinar o ponto de ruptura de um objeto é quebrando-o. Os cientistas de foguetes tentam quebrar as espaçonaves na Terra — revelar todas as suas falhas — antes que os defeitos se revelem no espaço. Esse objetivo exige que cada componente, até os parafusos, seja exposto ao mesmo tipo de choques, vibrações e temperaturas extremas que os aguardam no espaço. Os cientistas e engenheiros devem pensar em todas as maneiras de fazer com que esses componentes e linhas de códigos de computador cometam erros fatais.

Essa abordagem também tem o benefício de diminuir a incerteza, voltando a um capítulo anterior. Os testes podem nos ajudar a transformar o desconhecido em conhecido. Cada teste, se realizado sob condições similares ao voo, pode ensinar algo novo aos cientistas de foguetes sobre a espaçonave e fazê-los ajustar um programa ou equipamento.

Entretanto, até na ciência de foguetes as condições de teste não costumam ser idênticas às do lançamento em si. Há certas coisas que não podemos testar fisicamente na Terra. Por exemplo, não podemos reproduzir exatamente as mesmas forças gravitacionais que o foguete experimentará durante o lançamento. Não podemos simular completamente como será dirigir em Marte, mas podemos chegar perto.

Quando eu estava trabalhando na missão Mars Exploration Rovers de 2003, levávamos um *rover* de teste para dar uma volta no Mars Yard — uma área do tamanho de uma quadra de tênis no JPL cheia dos mesmos tipos de pedras que podíamos encontrar no planeta vermelho. O *rover* de teste foi carinhosamente chamado de FIDO, que é a sigla de Field Integrated Design and Operations [Design e Operações Integradas de Campo, em tradução livre].[5] Também levávamos o FIDO a lugares como o Black Rock Summit de Nevada e a Gray Mountain do Arizona. Deixávamos o *rover* rodar para nos certificar de que ele poderia fazer o que deveria: evitar perigos, perfurar as rochas, tirar fotos e assim por diante.

Uma coisa é dirigir um *rover* de Marte na Terra. Outra coisa é operá-lo em Marte, onde tudo, desde a densidade atmosférica até a gravidade na superfície, é diferente da Terra. O mais perto que podemos chegar de Marte na Terra é Sandusky, Ohio. Essa pequena cidade exibe com orgulho a Space Power Facility da NASA, a maior câmara de vácuo do mundo. Ela pode simular as condições da viagem espacial, incluindo altos vácuos, baixas pressões e extremas variações de temperatura.[6]

Essa câmara forneceu o ambiente ideal para testar os airbags que usamos para aterrissar nossos *rovers* na superfície de Marte.[7] A equipe de Entrada, Descida e Aterrissagem (EDL) foi até Sandusky para realizar alguns testes. Eles colocaram um aterrissador falso dentro de alguns airbags, bombearam a câmara de vácuo até ficar com a pressão e a temperatura de Marte, colocaram algumas rochas marcianas de mentirinha no fundo da câmara e deixaram rolar.

Mas não rolou. As rochas rasgaram os airbags, murchando-os instantaneamente. Os orifícios resultantes eram grandes o suficiente para uma pessoa passar por eles. Esse teste revelou que os airbags que estávamos pensando em usar eram fracos demais.

Uma rocha, sinistramente chamada de Black Rock, mostrou ser o inimigo perfeito. Adam Steltzner, que trabalhou na equipe de EDL, a descreveu como tendo "o formato de um fígado de vaca, com uma crista fina na parte superior". Ela não parecia especialmente perigosa na superfície, mas "adentrou e estourou o balão dentro da bolsa". Em vez de desdenhar da Black Rock como uma exceção — o tipo de rocha com a qual dificilmente nos depararíamos em Marte —, os membros da equipe de EDL fizeram o contrário.

Eles isolaram o problema e o exageraram. Fizeram réplicas da Black Rock, as espalharam pela câmara inteira e começaram a lançar airbags contra elas. Embora o mesmo tipo de airbags tenha conseguido aterrissar o *Pathfinder* com sucesso na superfície marciana em 1997, esse sucesso não significava que o design dos airbags era infalível. A sorte pode ter intervindo e evitado o que poderia ter sido uma colisão catastrófica com o tipo errado de rocha. A equipe de EDL da nossa missão, contudo, não podia contar com a sorte e tinha que supor o pior: um campo de Black Rocks em Marte esperando para rasgar nossos airbags em pedacinhos.

A solução veio de um local improvável: bicicletas. A maioria dos pneus de bicicletas tem duas camadas — a camada exterior e um tubo interno. Mesmo que a camada externa seja perfurada por detritos na estrada, o tubo interno permanece intacto. A equipe de EDL comparou maçãs com laranjas, copiando esse design para os nossos airbags e projetando um balão duplo para dobrar a proteção. Ainda que o balão externo falhasse, o airbag (e, consequentemente, o aterrissador) sobreviveria. O novo design foi testado e retestado até que os airbags sobrevivessem ao castigo.

Nós não precisamos de uma câmara de vácuo chique ou de um grande orçamento para descobrir qual é o ponto de ruptura dos nossos próprios produtos. Podemos fazer testes em protótipos ou em versões preliminares dos nossos produtos ou serviços usando um grupo representativo de clientes. Basta a disposição de elaborar testes para casos da pior situação possível — em vez da melhor.

Os testes não param depois que a espaçonave é lançada. Mesmo depois da decolagem, precisamos nos certificar de que os instrumentos estão funcionando direito no ambiente desconhecido e volátil do espaço antes de começar a depositar nossa confiança neles.

Nós obtemos a precisão por meio de um processo chamado de calibragem. Por exemplo, cada instrumento dos nossos *rovers* de Marte possui um alvo de calibragem. O alvo mais chique foi construído para a nossa câmera embutida, a Pancam.[8] O alvo era o relógio de sol que ficava no deck do *rover*. Nos seus quatro cantos, o relógio tinha blocos com quatro cores diferentes contendo minerais diferentes, junto com áreas cinzentas de refletividades variantes. Salpicada no alvo estava a palavra *Marte* escrita em 17 idiomas (caso os homenzinhos verdes não falassem inglês).[9] O relógio mostrava as órbitas da Terra e de Marte e trazia a inscrição "Dois Mundos — Um Sol". O poste central do relógio de sol projetava uma sombra no alvo de calibragem. Os cientistas usavam essa sombra para ajustar o brilho das imagens.

Antes de usar algum instrumento, primeiro o apontávamos para o alvo de calibragem. A Pancam, por exemplo, batia uma foto do relógio de sol e a enviava à Terra. Caso as leituras de Marte não batessem com nossas leituras do mesmo alvo na Terra — se, por exemplo, o bloco verde do relógio de sol parecesse vermelho na foto de calibragem —, saberíamos que o instrumento estava mal calibrado.

Nas nossas vidas diárias, estamos mais mal calibrados do que gostaríamos de assumir. Precisamos de um alvo de calibragem, de preferência vários conselheiros de confiança, que possam nos alertar quando nossa leitura dos eventos não está certa — quando olhamos para o bloco verde e enxergamos vermelho. Selecione seus alvos de calibragem com cuidado e certifique-se de que você pode confiar na capacidade de julgamento deles. Se o julgamento deles estiver mal calibrado, o nosso também estará.

Como veremos na próxima seção, não basta testar a confiabilidade dos componentes individuais. Sem o teste de sistemas, poderemos involuntariamente soltar o monstro de Frankenstein.

O Monstro de Frankenstein

Em certo sentido, uma espaçonave não é diferente dos nossos negócios, do nosso corpo ou do nosso time de esportes favorito. Cada um deles é composto de subsistemas menores e interconectados que interagem entre si e afetam como os outros funcionam.

Testar assim como se voa exige uma abordagem de multicamadas. Os cientistas de foguetes começaram a fazer testes com os subcomponentes — por exemplo, as câmeras individuais que formam o sistema de visão de um *rover*, bem como seus cabos e conectores. Quando as câmeras estão montadas por completo, o sistema de visão é testado novamente como um todo.

A razão por trás desse método é bem resumida por um ensinamento do sufismo: "Achamos que porque entendemos 'um', então devemos entender 'dois' porque um mais um é igual a dois. Mas nos esquecemos de que também precisamos entender o 'mais'".[10] Os componentes que, de outra forma, funcionam direito podem se recusar a funcionar direito uns com os outros depois da montagem. Em outras palavras, os sistemas podem produzir resultados diferentes do que quando estão isolados.

Esses resultados podem ser desastrosos para o sistema. Um remédio pode apresentar excelentes resultados por si só, mas se mostrar fatal quando em combinação com outras drogas. Plug-ins do nosso site podem funcionar bem sozinhos, mas causar uma catástrofe no sistema. Atletas talentosos podem apresentar desempenhos terríveis quando estão em uma equipe.

Nós chamamos esse problema de monstro de Frankenstein. Seus membros vêm de corpos humanos, mas, quando as peças são reunidas, o resultado não é humano.

Pense no caso do despertar de outro monstro. Quando Adolf Hitler ganhou poder, a constituição alemã era uma das "mais sofisticadas" dos seus dias.[11] Ela continha duas disposições aparentemente inofensivas. Uma provisão permitia que o presidente da Alemanha declarasse estado de emergência — uma declaração que o parlamento poderia cancelar por meio de uma simples maioria de votos. A outra permitia que o presidente dissolvesse o parlamento e organizasse novas eleições. Os parlamentos alemães tinham o hábito de se fragmentar e chegar a um impasse. Assim, essa segunda disposição servia para lidar com esse problema. Embora parecessem inofensivas quando vistas de modo isolado, essas duas disposições se tornaram malignas em combinação, gerando o que a erudita em legislação constitucional Kim Lane Scheppele chama de "Frankenestado".

Em princípios de 1930, o presidente Paul von Hinderburg invocou seu poder constitucional para dissolver um parlamento que vivia em impasse. Antes que as eleições pudessem ser realizadas para eleger um novo parlamento, Hinderburg declarou estado de emergência a pedido do chanceler Hitler. Essa declaração suspendeu quase todas as liberdades civis na Alemanha. Embora o parlamento tivesse o poder constitucional de cancelar o decreto de emergência, não havia uma legislação para fazer uso desse poder.[12] Agentes da Schutzstaffel (SS) e da Sturmabteilung (SA) começaram imediatamente a realizar uma limpeza de todos aqueles que eram contra a causa nazista. Usando o estado de emergência como pretexto, os nazistas começaram a consolidar o controle e a estabelecer uma ditadura de partido único com Hitler no controle. Sem uma única violação constitucional, um dos estados mais terríveis do mundo havia nascido.

Um tipo similar de falha de design também foi, possivelmente, o que ocasionou a queda do Aterrissador Mars Polar em 1999.[13] Enquanto o aterrissador descia na superfície marciana usando seus motores de foguete, suas três pernas se posicionavam a 1.500 metros acima da superfície. Embora não saibamos exatamente o que aconteceu, o aterrissador pode ter mal interpretado o solavanco do posicionamento das pernas como uma aterrissagem segura na superfície. Contudo, ele não havia chegado ao solo. Ele ainda estava descendo. O computador desligou os motores prematuramente e liberou o aterrissador para um mergulho fatal.

A equipe do Aterrissador Mars Polar havia testado a aterrissagem no chão, incluindo o posicionamento das pernas. Quando a equipe fez o teste pela primeira vez, o interruptor elétrico das pernas havia sido instalado de modo incorreto e não estava produzindo um sinal. Os membros da equipe descobriram o erro e refizeram o teste. Porém, como estavam atrasados, eles se concentraram apenas no pouso em si e pularam o posicionamento das pernas, que teria acontecido antes do pouso durante o voo. Embora o teste tenha mostrado que os interruptores haviam sido instalados corretamente, o erro fatal continuou oculto no posicionamento das pernas. A NASA não testou a fase do posicionamento das pernas novamente com a fiação correta. O resultado foi um buraco fumegante na superfície de Marte.

Como esses exemplos mostram, deixar de realizar testes de sistemas pode resultar em consequências imprevisíveis. Quando fazemos alterações de último minuto e a mandamos portas afora sem testar o produto como um todo, estamos correndo o risco de causar um desastre. Quando mudamos algo em uma seção de uma carta legal sem examinar como essa mudança interage com o todo, estamos atuando com negligência.

Quando subcontratamos o design de um grande programa do governo a 60 autônomos, mas deixamos de testar o sistema em conjunto — como aconteceu com o healthcare.gov —, estamos provocando uma catástrofe.[14]

Na ciência de foguetes, há um outro sistema que precisa ser testado antes do lançamento. Esse sistema é ainda mais imprevisível do que a espaçonave em si. Ele entra em pânico, esquece as coisas e tende a trombar com outros objetos e, acidentalmente, apertar os botões errados do console. Ele tem acessos de raiva, fica gripado ou negligencia trabalhos importantes que deveriam ser incluídos no cenário cósmico.

É claro que estou falando dos seres humanos a bordo.

A Coisa Certa

A *coisa certa* foi o apelido dado aos sete corajosos astronautas selecionados para a primeira missão tripulada da NASA, a Mercury. Porém, igualmente merecedor desse título era o outro grupo de voluntários, cujos nomes você nunca ouviu falar.[15] A NASA recrutou esses voluntários para participar de uma série de testes na Terra para simular as condições de voo no espaço. Em 1965, 79 funcionários da Força Aérea, usando trajes espaciais, viajaram em uma cápsula espacial presa a um trenó de impacto. Eles viajaram na cápsula "de cabeça para baixo, com a frente para cima, para trás, para a frente, de lado e em ângulos de 45 graus". Embora um ser humano normal perca a consciência em forças de cerca de 5g — o *g* é uma abreviação de aceleração gravitacional na superfície da Terra —, os voluntários se sujeitaram a forças que chegavam a surpreendentes 36g.[16]

O objetivo desses experimentos era testar assim como se voa — sujeitar funcionários desavisados da Força Aérea aos mesmos tipos de choques que os astronautas experimentariam na sua jornada lunar. Os voluntários danificaram seus tímpanos e sofreram ferimentos por compressão. Um homem teve seu estômago perfurado depois de viajar na cápsula "com sua parte traseira voltada para cima". Outro descobriu que seu olho estava "um pouco torto". O Coronel John Paul Stapp, que conduziu os experimentos, os resumiu em um comunicado de imprensa da seguinte forma: "Às custas de alguns pescoços rígidos, costas tortas, cotovelos arranhados e eventuais xingamentos, conseguimos fazer com que a cápsula Apollo se tornasse segura para os três astronautas que enfrentarão perigos desconhecidos de sobra no primeiro voo à Lua."

A regra de testar assim como se voa explica por que enviamos nossos primos mais próximos ao espaço antes de enviar os humanos.[17] Como não sabíamos direito quais seriam os efeitos da falta de peso sobre o corpo humano, o primeiro norte-americano no espaço foi Ham, o Chimpanzé. Ham sobreviveu ao voo, só arranhando um pouco o focinho, e morreu mais tarde de causas naturais (ele foi enterrado no Hall da Fama do Espaço Internacional, onde foi elogiado pelo Coronel Stapp).

Ham havia sido treinado para realizar tarefas básicas como puxar alavancas, o que ele conseguiu replicar com sucesso durante o seu voo de 16 minutos. Embora o voo de Ham tenha sido um sucesso, ele feriu os egos frágeis dos astronautas da Mercury, que logo perceberam que os chimpanzés eram igualmente qualificados para realizar seu trabalho. Quando a filha do presidente Kennedy, Caroline, conheceu o astronauta John Glenn, a menina de quatro anos perguntou, desapontada: "Onde está o macaco?"

Não enviamos mais chimpanzés para o espaço ou aplicamos técnicas de tortura medieval em voluntários da Força Aérea. Os métodos mudaram, mas nosso comprometimento subjacente com a regra de testar assim como voamos continua. A realidade diária da vida de um astronauta é muito diferente do glamour que vemos nos filmes de Hollywood. Os astronautas são cavalos de trabalho, não aventureiros espaciais. Eles não ganham a vida viajando pelo espaço. Eles ganham a vida treinando e se preparando para um voo espacial. Chris Hadfield explicou: "Eu fui um astronauta por seis anos, e estive no espaço durante oito dias."[18]

O restante é gasto na preparação. Quando chega a hora dos astronautas voarem na sua missão, eles já fizeram a mesma rota inúmeras vezes em simuladores.[19] Por exemplo, a cópia do ônibus espacial foi equipada assim como o de verdade, com controles e monitores idênticos. Os astronautas operaram o simulador do ônibus espacial como operariam a espaçonave de verdade, lidando com os diferentes segmentos da missão, desde o lançamento até a acoplagem e à aterrissagem. Os monitores do simulador exibem as mesmas imagens que os astronautas veriam no voo, e alto-falantes ocultos geram os mesmos ruídos — incluindo vibrações, explosões pirotécnicas e deslocamento de equipamentos — que ouviriam durante o voo.

Há uma coisa, entretanto, que os simuladores não podem fazer: gerar a microgravidade. É aí que o cometa do vômito entra em ação.[20] Esse é o nome de um avião que voa em parábolas — parecido com uma montanha-russa —, subindo e descendo para simular a falta de peso. No topo de cada parábola, os passageiros experimentam cerca de 25 segundos de microgravidade. Esse avião ganhou esse apelido porque essas subidas íngremes e mergulhos violentos tendem a produzir graves crises de náusea nos passageiros. Os astronautas embarcam no cometa do vômito para praticar como comer e beber enquanto flutuam na ausência de peso.[21]

Porém, 25 segundos não são suficientes para praticar movimentos mais complexos. Para períodos maiores de ausência de peso, os astronautas mergulham em uma gigantesca piscina interna chamada de Laboratório de Empuxo Neutro. O empuxo da água simula o tipo de microgravidade que eles experimentarão no espaço.[22] Hadfield escreveu: "Eu realmente me sinto como um verdadeiro astronauta na piscina. Uso um traje espacial e minha respiração é assistida como em uma atividade extraveicular." Na piscina, que contém cópias da Estação Espacial Internacional, os astronautas praticam a realização dos mesmos tipos de reparos que realizarão enquanto estiverem flutuando no espaço sideral (o que também é chamado de atividade extraveicular). Eles praticam cada passo até que se torne natural.[23] No caso de Hadfield, atingir esse nível de familiaridade significou passar 250 horas na piscina para ficar pronto para uma atividade extraveicular de 6 horas.[24]

As simulações dos astronautas são dirigidas na NASA por meio de um supervisor de simulação — ou SimSup, de acordo com a abreviação em inglês — que lidera a equipe de instrutores.[25] Parte do trabalho do SimSup é ensinar aos astronautas os procedimentos corretos para cada segmento da missão. A outra parte é mais sinistra: matar os astronautas.

A equipe de simulação realiza sua própria versão do exercício de matar a empresa sobre o qual falamos antes — no qual os executivos corporativos exercem o papel de um concorrente que está tentando levar a empresa à falência. O objetivo do exercício de matar o astronauta é parecido: levar os astronautas a cometer erros no simulador para que aprendam a fazer a coisa certa no espaço. Quando alguma coisa dá errado no espaço, costuma não haver tempo para uma avaliação prolongada da situação. Testar assim como se voa exige a redução do tempo de resposta para o mais próximo possível do instantâneo. No caso de missões de ônibus espaciais, esse preparo significa ativar cerca de 6.800 cenários de mau funcionamento, lançando todo tipo de falha imaginável — falhas de computador, problemas no motor e explosões — sobre a tripulação.[26] Durante o treinamento dos astronautas da Apollo, segundo o autor Robert Kurson, as sessões dessas simulações duravam dias. "Quanto mais catastrófico, melhor, até que a repetição começasse a estimular o instinto em todos os participantes, e a morte ajudasse os homens a aprender a sobreviver."[27]

De muitas maneiras, essas simulações são mais difíceis do que o voo em si. Elas seguem a velha máxima de "quanto mais suamos em paz, menos sangraremos na guerra". Quando Neil Armstrong começou a falar pela primeira vez sobre como foi caminhar na superfície da Lua, ele percebeu que a experiência em si foi "talvez mais fácil do que as simulações em um sexto de g", referindo-se à gravidade reduzida da

Lua.[28] Suar com as coisas pequenas na Terra garantiu que essas mesmas coisas não fizessem Armstrong sangrar no espaço.

A exposição repetida aos problemas inocula os astronautas e aumenta sua confiança na sua habilidade de resolver praticamente qualquer problema. Quando a física lhe lançava bolas curvas, seu treinamento entrava em ação. Quando Hadfield voltou à Terra depois de uma missão bem-sucedida, perguntaram-lhe se as coisas haviam se passado como planejado. "A verdade é que nada aconteceu como esperado, mas tudo estava dentro do escopo para o qual nos preparamos", ele respondeu.[29]

Gene Cernan, um astronauta da Apollo, falou em termos similares sobre seu treinamento. Ele disse: "Se a [espaçonave] fosse a algum lugar que não gostássemos, ou que a base terrestre não gostasse, eu poderia apertar um interruptor e controlar 3,5 milhões de quilos de impulso de foguete [e] fazê-la voar até a Lua sozinho." Cernan foi o comandante da missão Apollo 17 e a última pessoa a deixar pegadas na superfície lunar. Ele acrescenta: "Eu havia praticado e treinado para isso tantas vezes que quase a desafiei, quase a desafiei a quebrar na minha mão." Depois do treino constante, o astronauta e a espaçonave se tornaram apenas um. Cernan recorda: "A cada respiração dela, eu respirava junto."[30]

Quando o tanque de oxigênio explodiu na missão Apollo 13 — deixando os astronautas literalmente sem fôlego —, seu treinamento entrou em ação. O filme *Apollo 13* apresenta um ambiente caótico na espaçonave e no controle da missão, com cientistas de foguetes e astronautas tentando improvisar soluções. Como o módulo de serviço havia sido danificado pela explosão, eles precisavam descobrir um jeito de usar o módulo lunar — projetado apenas para transportar dois astronautas até a superfície lunar — como um bote salva-vidas para trazer os três astronautas de volta para a Terra.

A realidade, no entanto, foi muito mais tranquila do que Hollywood retratou. Gene Kranz, o diretor de voo da missão, havia realizado ensaios gerais regulares para treinar os controladores da missão para resolver problemas complexos sob situações estressantes.[31] Na verdade, um tipo similar de contingência que exigia que os astronautas usassem o módulo lunar como bote salva-vidas já havia sido simulado antes. Ken Mattingly, um astronauta da Apollo, explicou: "Ninguém havia simulado exatamente o que aconteceu, mas eles haviam simulado o tipo de estresse que poderia ser exercido sobre o sistema e sobre as pessoas nele. Eles sabiam quais eram suas opções, e já tinham algumas ideias do que fazer."[32]

Essa estratégia de treinamento também é útil fora da ciência de foguetes. Pense, por exemplo, em argumentos orais perante a Suprema Corte dos EUA. Como o órgão jurídico mais alto do país, a corte considera menos de 100 casos por ano, sendo que uma pequena quantidade dos melhores advogados do país tem o privilégio de apresentar seus argumentos nela.

Eu me lembro da primeira vez que entrei na sala de julgamento como visitante. A primeira coisa que percebi não foi a grandeza, o teto alto ou o piso de mármore. Na verdade, foi o quão assustadoramente perto o atril do advogado fica da mesa de mogno em que se sentam os nove juízes da Suprema Corte. Quando os advogados apresentam seus argumentos à corte, eles são interrompidos pelas perguntas bruscas e, em geral, hostis dos juízes. Para cada meia hora de argumentos, um advogado pode esperar uma média de 45 perguntas.[33] Essas perguntas costumam ser lançadas sobre os advogados antes mesmo de eles terminarem sua primeira frase. Por causa da curta distância entre o atril e a mesa, os juízes ficam literalmente no ponto cego dos advogados.

Os apelos emocionais podem funcionar perante um júri, mas não diante de nove dos maiores juízes do país. Os advogados precisam manter a calma e se recompor, enquanto dão respostas instantâneas a uma chuva de perguntas. Ted Olson, um advogado frequente da Suprema Corte, explica: "Precisamos não só pensar em como a resposta a essa pergunta vai funcionar, mas também o que ela vai significar para outras perguntas que ainda não foram feitas. E não queremos agradar um juiz e alienar outros dois ao mesmo tempo."

É necessária uma mentalidade de ciência de foguetes — e a preparação da ciência de foguetes — para dominar essa montanha-russa mental. Antes de se tornar um juiz, John Roberts — o atual chefe de justiça da Suprema Corte — foi amplamente considerado um dos melhores advogados que argumentavam oralmente que já compareceu perante a corte. Para se preparar para os argumentos, Roberts elaborava centenas de perguntas que poderiam ser feitas pelos juízes. Ele preparava respostas para cada uma delas, mas sabia que simplesmente escrever as respostas não seria suficiente. No dia do julgamento, vários juízes lhe fariam perguntas de forma aleatória. Para fazer com que o teste se tornasse mais parecido com o voo, ele "escrevia as perguntas em flashcards, os embaralhava e testava a si mesmo. Assim, ele estaria preparado para responder a qualquer pergunta e em qualquer ordem".

Quando Roberts se aproximava do atril para apresentar seus argumentos, parecia que ele havia nascido para isso. Jonathan Franklin, um ex-colega, lembra-se do efeito: "Ele conseguia pegar pontos complexos, extrair sua essência e responder com o mínimo absoluto de verbosidade, e fazer os seus argumentos parecerem tão obviamente corretos que não tínhamos escolha a não ser concordar com ele." Sua apresentação era tão suave que, aos olhos de observadores despercebidos, parecia que Roberts havia ouvido as perguntas antes e sabia exatamente como respondê-las.

Outra advogada aplicou a mesma mentalidade no seu treinamento atlético. Quando começou a competir, Amelia Boone era uma advogada de uma grande empresa de advocacia de Chicago. Em um dia típico de treinamento, Boone corria usando uma roupa de mergulho, entrando e saindo das águas geladas do Lago Michigan, com o vento glacial do inverno batendo no seu rosto.[34] Observadores que saíam empacotados em roupas de inverno supunham que essas eram as ações delirantes de uma masoquista. Mas não eram. A Rainha da Dor — como Boone se tornou conhecida — estava se preparando para o World's Toughest Mudder.

O World's Toughest Mudder faz com que uma maratona se pareça com uma caminhada casual. Essa corrida é realizada por 24 horas ininterruptas. Os participantes devem lutar contra o sono enquanto superam cerca de 20 dos "maiores e mais terríveis" obstáculos distribuídos ao longo de um trajeto de 8 quilômetros. Trata-se da sobrevivência do mais apto: vence quem completar mais voltas.[35]

Alguns obstáculos são na água, que pode atingir temperaturas congelantes. Para evitar a hipotermia, todos os participantes correm com roupas de mergulho. Enquanto os corredores estão em terra, a roupa de mergulho os ajuda a preservar o calor corporal, visto que ele tende a se dissipar com o passar das cansativas 24 horas.

Quando começou seu treinamento, Boone tinha pouca força. Ela passou seis meses treinando para fazer uma única flexão de barra, mas falhou miseravelmente. Na sua primeira corrida, caiu em todos os obstáculos. "Eu me saí muito mal", Boone disse a si mesma depois da corrida. "Vou tentar melhorar." E ela melhorou. Agora, é uma tetracampeã mundial e uma das melhores corredoras de obstáculos do mundo — ponto final —, não só na sua categoria de gênero.

O segredo de Boone é o mesmo de qualquer astronauta de respeito: testar assim como se voa. Treinar no mesmo ambiente que encontraremos no dia da corrida — enquanto nossos concorrentes treinam no conforto de uma academia porque está chovendo lá fora. Boone diz: "Não corremos em uma esteira assistindo Netflix. Então não devemos treinar assim."

A chuva, a neve, a escuridão, o frio e a roupa de mergulho — tudo isso atrai Boone. Quando chega a hora da corrida, ela já está dessensibilizada às condições brutais que a aguardam. Ela as encara com um sorriso que parece dizer: "Que bom encontrá-las novamente. Vamos dançar."

Nas nossas vidas, não fazemos o que Roberts e Boone fazem. Treinamos em condições que não imitam a realidade. Praticamos um grande discurso no conforto do nosso lar, quando estamos bem descansados e despertos. Treinamos para entrevistas de emprego usando moletom e com um amigo que nos faz perguntas predeterminadas.

Se aplicássemos a regra de testar assim como voamos, praticaríamos nosso discurso em um ambiente estranho, depois de tomar algumas xícaras de café expresso para aumentar a tensão. Faríamos uma encenação das nossas entrevistas usando um terno desconfortável, com um estranho prestes a nos lançar perguntas difíceis.

Os negócios também podem se beneficiar desse princípio. As simulações corporativas, se seguirem a regra de testar assim como se voa, podem "aprimorar a habilidade de uma organização de tomar decisões de alto risco", como escreveram três professores de faculdades de administração na *Harvard Business Review*.[36] Por exemplo, Morgan Stanley realiza ensaios para determinar como responder a várias ameaças, incluindo hackers e desastres naturais. Uma firma aeroespacial realiza ensaios gerais para determinar como responder às ações dos seus concorrentes, como fusões ou alianças. Os pesquisadores explicam: "Ao realizar ensaios gerais, os participantes passam a conhecer os pontos fortes e fracos uns dos outros, e os papéis informais se tornam claros."

A regra de testar assim como se voa, como vimos nesta seção, também pode ajudar a todos, incluindo empresas e comediantes, a criar grupos focais e a medir a opinião pública do seu próximo produto ou da sua piada novinha em folha.

A Ciência de Foguetes da Opinião Pública

Se a Apple tivesse violado a regra de testar assim como se voa, o iPhone nunca teria visto a luz do dia.

Um dos produtos de consumo mais rentáveis da história moderna, o iPhone foi um fracasso nas pesquisas realizadas antes do seu lançamento. Quando questionados em uma pesquisa se eles "haviam gostado da ideia de ter um aparelho portátil" para satisfazer todas as suas necessidades, apenas 30% dos norte-americanos, japoneses e alemães disseram "sim".[37] Parecia que eles preferiam carregar um telefone e, separadamente, uma câmera e um reprodutor de música em vez de um único aparelho que realizasse essas três funções. Com resultados similares, o então diretor executivo da Microsoft, Steve Ballmer, disse: "Não tem como o iPhone obter uma quota de mercado significativa. Não tem como."

O iPhone não refutou a pesquisa. O autor Derek Thompson explicou que a pesquisa mediu com precisão a "indiferença [dos participantes] a um produto que eles nunca haviam visto antes e não entendiam". Em outras palavras, a pesquisa havia falhado em seguir a regra de testar assim como se voa. Pensar no iPhone de modo hipotético não era como vê-lo em pessoa. Depois que os clientes viram o iPhone em uma Apple Store — depois que experimentaram a marca e seguraram o aparelho revolucionário nas suas mãos —, eles não conseguiram mais largá-lo. Sua indiferença se transformou rapidamente em desejo.

As empresas costumam fazer uma pergunta aos clientes durante experimentos de preço: "Quanto você pagaria por esse par de sapatos?" Pense nisso. Quando foi a última vez que alguém lhe fez uma pergunta dessas na vida real? Aposto que nunca. Uma coisa é os clientes dizerem que vão comprar um sapato hipotético a um preço hipotético, mas outra coisa é eles abrirem suas carteiras, tirarem seu dinheiro suado e entregarem esse dinheiro ao caixa. É muito melhor que a empresa de sapatos fabrique um protótipo, o coloque em uma loja de verdade e o venda a clientes de verdade — em outras palavras, testar assim como se voa.

Um homem entendeu esse conceito melhor do que qualquer outra pessoa. Se já viu os resultados de uma pesquisa de opinião pública, você já ouviu o nome dele.

George Gallup estava interessado em encontrar uma maneira objetiva de determinar o interesse dos leitores em jornais.[38] Ele decidiu escrever sua dissertação de doutorado sobre esse tópico, que recebeu o título apropriado de "Um Método Objetivo para Determinar o Interesse dos Leitores no Conteúdo de um Jornal". Para Gallup, a palavra-chave era *objetivo*. Ele era muito cético no que se refere a métodos subjetivos de determinar o interesse dos leitores, em especial o uso de pesquisas e questionários. Ele acreditava — e, no fim das contas, estava certo — que, quando as pessoas relatavam seu próprio comportamento, elas tendiam a distorcer a verdade. Os leitores diziam em pesquisas que liam a primeira página inteira dos jornais, mas, na verdade, eles pulavam para a seção de esportes ou de moda.

Em outras palavras, essas pesquisas não seguiam a regra de testar assim como voavam. Preencher uma pesquisa sobre ler jornais e o ato de ler jornais são duas coisas diferentes. Gallup sabia que o seu teste tinha que se parecer o máximo possível com o voo para funcionar.

Então, qual foi a solução de Gallup para o problema? Ele enviou uma equipe de entrevistadores às casas das pessoas para observá-las lendo os jornais e marcar cada parte lida e não lida deles. Estranho? Pode crer. Mais preciso do que as pesquisas? Com certeza. Gallup escreveu: "Quase sem exceção, questionamentos futuros provaram... que as declarações preliminares [das pesquisas] eram falsas." O experimento análogo de Gallup foi o precursor do rastreamento digital moderno. Se acha que esse método é sinistro, lembre-se de que a Netflix sabe exatamente o que você assiste, quando assiste e se parou na última temporada de *House of Cards* antes dela terminar. A Netflix sabe, como Gallup sabia, que a observação é muito mais precisa do que autorrelatos.

Grandes comediantes também pensam como cientistas de foguetes e testam seu material na frente de um público de verdade para observar sua reação. Eles entram em clubes de comédia de surpresa para testar seu material em um ambiente de baixo risco cheio de estranhos. Por exemplo, antes de ser o anfitrião do Oscar de 2016, Chris Rock apareceu na Comedy Store, um clube de comédia de Los Angeles, para testar o seu material.[39] Ricky Gervais e Jerry Seinfeld também visitam pequenos clubes de comédia e ajustam suas piadas — ou as abandonam — dependendo da reação do público.[40]

Uma coisa é aparecer do nada em clubes de comédia aleatórios ou assistir a pessoas lendo jornais. Outra coisa completamente diferente é pedir às pessoas para deixarem que um estranho entre nos seus banheiros e veja seus filhos escovarem os dentes. A firma de design global IDEO fez exatamente isso depois de receber a tarefa da Oral-B de projetar uma escova de dentes infantil melhor. De início, os executivos da Oral-B se incomodaram com o pedido não ortodoxo e levemente perturbador da IDEO. "Não é ciência de foguetes", protestaram os executivos. "Estamos falando de crianças escovando os dentes."[41]

No fim das contas, *era* ciência de foguetes. Projetar uma ótima escova de dentes, assim como projetar um ótimo foguete, exige a sinergia entre o teste e voo. Vamos deixar de lado a curiosa imagem de um funcionário da IDEO tomando notas enquanto uma criança de 5 anos se concentra no que já é a desafiadora tarefa de escovar os dentes. Antes, vamos nos concentrar no que a IDEO descobriu. Antes da chegada da IDEO, os fabricantes de escovas de dentes concluíram que as crianças, que têm mãos menores, precisavam de escovas de dentes menores. Assim, eles pegaram uma escova de dentes adulta e a encolheram.

Essa abordagem parece intuitiva, mas errou completamente o alvo. A pesquisa de campo da IDEO descobriu que as crianças escovam os dentes de um modo diferente dos adultos. Diferentemente dos adultos, as crianças agarram a escova de dentes inteira com seus punhos. Elas não têm a mesma destreza que os adultos para mover a escova de dentes com seus dedos. As escovas de dentes menores dificultavam ainda mais o trabalho das crianças, visto que a escova de dentes se movia nas suas mãos enquanto elas escovavam. No fim das contas, as crianças precisavam de escovas de dentes maiores.

Apesar do ceticismo inicial com a abordagem da IDEO, os executivos da Oral-B seguiram suas recomendações, fabricando a escova de dentes mais vendida da sua categoria.

A IDEO usou essa mesma estratégia para reformular a experiência dos pacientes em um hospital. Essas instituições deveriam trazer os pacientes de volta à vida, mas muitos hospitais fazem o contrário. Não passam de salas brancas inexpressivas e sem alma, iluminadas por luzes fluorescentes.

Quando uma organização de saúde chamou a IDEO para reformular a experiência dos pacientes, os executivos estavam provavelmente esperando uma apresentação de PowerPoint estilosa, com designs novos e criativos para os quartos do hospital. Em vez disso, eles receberam um vídeo entorpecente de seis minutos. Esse vídeo não mostrava nada além do teto de um quarto de hospital. O diretor de criação da IDEO, Paul Bennett, explicou: "Quando ficamos deitados em um leito de hospital o dia inteiro, tudo o que podemos fazer é ficar olhando para o teto, o que é uma experiência bem cretina."[42]

O que Bennett descreve como "um relance chocante do que estava bem embaixo do nosso nariz" surgiu depois que os funcionários da IDEO se colocaram no lugar dos pacientes. Um designer da IDEO se internou em um hospital como paciente e ficou deitado em um leito por horas, sendo levado para cá e para lá de cadeira de rodas, observando o revestimento do teto e capturando essa experiência terrível com uma câmera de vídeo. Esse vídeo de seis minutos de revestimentos monótonos deu uma ideia da jornada geral dos pacientes — uma "mistura de chatice e ansiedade por se sentir perdido, mal informado e sem controle", nas palavras de Tim Brown, diretor executivo da IDEO.[43]

Seis minutos de gravação foram suficientes para que os funcionários do hospital entrassem em ação. Eles decoraram os tetos, colocaram quadros brancos para que os visitantes pudessem deixar mensagens para os pacientes e transformaram o estilo e a cor dos quartos dos pacientes para personalizá-los. Eles também colocaram espelhos retrovisores nas macas do hospital, para permitir que os pacientes se conectassem com os médicos e enfermeiros que os levavam de um lado para o outro. A apresentação da IDEO acabou iniciando uma discussão mais ampla para melhorar a experiência geral dos pacientes, de modo que eles pudessem ser "tratados menos como objetos a serem posicionados e alocados, e mais como pessoas com estresse e dor", explicou Brown.[44]

Como esses exemplos mostram, em vez de criar ambientes artificiais de teste, desconectados da realidade, é melhor observarmos o comportamento dos clientes na vida real. Se queremos elaborar um jornal melhor, devemos assistir às pessoas lendo jornais. Se queremos projetar uma escova de dentes infantil melhor, devemos vê-las escovando os dentes. Se queremos ver se as pessoas vão se apaixonar pelo iPhone, devemos colocar um iPhone nas suas mãos. David Kelley, fundador da IDEO, explica: "Se queremos melhorar um programa de computador, tudo o que temos que fazer é ver as pessoas usando esse programa e observar quando elas fazem careta."[45]

Essa abordagem oferece uma melhoria muito maior do que o autorrelato subjetivo em condições artificiais, mas não elimina totalmente a distância entre o teste e o voo. Observar as pessoas, no fim das contas, tende a afetar o modo como elas se comportam.

O Efeito do Observador

O efeito do observador está entre os conceitos mais mal compreendidos da ciência. Ele resultou em afirmações pseudocientíficas de que a mente consciente pode alterar a realidade em um passe de mágica e fazer uma colher atravessar a mesa de jantar. O conceito científico, no entanto, é simples. Ao observar um fenômeno, podemos afetar o fenômeno. Deixe-me explicar.

Eu comecei a usar óculos quando me tornei professor. Mas, me apegando ao estereótipo do professor avoado, eu muitas vezes não sabia onde os havia colocado. Se estivesse procurando pelos meus óculos em um cômodo escuro, eu faria a mesma coisa que qualquer pessoa: acenderia a luz. O ato de acender a luz envia uma enxurrada de fótons em direção ao meu par de óculos, que os refletem em direção aos meus olhos.

Imagine, entretanto, que, em vez dos meus óculos, eu estivesse tentando encontrar um elétron. Para observar um elétron, eu precisaria fazer a mesma coisa e apontar alguns fótons em sua direção. Meus óculos são um objeto relativamente grande, de modo que, quando os fótons se chocam contra eles, os óculos não se movem. Mas, quando os fótons se chocam com um elétron, eles o tiram do lugar. Também podemos pensar nisso como uma moeda presa entre as almofadas de um sofá.[46] O próprio ato de tentar pegar a moeda a empurra mais para dentro.

O ato de observar altera os humanos de um modo diferente. Quando as pessoas sabem que estão sendo observadas, elas se comportam de modo diferente.

Suponhamos que você esteja fazendo um teste de audiência para um novo programa de televisão. Assistir ao programa como parte de um grupo focal é uma experiência diferente de assisti-lo na nossa sala de estar. Esse teste não é idêntico ao voo real. Em um grupo focal, talvez encontremos várias falhas em um programa — visto que estamos sendo observados pelas pessoas que nos pediram para avaliá-lo de modo crítico —, embora esse mesmo programa talvez nos atraísse na nossa sala de estar.

Por exemplo, o programa de TV *Seinfeld* teve um desempenho terrível em testes de audiência.[47] Ao criar a premissa do programa, os produtores se fizeram uma pergunta que encontramos em um capítulo anterior: "E se fizéssemos o contrário do que todo mundo está fazendo?" Na época, o manual das *sitcoms* era inflexível. Um grupo de personagens se depararia com problemas, resolveria esses problemas, aprenderia alguma coisa dessa experiência e se abraçaria.

Desde o início, os produtores de *Seinfeld* tinham sua missão bem clara em mente. Eles inverteriam o roteiro. Não haveria abraço. Não haveria aprendizado. Os personagens de *Seinfeld* nos fariam rir por repetirem sempre os mesmos erros ou por desconsiderar suas falhas. Caso ainda não estivesse claro, os roteiristas usavam jaquetas que diziam: "Sem Abraços, Sem Aprendizado." Contudo, o público de teste, acostumado com o manual-padrão das *sitcoms*, estava esperando um monte de abraços e aprendizado. Como resultado, *Seinfeld* foi um grande fracasso nos grupos focais. Ainda assim, esse programa se tornou uma das *sitcoms* de maior sucesso de todos os tempos.

Em geral, o efeito do observador é um processo inconsciente. Mesmo quando achamos que não estamos afetando os participantes — mesmo quando estamos tomando cuidado para não mover aquela moeda entre as almofadas —, talvez estejamos fazendo isso de maneiras sutis, mas significativas.

Pense em Clever Hans, o Cavalo.[48] Hans era o mais perto que um cavalo poderia chegar de um cientista de foguetes. Ele se tornaria um fenômeno mundial por causa da sua habilidade de realizar matemática básica. Seu dono, Wilhelm von Osten, pedia que alguém na audiência propusesse um problema de matemática. Alguém gritava: "Quanto é seis mais quatro?" Então, Hans batia no chão dez vezes com o casco. Suas habilidades iam além da soma. Ele conseguia subtrair, multiplicar e até dividir. As pessoas suspeitavam de fraude, mas vários investigadores independentes não conseguiram encontrar indícios disso.

Foi um jovem estudante de psicologia chamado Oskar Pfungst que descobriu o que realmente estava acontecendo. Hans só conseguia descobrir a resposta certa se pudesse ver o humano que estava propondo o problema. Sua genialidade matemática desaparecia se ele estivesse usando antolhos ou não pudesse ver o mediador humano. No fim das contas, eram os humanos que faziam as perguntas que estavam, involuntariamente, dando pistas ao cavalo. É como Stuart Firestein escreveu: "As pessoas tensionavam os músculos do seu corpo e rosto no início das respostas de Hans e liberavam a tensão quando ele chegava na resposta correta com o casco." Incrivelmente, mesmo depois de Pfungst ter descoberto o segredo de Hans, ele não conseguia deixar de dar dicas inconscientes ao cavalo. Enquanto ele soubesse a resposta, o comportamento de Pfungst mudaria de modo involuntário quando Hans chegasse na resposta correta com o casco.

As distorções causadas pelo efeito do observador são significativas. Esse efeito pode nos fazer acreditar que um programa de sucesso será um fracasso ou que um cavalo é um gênio matemático.

Uma maneira de atenuar esse efeito é colocar antolhos tanto no humano que faz a pergunta como no cavalo, ao realizar o que é chamado de estudo duplo-cego. Por exemplo, em testes de drogas, tanto os participantes do estudo quanto os cientistas que o estão realizando são mantidos no escuro — é daí que vem o *duplo*-cego — em relação a quais participantes estão tomando a droga verdadeira ou falsa, chamada de placebo. Se os métodos não forem duplos-cegos, os cientistas podem inserir suas esperanças e preconceitos no estudo, tratando os participantes de modo diferente ou inconscientemente lhes dando dicas, como os humanos que faziam perguntas a Hans.

Também podemos aprender algo com o autor best-seller Tim Ferriss.[49] A maioria dos autores, ao escolher um título e um design de capa para seu livro, simplesmente seguem seus instintos ou, no máximo, consultam alguns amigos. Os mais astutos fazem uma pesquisa com seu público, mas Ferriss levou essa análise ao nível da ciência de foguetes com seu primeiro livro.

Para escolher um título, Ferriss aplicou o princípio de testar assim como se voa. Ele comprou nomes de domínios para uns 12 títulos de livros e realizou uma campanha de AdWords da Google para testar os índices de cliques. Quando o usuário digitava certas palavras-chave em uma pesquisa no Google relacionada com o conteúdo do livro, surgia um anúncio com o título do livro e um subtítulo que apontava para uma página fictícia de um livro que ainda não existia. O Google embaralhava e combinava automaticamente os títulos e subtítulos dos livros que eram apresentados ao usuário, possibilitando uma análise objetiva da popularidade. Depois de uma semana, ficou claro que o título *Trabalhe 4 Horas por Semana* atraía muito mais a atenção. Ferriss levou esses dados ao seu editor, que não precisou de muitos argumentos para se convencer de que esse era o título certo.

Entretanto, Ferriss não parou aí. Para escolher a capa do seu livro, ele foi até uma livraria com designs de capas variados na mão. Ele apanhou um livro da seção de lançamentos e colocou uma das suas capas nele. Então, sentou e observou quantas vezes esse livro era pego por clientes desavisados, repetindo esse exercício para cada versão da capa durante 30 minutos por vez até escolher a vencedora.

Uma parte final do quebra-cabeça dos testes costuma ser ignorada. Planos elaborados de modo perfeito podem apresentar resultados perfeitamente incorretos se o instrumento de teste em si for falho.

Múltiplos Testadores

É difícil ignorar essa ironia. Um telescópio espacial construído para gerar imagens sem distorções estava gerando imagens distorcidas.[50] O Telescópio Espacial Hubble foi lançado em 1990 com a promessa de tirar fotos detalhadas e de alta resolução do cosmo — dez vezes mais nítidas do que as que os telescópios terrestres podiam gerar. Do tamanho de um ônibus escolar, esse telescópio flutuaria acima da Terra, livre das distorções causadas pela atmosfera, fornecendo a vista mais clara que a humanidade já havia tido do cosmo.

Porém, o primeiro conjunto de imagens que veio do Hubble não estava nem perto do que os astrônomos esperavam. Esse telescópio de $1,5 bilhão estava sofrendo de miopia e enviando fotos desfocadas para a Terra.

No fim das contas, o espelho primário do telescópio havia sido desbastado no formato errado porque o aparelho de testes usado para garantir o desbaste correto não havia sido ajustado corretamente. Uma das lentes do aparelho de testes — chamado de conector reflexivo nulo — estava desajustada em 1,3 milímetros (ou 0,05 polegadas). Esse posicionamento resultou em uma falha no espelho que tinha um quinquagésimo da grossura de uma folha de papel. Isso pode parecer uma falha pequena, mas, quando o assunto são instrumentos sensíveis, milímetros podem ser montanhas. Durante o curso de cinco anos de desbaste e polimento, o espelho havia sido desbastado com precisão no formato errado.

A comissão que ficou encarregada de investigar o fiasco do espelho criticou o uso de apenas um instrumento para testar o espelho. Devido a preocupações com custo e cronograma, a equipe havia eliminado a necessidade de um teste independente com um segundo instrumento.

Essa é a moral da história do Hubble. Se vamos confiar em apenas um instrumento para fazer os testes — e colocar nossos proverbiais ovos em apenas uma cesta —, precisamos testar a cesta para ter certeza de que ela não vai rasgar. Mas isso não foi feito no caso do Hubble. Ninguém testou o aparelho de testes para se certificar de que ele estava configurado corretamente e que o espaçamento das lentes seria feito de modo correto.

Felizmente, havia um plano de contingência, e o telescópio poderia ser consertado no espaço. Os astronautas fizeram o que se faz quando estamos com a visão embaçada. Eles colocaram óculos no Hubble. Como a falha no espelho do Hubble estava perfeitamente errada, uma receita perfeita poderia corrigir o erro. Em uma missão de conserto de 1993, os astronautas colocaram óculos no Hubble, restaurando o telescópio à sua prometida glória e fazendo com que ele voltasse à sua missão de gerar imagens fantásticas que agora decoram o desktop de computadores do mundo todo.

Pense em outro exemplo fora da ciência de foguetes.[51] O site Facebook foi originalmente elaborado em 2006, quando a "internet era mais do que apenas textos", como me disse Julie Zhuo, vice-presidente de design de produtos do Facebook. Com o surgimento de telefones com câmeras, a empresa quis criar uma experiência mais visual. Depois de seis meses de trabalho, a equipe do Facebook criou um site moderno e de ponta. Eles testaram o novo site internamente, e ele funcionou muito bem. Eles o publicaram e esperaram a chegada dos elogios.

A empresa, contudo, estava para levar um tapa na cara. As métricas mostravam que a reforma do design foi um fracasso colossal. "As pessoas começaram a usar menos o Facebook. Elas estavam comentando e interagindo menos com as outras", Zhuo me explicou.

Foram necessários vários meses de trabalho de campo para que o Facebook entendesse o que havia dado errado. A equipe havia testado o novo site usando os computadores de alta tecnologia dos escritórios do Facebook. No entanto, a grande maioria dos usuários do Facebook não tinha acesso a equipamentos de última geração. Eles estavam acessando o site com computadores velhos, que não suportavam todas as imagens que vieram com a repaginação. Em outras palavras, para a maioria dos usuários do Facebook, o voo foi bem diferente do teste. Só quando a equipe do Facebook trocou seus instrumentos de teste — e usou equipamentos de baixa, e não alta, tecnologia — é que o grupo criou uma repaginação que funcionou para a sua base de usuários.

Esses exemplos nos ensinam lições importantes. Nossos instrumentos de testes devem ser tratados como nossos investimentos: devemos diversificá-los. Se estamos construindo um site, devemos testá-lo usando navegadores e computadores diferentes. Se estamos projetando uma escova de dentes infantil, devemos ver várias crianças escovando seus dentes — para não nos depararmos apenas com a única criança prodígio que usa uma escova de dentes como um adulto. Se estamos tentando decidir qual oferta de emprego vamos aceitar, devemos consultar vários alvos de calibragem. A opinião de uma pessoa pode nos fornecer apenas uma visão embaçada. É apenas por meio da validação independente e de múltiplas fontes de testes que poderemos nos aproximar de uma visão 20/20.

....

QUER ESTEJAMOS LANÇANDO um foguete, treinando para um evento esportivo, apresentando argumentos perante a Suprema Corte ou projetando um telescópio, o princípio subjacente é o mesmo. Se testarmos assim como voamos — nos sujeitaremos às mesmas condições que experimentaremos durante o voo —, e logo começaremos a subir.

> Acesse **www.altabooks.com.br** e procure pelo ISBN do livro para encontrar desafios e exercícios que o ajudarão a implementar as estratégias discutidas neste capítulo.

ESTÁGIO TRÊS
REALIZE

Nesta última seção do livro, você vai aprender por que os ingredientes finais para destravar todo o seu potencial incluem tanto o sucesso como o fracasso.

8

NÃO HÁ MAIOR SUCESSO DO QUE O FRACASSO

Como Transformar Fracassos em Triunfos

> Enquanto tentar, o homem vai errar.
> — GOETHE

NOS SEUS ESTÁGIOS iniciais de desenvolvimento, os foguetes tinham a tendência de estourar, sair do curso e, de alguma maneira, explodir. Os foguetes que foram lançados como precursores da aterrissagem na Lua não eram uma exceção. Ocorriam problemas em praticamente toda missão.

Em dezembro de 1957, dois meses depois do satélite soviético *Sputnik* ter se tornado o primeiro na órbita da Terra, os norte-americanos tentaram fazer a mesma coisa.[1] O foguete, chamado *Vanguard*, se afastou 1,5 metro da plataforma, hesitou, voltou e explodiu em rede nacional, recebendo apelidos como *Flopnik* (Falhanik), *Kaputnik* (Explotinik) e *Stayputnik* (Fiquenochãonik).[2] Os soviéticos não demoraram para esfregar sal na ferida cósmica dos norte-americanos. Eles perguntaram se os Estados Unidos estavam interessados em receber uma ajuda do exterior voltada para "países subdesenvolvidos".

Em agosto de 1959, o foguete não tripulado *Little Joe 1* se adiantou um pouquinho. Por causa de um problema elétrico, ele decidiu se lançar meia hora antes do horário programado, enquanto o pessoal da NASA simplesmente olhava, estupefato.[3] Ele caiu depois de voar por 20 segundos. Em novembro de 1960, o lançamento do foguete *Mercury-Redstone* se tornou conhecido como o "voo de 1,20 metro". Esse foguete se ergueu por apenas 1,20 metro do chão antes de voltar para a plataforma.[4]

Vários infortúnios ocorreram em missões tripuladas também. Para citar um exemplo memorável, um problema no *Gemini 8* quase custou a vida de Neil Armstrong três anos antes de ele colocar seus pés na Lua.[5] A *Gemini 8* era uma missão complexa que poderia marcar a primeira vez que duas espaçonaves acoplaram em órbita. Um veículo controlado a rádio, chamado *Agena*, seria lançado em órbita primeiro, seguido do *Gemini 8*, que se encontraria e se acoplaria com o *Agena*.

O acoplamento bem-sucedido foi seguido de pânico. Bem antes do filme *Apollo 13* tornar essa frase famosa, o astronauta Dave Scott já havia dito a Houston pelo rádio: "Temos grandes problemas aqui." O *Gemini 8* havia começado a girar bem depressa — mais de uma revolução por segundo —, deixando a visão dos astronautas embaçada, ameaçando-os com vertigem e perda de consciência. À medida que a espaçonave continuava a girar sem controle, um frio e tranquilo Armstrong liberou o *Agena*, trocou os controles para manual e ativou os propulsores opostos para diminuir a rotação.

....

O MANTRA "FALHE rápido, falhe com frequência e falhe pensando no futuro" é a moda do Vale do Silício. As falhas são vistas como alimento inspirador, um ritual de passagem, um cumprimento secreto que é compartilhado entre os seus membros. Vários livros sobre negócios instruem os empreendedores a aceitar o fracasso e o exibir como um distintivo de honra. Há conferências, como a FailCon, que se dedicam a celebrar as falhas, e as FuckUp Nights, nas quais milhares se reúnem em mais de 85 países para celebrar seus fracassos.[6] São realizados funerais para startups que não deram certo que contam até com gaita de foles, DJs, patrocínios de empresas de bebidas e slogans como "Putting the Fun in Funeral" [Colocando Diversão no Funeral, em tradução livre].[7]

A maioria dos cientistas de foguetes sentiria arrepios com essa atitude despreocupada em relação ao fracasso. Na ciência de foguetes, o fracasso pode significar a perda de vidas humanas. Pode, também, custar centenas de milhões de dólares dos contribuintes. O fracasso significa que décadas de trabalho viraram fumaça — literal e figurativamente. Ninguém celebrou as várias explosões e infortúnios que ocorreram durante a corrida até a Lua. Eles foram vergonhosos, catastróficos, e encarados com seriedade.

Neste capítulo, vou usar uma estrutura da ciência de foguetes para explicar por que é perigoso tanto celebrar quanto abominar o fracasso. Os cientistas de foguetes aplicam uma abordagem mais equilibrada em relação aos fracassos. Eles não o celebram; mas ele também não os paralisa.

Na primeira e na segunda parte deste livro ("Lance" e "Acelere"), exploramos como desenvolver, refinar e testar ideias inovadoras. Correr atrás de ideias audaciosas significa apostar alto, e apostar alto significa que algumas dessas ideias serão um fracasso ao colidirem com a realidade. Agora, vamos começar o último estágio do livro — "Realize" — com o fracasso.

Você vai aprender por que muitos de nós pensamos no fracasso da maneira errada e como podemos redefinir nosso relacionamento com ele. Vou mostrar como empresas de elite inserem os fracassos nos seus modelos de negócio e criam um ambiente no qual os funcionários estão dispostos a revelar seus erros em vez de escondê-los. Vou compartilhar com você uma das interpretações mais erradas sobre a ciência de foguetes que aparece em um sucesso de Hollywood e o que o desenvolvimento do Viagra pode nos ensinar sobre o fracasso. Você vai terminar este capítulo com respaldo científico para fracassar com elegância e criar as condições certas para aprender com seus erros.

Medo Demais de Fracassar

Fomos programados para ter medo do fracasso. Muitos séculos atrás, se não temêssemos o fracasso, nos tornaríamos presas de um urso cinzento voraz. Ao longo da vida, o fracasso nos levou à sala do diretor. O fracasso significou ficar de castigo ou ter uma redução na mesada. O fracasso significou sair da faculdade ou não ganhar o trabalho dos nossos sonhos.

Não há como negar; o fracasso é um saco. Em muitos aspectos da vida, não existem troféus de participação. Quando reprovamos em uma matéria, declaramos falência ou perdemos nosso emprego, não ficamos com vontade de celebrar. Sentimo-nos inúteis e fracos. Diferentemente do "barato" do sucesso, que logo acaba, a ferroada do fracasso continua — às vezes, durante a vida inteira.

Para afastar o bicho-papão do fracasso, nós mantemos uma distância segura dele. Ficamos longe de beiradas, evitamos riscos de saúde e brincamos com segurança. Se a vitória não for garantida, concluímos que não vale a pena jogar.

Essa tendência natural de evitar o fracasso é uma receita para a derrota. Por trás de cada foguete não lançado, cada quadro não pintado, cada projeto não iniciado, cada livro não escrito e cada canção que não foi cantada está o intimidador medo do fracasso. Para pensar como um cientista de foguetes, precisamos redefinir nossa relação problemática com o fracasso. Também precisamos corrigir uma das interpretações mais erradas sobre a ciência de foguetes que foi popularizada por meio de um sucesso de Hollywood.

O Fracasso É uma Opção

Em *Apollo 13*, há uma cena em que um grupo de cientistas de foguetes está reunido em uma sala depois de descobrirem que o tanque de oxigênio da espaçonave explodiu na sua viagem até à Lua. A energia da espaçonave está perigosamente baixa, e os dias dos astronautas estão contados. Os cientistas no controle da missão precisam encontrar um jeito de trazê-los de volta antes que a energia acabe. "Nunca perdemos um norte-americano no espaço. Com certeza não vamos perder um no meu turno", diz Gene Kranz, o diretor de voo, antes de arrematar: "O fracasso não é uma opção." Posteriormente, Kranz escreveu uma autobiografia com o mesmo título, na qual ele descreve essa frase de efeito como "um credo sob o qual todos nós vivíamos" no controle da missão.[8] As lojinhas da NASA logo inventaram uma maneira de ganhar dinheiro com esse credo e começaram a vender camisetas com as palavras O Fracasso Não É uma Opção.

Esse mantra faz sentido quando vidas humanas estão em risco, mas essas palavras são enganosas para descrever como a ciência de foguetes funciona. Esse negócio de lançamento de foguetes de risco zero não existe. Ainda precisamos competir com a física. Podemos nos planejar para alguns infortúnios, mas a casca de banana cósmica está sempre ali na esquina. Os acidentes são inevitáveis quando estamos criando uma explosão controlada em uma máquina tão complexa quanto um foguete.

Se o fracasso não fosse uma opção, nunca teríamos molhado nossos pés no oceano cósmico. Fazer qualquer coisa revolucionária envolve correr riscos, e correr riscos significa que vamos falhar — pelo menos algumas vezes. "A NASA tem a tola noção de que o fracasso não é uma opção", diz Elon Musk. "O fracasso é uma opção aqui [na SpaceX]. Se as coisas não estiverem falhando, não estamos inovando o suficiente."[9] É só quando atingimos o desconhecido e exploramos alturas cada vez maiores — e quebramos coisas ao fazer isso — é que avançamos.

Isso também vale para cientistas que trabalham em laboratórios. No caso deles, sem a habilidade de errar, eles nunca poderiam acertar. Alguns dos seus experimentos foram um sucesso e outros não. Se as coisas não funcionam conforme o planejado, essa hipótese é refutada. Eles podem ajustar a hipótese, tentar uma abordagem diferente ou abandoná-la por completo.

O inventor britânico James Dyson descreveu a vida do inventor como "uma vida de fracassos".[10] Para Dyson, foram necessários 15 anos e 5.126 protótipos para que seu revolucionário aspirador de pó sem saco funcionasse. Várias das tentativas de Einstein para provar a $E = mc^2$ foram um fracasso.[11] Em alguns campos — por exemplo, no desenvolvimento de drogas farmacêuticas —, o índice médio de fracassos é de mais de 90%. Se esses cientistas vivessem segundo o mantra "o fracasso não é uma opção", o autodesprezo e a vergonha acabariam com eles.

Uma moratória do fracasso é uma moratória do progresso.

Se estamos no negócio de realizar *moonshots* — se vamos fazer experimentos com ideias audaciosas —, vamos errar mais do que acertar. "Os experimentos são, por natureza, propensos às falhas", explicou Jeff Bezos. "Mas os grandes sucessos compensam por várias e várias coisas que não deram certo."[12]

Você se lembra do telefone Amazon Fire? A empresa perdeu $170 milhões naquele fracasso.[13] E o Google Glass, projetado pela X, a fábrica de *moonshots* da Google?[14] O Glass deveria ser a próxima grande coisa depois do smartphone, mas ele não deu certo. Os consumidores pensaram: "Uma coisa é levar um smartphone no nosso bolso, outra é colocá-lo na nossa córnea." Esse era um equipamento que com certeza não servia para os esportes. As pessoas que o usavam eram chamadas de "glassholes" (uma combinação de glass [óculos] + asshole [imbecil]).

Esses fracassos foram inseridos no modelo de negócios da X. Para a X, eliminar projetos é uma "parte normal de se fazer negócios", como dito pelo chefe da empresa, Astro Teller. Não é incomum que a X elimine mais de 100 ideias em apenas um ano.[15] Kathy Cooper, da X, explica: "Como a premissa da X é a ideia de correr atrás de projetos extremamente arriscados, já entendemos que muitos deles não vão dar certo. Então, não é nenhuma surpresa nem culpa de alguém se alguma coisa não der certo."[16] Por fazer do fracasso algo normal, a X fez com que o pensamento *moonshot* se tornasse o caminho de menor resistência.

Nem todos conseguem tentar e fracassar com $170 milhões, como a Amazon fez com o Fire. O tamanho do nosso investimento pode ser bem diferente, mas o princípio subjacente ainda é o mesmo: tratar o fracasso como uma opção é a chave para a originalidade. Adam Grant escreveu em *Originais: Como os Inconformistas Mudam o Mundo*: "Quando o assunto é a geração de ideias, a quantidade é o caminho mais previsível para a qualidade."[17] Shakespeare, por exemplo, é conhecido por uma pequena quantidade dos seus clássicos, mas em 20 anos ele escreveu 37 peças e 154 sonetos, alguns dos quais foram "criticados de modo consistente por sua prosa grosseira, e enredo e desenvolvimento de personagens incompletos".[18] Pablo Picasso produziu 1.800 quadros, 1.200 esculturas, 2.800 peças de cerâmica e 12.000 desenhos — sendo que apenas uma fração disso é destacada.[19] Apenas um punhado das centenas de publicações de Einstein exerceu verdadeiro impacto.[20] Tom Hanks, um dos meus atores favoritos de todos os tempos, admite: "Eu fiz vários filmes ruins que não faziam o menor sentido, e que não ganharam dinheiro."[21]

Porém, quando avaliamos a grandeza desses personagens, não nos concentramos nos seus pontos baixos. Concentramo-nos nos seus sucessos. Lembramo-nos do Kindle, não do Fire. Lembramo-nos do Gmail, não do Glass. Lembramo-nos do *Apollo 13*, não de *O Homem do Sapato Vermelho*.

Uma coisa é reconhecer o fracasso como uma opção. Outra coisa completamente diferente é celebrá-lo. Para eliminar a dor da vergonha causada pelo fracasso, o Vale do Silício foi até o outro extremo. O pêndulo balançou demais na outra direção.

O Problema de Falhar Rápido

O mantra de falhar rápido não tem espaço na ciência de foguetes. Visto que cada fracasso é terrivelmente caro — em termos de dinheiro e vidas humanas —, não podemos nos apressar até a plataforma de lançamento com um foguete medíocre e falhar o mais rápido possível.

Mesmo fora do campo da ciência de foguetes, a ideia de falhar rápido é enganosa. Se os empreendedores estão ocupados demais falhando rápido e celebrando isso, eles deixam de aprender com seus erros. O ruído dos brindes com taças de champanhe silencia o feedback que eles poderiam receber dos fracassos. Em outras palavras, falhar rápido não resulta em sucesso em um passe de mágica. Em geral, quando falhamos, não aprendemos nada.

Considere um estudo realizado com cerca de 9 mil empreendedores norte-americanos que fundaram empresas entre 1986 e 2000. Esse estudo comparou os índices de sucesso — definidos como levar a empresa a público — dos fundadores de primeira viagem e dos fundadores que já haviam tido negócios que fracassaram. Você talvez esteja esperando que os fundadores com experiência — que haviam lançado um negócio antes e que, supostamente, haviam aprendido com seus erros — teriam muito mais sucesso do que aqueles que nunca haviam iniciado um negócio antes. Mas não foi isso o que o estudo descobriu. O índice de sucesso dos empreendedores de primeira viagem foi quase igual ao índice de sucesso dos empreendedores que haviam fracassado nos seus negócios anteriormente.[22]

Outro estudo também é relevante. Pesquisadores examinaram 6.500 procedimentos cardíacos realizados por 71 cirurgiões durante um período de 10 anos. Eles descobriram que os cirurgiões que falharam em um procedimento tiveram um desempenho *pior* em procedimentos posteriores.²³ Esses resultados sugerem que os cirurgiões não só deixaram de aprender com seus erros como acabaram fortalecendo seus maus hábitos.

O que explica esses resultados contraintuitivos?

Quando falhamos, costumamos ocultar, distorcer ou negar isso. Fazemos com que o fato se adeque a uma teoria que nos seja agradável em vez de ajustar a teoria aos fatos. Atribuímos nosso fracasso a fatores além do nosso controle. Nos nossos próprios fracassos, superestimamos o papel do azar ("Mais sorte da próxima vez"). Culpamos outra pessoa pelo fracasso ("Ela conseguiu o trabalho porque o chefe gosta mais dela"). Criamos razões superficiais do porquê as coisas deram errado ("Se tivéssemos uma reserva maior de dinheiro..."). Mas a culpa pessoal dificilmente entra na lista.

"O que é uma mentirinha inocente?", talvez nos perguntemos. Afinal, ver o lado positivo do fracasso pode nos ajudar a proteger nossa reputação. Mas o problema é o seguinte: se não reconhecemos que falhamos — se evitamos reconhecer a verdade —, não vamos aprender nada. Na verdade, o fracasso pode até piorar as coisas se tirarmos a lição errada dele. Quando atribuímos o fracasso a fatores externos — os reguladores, os clientes, a concorrência —, não temos motivos para mudar de atitude. Injetamos mais dinheiro em ideias ruins, continuamos usando a mesma estratégia e esperamos que o vento sopre em uma direção melhor.

É isso o que a maioria das pessoas entende errado sobre a persistência: ela não significa continuar a fazer o que está errado. Você se lembra da velha máxima sobre a futilidade de fazer a mesma coisa várias vezes e esperar por resultados diferentes? O objetivo não é falhar rápido. É aprender rápido. Devemos celebrar as lições do fracasso — não o fracasso em si.

Aprenda Rápido, Não Falhe Rápido

A parte mais difícil para se chegar até Marte são os obstáculos aqui na Terra. A NASA não constrói e opera espaçonaves marcianas sozinha.²⁴ Ao planejar uma nova missão, ela faz um anúncio formal que descreve, em termos gerais, a espaçonave que ela pretende enviar e a ciência que ela espera que a espaçonave realize. O anúncio requisita propostas de qualquer pessoa interessada em enviar instrumentos científicos ao espaço. A grande quantidade de ideias excede em muito o financiamento, de modo que a NASA usa um processo darwiniano para selecionar apenas a proposta mais forte. Todas as outras fracassam. Esse sistema competitivo é o que deveria ser: uma missão barata até Marte custa meio bilhão de dólares dos contribuintes norte-americanos.

Meu ex-supervisor, Steve Squyres, começou a escrever propostas em 1987 para liderar uma missão até Marte.[25] Durante os dez anos seguintes, cada uma das suas ideias foi recusada. "É amargamente decepcionante quando investimos anos de esforço e centenas de milhares de dólares na escrita de uma proposta", Squyres se lembra. Mas ele não acusou a NASA de ter deixado de ver a genialidade das suas propostas. Em vez disso, ele culpa a si mesmo. "As primeiras [propostas] não eram boas o suficiente", Squyres admite. "Elas não mereciam ser selecionadas."

Existem duas respostas ao feedback negativo de uma fonte de credibilidade: negá-lo ou aceitá-lo. Todo grande cientista escolhe o último, e Squyres fez a mesma coisa. Cada proposta que ele apresentava à NASA era melhor do que a anterior.

Depois de dez anos aprendendo, ajustando e melhorando, a proposta de Squyres — que acabaria se tornando a missão Mars Exploration Rovers de 2003 — foi finalmente selecionada em 1997. Mas essa seleção não garantiu seu voo. A missão foi eliminada e trazida de volta à vida três vezes — mais recentemente, depois da queda do Aterrissador Mars Polar, que, como descrito nos capítulos anteriores, usou o mesmo mecanismo de aterrissagem que o nosso grupo estava pensando em usar. A missão foi resgatada por duas perguntas que reformularam o problema: E se usássemos airbags em vez de um aterrissador de três pernas? E se enviássemos dois *rovers* em vez de um?

Depois de duplicar os *rovers* — batizados de *Spirit* e *Opportunity* — e recuperar nosso bilhete de lançamento, falhas surgiram todos os meses. Durante os testes, os paraquedas apresentaram um problema chamado *squidding*. Por motivos desconhecidos, ele pulsava como uma lula, abrindo e fechando vez após vez — um problema que não era visto em um paraquedas como os nossos há 30 anos.[26] Uma das câmeras instaladas nos *rovers* desenvolveu um inexplicável problema de pontilhados que enchiam as imagens de estática.[27] Dois meses antes do lançamento, estouramos um fusível no *Spirit*.

Em fins de junho de 2003, eu voei até a Flórida para o lançamento do *Opportunity*. Antes do lançamento, nos reunimos em Cocoa Beach para uma reunião de equipe particular sem pauta, com nossas cabeças voltadas para o céu em direção a Marte. Quando estávamos estourando uma garrafa de champanhe para comemorar a ocasião, descobrimos que havia algo estourando no foguete também.[28] A cortiça, que fornece isolamento térmico para o foguete, não queria grudar e estava soltando. Nosso lançamento foi adiado por vários dias, enquanto tentávamos encontrar uma solução. Chegamos perigosamente perto do fim do período designado para o lançamento, até que alguém teve a ideia engenhosa de usar uma supercola resistente chamada de RTV vermelha, disponível na Home Depot. Com a RTV vermelha ao resgate, conseguimos decolar em direção ao planeta vermelho.

Cada fracasso mostrou ser uma oportunidade inestimável de aprendizado. Cada fracasso mostrou que uma falha precisava ser corrigida. Cada fracasso foi seguido pelo progresso em direção ao objetivo final. Embora esses fracassos tenham nos afetado, não conseguiríamos pousar com segurança em Marte sem eles.

Esses fracassos são o que Sim Sitkin, um professor de administração, chama de "fracassos inteligentes". Eles acontecem quando estamos explorando as beiradas, resolvendo problemas que ainda não foram resolvidos e construindo coisas que podem não funcionar.

Costumamos nos referir a fracassos inteligentes como perdas. "Perdi cinco anos da minha vida." "Perdemos milhões de dólares." Mas eles serão perdas apenas se nos referirmos a eles assim. Também podemos chamá-los de investimentos. Fracassos são informações — e são informações que costumamos não encontrar em livros de autoajuda. Se lhes dermos a devida atenção, os fracassos inteligentes podem ser os melhores professores que existem.

Esses erros podem exercer um efeito que não ocorre com lições de sucesso. Os fracassos inteligentes podem produzir um senso de urgência por mudanças e o choque necessário para desaprender o que sabemos. Vilfredo Pareto escreveu: "Eu sempre vou preferir um erro frutífero, cheio de sementes, estourando com suas próprias correções. Guarde suas verdades estéreis para si mesmo."[29]

Thomas Edison contou a história de uma conversa com um associado que lamentava que, após milhares de experimentos, ele e Edison haviam falhado em descobrir qualquer coisa. "Eu garanti a ele que havíamos aprendido algo", Edison se lembra. "Pois aprendemos que a coisa com certeza não poderia ser feita daquela forma e que precisaríamos experimentar algum outro método."[30]

O aprendizado também pode retirar o estigma do fracasso. O autor T. H. White escreveu: "A melhor coisa para a tristeza é aprender algo novo. Isso é o que nunca falha. Podemos envelhecer, tremendo nas nossas anatomias, podemos deitar à noite ouvindo a desordem das nossas veias, podemos sentir falta de um ente querido, podemos ver o nosso mundo devastado por lunáticos malignos ou saber que nossa honra foi pisoteada nos esgotos das mentes mais baixas. Só há uma coisa a se fazer então: aprender. Aprender por que o mundo treme e o que o faz tremer."[31]

Se não tivermos a oportunidade de aprender por que o mundo treme e o que o faz tremer, o fracasso não terá um lado positivo. Mas, se aprendermos alguma coisa — se esse fracasso significar que teremos uma probabilidade maior de sermos bem-sucedidos quando tentarmos de novo —, o golpe do fracasso não será tão ruim. O aprendizado pega o desespero e o transforma em animação. Com uma mentalidade de crescimento, podemos manter nosso impulso, seguindo em frente, mesmo se as explosões se acumularem, se o trabalho ficar difícil e os obstáculos começarem a parecer intransponíveis. É como Malcolm Forbes, o fundador da revista *Forbes*, diz: "O fracasso é um sucesso se aprendermos com ele."

As propostas fracassadas de Squyres para as missões de Marte ainda estão na sua mesa. Ele diz: "Eu posso ver essas propostas antigas e enxergar as coisas que fizemos errado e as lições que aprendemos e como tornamos as coisas melhores, e posso ver por que finalmente fomos escolhidos na nossa quarta tentativa."

Alguns anos depois dos nossos *rovers* terem partido em direção ao planeta vermelho, outro grupo de cientistas de foguetes precisaria de quatro tentativas para acertar.

A Abertura e o Final

"Na terceira vez dá certo."[32]

Em agosto de 2008, era isso o que os funcionários da SpaceX estavam dizendo a si mesmos enquanto aguardavam pelo lançamento do *Falcon 1*, o primeiro foguete da empresa. Na época, os observadores externos já estavam elaborando o obituário do que achavam que seria o projeto da vaidade de Musk. Quando Musk abriu a SpaceX, ele investiu 100 milhões de dólares do seu próprio dinheiro na empresa — o suficiente para três lançamentos.

Os primeiros dois não deram certo.

O voo de inauguração do *Falcon 1* de 2006 durou 30 segundos. Um vazamento no tanque de combustível causou um incêndio inesperado no motor, desligando-o e lançando o foguete no Oceano Pacífico. "O fracasso do primeiro lançamento foi de partir o coração", recorda Hans Koenigsmann, um executivo da SpaceX. "Aprendemos muitas coisas que fizemos errado, e, às vezes, o aprendizado dói." O vazamento havia sido culpa de uma corrosão ao redor de uma porca de alumínio que prendia a linha de combustível. Para corrigir o problema, a empresa substituiu os prendedores de alumínio por prendedores de aço inoxidável, que eram mais confiáveis e tinham o benefício de serem mais baratos.

O *Falcon 1* voltou à plataforma de lançamento mais tarde, em 2007, para uma segunda tentativa. Esse voo foi mais longe — chegando a 7,5 minutos —, mas também não conseguiu chegar à órbita quando o combustível deixou de chegar até o motor.

Esse fracasso "não foi tão ruim quanto o primeiro", disse Koenigsmann. "Na verdade, o veículo voou bem longe, e então não entrou em órbita, mas pelo menos voou a ponto de sumir de vista." Apesar da última falha, a maioria dos objetivos da missão foi cumprida: o *Falcon 1* foi lançado e chegou ao espaço. As anomalias que causaram o problema foram rapidamente diagnosticadas e consertadas.

A terceira tentativa aconteceu um ano depois. Embora o ano de 2008 tenha sido ruim para muitas pessoas, Musk diz que foi o pior da sua vida. Sua empresa de carros elétricos, a Tesla, estava a ponto de falir, o mundo havia entrado em uma crise financeira, e Musk havia acabado de se divorciar. Ele havia pedido dinheiro emprestado aos seus amigos para pagar o aluguel, havia investido grande parte da sua fortuna na SpaceX, e os dois fracassos do *Falcon 1* haviam abocanhado grande parte desse investimento. O que havia sobrado dele estava na plataforma de lançamento, aguardando por um voo perigoso.

Na terceira tentativa, o *Falcon 1* despertou e decolou, levando três satélites e as cinzas de James Doohan, o ator que interpretou Scotty em *Jornada nas Estrelas: A Série Original* (pense em "Eu estou dando tudo o que ela tem, Capitão!"). Ele subiu aos céus, executando um voo perfeito no seu primeiro estágio (lembre-se de que os foguetes são construídos em estágios colocados um em cima do outro). Depois que o primeiro estágio levou a espaçonave ao espaço, era hora da separação de estágios — o ponto crítico em que o primeiro estágio do foguete se solta e cai depois que seu combustível acaba. Esse é o ponto em que o segundo estágio, que é menor, entra em ação e coloca a espaçonave em órbita. Os estágios se separaram como planejado, mas o primeiro estágio não parou. Ele disparou novamente e trombou com o segundo. "Batemos na nossa própria traseira", recorda Gwynne Shotwell, presidente da SpaceX. "Era quase como algo saído do Monty Python."

Esse problema não foi percebido durante o teste porque a SpaceX havia deixado de seguir o princípio de testar assim como se voa. A pressão do motor que resultou nesse impulso inesperado estava abaixo da pressão ambiente nas instalações de teste da SpaceX, de modo que foi mal registrada. Entretanto, no vácuo do espaço, essa mesma pressão teve força suficiente para causar uma colisão catastrófica.

Para a SpaceX, essa falha foi o strike três. Centenas de funcionários, que haviam trabalhado de 70 a 80 horas por semana ou mais por 6 anos, aguardaram, em choque, as instruções do seu chefe na fábrica da SpaceX em Hawthorne, Califórnia. "O clima do prédio ficou pesado com o desespero", recorda Dolly Singh, uma ex-funcionária da SpaceX. Musk veio da sala de controle, de onde ele estava comandando a missão com os engenheiros seniores. Ele passou pela imprensa para se dirigir às suas tropas, que haviam acabado de perder sua terceira grande batalha consecutiva.

Musk lhes disse que eles sabiam que o projeto seria difícil. Ele os lembrou de que o que estavam tentando fazer era, no fim das contas, ciência de foguetes. Os foguetes da empresa haviam alcançado o espaço, realizando o que muitos países falharam em realizar. Então, veio a surpresa: Musk anunciou que ele havia conseguido um investimento que daria à SpaceX a oportunidade de realizar mais dois lançamentos. Esse não era o fim. Como Shane Snow descreveu, Musk disse às suas tropas que eles iriam "descobrir o que havia acontecido esta noite e usar esse conhecimento para fabricar um foguete melhor. E eles usariam esse foguete melhor para fabricar foguetes ainda melhores. E, algum dia, esses foguetes levariam o homem até Marte."[33]

Era hora de voltar ao trabalho. Singh recorda: "Em poucos minutos, a energia do prédio mudou de desespero e derrota para um grande burburinho de determinação, à medida que as pessoas começaram a se concentrar em seguir em frente em vez de olhar para trás." O provável culpado da falha foi identificado dentro de algumas horas. "Quando eu vi o vídeo, foi tipo: 'Beleza. Podemos resolver isso'", Shotwell explica. A solução era simples: incluir um intervalo de tempo maior entre a separação dos estágios para evitar a colisão. "Entre o terceiro e quarto voo, não fizemos nada além de trocar um número", disse Koenigsmann.

Em menos de dois meses, a SpaceX estava de volta à plataforma de lançamento. "Tudo dependia daquele lançamento", recorda Adeo Ressi, amigo de faculdade de Musk. "Elon havia perdido todo o seu dinheiro, mas algo além da sua fortuna estava em jogo — sua credibilidade." Se o quarto lançamento falhasse, "estaria tudo acabado. Seríamos um caso de estudo da Faculdade de Administração de Harvard — ricaço entra no negócio de foguetes e perde tudo".

Contudo, o foguete não falhou. Em 28 de setembro de 2008, o *Falcon 1* da SpaceX foi lançado para fora da atmosfera e para dentro dos livros de recordes, se tornando a primeira espaçonave de construção privada a entrar na órbita da Terra.

Quando a SpaceX sobreviveu ao seu batismo de fogo na quarta tentativa, todo mundo percebeu — em especial os burocratas da NASA que estavam procurando uma maneira de sustentar o programa espacial norte-americano depois da aposentadoria antecipada do ônibus espacial em 2010. Em dezembro de 2008, três meses depois da viagem bem-sucedida do *Falcon 1*, a NASA concedeu uma linha de vida na forma de um contrato de $1,6 bilhão para missões de reabastecimento à Estação Espacial Internacional. Quando os funcionários da NASA ligaram para lhe dar as boas notícias, um Musk que, de outra forma, seria sério, abandonou o personagem e gritou: "Eu amo vocês!" Para a SpaceX, o Natal havia chegado mais cedo.

Para parafrasear F. Scott Fitzgerald, existe uma diferença entre uma única falha e a derrota final.[34] Uma única falha, como a história da SpaceX ilustra, pode ser o início e não o fim. Muitos observadores externos chamaram as quedas do *Falcon 1* de fracassos — erros cometidos por uma equipe de amadores liderada por um menino rico que estava brincando com brinquedos caros. Mas rotular essas quedas de fracassos seria como dizer que uma partida de tênis havia acabado antes do fim. O grande campeão de tênis Andre Agassi escreveu: "Eu já me recuperei com muita frequência, e muitos dos meus oponentes já se recuperaram. Então, acho que essa seja uma boa ideia."[35]

A abertura não precisa ser grandiosa, desde que o final seja.

O tempo muda como enxergamos os eventos. Algo que se parece com um fracasso a curto prazo muda quando nos afastamos e colocamos lentes maiores. O ex-presidente da Pixar, Ed Catmull, chama as ideias iniciais por trás dos sucessos de animação do estúdio de "bebês feios". Todos os seus filmes começam "estranhos e sem forma, vulneráveis e incompletos".[36] Mas, se o jogo só termina quando o filme for lançado, uma versão inicial que deu errado não é uma catástrofe. É um pequeno desvio. Uma falha temporária. Um problema a ser resolvido.

Os avanços costumam ser evolucionários, não revolucionários. Se considerarmos qualquer descoberta científica, veremos que não houve nenhuma mágica. Nenhum momento "a-há". A ciência é tecida de fracasso a fracasso, em que cada versão é melhor do que a anterior. De um ponto de vista científico, o fracasso não é um bloqueio. É um portal para o progresso.

Nós incorporamos essa mentalidade na infância. Não aprendemos a andar na primeira tentativa. Ninguém nos disse: "É melhor pensar bem em como você vai dar esse primeiro passo porque só vai poder dar um passo e ponto final." Nós caímos várias vezes. E, com cada queda, nossos corpos aprendiam o que fazer e o que não fazer. Ao aprender a não cair, aprendemos a andar.

Nada vem à existência perfeitamente formado. Roma, como diz o ditado, não foi feita em um dia. A nave espacial Apollo 11, que levou Armstrong e Aldrin à Lua, não saiu pronta de fábrica. Foram necessárias várias repetições — por meio das missões Mercury, Gemini e as outras Apollos — para acertar.

No caso dos cientistas, cada repetição é um progresso. Se dermos só uma olhadinha na sala escura, isso é uma contribuição. Se não encontrarmos o que achávamos que encontraríamos, já é uma contribuição. Se fizermos um único desconhecido que desconhecemos se tornar um desconhecido que conhecemos, já é uma contribuição. Se fizermos uma pergunta melhor que as anteriores, já é uma contribuição, mesmo que não consigamos uma resposta.

Isso inexoravelmente nos leva a Matt Damon. Na versão cinematográfica do excelente livro *Perdido em Marte*, o personagem de Damon, Mark Watney, ensina para astronautas em treinamento o que fazer em caso de desgraça iminente. "Em algum ponto, tudo vai dar errado e diremos: 'Pronto. É assim que vou morrer'", diz Watney. Podemos aceitar isso como um fracasso — ou começar a trabalhar. "Fazemos as contas. Resolvemos um problema. Então, resolvemos o próximo. E o seguinte. Se resolvermos problemas o suficiente, poderemos voltar para casa."

Se resolvermos problemas o suficiente, poderemos aterrissar nossos *rovers* em Marte. Se resolvermos problemas o suficiente, poderemos construir o Império Romano. Se resolvermos problemas o suficiente, poderemos pousar na Lua.

É assim que mudamos o mundo. Um problema de cada vez.

Mudar o mundo um problema de cada vez exige postergar a gratificação. A maioria das coisas da vida são "positivas de primeira ordem e negativas de segunda ordem", como Shane Parrish escreve no seu site Farnam Street.[37] Elas nos dão o prazer a curto prazo, mas dor a longo prazo. Gastar dinheiro em vez de economizar para a aposentadoria, usar combustíveis fósseis em vez de energia renovável, empanturrar-se de bebidas cheias de açúcar em vez de água estão todas nessa categoria.

Quando nos concentramos nos resultados de primeira ordem, estamos buscando o sucesso instantâneo, o best-seller instantâneo, a resposta instantânea. Procuramos por atalhos, jeitinhos e conselhos de gurus autoproclamados. Chris Hadfield escreveu: "Aplaudimos as coisas erradas: a corrida exibicionista, dramática e que estabelece recordes em vez dos anos de preparação ignorados ou a graça inabalável exibida durante uma sequência de derrotas."[38] Além disso, o fracasso é caro a curto prazo. Quando estamos tentando maximizar nossos lucros e confortos do *amanhã*, descontamos o valor que o fracasso nos traz a longo prazo. Como resultado, o fracasso é difícil de engolir. Para estimular nosso prazer a curto prazo, evitamos fazer coisas que poderiam não dar certo.

As pessoas que estão à frente na vida invertem essa perspectiva. "Uma grande vantagem é concedida a pessoas que conseguem fazer coisas que são negativas de primeira ordem e positivas de segunda ordem", escreve Parrish.[39] Essas pessoas postergam a gratificação em um mundo que se tornou obcecado com ela. Elas não desistem só porque seu foguete explodiu na plataforma de lançamento, tiveram um trimestre ruim ou foram mal no seu teste. Elas reorientam sua calibragem a longo prazo, não a curto prazo.

Quando o assunto é gerar mudanças a longo prazo, não existem truques ou milagres, como dito pelo capitalista de risco Ben Horowitz. Precisamos arregaçar as mangas.[40]

Insumos em vez de Resultados

Pense nos fracassos que teve na sua vida. Se for como a maioria das pessoas, você pensou em maus resultados — seu negócio não foi para a frente, você não fez o gol de pênalti ou não foi bem na entrevista de emprego. Jogadores de pôquer, como Annie Duke explica em *Thinking in Bets*, se referem a essa tendência como "igualar a qualidade de uma decisão à qualidade do seu resultado" como "consequência".[41] Mas, segundo Duke, a qualidade de um insumo não é o mesmo que a qualidade do resultado.

Concentrarmo-nos nos resultados é enganoso porque boas decisões podem ter resultados ruins. Em condições de incerteza, os resultados não estão totalmente sob o nosso controle. Uma tempestade de areia imprevisível pode acabar com uma espaçonave marciana bem projetada. Um vento ruim pode desviar uma bola de futebol chutada com perfeição. Um juiz ou júri hostil pode prejudicar um ótimo caso.

Se nos concentrarmos nos resultados, poderemos acabar recompensando decisões ruins que tiveram bons resultados. Por outro lado, poderemos abandonar boas decisões só porque elas tiveram maus resultados. Podemos começar a agitar as coisas, reorganizando departamentos, demitindo ou rebaixando pessoas. Certo estudo mostra que treinadores da Liga Nacional de Futebol Americano (NFL) mudam sua escalação quando perdem um ponto, mas não mudam quando fazem um ponto — embora essas pequenas diferenças de pontuação sejam indícios ruins do desempenho dos jogadores.[42]

Muitos de nós agimos como os treinadores de futebol americano, tratando o sucesso e o fracasso como resultados binários, mas nós não vivemos em um mundo binário. A linha entre o sucesso e o fracasso costuma ser tão fina quanto uma navalha. "O fracasso está sempre desconfortavelmente próximo da grandeza", escreveu James Watson, o codescobridor da estrutura de dupla-hélice do DNA.[43] A mesma decisão que resultou em fracasso em um cenário pode resultar em triunfo em outros.

O objetivo, então, é nos concentrarmos nas variáveis que *podemos* controlar — os insumos — em vez dos resultados. Devemos nos perguntar: "O que deu errado nesse fracasso?" e, se os insumos precisarem ser corrigidos, devemos corrigi-los. Mas essa pergunta não é suficiente. Precisamos nos perguntar: "O que deu certo nesse fracasso?" Devemos manter as decisões de boa qualidade, mesmo quando elas resultam em fracasso.

Pense na resposta da Amazon ao fiasco do seu telefone Fire. Analisado pelas métricas-padrão de resultados, como a rentabilidade, o Fire foi um fracasso colossal. A Amazon, porém, viu além do resultado. "Quando tentamos novamente com um novo projeto, observamos os insumos", diz Andy Jassy, da Amazon.[44] "Nós contratamos uma boa equipe? Essa equipe teve boas ideias? Ela pensou bem nessa ideia? Ela a executou dentro do prazo? Era de boa qualidade? A tecnologia era inovadora?" Mesmo quando um projeto falha, podemos pegar os insumos que funcionaram e usá-los em projetos futuros. Jassy explica: "Não só pegamos o que aprendemos com a tecnologia [do Fire], como pegamos toda essa tecnologia que havíamos construído e a aplicamos em vários outros serviços e funções."

Os insumos não são algo sexy. A palavra *insumo* (*input*) talvez combine mais com o contexto entediante de um programa de banco de dados, mas uma mente voltada para os insumos é a marca de qualquer pessoa que realizou algo extraordinário na vida. Os amadores se concentram em obter sucesso e esperam por resultados a curto prazo. Os profissionais pensam a longo prazo e priorizam os insumos, aperfeiçoando-os por anos sem recompensas imediatas. É por isso que a jogadora de tênis Maria Sharapova descreve o foco nos resultados como o maior erro que jogadores iniciantes de tênis podem cometer.[45] Sharapova aconselha a olhar a bola o máximo possível e a se concentrar nos insumos. Ao eliminar a pressão dos resultados, podemos nos aprimorar no nosso ramo. O sucesso virá como consequência e não como o objetivo.

Essa reorientação voltada aos insumos tem outra vantagem. Se estamos ressentidos com os insumos, podemos estar correndo atrás do resultado errado. Existe uma pergunta que aparece com frequência em livros de autoajuda: O que você faria se soubesse que não iria fracassar? Essa não é a pergunta certa a se fazer. Em vez disso, como Elizabeth Gilbert faz, deveríamos inverter essa pergunta na nossa mente: "O que você faria mesmo se soubesse que provavelmente vai fracassar? O que gosta tanto de fazer que as palavras "fracasso" e "sucesso" acabam se tornando irrelevantes?"[46] Quando mudamos para uma mentalidade focada nos insumos, nos condicionamos a derivar um valor intrínseco da nossa atividade. O insumo se torna uma recompensa em si.

Com uma mentalidade focada nos insumos, estamos livres para mudar de rumo. Os objetivos podem nos ajudar a concentrar, mas essa concentração também pode se transformar em uma visão afunilada se nos recusarmos a ceder ou desviar do nosso caminho inicial.

Por exemplo, quando o Google Glass foi dispensado por completo como um produto inútil, a X encontrou um caminho diferente. Quando chegou no mercado, a empresa percebeu que o Glass não seria um produto de consumo. Assim, ela aprendeu com seu erro e reinventou o Glass como uma ferramenta para os negócios.[47] Hoje, podemos encontrar vários funcionários usando o Google Glass, incluindo funcionários da Boeing que trabalham em aeronaves e médicos que leem o histórico de um paciente usando um aparelho elegante no rosto.[48]

Pense em outro exemplo da indústria farmacêutica. Em 1989, os cientistas da Pfizer desenvolveram uma nova droga chamada de citrato de sildenafila. Esses pesquisadores esperavam que essa droga expandisse os vasos sanguíneos para tratar a angina e a pressão alta associadas a doenças cardíacas. No início da década de 1990, essa droga parecia ser ineficaz para o objetivo intencional. Entretanto, os participantes dos testes reportaram um efeito colateral interessante: ereções. Não demorou para que os pesquisadores abandonassem sua hipótese inicial para correr atrás de uma alternativa impressionante. E assim nasceu o Viagra.[49]

Concentrarmo-nos nos insumos tem outra vantagem. Evitamos as intensas variações entre depressão e euforia que acompanham a busca por resultados. Antes, ficamos curiosos — não, fascinados — por aprimorar e aperfeiçoar os insumos.

Que Fascinante!

Mike Nichols foi o prolífico diretor de cinema por trás de diversos clássicos, incluindo *A Primeira Noite de um Homem*.[50] Embora as pessoas tenham a tendência a se lembrar dos sucessos de Nichols, muitos dos seus filmes foram um fiasco. Alguns eram exibidos de tempos em tempos — como é o costume com fiascos— tarde da noite na televisão. Quando Nichols se deparava com um de seus fracassos, ele sentava no sofá e assistia tudo, do início ao fim.

Enquanto ele sentava e assistia, o importante é o que ele não fazia. Ele não fazia careta e não desviava o olhar. Ele simplesmente não culpava os malditos críticos.

Ele simplesmente assistia e pensava: "É tão interessante como essa cena não deu certo." Ele não pensava "Eu sou um perdedor", "Isso é horrível" ou "Isso foi uma completa vergonha". Antes, sem criticar, ele pensava: "Não é engraçado como algumas coisas funcionam às vezes e outras vezes não?"

Essa abordagem de Nichols revela o segredo de levar a ferroada do fracasso. A curiosidade pega o fracasso, diminui todo o volume do drama e faz com que ele se transforme em algo interessante. Ela fornece distância emocional, perspectiva e a oportunidade de ver as coisas através de outras lentes.

No seu fantástico livro *A Arte da Possibilidade*, Rosamund Stone Zander e Benjamin Zander oferecem um método prático para aplicar essa mentalidade. Toda vez que cometermos um erro, toda vez que falharmos em algo, devemos erguer os braços e dizer: "Que fascinante!"[51]

Um alerta, porém: se for pelo menos um pouco parecido comigo, você vai resmungar a primeira vez que fizer isso. Quando tentar erguer os braços, eles, aos poucos, se erguerão cada vez mais — como se você estivesse fazendo um supino imaginário com pesos muito, muito pesados. E a expressão "Que fascinante!" soará mais petulante do que alegre.

Mas tudo bem. Faça isso de qualquer maneira. Ao exibir a glória da sua fascinação, comece a se fazer algumas perguntas. "O que eu aprendi com isso? E se, na verdade, esse fracasso foi bom para mim?"

Se precisar de inspiração, simplesmente pense em Mike Nichols, sentado no seu sofá — não reclamando sobre como os deuses se voltaram contra ele ao transmitirem seus maiores fracassos na televisão para o mundo todo assistir —, mas sorrindo, balançando a cabeça e sabendo que assistir seu fracasso com curiosidade significa que ele se sairá melhor da próxima vez.

Voando às Cegas

Como vimos, o fracasso é o portal da descoberta, da inovação e do sucesso a longo prazo. No entanto, a maioria das organizações sofre de uma amnésia coletiva dos seus fracassos. Os erros permanecem ocultos porque os funcionários têm muito medo de compartilhá-los. A maioria das empresas diz aos seus funcionários, explícita ou implicitamente, que, se eles tiverem sucesso — de acordo com métricas quantificáveis a curto prazo, como o lucro —, eles receberão um grande pote de dinheiro, um escritório melhor e um título melhor. Se fracassarem, eles não receberão nada. Ou pior, irão para a rua.

Esse esquema de incentivos só exagera a inércia profundamente enraizada contra reconhecer suas próprias falhas. Quando recompensamos o sucesso e punimos os fracassos, os funcionários relatam menos os fracassos, e mais os sucessos, e reformulam tudo entre esses dois extremos para ser apresentado sob a luz mais favorável possível. Quando atiramos nos mensageiros, as pessoas param de entregar mensagens — em especial se eles trabalham para nós. Em um estudo, 42% dos cientistas entrevistados em nove agências federais (incluindo a NASA) tinham medo de retaliação por admitirem os seus erros.[52] Dos mais de 40 mil funcionários entrevistados em uma companhia tecnológica, 50% acreditavam que não era seguro fazer isso no trabalho.[53]

Os fracassos, porém, transmitem sinais inestimáveis. Nosso objetivo deve ser captar esses sinais antes dos concorrentes, mas, na maioria dos ambientes, esses sinais são sussurros elusivos que não conseguem ser mais altos do que o ruído. Se não conseguimos ouvi-los, se os silenciamos, se os encobrimos antes que eles apareçam, não aprenderemos nada com eles.

É por isso que os aviões levam registros de voo chamados de caixas-pretas. Elas registram tudo, incluindo as conversas na cabine do piloto e os dados dos sistemas eletrônicos do avião. O nome *caixa-preta* é, na verdade, um nome equivocado, porque essa caixa tem uma cor laranja brilhante para ser mais fácil de encontrá-la depois de uma queda. Essa caixa também é à prova de fogo, de choque e d'água, porque os dados que ela contém são fundamentais para descobrir por que um acidente aconteceu.

Nós omitimos as caixas-pretas das nossas vidas para o nosso próprio prejuízo. Pensemos por um momento na queda do Aterrissador Mars Polar de 1999. Como vimos antes, o aterrissador muito provavelmente caiu porque seus motores se desligaram prematuramente, mas não sabemos exatamente o que aconteceu. Como o orçamento estava apertado, o aterrissador não tinha um jeito de se comunicar com o controle da missão durante sua descida na superfície de Marte. Os membros da equipe tiveram que economizar em alguns pontos, e esse ponto específico os privou — e a todos os futuros cientistas de foguetes — da habilidade de extrair lições fundamentais desse infortúnio de $120 milhões.[54]

Essa omissão aconteceu, em parte, porque o Aterrissador Mars Polar foi visto, de forma míope, apenas como um projeto isolado. Se a gerência tivesse encarado o aterrissador como parte de um todo abrangente — uma sonda entre muitas outras sondas interplanetárias —, então um aparelho de comunicação fundamental para o aprendizado a longo prazo deveria ter sido incluído.

Para facilitar a aprendizagem diante do fracasso, a NASA cataloga erros de voos espaciais humanos em um documento chamado "Regras de Voo".[55] Essas regras são um registro do passado para guiar o futuro. Elas são um conjunto de conhecimento obtido de décadas de falhas e erros de cálculo para garantir que as lições perdurem. Esse documento contém milhares de anomalias que aconteceram nos voos espaciais tripulados desde a década de 1960, bem como suas soluções. Esse livro preserva esse conhecimento institucional para futuras gerações, atribuindo um formato e objetivo a cada fracasso como parte de uma história maior. Ele também torna óbvia a necessidade de reinventar a roda e permitir que os funcionários se concentrem em novos problemas. Mas, como deveria acontecer com qualquer conjunto de regras, elas deveriam servir como parapeitos e não como algemas. Elas devem ser guias e não restrições. Como vimos antes, os processos históricos podem se transformar em regras inflexíveis que impedem o pensamento em princípios básicos.

O documento "Regras de Voo" da NASA funciona em parte porque os fracassos de outros são o melhor catalisador para a nossa própria compreensão. Nossa abordagem para o fracasso é hipócrita. Nós explicamos nossas falhas ao atribuir a culpa delas a fatores externos. Entretanto, quando outros tropeçam, apontamos para fatores internos — eles são descuidados, incompetentes ou não prestam atenção suficiente. Nossa tendência de catalogar as falhas pessoais dos outros é o motivo delas serem uma grande fonte de aprendizado. Em um estudo, cirurgiões cardíacos que observaram os erros dos seus colegas melhoraram bastante ao realizar o mesmo procedimento.[56] Eles identificaram os erros dos outros cirurgiões e aprenderam a não repeti-los.

Embora as empresas digam que toleram e documentam fracassos, em geral, elas falham na prática. Quando eu conversei com executivos corporativos sobre fracassos, alguns deles disseram que, se os fracassos forem tolerados, eles se multiplicarão. Fracassos significam faltas, e as faltas precisam ser atribuídas. Se esses executivos não disciplinarem as partes responsáveis, eles concluem que acabarão incentivando uma cultura de vale-tudo, na qual não tem problema errar.

Essas crenças não estão em harmonia com uma série de pesquisas. Como veremos na próxima seção, nós podemos criar um ambiente de fracassos inteligentes sem complacência. Podemos permitir que as pessoas assumam riscos de alta qualidade, e ao mesmo tempo estabelecer padrões elevados. Não precisamos tolerar falhas descuidadas — cometer o mesmo erro várias vezes ou fracassar por falta de atenção. Podemos recompensar os fracassos inteligentes, sancionar o baixo desempenho e aceitar que alguns erros serão inevitáveis quando estamos construindo coisas que podem não funcionar. As pessoas devem ser responsabilizadas não por fracassarem com inteligência, mas por deixarem de aprender com isso.

"Existem duas partes do fracasso", escreveu Ed Catmull, o ex-presidente da Pixar. "Há o evento em si, acompanhado de toda a sua decepção, confusão e vergonha, e há a nossa reação a isso." Nós não controlamos a primeira parte, mas controlamos a segunda. Nosso objetivo, como Catmull disse, deve ser "parar de relacionar o medo com o fracasso — criar um ambiente no qual os erros não impõem o terror nos corações dos funcionários".[57]

Recompensar fracassos inteligentes parece simples na teoria, mas é difícil de implementar na prática. Um comprometimento superficial com a "inovação" ou "assumir riscos" não criará uma cultura de fracassos inteligentes. Na próxima seção, vamos explorar como criar esse ambiente ideal no contexto da medicina, que fornece uma analogia próxima da ciência de foguetes. Os desafios na mesa de operações não são tão diferentes daqueles na plataforma de lançamento. Os riscos são altos. A pressão é grande. Qualquer errinho pode ser fatal. Nesse ambiente, criar uma cultura de fracassos inteligentes é difícil, mas, como veremos, não é cirurgia de foguetes.

Segurança Psicológica

Os erros de medicação em hospitais — quando o remédio errado é administrado no paciente — são surpreendentemente comuns. Um estudo de 1995 obteve o número de 1,4 erros de medicamentos por paciente a cada hospitalização. Desses erros, cerca de 1% resultou em complicações e prejudicou o paciente.[58]

Amy Edmondson, uma professora da Faculdade de Administração de Harvard, queria explorar a causa desses erros de medicação.[59] Ela se perguntou: "Equipes melhores de hospitais cometem menos erros de medicação?" Para Edmondson, a resposta parecia óbvia. Equipes melhores, com membros e líderes de melhor desempenho, deveriam cometer menos erros.

Todavia, os resultados eram bem o contrário. As equipes melhores estavam cometendo *mais* erros e não menos. O que poderia explicar esse resultado contraintuitivo?

Edmondson decidiu se aprofundar, enviando um assistente de pesquisas a campo para observar as equipes no ambiente do hospital. O assistente descobriu que as equipes melhores não estavam *cometendo* mais erros. Antes, elas estavam simplesmente *relatando* mais erros. As equipes que tinham um clima aberto — nas quais o pessoal se sentia seguro para discutir os erros — tinham um desempenho melhor porque os funcionários estavam mais dispostos a compartilhar suas falhas e a trabalhar ativamente para reduzi-las.

Edmondson chama esse clima de "segurança psicológica". Tenho que admitir que, quando ouvi esse termo pela primeira vez, eu o rejeitei instintivamente como balela. Ele me fazia pensar em funcionários sentados ao redor de uma mesa de conferências de mãos dadas e compartilhando seus sentimentos. Mas depois de estudar a pesquisa, me retratei. A evidência de suporte é bem sólida. Segurança psicológica significa, nas palavras de Edmondson, que "ninguém será punido ou humilhado pelos seus erros, perguntas ou pedidos de ajuda no empenho de atingir objetivos de desempenho ambiciosos".[60]

A pesquisa mostra que a segurança psicológica estimula a inovação.[61] Quando as pessoas se sentem livres para falar, fazer perguntas provocativas e expressar pensamentos que ainda estão pela metade, fica mais fácil desafiar o status quo. A segurança psicológica também aumenta o aprendizado em equipe.[62] Em ambientes psicologicamente seguros, os funcionários desafiam as decisões questionáveis dos seus superiores em vez de se sujeitarem obedientemente às suas ordens.[63]

O hospital com o melhor desempenho no estudo de Edmondson era liderado por uma enfermeira gerente prática e altamente acessível que facilitava ativamente um ambiente aberto. Durante as entrevistas, essa gerente explicou que "um certo nível de erro" é esperado por parte da sua equipe e que um "ambiente não punitivo" é essencial para descobrir qual foi o erro e como lidar com ele. As enfermeiras que trabalhavam nessa unidade confirmaram as declarações da gerente. Uma observou que "as pessoas se sentem mais dispostas a admitir seus erros aqui, porque [a gerente] luta por nós". Nessa equipe, as próprias enfermeiras assumiam a responsabilidade pelos seus erros. Como a gerente explicou, as "enfermeiras tendem a se culpar pelos erros; elas são muito mais duras consigo mesmas do que eu jamais poderia ser".[64]

As duas equipes de hospital com o pior desempenho tinham climas bem diferentes. Nessas equipes, cometer um erro significava ser punido. Uma enfermeira descreveu um incidente no qual ela acidentalmente machucou um paciente ao tirar sangue. Sua enfermeira gerente a colocou "em um período de teste", ela explicou. "Era humilhante. Eu me sentia como se tivesse dois anos de idade." Outra enfermeira explicou que os "médicos nos tratavam como inferiores, e nos davam broncas" se cometíamos algum erro. Uma enfermeira disse que era como "ser chamada na sala do diretor". Como resultado, se acontecesse algum erro de medicação, as enfermeiras não falavam sobre isso para evitarem a vergonha e a angústia a curto prazo. Ao fazerem isso, porém, elas sofriam as consequências a longo prazo de permanecerem em silêncio — no caso, o ferimento ou a morte do paciente por causa de um erro.

Esse ambiente, por sua vez, resultava em um círculo vicioso. As equipes com o pior desempenho — as que precisavam mais de melhoria — também eram as que tinham menos relatórios de erros. E, se os erros não eram relatados, a equipe não podia melhorar.

Para incentivar o relato de falhas, a fábrica de *moonshots* da Google, a X, adotou uma abordagem incomum.[65] Na maioria das empresas, é o líder sênior quem decide acabar com um projeto defeituoso. Mas os funcionários da X receberam a autoridade para acabar com seus próprios projetos ao perceberem, por um motivo ou outro, que tal projeto não é viável.

E essa é a parte interessante: por esse ato de haraquiri, a equipe inteira recebe um bônus. Você se lembra de que, em um capítulo anterior, nós falamos sobre um projeto da X, chamado Foghorn, para converter a água do mar em combustível ao tirar o dióxido de carbono dela? Embora essa tecnologia fosse promissora, ela não era economicamente viável, de modo que a equipe decidiu acabar com o seu próprio projeto. "Obrigado!", anunciou o chefe da X, Astro Teller, em uma reunião com todos os funcionários. "Ao eliminar seu próprio projeto, essa equipe fez mais para acelerar a inovação na X esse mês do que qualquer outra equipe nessa sala."[66]

A noção de dar bônus por fracassar pode lhe parecer estranha. Uma coisa é tolerar um fracasso, mas outra é recompensá-lo. Há, porém, um toque de gênio por trás desse esquema de incentivo. É mais caro fazer com que projetos não viáveis continuem; eles desperdiçam dinheiro e recursos.[67] Se um projeto não tem futuro, acabar com ele libera os preciosos recursos para outros *moonshots* que têm mais chances de aterrissar. Os ambientes resultantes — no qual as pessoas estão sempre gerando fracassos inteligentes — "eliminam o medo e dão um senso de segurança às pessoas para acabarem com seu próprio projeto", explica Obi Felten, da X.

A Amazon adotou uma abordagem similar. Se a qualidade dos seus insumos em um projeto fracassado foi fenomenal, então a equipe é recompensada ao receber novos e ótimos papéis na empresa — e não punida. Caso contrário, como diz Andy Jassy, da Amazon, "pessoas excepcionais nunca se arriscarão em novos projetos".[68]

Essa mentalidade é traduzida em um mantra de seis palavras: "Recompense fracassos excelentes, puna sucessos medíocres", tal como um participante de um seminário disse ao autor Tom Peters.[69] Deve haver um comprometimento claro em apoiar fracassos inteligentes e assumir riscos bem-intencionados. As pessoas devem saber que os fracassos inteligentes são necessários para o sucesso futuro, que elas não serão punidas por causa deles e que suas carreiras não terminarão por causa deles. Se os sinais forem confundidos, os funcionários poderão pender para o lado da precaução e ocultar seus erros em vez de revelá-los.

Há um outro componente da segurança psicológica. Se os funcionários devem compartilhar seus erros, os líderes devem fazer isso também.

Revele Seus Fracassos

Não é fácil para pessoas inteligentes e competitivas assumirem seus próprios erros, em especial quando ninguém os percebeu. Mas os astronautas devem revelar seus próprios tropeços e colocá-los sob um microscópio para que todos possam vê-los.[70] Falar abertamente sobre trapalhadas é obrigatório, porque a admissão de uma ação imbecil por parte de um astronauta pode salvar a vida de outro.

Mesmo quando não há vidas em perigo, revelar nossas falhas pode facilitar o aprendizado e desenvolver segurança psicológica. Foi por isso que criei o podcast "Famous Failures" [Fracassos Famosos, em tradução livre], no qual entrevisto as pessoas mais interessantes do mundo sobre seus fracassos e o que elas aprenderam com eles. Como você pode imaginar, convidar pessoas para o programa resultou em conversas interessantes.

"Ei, Dan, eu tenho um podcast no qual faço entrevistas sobre fracassos. Você seria perfeito para ele."

Para a minha surpresa, porém, a maioria das pessoas que convidei estava disposta a participar do programa porque elas sabiam, por experiência própria, o que outros deixavam de reconhecer: qualquer pessoa que já fez algo significativo fracassou de alguma maneira. Depois de entrevistar vários titãs no podcast — incluindo grandes empreendedores, ganhadores de medalhas olímpicas e autores de best-seller do *New York Times* —, eu descobri uma característica em comum: todos eles — e realmente me refiro a todos eles — são uma imperfeição ambulante. Até os gênios não são à prova de erros.

Einstein falou abertamente sobre seus maiores erros. É como o astrofísico Mario Livio escreveu: "Mais de 20% dos trabalhos originais de Einstein contêm erros de algum tipo."[71] Sara Blakely, a fundadora e diretora executiva da Spanx, destaca seus próprios momentos vergonhosos em reuniões com a companhia inteira.[72] Catmull, o ex-presidente da Pixar, fala sobre os erros que ele cometeu ao dar orientações a novos funcionários: "Não queremos que as pessoas achem que tudo o que fazemos é certo porque somos bem-sucedidos", ele explica.[73] O economista Tyler Cowen escreveu uma análise detalhada sobre como, após a crise financeira de 2008, ele "subestimou bastante as chances de que alguma coisa sistêmica havia dado errado na economia norte-americana". Cowen admitiu seu remorso: "Arrependo-me de ter errado, e me arrependo de ter sido confiante demais na minha crença de que eu estava certo."[74]

Se essas pessoas lhe parecem mais amigáveis agora, você está experimentando o que os pesquisadores chamam de "efeito da trapalhada atraente".[75] Expor nossa vulnerabilidade pode nos tornar mais desejáveis aos olhos dos outros, mas há um porém. Precisamos estabelecer nossas habilidades antes de revelar nossas falhas. Senão arriscaremos prejudicar nossa credibilidade e dar a impressão de sermos trapalhões — e não do tipo atraente.[76]

Apesar do efeito da trapalhada atraente, a maioria de nós falha em reconhecer nossos próprios erros. Nossa imagem pública é sinônimo do nosso valor próprio. Nós nos melhoramos e criamos retratos acurados das nossas vidas imperfeitas. Nós polimos as bordas, espanamos os pontos negativos e apresentamos uma imagem perfeita ao mundo, livre de falhas. Mesmo quando falamos sobre falhas, fazemos isso sob uma luz favorável.

Eu entendo. É doloroso fracassar, e falar sobre nossas falhas pode intensificar a dor. Mas a abordagem contrária — negar e evitar — piora as coisas. Para aprender e crescer, precisamos reconhecer nossas falhas sem celebrá-las.

Esse conselho é particularmente importante para líderes. As pessoas prestam bastante atenção ao comportamento dos líderes porque elas dependem do seu reconhecimento.[77] Os estudos também mostram que as pessoas recorrem aos líderes para iniciarem mudanças.[78] Se os líderes deixarem de reconhecer suas falhas — se houver a percepção de que os líderes não podem errar —, é irrealístico esperar que os funcionários arrisquem contradizer os líderes ou revelar suas falhas.

Considere um estudo de 16 hospitais com departamentos de cirurgia cardíaca de ponta que implementaram uma nova tecnologia para as cirurgias.[79] Essa tecnologia revolucionou como as cirurgias eram realizadas. Cada equipe precisava desaprender seus hábitos enraizados e adotar novos do zero. As equipes que aprendiam mais rápido do que as outras tinham três características essenciais, sendo que uma delas é especialmente relevante aqui. Elas eram lideradas por cirurgiões que estavam mais dispostos a reconhecer sua própria capacidade de falhar. Por exemplo, um cirurgião costumava dizer à sua equipe: "Eu preciso ouvir o que vocês têm a dizer porque provavelmente vou me atrapalhar."[80] Outro cirurgião dizia: "Eu estraguei tudo. Tomei uma má decisão nesse caso."

O que tornou essas mensagens eficazes foi a sua repetição. Comportamentos enraizados não mudam com um discurso cheio de emoção. À medida que os membros das equipes ouviam essas mensagens vez após vez, eles se sentiam psicologicamente seguros para falar dos seus erros — mesmo em um ambiente tão hierárquico como uma sala de cirurgias. "Não existem queridinhos", explicou um membro de uma equipe cirúrgica. "Se alguém precisa receber um recado, ele é dado — quer sejam cirurgiões ou enfermeiros."[81]

Quer estejamos em uma sala de cirurgias, na diretoria ou na sala de controle de uma missão, o princípio é o mesmo. A estrada para o sucesso é cheia de buracos. É melhor reconhecê-los do que fingir que eles não existem.

Como Falhar Graciosamente

Nem todos os fracassos são criados igualmente. Alguns são mais graciosos do que outros. Os cientistas de foguetes usam um conjunto de ferramentas para conter as falhas para que os erros não resultem em muitos danos. Nós falamos sobre algumas dessas ferramentas nos capítulos anteriores. Por exemplo, os cientistas de foguetes realizam experimentos mentais, nos quais as falhas não resultam em danos tangíveis. Eles constroem redundâncias para que a missão não falhe mesmo que um componente falhe. Eles usam testes para diminuir os riscos porque as falhas no chão evitam falhas muito mais desastrosas no espaço.

Além da ciência de foguetes, podemos usar os testes para falhar mais graciosamente. Em vez de estabelecer uma política inovadora na empresa inteira, podemos usar uma divisão ou um grupo de clientes como laboratório ou experimento. Se uma divisão quebrar, a companhia ainda ficará de pé. Se um grupo de clientes odiar a política, o dano será contido. Por exemplo, a Starwood Hotels — que inclui marcas de hotéis como a Westin e Sheraton — costumava usar sua marca W Hotels como um laboratório de inovação, uma área de testes para novas ideias, como aromas de assinatura e uma experiência de sala de estar no saguão do hotel. Se essas ideias dessem certo em pilotos menores na W Hotels, a empresa as estendiam a outros hotéis do seu portfólio.[82] Se essas ideias não dessem certo, o dano seria contido.

Testar tem outra vantagem. Por definição, testar nos permite praticar as falhas em um ambiente relativamente seguro. Os cientistas de foguetes cometem erros com regularidade, mas, para muitos de nós — em especial nas gerações mais jovens —, o fracasso pode ser uma experiência estranha. É como Jessica Bennett escreveu no *New York Times*: "Os membros docentes de Stanford e Harvard criaram o termo 'privados de fracasso' para descrever o que estavam observando: a ideia de que, embora fossem cada vez mais excepcionais no papel, os alunos pareciam incapazes de lidar com conflitos simples."[83]

Superar esse medo exige exposição à terapia. Em outras palavras, devemos nos expor ao fracasso com regularidade. Pense nisso como a vacinação: assim como introduzir antígenos fracos pode estimular o "aprendizado" do nosso sistema imunológico e evitar futuras infecções, a exposição aos fracassos inteligentes nos ajuda a reconhecer e a aprender com eles. Cada dose aumenta nossa resistência e nossa familiaridade. Cada crise se torna um treinamento para a próxima.

Isso não significa impor fracassos catastróficos a nós mesmos. Não precisamos ser masoquistas. Antes, isso significa nos dar espaço para ampliar os limites, lidar com problemas espinhosos e, sim, fracassar. Vamos nos deixar cair na grama. Dar-nos a permissão de tocar mal uma música no piano e escrever primeiros rascunhos terríveis de capítulos de livros (como eu digo a mim mesmo o tempo todo).

Os pais podem aprender uma dica com Sara Blakely. Ela deixou de vender máquinas de fax de porta em porta para se tornar sozinha a bilionária mais jovem do mundo. Em parte, ela credita o seu sucesso à pergunta que se pai lhe fazia a cada semana. "No que você fracassou essa semana?" Se Sara não tivesse uma resposta, seu pai se decepcionava. Para o seu pai, deixar de tentar era mais decepcionante do que o fracasso em si.

....

NÓS COSTUMAMOS ACHAR que o fracasso tem um desfecho. Nós fracassamos até sermos bem-sucedidos e, então, paramos de fracassar para colher os benefícios da nossa nova posição na ordem hierárquica. Contudo, o fracasso não é um erro que precisamos eliminar do nosso sistema até a chegada do sucesso. O fracasso é uma característica. Se não desenvolvermos o hábito de fracassar com regularidade, estaremos flertando com a catástrofe. Como veremos no próximo capítulo, onde o fracasso acaba, a complacência começa.

> Acesse **www.altabooks.com.br** e procure pelo ISBN do livro para encontrar desafios e exercícios que o ajudarão a implementar as estratégias discutidas neste capítulo.

9

NÃO HÁ MAIOR FRACASSO DO QUE O SUCESSO

Como o Sucesso Resultou nos Maiores Desastres da História da Ciência de Foguetes

> Se encontrando a desgraça e o triunfo conseguires tratar da
> mesma forma a esses dois impostores
> ...
> Tua é a Terra com tudo o que existe no mundo.
>
> — RUDYARD KIPLING

"VENHA, ROGER. Venha e assista."[1]

Roger Boisjoly não estava com vontade de assistir nada. Boisjoly (pronunciado como o vinho Beaujolais) era um engenheiro mecânico em treinamento. Ele havia passado 25 anos na indústria aeroespacial, primeiro trabalhando no módulo lunar Apollo e depois entrando na empresa chamada Morton Thiokol. Na Thiokol, ele trabalhou na equipe que construía os sólidos propulsores de foguete responsáveis pelo lançamento do ônibus espacial da plataforma.

Em julho de 1985, Boisjoly escreveu um memorando profético. Esse memorando, enviado aos seus superiores, os avisava sobre problemas com os anéis de vedação dos propulsores do foguete. Os anéis de vedação são tiras finas de borracha que selam as juntas dos propulsores e evitam que gases quentes vazem deles. Havia dois anéis de vedação em cada junta — um primário e um secundário, para garantir —, visto que a função deles era vital. Em vários lançamentos, os engenheiros descobriram que tanto o anel de vedação primário como o secundário haviam sido danificados. Durante uma missão de janeiro de 1985, o anel de vedação primário falhou, mas o anel de vedação secundário salvou o dia depois de também receber algum dano. Boisjoly pediu aos seus superiores que agissem imediatamente. Ele não mediu as palavras. Ele avisou: "O resultado será uma catástrofe da maior ordem: a perda de vidas humanas."

Na tarde de 27 de janeiro de 1986 — cerca de seis meses depois de escrever seu memorando —, Boisjoly soou o alarme mais uma vez. Junto com outros engenheiros da Morton Thiokol, Boisjoly fez uma teleconferência com a NASA para pedir um adiamento do lançamento do ônibus espacial para o dia seguinte. Naquela tarde, o clima geralmente ameno do Cabo Canaveral, Flórida — o local de lançamento do ônibus espacial —, ficou surpreendentemente frio, com temperaturas abaixo de zero. Boisjoly e seus colegas engenheiros disseram que os anéis de vedação precisavam ser flexíveis para realizar sua função e que eles tendiam a se tornar quebradiços no tempo frio. Contudo, a gerência da Thiokol e da NASA ignoraram a recomendação dos engenheiros.

"Venha, Roger. Venha e assista."

Na manhã seguinte, no dia 28 de janeiro, seus colegas estavam perturbando Boisjoly para se juntar a eles na sala, no centro de administração de informações da Thiokol, para assistir ao lançamento. Boisjoly finalmente cedeu, engoliu sua desaprovação e entrou relutantemente no centro. Naquele momento, uma torre climática perto da plataforma de lançamento registrava a temperatura ambiente de 2°C. A temperatura perto das juntas dos sólidos propulsores do foguete — onde estavam os anéis de vedação — estava ainda mais fria, estimada em -2°C.

À medida que a contagem regressiva se aproximava do zero, o medo se apoderou de Boisjoly. "Se os anéis de vedação fossem falhar, eles falhariam no lançamento", ele pensou. Esse era o momento da verdade. Os sólidos propulsores do foguete foram acionados com um rugido ensurdecedor, e o ônibus começou a se erguer lentamente da plataforma. Quando ele saiu da torre de lançamento, Boisjoly suspirou de alívio. "Nós nos livramos de uma boa", lhe sussurrou um colega.

À medida que o ônibus espacial continuava a subir, o controle da missão deu um comando à tripulação para ir a toda velocidade: "Acelerem."

A tripulação respondeu: "Entendido. Acelerando."

Essa foi a última transmissão recebida do ônibus espacial *Challenger*. Com cerca de um minuto de voo, gases quentes abrasadores começaram a vazar dos sólidos propulsores do foguete de forma visível. O suspiro de alívio de Boisjoly havia sido prematuro. O ônibus espacial se desintegrou em uma nuvem de fumaça e destroços derretidos, e resultou na morte de todos os sete tripulantes. Essas imagens ficaram gravadas na mente de milhões que assistiram o evento ao vivo — em parte porque Christa McAuliffe, selecionada para ser a primeira professora no espaço, estava a bordo do ônibus espacial.

Uma comissão especial foi formada pelo presidente Ronald Reagan — popularmente conhecida como a Comissão Rogers, nomeada em homenagem ao seu presidente, William P. Rogers, ex-procurador geral e secretário do estado. A comissão determinou que a explosão foi causada por uma falha nos anéis de vedação. Em uma audiência da comissão, Richard Feynman surpreendeu os telespectadores ao jogar um anel de vedação na água gelada. O anel havia visivelmente perdido sua habilidade de vedar em temperaturas similares às que prevaleciam na época do lançamento do *Challenger*.

Os problemas recorrentes com os anéis de vedação foram descritos em documentos da NASA como um "risco aceitável", o jeito-padrão de fazer negócios. Como um voo após o outro foi realizado apesar de riscos perigosos de danos nos anéis de vedação, a NASA começou a desenvolver uma visão institucional estreita. Lawrence Mulley, gerente da NASA, explicou: "Como o risco de erosão dos anéis de vedação foi aceito e até esperado, ele não era mais considerado uma anomalia a ser resolvida antes do próximo voo."[2]

A anomalia havia se tornado a norma. Feynman descreveu o processo de tomada de decisões da NASA como uma "roleta-russa". Como nenhuma catástrofe havia acontecido depois de vários voos de ônibus espaciais com problemas de anéis de vedação, a NASA acreditava que "podíamos abaixar os padrões um pouquinho para o próximo voo porque tinha dado certo da última vez".[3]

É fácil dizer como esse problema poderia ter sido resolvido e fingir que era óbvio que o *Challenger* não deveria ter sido lançado. A retrospectiva tende a supersimplificar e nos dar uma falsa impressão de que os resultados eram inevitáveis. Mas até em retrospectiva, podemos aprender com esses eventos, em especial porque o acidente com o *Challenger* e outros que abordaremos neste capítulo replicam os mesmos padrões de comportamento que costumam surgir na nossa vida pessoal e profissional.

Este capítulo fala sobre essas lições. Vou explicar por que pode ser tão perigoso celebrar tanto o sucesso como o fracasso, e vou revelar por que uma autópsia deve acompanhar tanto os triunfos como as derrotas. Vamos explorar por que o sucesso é um lobo em pele de cordeiro e como ele oculta pequenas falhas que podem se acumular e gerar desastres maiores. Você aprenderá como uma empresa da

Fortune 500 conseguiu ficar à frente da concorrência por se reinventar duas vezes e como podemos fazer a mesma coisa para não ficar para trás. Vai descobrir por que o mesmo tipo de falha que causou o desastre do *Challenger* também causou o colapso do mercado imobiliário de 2008, e o que taxistas alemães e os cientistas de foguetes têm em comum. Ao terminar de ler este capítulo, estará equipado com táticas para se defender da complacência e aprender com casos de sucesso.

Por Que o Sucesso É um Professor Ruim

Depois do *Challenger*, um evento similar aconteceu 17 anos mais tarde.

No sábado de manhã, no dia 1º de fevereiro de 2003, o ônibus espacial *Columbia* estava voltando para casa depois de passar 16 dias no espaço.[4] À medida que ele descia na atmosfera a uma velocidade 23 vezes maior do que a velocidade do som, as beiradas frontais das suas asas se aqueceram a cerca de 1.370°C por causa da esperada fricção atmosférica. Mas o que não se esperava era uma série de leituras erráticas de temperatura. Quando o controle da missão em Houston tentou contatar os astronautas, o comandante da espaçonave, Rick Husband, respondeu: "E, uh, Hou—" antes de ser cortado. Uma segunda tentativa de Husband para contatar o controle da missão também foi cortada em "Entendido". Um minuto depois, todos os sinais do *Columbia* foram perdidos. Qualquer esperança de que a perda do sinal fosse simplesmente o resultado de defeitos nos sensores foi eliminada pelas imagens ao vivo do *Columbia* se desintegrando na televisão. O diretor do voo, LeRoy Gain, assistiu a essas imagens em choque, incapaz de segurar a única lágrima que escorria pela sua bochecha. Ele se recompôs e disse: "Tranquem as portas", iniciando o processo de quarentena que segue cada desastre espacial.

O ônibus espacial havia explodido durante a reentrada na atmosfera, matando todos os 7 astronautas a bordo e espalhando destroços sobre mais de 3.200 quilômetros quadrados. Dessa vez, a culpada foi uma peça de espuma isolante que era "do tamanho de uma caixa térmica".[5] Durante o lançamento, a espuma havia se soltado do tanque externo de combustível da nave e atingido sua asa esquerda. Esse golpe havia deixado um buraco no sistema de proteção térmica responsável por proteger o ônibus espacial contra o calor intenso durante a reentrada.

Poucos dias depois do desastre, o supervisor do programa do ônibus espacial minimizou a importância dos detritos de espuma. Usando uma linguagem extremamente similar a dos seus predecessores da década de 1980, ele explicou que os detritos de espuma haviam atingido e danificado a nave em todas as missões. Com o passar do tempo, "o descascamento da espuma", como foi chamado internamente na NASA, se tornou oficialmente um "risco de voo aceitável". James Hallock, um especialista em segurança de aviação e membro do Conselho de Investigação de Acidentes do Columbia, explicou que "não só o [descascamento da espuma] era esperado, mas acabou se tornando aceito". Ele era formalmente descrito como um evento "familiar", o que significa "um problema relatável que foi previamente experimentado, analisado e compreendido".[6]

No entanto, esse problema não havia sido compreendido. A NASA não sabia por que a espuma das suas naves estava descascando, se os detritos de espuma poderiam comprometer a segurança da missão ou como isso poderia ser evitado.

Hallock se propôs a descobrir o porquê. Ele fez uma simples pergunta: Quanta força é necessária para quebrar os painéis que estão protegendo as asas do ônibus espacial do calor da reentrada? De acordo com as especificações da NASA, os painéis precisavam aguentar uma energia cinética de 0,006 pés-libras (um pé-libra é a energia necessária para levantar uma libra acima de um pé de distância). Em um movimento que nos faz lembrar da demonstração dos anéis de vedação de Feynman, Hallock realizou um experimento simples usando um lápis número 2 e uma pequena balança. Ele descobriu que um lápis jogado de 15 centímetros aplicaria força suficiente para quebrar os painéis. Para deixar claro, os painéis foram fabricados para serem mais fortes do que as especificações, mas o baixo padrão estabelecido só mostrava o quanto a NASA estava confiante de que nada atingiria a nave com força suficiente para comprometer a segurança da missão.

Os fatos, porém, colocaram essa confiança em xeque. Cerca de três meses antes do acidente do *Columbia*, o ônibus espacial *Atlantis* aguentou um ataque de espuma durante o seu lançamento. O dano resultante foi "o mais grave de qualquer missão já realizada".[7] Em vez de suspender os voos para investigar o que aconteceu, a NASA foi em frente com o lançamento do *Columbia*.

No dia depois do lançamento, os engenheiros realizaram uma revisão de rotina dos vídeos do lançamento e perceberam o ataque da espuma. Mas as câmeras que estavam em posição para ver o golpe não o registraram ou produziram imagens borradas. Devido a cortes no orçamento, as lentes das câmeras não receberam a manutenção apropriada. Trabalhando com equipamentos limitados, os engenheiros podiam dizer que o "pedaço de espuma era surpreendentemente grande — maior do que qualquer um que já haviam visto",[8] mas não podiam dizer mais nada além disso.

Quando Rodney Rocha, engenheiro estrutural da NASA, assistiu ao vídeo e viu o tamanho do pedaço de espuma, ele "engasgou audivelmente".[9] Ele enviou um e-mail para o seu supervisor, Paul Shack, para determinar se os astronautas poderiam inspecionar a área do impacto e talvez consertá-la por meio de uma atividade extraveicular. Mas ele não recebeu nenhuma resposta. Mais tarde, Rocha mandou outro e-mail para Shack para perguntar se a NASA poderia "pedir (implorar) assistência de uma agência externa". Esse pedido era um código para usar os satélites espiões do Pentágono para tirar fotos das áreas afetadas da nave para analisar o dano. No e-mail, Rocha descreveu várias opções disponíveis para lidar com o dano e aterrissar o ônibus espacial com segurança. Em outras palavras, até um chefe que diz aos seus empregados: "Não me traga problemas; me traga soluções", deveria estar satisfeito.

Entretanto, Shack rejeitou o pedido de Rocha. Mais tarde, Shack disse a Rocha que a gerência havia se recusado a continuar investigando o assunto. Quando Rocha pressionou, Shack se recusou a ceder: "Eu não vou dar uma de Galinho Chicken Little nessa questão", ele disse. Rocha e outros engenheiros preocupados foram zombeteiramente chamados de "espumologistas" por Sean O'Keefe, administrador da NASA.

A gerência sênior acreditava que os espumologistas estavam soando o alarme por causa de um evento de rotina. Linda Ham, a presidente da Equipe Administrativa da Missão, lembrou a sua equipe que voos anteriores já haviam sido bem-sucedidos apesar de golpes de espuma. Ela disse: "Nós não mudamos nada e não experimentamos nenhum dano de 'segurança de voo' em 112 voos." Segundo Ham, a nave era "segura para voar, sem nenhum risco adicional".[10]

Então, essa mensagem foi enviada para a tripulação do *Columbia*. Um e-mail enviado aos astronautas observou que o golpe da espuma "não era nem digno de nota", mas que eles seriam informados caso recebessem alguma pergunta de um repórter. O e-mail terminou com a NASA confirmando que havia "visto esse mesmo fenômeno em vários outros voos e que não havia nenhuma preocupação com a entrada".[11]

Munidos com essa confirmação, a tripulação do *Columbia* seguiu em direção à Terra. Quando a espaçonave estava apenas a alguns minutos de distância do local de aterrissagem, ela se despedaçou após seu sistema de proteção térmica permitir que gases quentes penetrassem na asa.

Como George Bernard Shaw escreveu, a ciência "se torna perigosa apenas quando ela acha que já atingiu seu objetivo".[12] Antes do acidente do *Challenger*, a NASA havia lançado missões de ônibus espaciais com sucesso, apesar da erosão dos anéis de vedação. Antes do acidente do *Columbia*, vários lançamentos de ônibus espaciais haviam sido bem-sucedidos apesar do descascamento da espuma. Cada sucesso reforçou uma crença no status quo, alimentou uma atitude de "que se danem os torpedos". Com cada sucesso, o que seria de outra forma considerado um nível inaceitável de risco se torna a nova norma.

O sucesso é um lobo em pele de cordeiro. Ele faz uma confusão entre a aparência e a realidade. Quando somos bem-sucedidos, acreditamos que tudo aconteceu de acordo com o plano. Ignoramos os sinais de alerta e a necessidade de mudança. Com cada sucesso, nos tornamos mais confiantes e aumentamos as apostas.

Mas não é só porque estamos em uma maré de sorte que venceremos o cassino.

É como Bill Gates diz: O sucesso é "um professor ruim" porque ele "faz pessoas inteligentes acreditarem que não podem perder".[13] Pesquisas apoiam essa intuição.[14] Em um estudo representativo, analistas financeiros que fizeram predições melhores do que a média durante um ano se tornaram confiantes demais e, consequentemente, menos precisos em predições futuras em relação ao seu patamar.[15]

O crítico literário Cyril Connolly escreveu: "A quem os deuses desejam destruir, eles primeiro os chamam de promissores."[16] O momento que achamos que conseguimos é o momento que paramos de aprender e crescer. Quando estamos na liderança, concluímos que sabemos as respostas, de modo que não escutamos. Quando achamos que estamos destinados à grandeza, começamos a culpar outros se as coisas não acontecem como planejado. O sucesso nos faz achar que temos o toque de Midas — que podemos andar por aí transformando tudo em ouro.

Com as missões Apollo à Lua, a NASA transformou o impossível em possível quando as probabilidades estavam contra a agência. Os casos de sucesso cegaram as mentes mais capazes e aumentaram seus egos. De acordo com o relatório da Comissão Rogers, os sucessos improváveis da era Apollo produziram uma atitude de "podemos fazer qualquer coisa" na NASA.[17]

O ponto, contudo, é o seguinte: podemos fazer algumas coisas erradas e ainda assim sermos bem-sucedidos. O termo técnico aqui é "pura sorte". Uma espaçonave com uma falha de design pode pousar com segurança em Marte se as condições não ativarem essa falha. Uma bola de futebol mal chutada pode acabar entrando no gol se acertar outro jogador. Uma estratégia de julgamento ruim pode acabar em vitória se os fatos e a lei estiverem do nosso lado.

Mas o sucesso tem uma maneira de ocultar esses erros. Quando estamos ocupados acendendo charutos e abrindo champanhes, não conseguimos perceber o papel que a sorte exerceu no triunfo. Segundo E. B. White, a sorte "não é algo que podemos mencionar na presença de um homem responsável pelo seu próprio sucesso".[18] Como trabalhamos duro para chegar onde estamos, nos ressentimos com a sugestão de que qualquer outra coisa além do nosso trabalho duro e talento produziram o resultado. No entanto, quando deixamos de olhar no espelho e reconhecer que fomos bem-sucedidos *apesar* de termos cometido erros e *apesar* de termos assumido um risco tolo, estaremos flertando com a catástrofe. As más decisões e os perigos continuarão a nos acompanhar no futuro, e o sucesso que tínhamos fugirá de nós algum dia.

É por isso que crianças prodígios se desmantelam. É por isso que o mercado imobiliário, que achava que era a base da economia norte-americana, desmoronou. É por isso que a Kodak, a Blockbuster e a Polaroid faliram. Em cada caso, o inafundável naufragou, o que não poderia cair acabou caindo e o indestrutível se autodestruiu — porque achamos que os sucessos anteriores garantem seu futuro.

Sobreviver ao nosso próprio sucesso pode ser mais difícil do que sobreviver ao nosso próprio fracasso. Nós tratamos os sucessos como um grupo aparentemente amigável de gregos que estão nos dando um grande e lindo presente chamado cavalo de Troia. Precisamos tomar medidas para manter a humildade antes que os gregos cheguem. Precisamos tratar nosso trabalho — e a nós mesmos — como trabalhos permanentemente em andamento.

Trabalhos Permanentemente em Andamento

Nos dias iniciais do programa espacial, as incertezas eram muitas. A NASA era uma recém-chegada, e seus produtos — as naves espaciais Mercury, Gemini e Apollo — eram decididamente trabalhos em andamento. Milton Silveira, engenheiro-chefe da NASA, explicou: "Não tínhamos certeza de nada do que estávamos fazendo. Nós pedíamos por revisões contínuas, análises contínuas por parte de qualquer um que respeitávamos, para olhar para essa coisa e nos certificarmos de que a estávamos fazendo direito."[19]

Depois que as missões Apollo resultaram em uma sequência de sucessos impressionantes, a atitude prevalecente da NASA começou a mudar. A agência espacial, impulsionada por burocratas de Washington, começou a ver o voo espacial com humanos como rotineiro. Em janeiro de 1972, quando o programa do ônibus espacial foi anunciado, o presidente Richard Nixon declarou que essa espaçonave "revolucionaria o transporte ao espaço próximo ao torná-lo uma *rotina*".[20] Foi antecipado que ela seria uma espaçonave reutilizável que voaria com frequência — até 50 vezes por ano, de acordo com as estimativas iniciais.[21] Ela seria uma versão aprimorada de um Boeing 747, que "poderíamos simplesmente aterrissar, fazer o retorno e operar de novo".[22] Tratar uma nave espacial como um avião traria o benefício adicional de atrair clientes para cargas.

Em novembro de 1982, o ônibus espacial "havia mostrado ser suficientemente seguro e livre de erros para se tornar rotineiro, confiável e com um bom custo-benefício", como explicado por dois pesquisadores organizacionais.[23] A NASA estava tão confiante da segurança do ônibus espacial que, antes do acidente do *Challenger*, a gerência não via a necessidade de incluir um sistema de escape para a tripulação.[24] E na época da missão *Challenger*, o voo espacial era tão rotineiro que uma civil — uma professora do ensino fundamental — poderia pegar uma carona até o espaço.

Conforme o tempo passou, a NASA começou a comprometer a segurança e a confiabilidade. Sua equipe de garantia de qualidade havia sido reduzida em mais de dois terços, de cerca de 1.700 em 1970 para 505 em 1986, o ano do lançamento do *Challenger*. O Centro de Voo Espacial Marshall, no Alabama — que foi o responsável pela propulsão do foguete — sofreu o golpe mais pesado, com uma redução de 615 para 88 funcionários. Essas reduções significaram "menos inspeções de segurança... uma execução menos cuidadosa dos procedimentos, uma investigação menos profunda das anomalias e menos documentação do que havia acontecido".[25]

A rotina também trouxe um conjunto de regras e procedimentos padronizados para a NASA, com cada voo se tornando uma simples aplicação desses padrões. A rotina significou se apegar à programação feita anteriormente e ignorar as anomalias. A NASA se transformou aos poucos em uma organização hierárquica na qual obedecer a regras e procedimentos se tornou mais importante do que a contribuição.

Essa hierarquia também gerou uma desconexão entre os engenheiros e os supervisores. Os administradores da NASA abandonaram a abordagem "mãos na massa" da era Apollo. Os supervisores não estavam mais intimamente envolvidos com a tecnologia de voo, e acabaram perdendo o dom. Sua cultura deixou de ser focada em pesquisa e desenvolvimento e passou a funcionar mais como um negócio com pressões de produção.[26] Eram os engenheiros que colocavam a mão na massa, e muitos deles ainda acreditavam — apesar do que os burocratas diziam — que a tecnologia do ônibus espacial era arriscada e experimental.[27] Entretanto, essa mensagem não chegou até o topo.

Voltemos um momento para o desastre do *Challenger*. Na véspera do lançamento, os engenheiros da Thiokol disseram que o *Challenger* não deveria ser lançado a menos que a temperatura ambiente estivesse acima de 11°C. Mas o supervisor do programa, Mulloy, reclamou: "O que você está propondo fazer é criar novos Critérios de Confirmação de Lançamento na véspera do lançamento, embora já tenhamos realizado voos bem-sucedidos com os Critérios de Confirmação de Lançamento atuais nas últimas 24 vezes."[28] A suposição era que, desde que as regras que resultaram nos sucessos anteriores fossem seguidas, nada de ruim aconteceria.

Quando fingimos que uma atividade é rotineira, esse é o momento que baixamos a guarda e perdemos a coroa. A solução é abandonar a palavra *rotina* do nosso vocabulário e tratar todos os nossos projetos — em especial os bem-sucedidos — como trabalhos permanentemente em andamento. A NASA não perdeu nenhum tripulante no espaço durante as missões Apollo, Mercury e Gemini, quando o voo espacial tripulado por humanos era encarado como um trabalho em andamento arriscado. As únicas fatalidades durante esses anos iniciais ocorreram durante um teste de lançamento no chão, quando a espaçonave Apollo 1 pegou fogo. Foi só depois que o voo espacial tripulado por humanos foi encarado como rotineiro que perdemos uma tripulação da NASA durante o voo. Após o desastre do *Challenger*, o presidente Reagan disse: "Nós nos acostumamos com a ideia do espaço, e talvez tenhamos esquecido que acabamos de começar."[29]

Daniel Gilbert, um psicólogo social, explica: "Os seres humanos são trabalhos em andamento que acham, erroneamente, que já terminaram."[30] Maurice Greene, pentacampeão de atletismo, não cometeu esse erro e se enxergava sempre como um trabalho permanentemente em andamento. Embora fosse um campeão mundial, Greene tinha o cuidado de sempre treinar como se fosse o vice-campeão.[31] Quando estamos em segundo lugar — ou pelo menos fingimos que estamos —, temos uma tendência menor de nos tornarmos complacentes. Ensaiaremos aquele discurso até que o saibamos de cor, exageraremos na preparação para uma entrevista e trabalharemos mais do que os nossos concorrentes.

É por isso que Bo Jackson, o único jogador classificado como *all-star* tanto no futebol americano como no beisebol, não ficava animado quando acertava um *home run* ou corria para o *touchdown*. Ele dizia que "não havia feito isso com *perfeição*".[32] Depois do seu primeiro sucesso na Grande Liga de Beisebol, ele nadou contra a maré e se recusou a guardar a bola como uma lembrança porque, para Jackson, ela era "como um arremesso de bola rasteira".[33] Mia Hamm jogou futebol com a mesma mentalidade. "Muitos dizem que sou a melhor jogadora de futebol do mundo", Hamm disse certa vez. "Eu não acho. E, por causa disso, talvez eu chegue a ser algum dia."[34] Charlie Munger, o parceiro de negócios de Warren Buffett, usa a mesma abordagem como princípio para tomar decisões de contratação: "Se acha que seu QI é de 160, mas é de 150, você é um desastre. É muito melhor ter um QI de 130 e achar que é de 120."[35]

Pesquisas apoiam essa abordagem. É como Daniel Pink explica em *Quando: Os Segredos Científicos do Timing Perfeito*: "Um time que está na frente durante o intervalo — em qualquer esporte — tem maior probabilidade de vencer o jogo do que seu oponente."[36] Mas existe uma exceção em que a motivação vence a realidade matemática. De acordo com um estudo de mais de 18 mil jogos de basquete profissional, estar um pouco atrás no intervalo aumenta as chances do time de vencer.[37] Esses resultados também se aplicam fora das quadras e em ambientes controlados de laboratório. Um estudo colocou os participantes uns contra os outros em uma competição de digitação envolvendo dois períodos separados por um curto intervalo.[38] Durante o intervalo, os participantes foram informados de que estavam bem para trás (–50 pontos), um pouco atrás (–1 ponto), empatados ou um pouco à frente (+1 ponto). Os participantes que achavam que estavam um pouco atrás fizeram muito mais esforço do que todos os outros participantes no segundo período.

Podemos alimentar essa mentalidade não complacente ao concluir que estamos sempre um pouco atrás e que o vilão da nossa história — quer sejam os soviéticos no caso da NASA, a Hertz para a Avis, ou a Nike para a Adidas — ainda está em primeiro lugar. Quando enviamos um novo produto, podemos explicar como ele pode ser aprimorado na próxima versão. Quando escrevemos o rascunho de um memorando ou um capítulo de um livro, podemos indicar o que está errado nele.

O mundo moderno não precisa de produtos concluídos. Ele precisa de trabalhos em andamento, em que o aprimoramento contínuo vence o jogo.

Sucesso Interrompido

Madonna é uma mestra na arte de se reinventar. Ela evoluiu com os tempos, colaborando com diferentes produtores e escritores.[39] Sua reinvenção constante foi a marca do seu estrelato por 30 anos.

Contudo, as grandes empresas não são Madonnas. As engrenagens corporativas mudam notoriamente devagar, em especial no que se refere a transformações fundamentais. Mas uma grande empresa conseguiu se reinventar não apenas uma vez — mas duas — em tempo recorde.

A Netflix começou revolucionando o modelo tradicional de locação de vídeos ao enviar DVDs pelo correio. No entanto, até quando ela começou a predominar no mercado, Reed Hastings, seu cofundador e diretor executivo, permaneceu vigilante.[40] Como mencionado em um capítulo anterior, podemos reformular perguntas e obter respostas melhores ao nos concentrarmos nas estratégias em vez das táticas. Aplicando esse princípio, a Netflix percebeu que ela não estava no negócio de entrega de DVDs. Essa era a tática. Antes, ela estava no negócio de entrega de filmes. Essa era a estratégia. A entrega de DVDs pelo correio era simplesmente uma tática entre muitas outras — incluindo o streaming de mídia — a serviço dessa estratégia. Hastings disse: "Meu maior medo na Netflix era não conseguir dar o salto do sucesso em DVDs para o sucesso no streaming."[41] Hastings prestou atenção nos sinais — os DVDs logo se tornariam obsoletos — e tentou se antecipar ao derretimento do sorvete de casquinha.

Para a Netflix, pode-se dizer que o salto para o streaming veio cedo demais. Em 2011, quando a empresa anunciou seus planos de se concentrar apenas no streaming e transformar o negócio de DVDs em uma empresa separada e independente, seus clientes reclamaram. Mas o erro — se é que foi um erro — foi muito melhor do que a alternativa de não fazer nada. Hastings ouviu seus clientes, juntou as peças e seguiu em frente com uma plataforma crescente de streaming enquanto mantinha o negócio de DVDs pelo correio.

Então, a Netflix deu outro salto e começou a desenvolver conteúdo original em vez de pagar os grandes estúdios de Hollywood para isso. Esse salto acabou sendo um grande sucesso em todas as métricas. A Netflix tinha uma quantidade desproporcional de sucessos em comparação com os fracassos que ela acabou cancelando. Mas, para Hastings, essa proporção era um sinal ruim. Ele disse: "Nosso índice de sucesso está alto demais agora. Deveríamos ter um índice de cancelamento geral mais alto."[42]

O desejo de Hastings por menos sucesso pode nos parecer irracional, mas ele sabia de uma coisa. Costumamos tratar as variações dos índices de sucesso da nossa vida pessoal e profissional como erros. Se tivermos a opção, preferiríamos um ápice ininterrupto de bom desempenho do que interrupções através dos vales do fracasso. Mas, como Sim Sitkin, professor universitário de administração, explica, "a regularidade e o sucesso ininterrupto são um problema e um sinal de fraqueza em vez de um inequívoco sinal de força".[43]

O sucesso regular, como os desastres do *Challenger* e do *Columbia* nos lembram, pode ser um presságio de problemas a longo prazo. Pesquisas mostram que o sucesso e a complacência andam de mãos dadas.[44] Quando somos bem-sucedidos, paramos de ir além dos nossos limites. Nosso conforto estabelece um teto, e nossas fronteiras diminuem em vez de aumentar. Os executivos corporativos raramente são punidos por se desviarem de uma estratégia histórica de sucesso. Entretanto, o risco da punição é muito maior se um executivo abandona uma estratégia de sucesso para correr atrás de uma que acabe falhando. Como resultado, em vez de nos arriscarmos em algo novo, continuamos com a mesma fórmula "comprovada" que já nos levou ao sucesso. Essa tática funciona bem — até que não funciona mais.

O recorde de três lançamentos fracassados do *Falcon 1* da SpaceX quase acabou com a empresa, mas esses fracassos iniciais ajudaram a aumentar as verificações da realidade. Eles evitaram que a empresa se tornasse complacente. Quando esses fracassos por fim acabaram dando lugar a uma sequência de sucessos, a SpaceX se tornou vítima da sua própria arrogância. Em junho de 2015, um foguete do *Falcon 9* explodiu enquanto se dirigia até a Estação Espacial Internacional. Musk foi franco e culpou o histórico de sucesso da empresa. Ele disse: "É a primeira vez que temos um fracasso em sete anos. Então, até certo ponto, a empresa como um todo se tornou um pouco complacente."[45]

Para evitar a complacência, devemos descer do pedestal de vez em quando. Steve Forbes disse: "Precisamos nos reinventar para não ficar para trás."[46] Se não experimentarmos a variabilidade do nosso histórico — se não impedirmos que a nossa confiança aumente após uma sequência de sucessos aleatórios —, então um fracasso catastrófico fará isso por nós. Mas os fracassos catastróficos também tendem a acabar com o nosso negócio ou com a nossa carreira. Mike Tyson, o ex-campeão mundial de pesos-pesados, disse: "Se não formos humildes, a vida trará a humildade até nós."

Uma maneira de continuarmos humildes é prestar atenção em quase acidentes.

Quase Acidentes

No jargão da aviação, um quase acidente é um incidente que poderia ter resultado em colisão. Um quase acidente significa que chegamos perto, mas não perto o suficiente para causar uma colisão. Quer dizer que tivemos sorte.

Tendemos a ignorar quase acidentes tanto na sala de controle do tráfego aéreo como na diretoria. Pesquisas mostram que quase acidentes são disfarçados de casos de sucesso porque eles não afetam o resultado final.[47] O avião não bateu, o negócio não faliu, e a economia continuou estável. Podemos nos dizer *tudo termina bem quando acaba bem* e *o que os olhos não veem, o coração não sente*, e seguir com o nosso dia.

Acontece que não é só porque os olhos não veem que não há muitos problemas. Como vimos, a NASA lançou com sucesso várias missões de ônibus espaciais apesar dos problemas com os anéis de vedação e apesar do descascamento da espuma. Essas primeiras missões foram *quase* acidentes porque não foram um fracasso, mas também foram *quase* acidentes porque a sorte interviu para salvar o dia.[48]

Os quase acidentes fazem as pessoas assumirem riscos tolos. Em vez da urgência, os quase acidentes geram complacência. Em estudos, as pessoas que receberam informações sobre quase acidentes tomaram decisões ainda mais arriscadas do que aquelas sem nenhuma informação sobre eles.[49] Embora o verdadeiro risco do fracasso continuasse o mesmo após o quase acidente, nossa *percepção* do risco diminuía.[50] Na NASA, a gerência interpretou cada quase acidente não como um problema em potencial, mas como dados que confirmavam sua crença de que os danos nos anéis de vedação ou o descascamento da espuma não eram fatores de risco e que não deveriam comprometer a missão. A gerência tinha uma sequência perfeita de casos de sucesso. Os cientistas de foguetes é que estavam dando alarmes falsos.

Os pontos dos dados contrários não chegaram até que o desastre aconteceu. Foi só então que a NASA reuniu as tropas para realizar uma autópsia e investigar os alertas que haviam sido ocultos pelo sucesso. No entanto, já era tarde demais.

Um termo para "autópsia" é "postmortem", que vem de uma expressão do latim que literalmente significa "depois da morte". Em uma autópsia médica, um cadáver é examinado para determinar a causa da morte. Com o passar dos anos, esse termo passou da medicina para os negócios. Hoje, as empresas realizam uma autópsia para determinar por que aconteceu uma falha e o que pode ser feito para evitá-la no futuro.

Existe, porém, um problema com essa metáfora. Uma autópsia sugere que deve haver um projeto morto, um negócio morto ou uma carreira morta antes de entrarmos em ação. A ideia da morte sugere que apenas fracassos catastróficos merecem uma investigação detalhada. Mas, se esperarmos que aconteça um desastre para realizar uma autópsia, a sequência de pequenos fracassos e quase acidentes — os problemas crônicos que se acumulam com o passar do tempo — passa despercebida.

O que resultou nos acidentes do *Columbia* e do *Challenger* não foi apenas uma péssima decisão, um grande erro de cálculo ou uma notória violação do serviço. Antes, como escreveu a socióloga Diane Vaughan, "uma série de decisões aparentemente inofensivas foi tomada, empurrando a agência espacial cada vez mais em direção" à catástrofe.[51]

Estes foram pequenos passos, não saltos gigantescos.

Essa é uma história comum. A maioria das corporações declara falência porque ignoram os pequenos passos, os sinais fracos, os quase acidentes que não afetam imediatamente os resultados. A Merck, por exemplo, ignorou os sinais de alerta iniciais que relacionavam seu analgésico Vioxx a doenças cardiovasculares.[52] Os executivos da Kodak ignoraram os sinais de que as imagens digitais afetariam seu negócio. A Blockbuster não deu atenção suficiente à ameaça do modelo de negócios da Netflix.

Havia sinais de que a crise do crédito de risco hipotecário já estava bem avançada antes das grandes instituições financeiras terem implodido em 2008 e gerado uma das piores recessões da história dos EUA.

Considere também um estudo de mais de 4.600 tentativas de lançamento de foguetes orbitais. De acordo com o estudo, apenas os fracassos totais — nos quais o foguete explodiu — resultaram em aprendizado institucional e aprimoraram a probabilidade de sucesso futuro.[53] Falhas parciais ou pequenas — nas quais o veículo de lançamento não explodiu, mas não conseguiu realizar sua função direito — não tiveram efeito similar. Quando pequenas falhas "não são amplamente identificadas, discutidas e analisadas, isso dificulta a prevenção de grandes falhas", explicaram os professores universitários de administração Amy Edmondson e Mark Cannon.[54]

Os quase acidentes são uma rica fonte de dados por um simples motivo. Eles acontecem com muito mais frequência do que os acidentes. Eles também são significativamente menos caros. Ao examinar os quase acidentes, podemos coletar dados cruciais sem resultar nos custos do fracasso.

Prestar atenção nos quase acidentes é especialmente importante na ciência de foguetes. Embora os foguetes sempre explodissem na década de 1960, melhoramos bastante na arte de fazê-los chegar até o espaço. O índice de sucesso dos foguetes modernos é de mais de 90%. O fracasso é a exceção. Mas os riscos de cada lançamento continuam enormes. Centenas de milhões de dólares, e vidas no caso do voo espacial tripulado por humanos, estão em risco. E tem mais: falhas espaciais costumam deixar evidências incompletas para trás. Grande parte do sinal não sobrevive ao ruído, e é difícil reproduzir essas falhas no chão. Onde as oportunidades de aprender com as falhas são poucas, é ainda mais importante aprender com o sucesso.

Isso resulta em um paradoxo. Queremos que nossos fracassos sejam graciosos, de modo que não arruínem as nossas vidas. Mas fracassos graciosos também são fracassos elusivos, que têm a probabilidade de passarem despercebidos a menos que prestemos bastante atenção. O objetivo deve ser identificar esses sinais furtivos antes que eles se acumulem e se transformem em algo que não podemos controlar. Isso quer dizer que as autópsias não devem se reservar apenas aos nossos piores dias no campo. Elas devem vir depois tanto dos fracassos quanto dos sucessos.

O time de futebol americano New England Patriots aprendeu essa lição no recrutamento para a Liga Nacional de Futebol Americano (NFL) de 2000.[55] Esse recrutamento é um espetáculo anual no qual os times de futebol americano escolhem novos jogadores para a temporada seguinte. Cada time escolhe um jogador em cada uma das sete rodadas.

Na sexta rodada do recrutamento de 2000, os Patriots escolheram um jogador que estava para se tornar um dos maiores *quarterbacks* de todos os tempos. Tom Brady venceria seis Super Bowls com os Patriots e ganharia quatro prêmios de Jogador Mais Valioso do Super Bowl — mais do que qualquer outro jogador na história da NFL. Brady seria chamado de o "maior roubo" do recrutamento de 2000, e a liderança dos Patriots seria elogiada por sua brilhante manobra estratégica de selecionar um jogador do calibre de Brady no fim do recrutamento.[56]

Essa é uma das interpretações dos eventos.

Outra interpretação é menos bondosa com a liderança dos Patriots. De uma perspectiva alternativa, Brady foi um quase acidente. Os Patriots já estavam de olho nele por um bom tempo, mas esperaram até o fim do recrutamento para escolhê-lo (ele foi a 199ª escolha de um total de 254 jogadores — quase tão ruim quanto ser escolhido por último na educação física).[57] Em um universo alternativo, esse mesmo processo poderia ter tido um resultado muito diferente. Outro time poderia ter recrutado Brady antes dos Patriots. Brady poderia não ter atingido seu pleno potencial se ferimentos não tivessem afastado Drew Bledsoe, o *quarterback* inicial dos Patriots, transferindo Brady para a escalação oficial. Nesse universo alternativo — que não está muito longe do verdadeiro —, a administração dos Patriots teria sido chamada de palhaça, não de visionária.

Da próxima vez que se sentir tentado a se deleitar na glória do seu sucesso ao admirar o placar de pontuação, faça uma pausa por um momento. Pergunte-se: "O que deu *errado* nesse sucesso? Que papel a sorte, a oportunidade e o privilégio exerceram? O que posso aprender com isso?" Se não conseguirmos responder a essas perguntas, a sorte vai eventualmente acabar e os quase acidentes nos alcançarão.

Essas perguntas, como você deve ter notado, não são diferentes das que exploramos no último capítulo sobre o fracasso. Fazer as mesmas perguntas e seguir o mesmo processo, independentemente do que aconteça é uma das maneiras de aliviar a pressão do resultado e reorientar nosso foco ao que mais interessa: os insumos.

Aprenda com a X, a fábrica de *moonshots* da Google. Até quando suas tecnologias são bem-sucedidas, os engenheiros que trabalharam nos produtos destacam os protótipos anteriores que foram um fracasso. Por exemplo, a equipe por trás do Projeto Wing — que desenvolveu drones autônomos — descartou centenas de modelos antes de se decidir pelo design final. Em uma reunião da empresa, a equipe mostrou a pilha de lixo — sem esconder nada— para que seus colegas pudessem ver. O que, para olhos não treinados, parecia ser um design simples e brilhante, surgiu de uma sequência de fracassos e quase acidentes.[58]

A administração dos Patriots sabia que tinha tido sorte com Brady. Em vez de se dar tapinhas nas costas em parabenização pelo seu "maior roubo", os executivos trataram o incidente de Brady como uma falha de olheiros e se concentraram em consertar seus erros.

Uma autópsia também pode ser útil para descobrir e corrigir erros, mas ela tem uma desvantagem: quando realizamos autópsias depois de um sucesso, já sabemos qual foi o resultado. Temos a tendência de supor que bons resultados vêm de boas decisões e que os resultados ruins vêm de decisões ruins. É difícil encontrar erros quando sabemos que fomos bem-sucedidos, e é difícil evitar atribuir a culpa quando sabemos que falhamos. É só quando nos cegamos ao farol alto dos resultados que podemos avaliar a nossa tomada de decisões de modo mais objetivo.

Cegos para os Resultados

Uma equipe de carros de corrida estava com seu futuro em risco. Ela estava passando por uma série inexplicável de falhas de motor. Os motores haviam falhado sete vezes nas últimas 24 corridas, resultando em danos graves ao carro. O mecânico do motor e o mecânico-chefe discordavam sobre o que estaria causando o problema.

O mecânico do motor achava que a culpa era das baixas temperaturas. Ele argumentava que, quando estava frio, o cabeçote e o bloco se expandiam em ritmos diferentes, danificando as juntas e fazendo o motor parar. O mecânico-chefe discordava. Ele achava que a temperatura não era o problema porque o motor havia falhado em todas as temperaturas. O mecânico-chefe reconhecia que os pilotos arriscavam suas vidas durante uma corrida, mas dizia que, na corrida, "eles estavam estendendo os limites do que sabíamos" e que se "eles quisessem vencer, precisavam se arriscar". Ele acrescentava: "Ninguém jamais venceu uma corrida sentado nos pit stops."

As corridas de hoje em dia oferecem uma oportunidade de patrocínio lucrativa e uma exposição televisiva nacional substancial. Mas o clima está incomumente frio, e outra falha de motor poderia significar um desastre para a sua reputação.

O que você faria? Correria ou não?

Esse cenário é do estudo de caso da Corrida Carter, que os professores Jack Brittain e Sim Sitkin criaram para usar como ferramenta de aprendizado nas suas aulas universitárias de administração.[59] Primeiro, os alunos decidiam individualmente o que a equipe de corrida deveria fazer e, então, discutiam o estudo de caso com a classe. Tanto antes como depois da discussão em classe, uma votação era realizada. Brittain e Sitkin relataram que cerca de 90% dos seus alunos votavam em prosseguir com a corrida, citando alguma versão do argumento "quem não chora não mama".

Depois da votação, vinha o arremate. Eles diziam aos alunos: "Vocês acabaram de decidir que realizarão o lançamento do ônibus espacial *Challenger*." Os dados das falhas do motor eram similares aos dados dos problemas com os anéis de vedação. Há outros paralelos também — prazos que estão acabando, pressões orçamentárias e informações ambíguas e incompletas.

Quando o arremate era feito, muitos alunos expressavam choque e, às vezes, raiva. Eles sentiam que haviam sido levados a tomar uma decisão que, obviamente, era errada e imoral. Mas essa decisão parecia bem menos óbvia quando estavam cegos quanto ao resultado.

É claro que há diferenças entre o estudo de caso e o caso do *Challenger*. Embora falhas de motor de carros também possam comprometer a segurança do piloto, o risco para a vida humana não era tão grande no estudo de caso como é no caso do lançamento de um ônibus espacial.

Porém, a questão moral ainda permanece. Para nós, é fácil dizer que deveríamos ter adiado o lançamento do *Challenger*, recrutado Brady na primeira rodada ou ter percebido os sinais para a Blockbuster. Ocultar os resultados remove a lente distorcida da retrospectiva.

Não é fácil colocar a análise cega em prática fora da sala de aula de uma faculdade de administração. No mundo real, os resultados não estão ocultos. Depois que o gato sai da sacola, é difícil colocá-lo de volta para dentro. Este, contudo, é o truque para colocar a análise cega em prática sem se fingir de tonto: o pré-mortem.

O Pré-mortem

Charlie Munger, o investidor e parceiro de Warren Buffett, cita com frequência um "rústico" que disse: "Eu gostaria de saber onde vou morrer para nunca ir até lá."[60] Essa abordagem é chamada de pré-mortem.[61] Adam Smith escreveu: "Existem duas ocasiões diferentes nas quais podemos examinar nossa própria conduta e tentar enxergá-la sob a perspectiva de um espectador imparcial: primeiro, quando estamos a ponto de agir; e, segundo, depois de agirmos."[62] Uma autópsia, ou post-mortem, abrange a segunda sugestão de Smith e um pré-mortem abrange a primeira.

Com um pré-mortem, a investigação vem *antes* de agirmos, quando o resultado em si ainda não é conhecido — antes de acionarmos os foguetes, fecharmos uma venda ou realizarmos uma fusão. No pré-mortem, avançamos no tempo e realizamos um experimento mental em que supomos que o projeto fracassou. Então, voltamos e nos perguntamos: "O que deu errado?" Ao visualizarmos vividamente um cenário apocalíptico, identificamos possíveis problemas e determinamos como evitá-los. De acordo com a pesquisa, os pré-mortems aumentam em 30% a habilidade dos participantes de determinar corretamente os motivos de um resultado futuro.[63]

Se somos líderes empresariais, um pré-mortem pode se concentrar em um produto que estamos desenvolvendo. Podemos supor que o produto foi um fracasso e, então, trabalhar de trás para a frente, para determinar os possíveis motivos. Talvez não tenhamos testado o produto direito ou talvez ele não tenha sido adequado para o nosso mercado.

Se estivermos nos candidatando para um emprego, um pré-mortem poderia envolver uma entrevista. Poderíamos supor que não conseguimos o emprego e criar vários possíveis motivos para isso. Talvez tenhamos chegado atrasados para a entrevista. Talvez uma pergunta difícil sobre por que deixamos nosso último emprego tenha nos travado. Então, devemos descobrir como evitar essas possíveis armadilhas.

Pense nos pré-mortems como o oposto da projeção reversa, a qual abordamos no capítulo sobre o pensamento *moonshot*. A projeção reversa começa no resultado desejado e trabalha retroativamente. Um pré-mortem começa no resultado indesejado e trabalha retroativamente. Ele nos força a pensar no que *poderia* dar errado antes de agirmos.

Ao realizar um pré-mortem e pensar no que poderia dar errado, devemos atribuir probabilidades a cada problema em potencial.[64] Se quantificarmos a incerteza com antecedência — há 50% de chance do nosso produto ser um fracasso —, maior será a probabilidade de reconhecermos o papel que a sorte exerceu em qualquer sucesso resultante.

Quantificar a incerteza também pode eliminar a dor de qualquer fracasso resultante. Se tivermos 100% de certeza de que nosso novo produto será um sucesso, o fracasso será muito doloroso. Mas, se reconhecermos que temos apenas uma chance de sucesso de 20%, o fracasso não necessariamente significará que nossos insumos foram todos ruins. Talvez tenhamos feito tudo certo e, ainda assim, fracassamos porque o azar ou outros fatores interviram para alterar o resultado.

Musk, por exemplo, deu uma chance de menos de 10% da SpaceX ser bem-sucedida quando abriu a empresa.[65] Sua confiança era tão baixa que ele nem sequer deixou seus amigos investirem nela. Se ele tivesse dado à SpaceX, digamos, 80% de chance de sucesso, teria sido mais difícil para ele suportar o impacto quando os primeiros três lançamentos do *Falcon 1* não deram certo. Quando o destino da SpaceX acabou mudando para melhor, essa abordagem também lhe fez perceber qual é o papel da sorte na sequência de casos de sucesso. Ele disse: "Se as coisas tivessem sido só um pouquinho diferentes, [a SpaceX] estaria morta."

Os pré-mortems que compilamos devem ser de fácil acesso. Na X, eles "estão em um site onde qualquer um pode postar sua preocupação em relação àquilo que pode dar errado no futuro", explica Astro Teller.[66] Os funcionários podem postar preocupações sobre um projeto específico ou sobre a empresa como um todo. Essa abordagem acumula o conhecimento institucional e a protege contra o viés de custos irrecuperáveis. Se sabemos que há alguma incerteza relacionada com alguma decisão prévia, será mais fácil questioná-la. Teller diz: "As pessoas provavelmente já estão dizendo essas coisas em grupos menores, mas podem não dizê-las em voz alta, de modo claro ou com frequência suficiente — em geral, porque fazer isso pode fazer essas pessoas serem classificadas como estraga-prazeres ou desleais."

Rodney Rocha, engenheiro da NASA, experimentou em primeira mão como é ser marcado como estraga-prazeres ou desleal. Seus repetidos pedidos por imagens adicionais para analisar o dano causado pelo golpe da espuma no *Columbia* foram recusados pela administração. Enquanto o *Columbia* ainda estava em órbita, ele se sentou no seu computador e começou a escrever um e-mail para os seus superiores como um último esforço.

Ele escreveu: "Em minha humilde opinião como técnico essa é a resposta errada (e chega a ser irresponsável). Devo enfatizar (novamente) que danos graves o suficiente podem representar grandes perigos." Ele terminou seu e-mail escrevendo: "Lembrem-se dos cartazes de segurança da NASA por toda parte que dizem: 'Se não for seguro, digam "não"'? Sim, isso é sério."

Ele salvou esse e-mail como rascunho e nunca clicou em "Enviar".

Mais tarde, Rocha disse aos investigadores que não enviou esse e-mail porque "ele não queria passar por cima da cadeia de comando" e que ele sentia que devia "ceder às decisões da administração".[67] Ele tinha bons motivos para se preocupar. Roger Boisjoly, que havia escrito o memorando profético que predizia um desastre seis meses antes do *Challenger*, pagou o preço de sua denúncia. Depois do desastre do *Challenger*, Boisjoly testemunhou diante da Comissão Rogers e entregou seu memorando, além de outros documentos internos, mostrando que Thiokol não havia dado atenção aos seus alertas. Ele foi punido pelos seus colegas e supervisores por ter lavado a roupa suja da empresa em público.[68] Um dos seus antigos amigos lhe disse: "Se você acabar com essa empresa, vou deixar meus filhos na frente da sua casa."[69]

Ninguém gosta de ser o gambá do piquenique, a única pessoa discordante que bate com os punhos na mesa. Os gambás, como os mensageiros, têm o costume de levar tiros. Não é à toa que o espírito de grupo surge até em organizações cuja base é a criatividade. Perante uma possível repercussão, nos censuramos em vez de pisar em alguns calos. Nós nos conformamos em vez de discordar.

O sucesso só exagera essa tendência em prol da conformidade. Ele estimula a superconfiança no status quo, o que, por sua vez, sufoca a discórdia, exatamente quando ela seria mais necessária para evitar a complacência. Charlan Nemeth, um psicólogo de Berkeley e um especialista líder em espírito de grupo, escreveu: "O ponto de vista da minoria é importante não porque ele tende a prevalecer, mas porque ele estimula a atenção e o pensamento divergentes."[70] Mesmo quando a opinião da minoria está errada, "ela contribui para a detecção de novas soluções e decisões que, no fim, são de melhor qualidade". Em outras palavras, os dissidentes nos forçam a olhar além da posição dominante, que tende a ser a mais óbvia.

Tragicamente, para o *Challenger* e o *Columbia*, essas vozes dissidentes foram ignoradas.[71] O fardo foi transferido aos engenheiros, que precisavam provar suas preocupações de segurança com dados frios e quantificáveis. Em vez de exigirem provas de que a espaçonave era segura para lançar (*Challenger*) ou aterrissar (*Columbia*), os engenheiros precisavam provar que não era segura. Roger Tetrault, um membro do Conselho de Investigação de Acidentes do *Columbia*, explicou a atitude da administração em relação aos engenheiros da seguinte maneira: "Prove-me que está errado, e se conseguir me provar que tem alguma coisa errada, vou dar uma olhada."[72] Mas isso não era tudo. Os engenheiros nem sequer receberam a oportunidade de apresentar sua causa e provar suas hipóteses. Na missão *Columbia*, por exemplo, os supervisores recusaram seus pedidos por imagens adicionais de satélite para averiguar o dano.

Os pré-mortems podem ser uma maneira poderosa de revelar a discordância de modo orgânico. Visto que eles partem da suposição de um resultado ruim — que o projeto foi um fracasso — e pedem que as pessoas deem motivos para esse fracasso, eles podem gerar a segurança psicológica para que elas expressem suas críticas genuínas e transmitam isso para a chefia.

A Causa por Trás da Causa

Existe um ritual que vem depois de cada catástrofe no espaço.

Um conselho de acidentes composto por especialistas é reunido, testemunhas são convocadas, documentos são coletados, os dados do voo são analisados, os destroços são estudados e um relatório sombrio das descobertas e recomendações é redigido.

Essa tradição existe não porque a história se repete. Ela raramente se repete. As chances de que anéis de vedação defeituosos ou o descascamento de espuma causem outro desastre espacial são extremamente baixas.

Não. Esse ritual existe porque a história nos instrui. A história nos informa. A história, se olharmos com cuidado, pode nos ensinar lições inestimáveis. Esse ritual nos dá um tempo para pausar, para reavaliar e recalibrar, para aprender e mudar.

No caso do desastre do *Challenger*, dois culpados primários surgiram no relatório da Comissão Rogers: um técnico e outro humano. Os culpados técnicos foram os anéis de vedação que não vedaram direito. Os culpados humanos foram os funcionários da NASA que tomaram a notória decisão de deixar o ônibus espacial voar embora os anéis de vedação não funcionassem direito em baixas temperaturas.

Em outras palavras, a Comissão Rogers se concentrou nas causas de primeira ordem, ou imediatas, do problema. As causas de primeira ordem são óbvias. Temos o desejo natural de atacá-las. Elas são mais fáceis de colocar em uma apresentação de PowerPoint ou em um comunicado de imprensa. Elas costumam ter uma presença física ou um nome. No caso dos anéis de vedação, as falhas podiam ser corrigidas. No caso dos funcionários da NASA, eles podiam ser os bodes expiatórios, rebaixados e demitidos.

O problema, no entanto, é o seguinte: as causas de falha em um sistema complexo — seja ele um foguete ou um negócio — costumam ser muitas. Vários fatores, incluindo técnicos, humanos e ambientais, podem se combinar para causar uma falha. Resolver apenas as causas de primeira ordem faz com que as causas de segunda e terceira ordem permaneçam intactas. Essas são causas mais profundas que se escondem abaixo da superfície. Elas resultaram nas causas de primeira ordem e podem resultar nelas novamente.

As causas mais profundas do acidente do *Challenger* estavam ocultas nos recônditos mais escuros da NASA, os quais foram revelados por Diane Vaughan no seu relato decisivo dos eventos. Ela explicou que, ao contrário das conclusões da Comissão Rogers, o acidente do *Challenger* aconteceu justamente porque os supervisores fizeram o seu trabalho. Eles estavam seguindo as regras — não as violando.

Vaughan usa o termo "normalização do desvio" para descrever essa patologia. A cultura prevalecente da NASA havia normalizado o voo com riscos inaceitáveis. "Os entendimentos, regras, procedimentos e normas culturais que sempre funcionaram no passado não funcionaram desta vez", escreveu Vaughan. "Os responsáveis pela tragédia não foram os supervisores imorais e calculistas violando regras. Foi a conformidade."[73] Em outras palavras, a NASA não tinha apenas um problema com os anéis de vedação. Ela também tinha um problema de conformidade.

As soluções para esses problemas mais profundos não são sexies. Uma mudança na cultura de conformidade da NASA não pode ser transmitida pela televisão. Ela não é um bom assunto para um discurso de palanque. Não podemos jogar a conformidade na água gelada e vê-la ficar quebradiça durante audiências do congresso.

E tem mais: solucionar causas de segunda e terceira ordem é muito mais difícil. É mais fácil acrescentar um terceiro anel de vedação em cada junta (como a NASA fez depois do *Challenger*) do que solucionar a patologia cultural muito mais profunda que prevalece em uma burocracia massiva.

Contudo, se não lidarmos com as causas mais profundas, o câncer voltará. Foi por isso que ouvimos, nas memoráveis palavras da astronauta Sally Ride, o eco do *Challenger* no acidente do *Columbia*. Sendo a única pessoa que trabalhou nos conselhos de investigação de ambos os acidentes, Ride era a única qualificada para fazer essa conexão. As falhas técnicas dos dois acidentes foram diferentes, mas as falhas culturais foram similares. As causas mais profundas da tragédia do *Challenger* permaneceram sem resolução, mesmo depois das falhas técnicas terem sido reparadas e os principais tomadores de decisões terem sido substituídos.

A solução foi um rápido movimento de mão que deu a ilusão de uma cura. Quando fingimos que tratar da causa de primeira ordem eliminará as causas de segunda e terceira ordem, simplesmente as ocultamos e nos expomos a futuras catástrofes. Tratar as falhas mais óbvias nos dá a certeza e a satisfação de fazer alguma coisa para resolver o problema, mas estamos apenas em um jogo cósmico e sem fim de Acerte a Toupeira. Quando um problema é resolvido, outro surge.

Fazemos a mesma coisa na nossa vida pessoal e profissional. Tomamos analgésicos para curar a dor nas costas. Acreditamos que perdemos uma quota de mercado por causa da concorrência. Supomos que cartéis de drogas estrangeiros são os responsáveis pelo problema das drogas nos Estados Unidos e que erradicar o Estado Islâmico acabará com o terrorismo.

Em cada caso, confundimos o sintoma com a causa e deixamos as causas mais profundas intactas. Os analgésicos não vão curar nossa dor nas costas; a fonte ainda existe. Não estamos perdendo nossa quota de mercado por causa da concorrência, mas por causa da nossa própria política de negócios. Eliminar os cartéis não resolverá o problema das drogas no que se refere à demanda, e erradicar os terroristas não impedirá que outros surjam.

Matar o Cara Mau costuma fazer com que o Cara Pior surja. Ao atacar as causas visíveis, desencadeamos um processo darwiniano de criar uma peste pior. Quando a peste volta, aplicamos o mesmo pesticida, aumentamos a dose, e ficamos chocados quando nada acontece.

Uma citação de George Santayana parece estar em todo museu que apresenta horrores históricos: "Aqueles que não conseguem se lembrar do passado estão condenados a repeti-lo."[74] Mas não basta se lembrar. A história é um exercício de autoengano se tirarmos a mensagem errada dela. É só por meio do esforço de olhar além das causas de ordem primária — em especial quando temos medo do que podemos ver — que começamos a aprender com a história.

Tratar apenas as causas de ordem primária tem outra desvantagem. Como veremos na próxima seção, podemos piorar, em vez de resolver, o problema.

A Insegurança da Segurança

Eu não sou uma pessoa matutina. Para mim, o nascer do sol é tão estimulante quanto fazer um tratamento de canal. Para me preparar para o que parece ser uma batalha recorrente toda manhã, coloco meu alarme para despertar 30 minutos mais cedo.

O resto da história você já sabe. O rapaz vai lá e aperta o botão de soneca. No jargão da economia, eu *consumo* esses 30 minutos em vez de *economizá-los* ao apertar o botão de soneca repetidamente.

Existe um fenômeno que explica minha relação de amor e ódio com o botão de soneca. Esse mesmo fenômeno mostra por que os ferimentos de cabeça e pescoço aumentaram em jogadores de futebol americano depois que eles começaram a usar capacetes mais resistentes para se proteger. Ele explica por que instalar freios antitravamento — uma tecnologia antiga introduzida nos carros da década de 1980 para evitar a derrapagem — não diminuiu o número de acidentes. Ele também explica por que a faixa de pedestres não faz com que atravessar a rua seja mais seguro. Em alguns casos, ela resulta em mais fatalidades e ferimentos.

O psicólogo Gerald Wilde chama esse fenômeno de homeostase de risco.[75] Essa expressão é chique, mas a ideia é simples. As medidas que têm a intenção de diminuir o risco às vezes têm o efeito contrário. Os humanos compensam pelo risco reduzido em uma área ao aumentar o risco em outra.

Pense, por exemplo, em um estudo de três anos realizado em Munique.[76] Uma parte da frota de táxis estava equipada com o sistema de freios antitravamento (ABS). O restante dos táxis tinha freios tradicionais, não ABS. Esses carros eram idênticos em todos os outros sentidos. Eles eram dirigidos no mesmo horário, nos mesmos dias da semana e sob as mesmas condições climáticas. Os motoristas também sabiam se seu carro estava equipado com o ABS.

Esse estudo não encontrou nenhuma diferença tangível nos índices de acidentes entre os carros equipados com o ABS e os outros. Entretanto, uma diferença era estatisticamente significativa: o comportamento do motorista. Os motoristas dos carros equipados com o ABS eram muito mais imprudentes. Eles dirigiam muito perto dos outros carros com mais frequência. Suas curvas eram mais bruscas. Eles dirigiam mais rápido, trocavam de faixa de maneira mais perigosa e estavam mais envolvidos em quase acidentes. De modo paradoxal, uma medida introduzida para aumentar a segurança promovia o comportamento inseguro dos motoristas.[77]

As medidas de segurança também saíram pela culatra na missão *Challenger*. Os supervisores achavam que os anéis de vedação tinham uma margem de segurança suficiente "para lhes permitir tolerar três vezes mais a pior erosão observada até então".[78] E tem mais: havia um reserva em posição. Mesmo se o anel de vedação primário falhasse, os funcionários acreditaram que o anel de vedação secundário compensaria e realizaria o trabalho.[79] A existência dessas medidas de segurança aumentou o senso de invencibilidade e resultou em uma catástrofe quando tanto os anéis de vedação primário e secundário falharam durante o lançamento. Esses cientistas de foguetes eram como os taxistas alemães com os carros equipados com o ABS, dirigindo rápido e sem preocupações.

Em cada caso, a "segurança" parecia mais segura do que realmente era. A mudança de comportamento correspondente eliminou qualquer benefício da medida de segurança. Às vezes, o pêndulo balança na outra direção: a atividade se torna menos segura do que era antes da instalação da medida de segurança.

Esse paradoxo não quer dizer que temos que parar de usar o cinto de segurança, comprar carros antigos que não têm o ABS ou atravessar fora da faixa. Antes, devemos fingir que a faixa de pedestres não existe, e atravessar de acordo. Fingir que o anel de vedação secundário ou os freios ABS não evitarão o acidente. Proteger a cabeça na queda, mesmo que estejamos usando capacete. Agir como se não tivéssemos recebido uma prorrogação do prazo daquele projeto.

A rede de segurança *pode* estar lá para nos apanhar se cairmos, mas é melhor fingir que ela não existe.

> Acesse **www.altabooks.com.br** e procure pelo ISBN do livro para encontrar desafios e exercícios que o ajudarão a implementar as estratégias discutidas neste capítulo.

EPÍLOGO

O NOVO MUNDO

Bem acima do grande e delirante azul ardente
Cheguei acima das alturas varridas pelo vento com graça.
Onde nem a cotovia nem a águia voaram—
E, enquanto em silêncio, erguendo minha mente, caminhei
A alta santidade nunca ultrapassada do espaço,
Estiquei minha mão, e toquei na face de Deus.

— JOHN MAGEE

No EPISÓDIO "HOMER Astronauta" de *Os Simpsons*, Homer Simpson está envolvido no seu passatempo favorito — trocar de canais — quando se depara com o lançamento de um ônibus espacial. À medida que dois monótonos comentaristas explicam como a tripulação explorará os efeitos da falta de peso em pequenos parafusos, Homer perde todo o interesse. Ele tenta mudar de canal, mas as pilhas do controle remoto ficam sem carga. Bart, agitado, começa a gritar: "Outro lançamento espacial? Não! Troque de canal. Troque de canal!" Então, o episódio corta para a sede da NASA, onde um preocupado cientista de foguetes explica a um administrador que eles se depararam com um grave problema na missão: os índices de audiência para o lançamento estão mais baixos do que nunca.

Em 1994, quando esse episódio foi exibido, o auge da exploração espacial com humanos havia se tornado uma lembrança distante. Passaram-se impressionantes 65 anos desde o primeiro voo motorizado dos irmãos Wright, em 1903, até os primeiros passos da humanidade na Lua em 1969. Ainda assim, nos 50 anos seguintes, paramos de olhar para cima. Fincamos aquela bandeira e voltamos para casa, preferindo enviar humanos para mais perto, na órbita da Terra, em repetidas missões à Estação Espacial Internacional. Para muitos, depois de terem visto os astronautas do Apollo fazerem a difícil viagem de 385.000 quilômetros até a Lua, ver astronautas voarem 386 quilômetros até a estação era tão emocionante quanto "ver Colombo velejar até Ibiza".[1]

Os políticos usaram o voo espacial para fins políticos, colocando uma guilhotina sobre a cabeça da NASA. Missões ambiciosas foram anunciadas no estilo John F. Kennedy por uma administração só para ser cancelada pela próxima. O financiamento aumentava e diminuía em resposta aos ventos políticos prevalecentes. Como resultado, a NASA não tinha uma visão clara. Em 2012, logo antes da sua morte, Neil Armstrong supostamente invocou a lenda do basebol Yogi Berra para descrever o dilema da agência: "Se não sabemos aonde vamos, podemos não chegar lá."[2]

Nós não sabíamos aonde estávamos indo depois que a NASA aposentou o ônibus espacial em 2011 — nosso único meio de chegar até a Estação Espacial Internacional — e não havia nenhum substituto. Depois que os últimos ônibus espaciais foram retirados da plataforma de lançamento e colocados em museus, os astronautas norte-americanos precisavam pegar uma carona até a estação em foguetes russos. Os bilhetes custavam $81 milhões por passageiro — cerca de $20 milhões a mais do que todo o lançamento de um foguete *Falcon 9* da SpaceX.[3] Em uma virada irônica, a agência espacial, criada para vencer os russos, havia se tornado dependente deles. Depois que os Estados Unidos impôs sanções à Rússia por se anexar à Crimeia em 2014, Dmitry Rogozin — o vice-primeiro-ministro responsável pelo programa espacial russo — ameaçou retaliar ao sugerir que "os EUA levassem seus astronautas à [Estação] usando um trampolim".[4]

As instalações da NASA se tornaram a personificação dessa situação. Em maio de 2014, quando a NASA colocou fotos no Twitter de astronautas treinando no Laboratório de Empuxo Neutro — a piscina gigante que simula um ambiente de microgravidade —, essas imagens ficaram marcadas pelo que elas *não* mostravam. O que havia sido omitido nas fotos era uma parte cercada da piscina que era alugada para companhias de serviços petroleiros que realizam treinamentos de sobrevivência para os funcionários da plataforma.[5] Outra coisa que estava faltando na foto era o resultado de uma festa corporativa que havia acontecido na noite anterior, com a piscina servindo de fundo. A plataforma de lançamento 39A do Centro Espacial Kennedy — uma das duas plataformas históricas das quais as missões Apollo decolaram para a Lua — foi abandonada e disponibilizada para locação.[6] O que teria sido a primeira atividade extraveicular realizada apenas por mulheres em março de 2019 foi cancelada pela falta de trajes espaciais adequados para as duas mulheres selecionadas para ela.[7]

No filme *Apollo 13*, um congressista pergunta a Jim Lovell, o comandante da missão: "Por que seguimos financiando esse programa se já chegamos primeiro que os russos na

Lua?" Lovell, interpretado por Tom Hanks, responde: "Imagine se Cristóvão Colombo tivesse voltado do Novo Mundo e ninguém tivesse seguido seus passos."

A NASA foi o motivo de eu — assim como muitos outros — ter me apaixonado pela exploração espacial. Durante décadas, a sigla NASA representou o padrão de ouro para se pensar como um cientista de foguetes. Porém, depois de ter deixado sua marca no Novo Mundo, a NASA, em grande parte, transferiu o bastão da viagem espacial tripulada por humanos para outros. Em 2004, enquanto o ônibus espacial ainda estava preso ao chão logo depois do desastre do *Columbia*, o *SpaceShipOne* de Burt Rutan se tornou o primeiro veículo de financiamento privado a chegar ao espaço.[8] Então, depois que o ônibus espacial foi oficialmente aposentado, a NASA assinou contratos com a SpaceX e com a Boeing para construir foguetes para levar astronautas norte-americanos à Estação Espacial Internacional. Em uma virada simbólica, a SpaceX subiu na Plataforma de Lançamento 39A e começou a lançar foguetes dali.[9] A Blue Origin está construindo sua própria estrada até o espaço com seus foguetes — chamados *New Shepard* e *New Glenn* — em homenagem aos primeiros pioneiros espaciais norte-americanos: os astronautas do *Mercury*, Alan Shepard e John Glenn. Essa empresa também está construindo um aterrissador lunar chamado *Blue Moon*, que é capaz de levar cargas até à Lua. Embora a NASA também esteja trabalhando em um veículo para levar humanos além da órbita da Terra — chamado de Sistema de Lançamento Espacial, ou SLS — esse esforço tem um financiamento muito baixo e está bem atrasado. Como resultado, seus críticos apelidaram o SLS de "foguete para lugar nenhum".[10]

Em uma cena do filme *O Mágico de Oz*, Dorothy sai da sua casa para ver o mundo gloriosamente em cores pela primeira vez, depois de ter passado sua vida inteira enxergando em preto e branco. Depois de enxergar as cores vívidas, ela não pode deixar de vê-las. Para ela, não dava para voltar ao preto e branco.

Entretanto, o mundo não funciona assim. Nosso modo-padrão é regredir — não progredir. Quando deixadas por conta própria, as agências espaciais declinam. Os escritores perdem o ritmo. Os atores perdem o brilho. Milionários da internet colapsam sob o peso dos seus próprios egos. Empresas jovens e competidoras recorrem às mesmas burocracias excessivas e movidas a siglas que estão tentando eliminar. Voltamos ao preto e branco.

A jornada não pode acabar quando a missão termina. É aí que o verdadeiro trabalho começa. Quando o sucesso traz a complacência — quando dizemos a nós mesmos que descobrimos o Novo Mundo e não há motivos para voltar —, nos tornamos uma sombra do nosso próprio ser.

Nas suas cartas anuais aos acionistas da Amazon, Jeff Bezos inclui a mesma frase críptica: "Ainda é o Dia 1." Depois de repetir esse mantra por algumas décadas, perguntaram a Bezos como era o Dia 2. Ele respondeu: "O Dia 2 é a estase. Seguida da irrelevância. Seguida do excruciante e doloroso declínio. Seguido da morte. E é por *isso* que é *sempre* o Dia 1."[11]

A mentalidade da ciência de foguetes exige que sempre seja o Dia 1 e que sempre estejamos acrescentando cor ao mundo monocromático. Sempre devemos realizar experimentos mentais, *moonshots*, provar que estamos errados, dançar com a incerteza, reformular problemas, testar assim como se voa e voltar aos princípios básicos.

Precisamos andar em caminhos que nunca foram trilhados, velejar por mares terríveis e voar em céus selvagens. "Independentemente do quão boas sejam essas lojas arrumadas, do quão conveniente seja essa morada, não podemos permanecer aqui", escreveu Walt Whitman. "Independentemente do quão protegido seja esse porto e do quão calmas sejam essas águas, não podemos ancorar aqui."[12]

No fim, não há um manual oculto. Não existe um molho secreto. O poder está à disposição de todos. Quando aprendemos a pensar como um cientista de foguetes — e nutrir esse pensamento a longo prazo —, podemos transformar o inimaginável no imaginável, a ficção científica em fatos e esticar a mão para tocar na face de Deus.

Para citar Whitman de novo, esse poderoso espetáculo continua e você pode contribuir com um verso.

Um novo verso.

Até uma história completamente nova.

Sua história.

O que ela dirá?

QUAL É O PRÓXIMO PASSO?

AGORA QUE VOCÊ aprendeu a pensar como um cientista de foguetes, é hora de agir como um e colocar esses princípios em prática.

Acesse **www.altabooks.com.br** e procure pelo ISBN do livro para encontrar o seguinte:

- Um resumo dos pontos-chave de cada capítulo.
- Desafios e outros exercícios que vão ajudá-lo a implementar as estratégias abordadas no livro.

Eu viajo pelo mundo inteiro com frequência para dar palestras a organizações de várias indústrias. Se estiver interessado em me convidar para falar com o seu grupo, por favor, acesse ozanvarol.com/speaking [conteúdo em inglês].

Aguardo o seu contato.

AGRADECIMENTOS

ESTE LIVRO NÃO existiria sem Steve Squyres, meu ex-supervisor e investigador principal da missão Mars Exploration Rovers.

Não sei o que levou Steve a oferecer um trabalho para um menino magrelo com um nome engraçado que havia vindo de um país do outro lado do mundo, mas fico grato que ele tenha feito isso. Para mim, foi um privilégio trabalhar com ele ao lado dos outros membros da equipe da Cornell, a quem serei eternamente grato.

Tive vários mentores na minha vida que a mudaram drasticamente para melhor. Adam Grant foi um deles. Em outubro de 2017, quando eu estava navegando no terreno desconhecido da edição de livros não acadêmicos, Adam me indicou ao seu agente literário, Richard Pine. Quarenta e oito horas depois da indicação de Adam, Richard e eu concordamos em trabalhar juntos, o que desencadeou uma série de eventos que resultaram na publicação deste livro. Adam é muito generoso e incorpora o que ensinou no seu primeiro livro, *Dar e Receber: Uma Abordagem Revolucionária Sobre Sucesso, Generosidade e Influência*. Ele exerceu uma influência permanente na minha vida, e tenho sorte de ser um dos seus pupilos e amigos.

Adam apresentou Richard como "o maior agente literário do mundo". Ele não estava brincando. Richard se comprometeu com este livro e me ajudou a transformar as ideias sem nexo na minha mente em um produto envolvente. Eu conseguia dormir muito melhor sabendo que Richard estava lá para me apoiar. Meu muito obrigado aos outros funcionários da InkWell — incluindo Alexis Hurley e Eliza Rothstein.

Meu muito obrigado também aos meus muitos mentores e colegas por seus sábios conselhos sobre editoração — incluindo Susan Cain, Tim Ferriss, Seth Godin, Julian Guthrie, Ryan Holiday, Isaac Lidsky, Barbara Oakley, Gretchen Rubin e Shane Snow. Gostaria de estender um agradecimento especial a Daniel Pink, que me deu uma lição básica sobre editoração de livros ao tomarmos café em Portland e que criou o subtítulo deste livro.

Meu muito obrigado ao editor da PublicAffairs, Benjamin Adams, que foi uma grande força criativa por trás deste livro. Foi um prazer trabalhar com toda a equipe da PublicAffairs, incluindo Melissa Veronesi, Lindsay Fradkoff, Miguel Cervantes e Pete Garceau.

Qualquer autor seria sortudo de trabalhar com uma revisora tão habilidosa quanto Patricia Boyd, da Steel Pencil Editorial. Ela aperfeiçoou praticamente todas as frases deste livro com sua incrível caneta vermelha.

Meu muito obrigado a todas as pessoas maravilhosas que me deixaram entrevistá-las — incluindo Mark Adler, Peter Attia, Natalya Bailey, Obi Felten, Tim Ferriss, Patrick Lieneweg, Jaime Waydo, Julie Zhuo, além de outros que preferiram permanecer anônimos. Sou grato a Dina Kaplan e Baya Voce por terem nos apresentado. Meu muito obrigado a Libby Leahy, chefe de Comunicações da X, e James Gleeson, diretor de Comunicações da SpaceX, por me ajudar a verificar fatos relevantes.

Sou muito grato a Nicholas Lauren e Kristen Stone, que foram além com seus comentários sobre o primeiro rascunho deste manuscrito. Kristen se sentou na nossa mesa de jantar e leu suas citações favoritas do livro em voz alta, dando-me uma ideia do que uma banda deve sentir quando o público canta uma das suas canções junto com ela.

Tive sorte de trabalhar com uma equipe de pessoas maravilhosas. Kelly Muldavin, minha assistente de pesquisa, me forneceu orientação editorial e de pesquisa. Brendan Seibel, Sandra Cousino Tuttle e Debbie Androlia verificaram com diligência inúmeros fatos e fontes (quaisquer erros que passaram são culpa minha). Michael Roderick, da Small Pond Enterprises, me forneceu conselhos inestimáveis de marketing e negócios, e evitou que eu desse vários passos errados. A incrível Brandi Bernoskie e sua equipe talentosa da Alchemy+Aim criaram lindos sites para este livro e outras das minhas empreitadas.

Sou grato aos ouvintes do meu podcast, Famous Failures, e aos leitores da minha newsletter, a *Weekly Contrarian* (você pode assiná-la em weeklycontrarian.com [conteúdo em inglês]). Gostaria de agradecer especialmente aos membros do Inner Circle, um grupo dos meus leitores mais dedicados, por me deixar experimentar novas ideias com eles.

Nosso Boston terrier, Einstein, vive à altura do seu nome, sendo curioso e inteligente. Obrigado por encher nossa casa com brinquedos de mastigar, e nossos corações de alegria.

Meus pais, Yurdanur e Tacettin, que me deram minhas primeiras aulas de astronomia e me incentivaram a correr atrás de uma educação nos Estados Unidos, mesmo que isso

Agradecimentos

significasse que seu único filho fosse morar a milhares de quilômetros de distância. *Hayatım boyunca beni desteklediğiniz için çok teşekkür ederim.*

Por último, Kathy, minha esposa, minha melhor amiga, minha primeira leitora — minha primeira tudo. Kurt Vonnegut disse certa vez: "Escreva para agradar apenas uma pessoa." Para mim, essa pessoa é Kathy. Obrigado por ter conversado comigo sobre cada ideia deste livro, por ter lido os esboços iniciais, rido das piadas e por estar ao meu lado durante os altos e baixos. Sem você, meus pequenos passos nunca teriam se tornado grandes saltos.

....

SEGUE UMA lista dos apoiadores iniciais que fizeram a pré-compra e me ajudaram a promover este livro. Sou muito grato a eles.

Cagatay Akkoyun, Janette Atkins, Sean Kevin Barry, Charles A. Bly, Jessica Bond, William Brent, Catherine Cheng MD, Timothy J. Chips, Doug Claffey, Luci Englert McKean, Rishi Ganti, Christina Guthier, Hannah e Thea, Rebecca Hartenbaum Davis, Raymond Hornung, James D. Kirk, Ramesh Kumar, Mark Kwesi Appoh, Nicholas Lauren, Jennifer J. LeBlanc, Jennifer LeTourneau, Susan Litwiller Ed.S., Maggie the Chihuahua, Kathleen Marie, Tony Martignetti, Sharon Mork, Terry Oehler, Julian Olin e Gaby Porras, Orthogon Partners, Tim Oslovich, Joe Pasquale, Cory Peticolas, Jack W. Richards, Noel Rudie, Hans-Dieter Schulte, Javier Segovia P., Renu Sharma, Brian Thompson, Jonathan "Bong" Valdez e Vista Capital Partners.

NOTAS

Introdução

1. NASA, "First American Spacewalk", Administração Nacional da Aeronáutica e do Espaço (daqui em diante chamada de NASA), 3 de junho de 2008, www.nasa.gov/multimedia/imagegallery/image_feature_1098.html.

2. Bob Granath, "Gemini's First Docking Turns to Wild Ride in Orbit", NASA, 3 de março de 2016, www.nasa.gov/feature/geminis-first-docking-turns-to-wild-ride-in-orbit.

3. Rod Pyle, "Fifty Years of Moon Dust: Surveyor 1 Was a Pathfinder for Apollo", Laboratório de Propulsão a Jato da NASA, Instituto de Tecnologia da Califórnia, 2 de junho de 2016, www.jpl.nasa.gov/news/news.php?feature=6523; David Kushner, "One Giant Screwup for Mankind", *Wired*, 1º de janeiro de 2007, www.wired.com/2007/01/nasa.

4. Stanley A. McChrystal *et al.*, *Team of Teams: New Rules of Engagement for a Complex World* (Nova York: Portfolio, 2015), p. 146.

5. Robert Kurson, *Rocket Men: The Daring Odyssey of Apollo 8 and the Astronauts Who Made Man's First Journey to the Moon* (Nova York: Random House, 2018), p. 48, p. 51.

6. Kurson, *Rocket Men*, p. 48, p. 51.

7. John F. Kennedy, discurso na Universidade Rice, Houston, 12 de setembro de 1962.

8. Andrew Chaikin, "Is SpaceX Changing the Rocket Equation?", *Air and Space Magazine*, janeiro de 2012, www.airspacemag.com/space/is-spacex-changing-the-rocket-equation--132285884/?page=2.

9. Kim Dismukes, curadora, "The Amazing Space Shuttle", NASA, 20 de janeiro de 2010, https://spaceflight.nasa.gov/shuttle/upgrades/upgrades5.html.

10. A letra da música "Rocket Man (I Think It's Going to Be a Long, Long Time)" de Elton John pode ser encontrada no site Genius, https://genius.com/Elton-john-rocket-man-i-think-its-going-to--be-a-long-long-time-lyrics.

11. Stuart Firestein, *Ignorance: How it Drives Science* (Nova York: Oxford University Press, 2012), p. 83 [N.T.: Publicação em português: *Ignorância: Como Ela Impulsiona a Ciência*. São Paulo: Companhia das Letras, 2019].

12. Carl Sagan, *Broca's Brain: Reflections on the Romance of Science* (Nova York: Random House, 1979), p. 15 [N.T.: Publicação em português: *O Cérebro de Broca: Reflexões Sobre a Beleza da Ciência*. Lisboa: Gradiva, 2009].

13. Nash Jenkins, "After One Brief Season, *Cosmos* Makes Its Final Voyage", *Time*, 9 de junho de 2014, https://time.com/2846928/cosmos-season-finale.

14. Ben Zimmer, "Quants", *New York Times Magazine*, 13 de maio de 2010, www.nytimes.com/2010/05/16/magazine/16FOB-OnLanguage-t.html.

15. Marshall Fisher, Ananth Raman e Anna Sheen McClelland, "Are You Ready?", *Harvard Business Review*, agosto de 2000, https://hbr.org/2000/07/are-you-ready.

16. Bill Nye, *Everything All at Once: How to Unleash Your Inner Nerd, Tap into Radical Curiosity, and Solve Any Problem* (Emmaus, PA: Rodale Books, 2017), p. 319.

17. Carl Sagan e Ann Druyan, *Pale Blue Dot: A Vision of the Human Future in Space* (Nova York: Random House, 1994), p. 6 [N.T.: Publicação em português: *Pálido Ponto Azul: Uma Visão do Futuro da Humanidade no Espaço*. São Paulo: Companhia das Letras, 2019].

Capítulo 1: Voando Diante da Incerteza

1. Instituto Lunar e Planetário, "What is ALH 84001?", Associação Universitária de Pesquisa Espacial, 2019, www.lpi.usra.edu/lpi/meteorites/The_Meteorite.shtml.

2. Vincent Kiernan, "The Mars Meteorite: A Case Study in Controls on Dissemination of Science News", *Public Understanding of Science*, v. 9, n. 1, p. 15-41, 2000.

3. "Ancient Meteorite May Point to Life on Mars", CNN, 7 de agosto de 1996, www.cnn.com/TECH/9608/06/mars.life.

4. "Pres. Clinton's Remarks on the Possible Discovery of Life on Mars (1996)", vídeo, YouTube, upload realizado em 2 de julho de 2015, www.youtube.com/watch?v=pHhZQW AtWyQ.

5. David S. McKay *et al.*, "Search for Past Life on Mars: Possible Relic Biogenic Activity in Martian Meteorite ALH84001", *Science*, 16 de agosto de 1996, https://science.sciencemag.org/content/273/5277/924.

6. Michael Schirber, "The Continuing Controversy of the Mars Meteorite", *Astrobiology Magazine*, 21 de outubro de 2010, www.astrobio.net/mars/the-continuing-controversy-of-the-mars-meteorite; Jasen Daley, "Scientists Strengthen Their Case That a Martian Meteorite Contains Signs of Life", *Popular Science*, 25 de junho de 2010, www.popsci.com/science/article/2010-06/life-mars-reborn.

7. Peter Ray Allison, "Will We Ever... Speak Faster Than Light Speed?", BBC, 19 de março de 2015, www.bbc.com/future/story/20150318-will-we-ever-speak-across-galaxies.

8. Laboratório de Propulsão a Jato, "Past Missions: Ranger 1–9", NASA, www2.jpl.nasa.gov/missions/past/ranger.html.

9. R. Cargill Hall, "The Ranger Legacy", in *Lunar Impact: A History of Project Ranger*, NASA History Series (Washington, DC: NASA, 1977; site atualizado em 2006), https://history.nasa.gov/SP-4210/pages/Ch_19.htm.

10. Steve W. Squyres, *Roving Mars: Spirit, Opportunity, and the Exploration of the Red Planet* (Nova York: Hyperion, 2005), p. 239–243, p. 289.

11. Yuval Noah Harari, *21 Lessons for the 21st Century* (Nova York: Spiegel & Grau, 2018) [N.T.: Publicação em português: *21 lições para o século XXI*. São Paulo: Companhia das Letras, 2018].

12. A seção sobre o Último Teorema de Fermat se baseia nas seguintes fontes: Stuart Firestein, *Ignorance: How It Drives Science* (Nova York: Oxford University Press, 2012) [N.T.: Publicação em português: *Ignorância: Como Ela Impulsiona a Ciência*. São Paulo: Companhia das Letras, 2019]; Simon Singh, *Fermat's Last Theorem: The Story of a Riddle That Confounded the World's Greatest Minds for 358 Years* (Londres: Fourth Estate, 1997) [N.T.: Publicação em português: *O Último Teorema de Fermat: A História do Enigma que Confundiu as Maiores Mentes do Mundo Durante 358 Anos*. Rio de Janeiro: Edições Best Bolso, 2014]; NOVA, "Solving Fermat: Andrew Wiles", entrevista com Andrew Wiles, PBS, 31 de outubro de 2000, www.pbs.org/wgbh/nova/proof/wiles.html; Gina Kolata, "At Last, Shout of 'Eureka!' in Age-Old Math Mystery", *The New York Times*, 24 de junho de 1993, www.nytimes.com/1993/06/24/us/at-last-shout-of-eureka-in-age-old-math-mystery.html; Gina Kolata, "A Year Later, Snag Persists in Math Proof", *The New York Times*, 28 de junho de 1994, www.nytimes.com/1994/06/28/science/a-year-later-snag-persists-in-math-proof.html; John J. Watkins, *Number Theory: A Historical Approach* (Princeton, NJ: Princeton University Press, 2014), p. 95 (2013); Bill Chappell, "Professor Who Solved Fermat's Last Theorem Wins Math's Abel Prize, NPR, 17 de março de 2016, www.npr.org/sections/thetwo-way/2016/03/17/470786922/professor-who-solved-fermat-s-last-theorem-wins-math-s-abel-prize.

13. Kolata, "At Last, Shout of 'Eureka!'"

14. "Origins of General Relativity Theory", *Nature*, 1º de julho de 1933, www.nature.com/articles/132021d0.pdf.

15. David J. Gross, "The Discovery of Asymptotic Freedom and the Emergence of QCD", Palestra do Nobel, 8 de dezembro de 2004, www.nobelprize.org/uploads/2018/06/gross-lecture.pdf.

16. Departamento de Defesa dos EUA, "DoD News Briefing: Secretary Rumsfeld and Gen. Myers", transcrição de notícia, 12 de fevereiro de 2002, https://archive.defense.gov/Transcripts/Transcript.aspx?TranscriptID=2636; CNN, "Rumsfeld / Knowns", vídeo da declaração de Rumsfeld de 12 de fevereiro de 2002, YouTube, upload realizado em 31 de março de 2016, www.youtube.com/watch?v=REWeBzGuzCc.

17. Donald Rumsfeld, nota do autor em *Known and Unknown: A Memoir* (Nova York: Sentinel, 2010), disponível em papers.rumsfeld.com/about/page/authors-note.

18. Errol Morris, "The Anosognosic's Dilemma: Something's Wrong but You'll Never Know What It Is (Part 1)", *The New York Times*, 20 de junho de 2010, https://opinionator.blogs.nytimes.com/2010/06/20/the-anosognosics-dilemma-1.

19. Daniel J. Boorstin, *The Discoverers: A History of Man's Search to Know His World and Himself* (Nova York: Random House, 1983).

20. Mario Livio, *Brilliant Blunders: From Darwin to Einstein—Colossal Mistakes by Great Scientists That Changed Our Understanding of Life and the Universe* (Nova York: Simon & Schuster, 2013), p. 140 [N.T.: Publicação em português: *Tolices Brilhantes: De Darwin a Eisntein, os Grandes Erros dos Maiores Cientistas*. Rio de Janeiro: Editora Record, 2017].

21. Derek Thompson, *Hit Makers: The Science of Popularity in an Age of Distraction* (Nova York: Penguin, 2017) [N.T.: Publicação em português: *Hit Makers: Como Nascem as Tendências*. Rio de Janeiro: HarperCollins Brasil, 2018].

22. Sir A. S. Eddington, *The Nature of the Physical World* (Cambridge: Cambridge University Press, 1948), disponível em http://henry.pha.jhu.edu/Eddington.2008.pdf.

23. Brian Clegg, *Gravitational Waves: How Einstein's Spacetime Ripples Reveal the Secrets of the Universe* (Icon Books, 2018), p. 150–152; Nola Taylor Redd, "What Is Dark Energy?", *Space.com*, 1º de maio de 2013, www.space.com/20929-dark-energy.html.

24. NASA, "Dark Energy, Dark Matter", NASA Science, atualizado em 21 de julho de 2019, https://science.nasa.gov/astrophysics/focus-areas/what-is-dark-energy.

25. James Clerk Maxwell, *The Scientific Letters and Papers of James Clerk Maxwell*, v. 3, *1874–1879* (Nova York: Cambridge University Press 2002), p. 485.

26. George Bernard Shaw, brinde para Albert Einstein, 28 de outubro de 1930.

27. Albert Einstein, *Ideas and Opinions: Based on Mein Weltbild* (Nova York: Crown, 1954), p. 11.

28. Alan Lightman, *A Sense of the Mysterious: Science and the Human Spirit* (Nova York: Pantheon Books, 2005).

29. A discussão sobre Steve Squyres se baseia nas seguintes fontes: Squyres, *Roving Mars*; Televisão da Universidade de Califórnia, "Roving Mars with Steve Squyres: Conversations with History", vídeo, YouTube, upload realizado em 18 de agosto de 2011, www.youtube.com/watch?v=NI6KEzsb26U&feature=youtu.be; Terri Cook, "Down to Earth With: Planetary Scientist Steven Squyres", *Earth Magazine*, 28 de junho de 2016, www.earthmagazine.org/article/down-earth-planetary-scientist-steven-squyres.

30. Steven Spielberg, em *Spielberg*, documentário (HBO, 2017).

31. Richard Branson, "Two-Way Door Decisions", Virgin, 26 de fevereiro de 2018, www.virgin.com/richard-branson/two-way-door-decisions.

32. Ernie Tretkoff, "Einstein's Quest for a Unified Theory", *American Physical Society News*, dezembro de 2005, www.aps.org/publications/apsnews/200512/history.cfm; Walter Isaacson, *Einstein: His Life and Universe* (Nova York: Simon & Schuster, 2007) [N.T.: Publicação em português: *Einstein: Sua Vida, Seu Universo*. São Paulo: Companhia das Letras, 2007].

33. Jim Baggott, "What Einstein Meant by 'God Does Not Play Dice,'" *Aeon*, 21 de novembro de 2018, https://aeon.co/ideas/what-einstein-meant-by-god-does-not-play-dice.

34. Tretkoff, "Einstein's Quest".

35. Kent A. Peacock, "Happiest Thoughts: Great Thought Experiments in Modern Physics", in *The Routledge Companion to Thought Experiments*, ed. Michael T. Stuart, Yiftach Fehige e James Robert Brown, Routledge Philosophy Companions (Londres e Nova York: Routledge/Taylor & Francis Group, 2018).

36. A. B. Arons e M. B. Peppard, "Einstein's Proposal of the Photon Concept: A Translation of the Annalen der Physik Paper of 1905", *American Journal of Physics* 33 (maio de 1965): p. 367, www.informationphilosopher.com/solutions/scientists/einstein/AJP_1905_photon.pdf.

37. Charles Darwin, *On the Origin of Species by Means of Natural Selection* (Nova York: D. Appleton and Company, 1861), p. 14 [N.T.: Publicação em português: *A Origem das Espécies por Meio da Seleção Natural*. São Paulo: Martin Claret, 2014].

38. John R. Gribbin, *The Scientists: A History of Science Told Through the Lives of Its Greatest Inventors* (Nova York: Random House, 2004).

39. Richard P. Feynman, *The Pleasure of Finding Things Out: The Best Short Works of Richard P. Feynman* (Nova York: Basic Books, 2005, ênfase no original) [N.T.: Publicação em português: *O Prazer da Descoberta: Os Melhores Textos Breves de Richard P. Feynman*. Lisboa: Gradiva, 2006].

40. A discussão sobre a descoberta de William Herschel de Urano se baseia nas seguintes fontes: Emily Winterburn, "Philomaths, Herschel, and the Myth of the Self-Taught Man", *Notes and Records of the Royal Society of London* 68, nº 3 (20 de setembro de 2014): p. 207–225, www.ncbi.nlm.nih.gov/pmc/articles/PMC4123665; Martin Griffiths, "Music(ian) of the Spheres: William Herschel and the Astronomical Revolution", *LabLit*, 18 de outubro de 2009, www.lablit.com/article/550; Ken Croswell, *Planet Quest: The Epic Discovery of Alien Solar Systems* (Nova York: Free Press, 1997), p. 34–41; Clifford J. Cunningham, *The Scientific Legacy of William Herschel* (Nova York: Springer Science+Business Media, 2017), p. 13–17; William Sheehan e Christopher J. Conselice, *Galactic Encounters: Our Majestic and Evolving Star-System, From the Big Bang to Time's End* (Nova York: Springer, 2014), p. 30–32.

41. William Herschel, *The Scientific Papers of Sir William Herschel*, v. 1 (Londres: Sociedade Real e Sociedade Astronômica Real, 1912), xxix–xxx.

42. Ethan Siegel, "When Did Isaac Newton Finally Fail?", *Forbes*, 20 de maio de 2016, www.forbes.com/sites/startswithabang/2016/05/20/when-did-isaac-newton-finally-fail/#8c0137648e7e; Michael W. Begun, "Einstein's Masterpiece", *New Atlantis*, outono de 2015, www.thenewatlantis.com/publications/einsteins-masterpiece.

43. Ethan Siegel, "Happy Birthday to Urbain Le Verrier, Who Discovered Neptune with Math Alone", *Forbes*, 11 de março de 2019, www.forbes.com/sites/startswithabang/2019/03/11/happy-birthday-to-urbain-le-verrier-who-discovered-neptune-with-math-alone/#6674bcd7586d.

44. Clegg, *Gravitational Waves*, p. 29.

45. Clegg, *Gravitational Waves*, p. 29.

46. Isaacson, *Einstein: His Life and Universe*.

47. T. C. Chamberlin, "The Method of Multiple Working Hypotheses", *Science*, maio de 1965, http://arti.vub.ac.be/cursus/2005-2006/mwo/chamberlin1890science.pdf.

48. Isaac Asimov, "The Relativity of Wrong", *Skeptical Inquirer* 14 (outono de 1989): p. 35–44.

49. Thomas S. Kuhn, *Structure of Scientific Revolutions* (Chicago: University of Chicago Press, 1962), p. xxvi [N.T.: Publicação em português: *A Estrutura das Revoluções Científicas*. São Paulo: Perspectiva, 2010].

50. Howard Wainer e Shaun Lysen, "That's Funny… A Window on Data Can Be a Window on Discovery", *American Scientist*, julho de 2009, www.americanscientist.org/article/thats-funny.

51. Para a descoberta da mecânica quântica, veja John D. Norton, "Origins of Quantum Theory", capítulo online do curso Einstein for Everyone, Universidade de Pittsburgh, outono de 2018, www.

Notas

pitt.edu/~jdnorton/teaching/HPS_0410/chapters/quantum_theory_origins. Para os raios-X, veja Alan Chodos, ed., "November 8, 1895: Roentgen's Discovery of X-Rays", série This Month in Physics History, *American Physical Society News* 10, nº 10 (novembro de 2001), www.aps.org/publications/apsnews/200111/history.cfm. Para o DNA, veja Leslie A. Pray, "Discovery of DNA Structure and Function: Watson and Crick", *Nature Education* 1, nº 1 (2008): p. 100, www.nature.com/scitable/topicpage/discovery-of-dna-structure-and-function-watson-397. Para o oxigênio, veja Julia Davis, "Discovering Oxygen, a Brief History", *Mental Floss*, 1º de agosto de 2012, http://mentalfloss.com/article/31358/discovering-oxygen-brief-history. Para a penincilina, veja Theodore C. Eickhoff, "Penicillin: An Accidental Discovery Changed the Course of Medicine", *Endocrine Today*, agosto de 2008, www.healio.com/endocrinology/news/print/endocrine-today/%7B5 afd2a1-2084-4ca6-a4e6-7185f 5c4cfb0%7D/penicillin-an-accidental-discovery-changed-the-course-of-medicine.

52. Andrew Robinson, *Einstein: A Hundred Years of Relativity* (Princeton, N.J.: Princeton University Press, 2015), p. 75.

53. A seção sobre a descoberta de Plutão se baseia nas seguintes fontes: Croswell, *Planet Quest*; Michael E. Brown, *How I Killed Pluto and Why It Had It Coming* (Nova York: Spiegel & Grau, 2010); Sociedade Histórica do Kansas, "Clyde Tombaugh", modificado em janeiro de 2016, www.kshs.org/kansapedia/clyde-tombaugh/12222; Alok Jha, "More Bad News for Downgraded Pluto", *The Guardian*, 14 de junho de 2007, www.theguardian.com/science/2007/jun/15/spaceexploration.starsgalaxies andplanets; David A. Weintraub, *Is Pluto a Planet? A Historical Journey through the Solar System* (Princeton, N.J.: Princeton University Press, 2014), p. 144.

54. NASA, "Eris", NASA Science, https://solarsystem.nasa.gov/planets/dwarf-planets/eris/in-depth.

55. Paul Rincon, "Pluto Vote 'Hijacked' in Revolt", BBC, 25 de agosto de 2006, http://news.bbc.co.uk/2/hi/science/nature/5283956.stm.

56. Robert Roy Britt, "Pluto Demoted: No Longer a Planet in Highly Controversial Definition", *Space.com*, 24 de agosto de 2006, www.space.com/2791-pluto-demoted-longer-planet-highly-controversial-definition.html.

57. A. Pawlowski, "What's a Planet? Debate over Pluto Rages On", CNN, 24 de agosto de 2009, www.cnn.com/2009/TECH/space/08/24/pluto.dwarf.planet/index.html.

58. Sociedade Americana dos Dialetos, "'Plutoed' Voted 2006 Word of the Year", 5 de janeiro de 2007, www.americandialect.org/plutoed_voted_2006_word_of_the_year.

59. "My Very Educated Readers, Please Write Us a New Planet Mnemonic", *The New York Times*, 20 de janeiro de 2015, www.nytimes.com/2015/01/20/science/a-new-planet-mnemonic-pluto-dwarf-planets.html.

60. ABC7, "Pluto Is a Planet Again—At Least in Illinois", ABC7 Eyewitness News, 6 de março de 2009, https://abc7chicago.com/archive/6695131.

61. Laurence A. Marschall e Stephen P. Maran, *Pluto Confidential: An Insider Account of the Ongoing Battles Over the Status of Pluto* (Dallas: Benbella Books, 2009), p. 4.

62. Museu Nacional do Ar e do Espaço do Smithsonian, "Exploring the Planets", https://airandspace.si.edu/exhibitions/exploring-the-planets/online/discovery/greeks.cfm.

63. Ralph Waldo Emerson, *The Essential Writings of Ralph Waldo Emerson* (Nova York: Modern Library, 2000), p. 261.

64. *Na Sombra da Lua*, dirigido por Dave Sington (Velocity/Think Film, 2008), DVD.

65. Virginia P. Dawson e Mark D. Bowles, eds., *Realizing the Dream of Flight* (Washington, DC: NASA History Division, 2005), p. 237.

66. Mary Roach, *Packing for Mars: The Curious Science of Life in the Void* (Nova York: W.W. Norton, 2010) [N.T.: Publicação em português: *Próxima Parada: Marte - Curiosidades Sobre a Vida no Espaço*. São Paulo: Paralela, 2013].

67. Chris Hadfield, *An Astronaut's Guide to Life on Earth: What Going to Space Taught Me About Ingenuity, Determination, and Being Prepared for Anything* (Nova York: Little, Brown and Company,

2013) [N.T.: Publicação em português: *Guia de um Astronauta para Viver Bem na Terra: O que o Espaço me Ensinou sobre Talento, Determinação e Desafios*. Rio de Janeiro: HarperCollins Brasil, 2014].

68. Caroline Webb, *How to Have a Good Day: Harness the Power of Behavioral Science to Transform Your Working Life* (Nova York: Crown Business, 2016), p. 258 [N.T.: Publicação em português: *Como Ter um Dia Ideal: O que as Ciências Comportamentais Têm a Dizer para Melhorar sua Vida no Trabalho*. Rio de Janeiro: Objetiva, 2016].

69. Anne Fernald e Daniela K. O'Neill, "Peekaboo Across Cultures: How Mothers and Infants Play with Voices, Faces, and Expectation", em *Parent-Child Play: Descriptions and Implications*, ed. Kevin MacDonald (Albany: State University of New York Press, 1993).

70. Fernald e O'Neill, "Peekaboo Across Cultures".

71. W. Gerrod Parrott e Henry Gleitman, "Infants' Expectations in Play: The Joy of Peek-a-boo", *Cognition and Emotion* 3, nº 4 (7 de janeiro de 2008), www.tandfonline.com/doi/abs/10.1080/02699938908412710.

72. James Luceno e Matthew Stover, *Labyrinth of Evil, Revenge of the Sith, and Dark Lord: The Rise of Darth Vader*, The Dark Lord Trilogy: Star Wars Legends (Nova York: DelRey Books, 2011), p. 562-563.

73. Para mais sobre redundância, veja Shane Parrish, "An Introduction to the Mental Model of Redundancy (with Examples)", Farnam Street (blogue), julho de 2011, https://fs.blog/2011/07/mental-model-redundancy.

74. SpaceX, "Falcon 9", www.spacex.com/falcon9; Andrew Chaikin, "Is SpaceX Changing the Rocket Equation?", *Air and Space Magazine*, janeiro de 2012, www.airspacemag.com/space/is-spacex-changing-the-rocket-equation-132285884/?no-ist=&page=2.

75. Tim Fernholz, *Rocket Billionaires: Elon Musk, Jeff Bezos, and the New Space Race* (Boston: Houghton Mifflin Harcourt, 2018); Dan Leone, "SpaceX Discovers Cause of October Falcon 9 Engine Failure", *SpaceNews*, 12 de dezembro de 2012, https://spacenews.com/32775spacex-discovers-cause-of-october-falcon-9-engine-failure.

76. Hadfield, *Astronaut's Guide*.

77. James E. Tomayko, "Computers in the Space Shuttle Avionics System", em *Computers in Spaceflight: The NASA Experience* (Washington, DC: NASA, 3 de março de 1988), https://history.nasa.gov/computers/Ch4-4.html; United Space Alliance, LLC, "Shuttle Crew Operations Manual", 15 de dezembro de 2008, www.nasa.gov/centers/johnson/pdf/390651main_shuttle_crew_operations_manual.pdf.

78. Scott Sagan, "The Problem of Redundancy Problem: Why More Nuclear Security Forces May Produce Less Nuclear Security", *Risk Analysis* 24, nº 4 (2004): p. 938, http://citeseerx.ist.psu.edu/viewdoc/download?doi=10.1.1.128.3515& rep=rep1&type=pdf.

79. NASA, "NASA Will Send Two Robotic Geologists to Roam on Mars", comunicado de imprensa da NASA, 4 de junho de 2003, https://mars.nasa.gov/mer/newsroom/comunicado de imprensas/20030604a.html.

80. Televisão da Universidade da Califórnia, "Roving Mars with Steve Squyres".

81. A. J. S. Rayl, "Mars Exploration Rovers Update: Spirit Mission Declared Over, Opportunity Roves Closer to Endeavour", *Planetary Society*, 31 de maio de 2011, www.planetary.org/explore/space-topics/space-missions/mer-updates/2011/05-31-mer-update.htm.

82. Stephen Clark, "Scientists Resume Use of Curiosity Rover's Drill and Internal Lab Instruments", *Spaceflight Now*, 5 de junho de 2018, https://spaceflightnow.com/2018/06/05/scientists-resume-use-of-curiosity-rovers-drill-and-internal-lab-instruments.

83. Neel V. Patel, "The Greatest Space Hack Ever: How Duct Tape and Tube Socks Saved Three Astronauts", *Popular Science*, 8 de outubro de 2014, www.popsci.com/article/technology/greatest-space-hack-ever.

Notas

Capítulo 2: Raciocinando a Partir de Princípios Básicos

1. A seção de abertura sobre Elon Musk se baseia nas seguintes fontes: Tim Fernholz, *Rocket Billionaires: Elon Musk, Jeff Bezos, and the New Space Race* (Boston: Houghton Mifflin Harcourt, 2018); Ashlee Vance, *Elon Musk: Tesla, SpaceX, and the Quest for a Fantastic Future* (Nova York: Ecco, 2015); Chris Anderson, "Elon Musk's Mission to Mars", *Wired*, 21 de outubro de 2012, www.wired.com/2012/10/ff-elon-musk-qa/all; Tim Fernholz, "What It Took for Elon Musk's SpaceX to Disrupt Boeing, Leapfrog NASA, and Become a Serious Space Company", *Quartz*, 21 de outubro de 2014, https://qz.com/281619/what-it-took-for-elon-musks-spacex-to-disrupt-boeing-leapfrog-nasa-and-become-a--serious-space-company; Tom Junod, "Elon Musk: Triumph of His Will", *Esquire*, 15 de novembro de 2012, www.esquire.com/news-politics/a16681/elon-musk-interview-1212; Jennifer Reingold, "Hondas in Space", *Fast Company*, 1º de fevereiro de 2005, www.fastcompany.com/52065/hondas-space; "Elon Musk Answers Your Questions! SXSW, March 11, 2018", vídeo, YouTube, upload realizado em 11 de março de 2018, www.youtube.com/watch?v=OoQARBYbkck; Tom Huddleston Jr., "Elon Musk: Starting SpaceX and Tesla Were 'the Dumbest Things to Do,'" CNBC, 23 de março de 2018, www.cnbc.com/2018/03/23/elon-musk-spacex-and-tesla-were-two-of-the-dumbest-business-ideas.html.

2. Reingold, "Hondas in Space".

3. Adam Morgan e Mark Barden, *Beautiful Constraint: How to Transform Your Limitations into Advantages, and Why It's Everyone's Business* (Hoboken, N.J.: Wiley, 2015), p. 36-37.

4. Darya L. Zabelina e Michael D. Robinson, "Child's Play: Facilitating the Originality of Creative Output by a Priming Manipulation", *Psychology of Aesthetics, Creativity, and the Arts* 4, nº 1 (2010): p. 57-65, www.psychologytoday.com/files/attachments/34246/zabelina-robinson-2010a.pdf.

5. Robert Louis Stevenson, *Robert Louis Stevenson: His Best Pacific Writings* (Honolulu: Bess Press, 2003), p. 150.

6. Yves Morieux, "Smart Rules: Six Ways to Get People to Solve Problems Without You", *Harvard Business Review*, setembro de 2011, https://hbr.org/2011/09/smart-rules-six-ways-to-get-people-to--solve-problems-without-you.

7. Jeff Bezos, Carta aos Acionistas da Amazon, 2016, Ex-99.1, SEC.gov, www.sec.gov/Archives/edgar/data/1018724/000119312517120198/d373368dex991.htm.

8. Andrew Wiles, citado em Ben Orlin, "The State of Being Stuck", Math with Bad Drawings (blogue), 20 de setembro de 2017, https://mathwithbaddrawings.com/2017/09/20/the-state-of-being-stuck.

9. Micah Edelson *et al.*, "Following the Crowd: Brain Substrates of Long-Term Memory Conformity", *Science*, julho de 2011, www.ncbi.nlm.nih.gov/pmc/articles/PMC3284232; Tali Sharot, *The Influential Mind: What the Brain Reveals About Our Power to Change Others* (Nova York: Henry Holt and Co., 2017), p. 162-163 [N.T.: Publicação em português: *A Mente Influente: O que o Cérebro nos Revela Sobre Nosso Poder de Mudar os Outros*. Rio de Janeiro: Rocco, 2018].

10. Gregory S. Berns *et al.*, "Neurobiological Correlates of Social Conformity and Independence During Mental Rotation", *Biological Psychiatry* 58, nº 3 (2005): p. 245-253.

11. Astro Teller, "The Secret to Moonshots? Killing Our Projects", *Wired*, 16 de fevereiro de 2016, www.wired.com/2016/02/the-secret-to-moonshots-killing-our-projects.

12. Terence Irwin, *Aristotle's First Principles* (Nova York: Oxford University Press, 1989), p. 3.

13. *New World Encyclopedia*, s.v. "methodic doubt", atualizada em 19 de setembro de 2018, www.newworldencyclopedia.org/entry/Methodic_doubt.

14. A discussão sobre como a SpaceX usou o pensamento em princípios básicos se baseia nas seguintes fontes: Junod, "Elon Musk: Triumph of His Will"; Anderson, "Elon Musk's Mission to Mars"; Andrew Chaikin, "Is SpaceX Changing the Rocket Equation?", *Air and Space Magazine*, janeiro de 2012, www.airspacemag.com/space/is-spacex-changing-the-rocket-equation-132285884/?no-ist=&page=2; Projeto de História Oral do Centro Espacial Johnson, https://historycollection.jsc.nasa.gov/JSC HistoryPortal/history/oral_histories/oral_histories.htm; Reingold, "Hondas in Space"; Fernholz, "Disrupt Boeing, Leapfrog NASA"; Fernholz, *Rocket Billionaires*.

15. Tom Junod, "Elon Musk: Triumph of His Will", *Esquire*, 15 de novembro de 2012, www.esquire.com/news-politics/a16681/elon-musk-interview-1212.

16. Projeto da História Oral do Centro Espacial Johnson, "Michael J. Horkachuck", entrevistado por Rebecca Wright, NASA, 6 de novembro de 2012, https://historycollection.jsc.nasa.gov/JSCHistoryPortal/history/oral_histories/C3PO/HorkachuckMJ/HorkachuckMJ_1-16-13.pdf.

17. A seção sobre a reutilização na ciência de foguetes se baseia nas seguintes fontes: Fernholz, *Rocket Billionaires*; Tim Sharp, "Space Shuttle: The First Reusable Spacecraft", *Space.com*, 11 de dezembro de 2017, www.space.com/16726-space-shuttle.html; Chaikin, "Changing the Rocket Equation?"; "Elon Musk Answers Your Questions!"; Loren Grush, "Watch SpaceX Relaunch Its Falcon 9 Rocket in World First", *Verge*, 31 de março de 2017, www.theverge.com/2017/3/31/15135304/spacex-launch-video-used-falcon-9-rocket-watch; SpaceX, "X Marks the Spot: Falcon 9 Attempts Ocean Platform Landing", 16 de dezembro de 2014, www.spacex.com/news/2014/12/16/x-marks-spot-falcon-9-attempts-ocean-platform-landing; Loren Grush, "SpaceX Successfully Landed Its Falcon 9 Rocket After Launching It to Space", Verge, 21 de dezembro de 2015, www.theverge.com/2015/12/21/10640306/spacex-elon-musk-rocket-landing-success.

18. Fernholz, *Rocket Billionaires*, p. 24.

19. SpaceX, "X Marks the Spot".

20. Elizabeth Gilbert, *Eat Pray Love: One Woman's Search for Everything* (Nova York: Viking, 2006) [N.T.: Publicação em português: *Comer, Rezar, Amar: A Busca de uma Mulher por Todas as Coisas da Vida*. Rio de Janeiro: Objetiva, 2016].

21. Alan Alda, "62nd Commencement Address", Faculdade de Connecticut, New London, 1º de junho de 1980, https://digitalcommons.conncoll.edu/commence/7.

22. Nassim Nicholas Taleb, *Antifragile: Things That Gain from Disorder* (Nova York: Random House, 2012), p. 308 [N.T.: Publicação em português: *Antifrágil: Coisas que se Beneficiam com o Caos*. Rio de Janeiro: Best Business, 2014].

23. A seção sobre Steve Martin se baseia em Steve Martin, *Born Standing Up: A Comic's Life* (Nova York: Scribner, 2007), p. 111–113.

24. Dawna Markova, *I Will Not Die an Unlived Life: Reclaiming Purpose and Passion* (Berkeley, CA: Conari Press, 2000).

25. Anaïs Nin, *The Diary of Anaïs Nin*, ed. Gunther Stuhlmann, vol. 4, *1944–1947* (Nova York: Swallow Press, 1971).

26. Shellie Karabell, "Steve Jobs: The Incredible Lightness of Beginning Again", *Forbes*, 10 de dezembro de 2014, www.forbes.com/sites/shelliekarabell/2014/12/10/steve-jobs-the-incredible-lightness-of-beginning-again/#35ddf596294a.

27. Henry Miller, *Henry Miller on Writing* (Nova York: New Directions, 1964), p. 20.

28. A discussão sobre o Alinea se baseia nas seguintes fontes: Sarah Freeman, "Alinea 2.0: Reinventing One of the World's Best Restaurants: Why Grant Achatz and Nick Kokonas Hit the Reset Button", *Eater.com*, 19 de maio de 2016, https:// chicago.eater.com/2016/5/19/11695724/alinea-chicago-grant-achatz-nick-kokonas; Noah Kagan, "Lessons From the World's Best Restaurant", OkDork (blogue), 15 de março de 2019, https://okdork.com/lessons-worlds-best-restaurant; "No. 1: Alinea", Best Restaurants in Chicago, *Chicago Magazine*, julho de 2018, www.chicagomag.com/dining-drinking/July-2018/The-50-Best-Restaurants-in-Chicago/Alinea.

29. "No. 1: Alinea".

30. Robert M. Pirsig, *Zen and the Art of Motorcycle Maintenance: An Inquiry into Values* (Nova York: Morrow, 1984), p. 88 [N.T.: Publicação em português: *Zen e a Arte da Manutenção de Motocicletas: Uma Investigação Sobre os Valores*. São Paulo: WMF Martins Fontes, 2015].

31. Emma Court, "Who Is Merck CEO Kenneth Frazier", *Business Insider*, 17 de abril de 2019, www.businessinsider.com/who-is-merck-ceo-kenneth-frazier-2019-4.

32. Adam Grant, *Originals: How Non-Conformists Move the World* (Nova York: Viking, 2016) [N.T.: Publicação em português: *Originais: Como os Inconformistas Mudam o Mundo*. Rio de Janeiro: Sextante, 2017].

33. Lisa Bodell, *Kill the Company: End the Status Quo, Start an Innovation Revolution* (Brookline, MA: Bibliomotion, 2016).

34. Al Pittampalli, "How Changing Your Mind Makes You a Better Leader", *Quartz*, 25 de janeiro de 2016, https://qz.com/598998/how-changing-your-mind-makes-you-a-better-leader.

35. David Mikkelson, "NASA's 'Astronaut Pen,'" *Snopes*, 19 de abril de 2014, www.snopes.com/fact-check/the-write-stuff.

36. Albert Einstein, *On the Method of Theoretical Physics* (Nova York: Oxford University Press, 1933).

37. Carl Sagan, *The Demon-Haunted World: Science as a Candle in the Dark* (Nova York: Random House, 1995; reimp., Ballantine, 1997), p. 211 [N.T.: Publicação em português: *O Mundo Assombrado pelos Demônios: A Ciência Vista como uma Vela no Escuro*. São Paulo: Companhia das Letras, 2006].

38. TVTropes, "Occam's Razor", https://tvtropes.org/pmwiki/pmwiki.php/Main/OccamsRazor.

39. David Kord Murray, *Borrowing Brilliance: The Six Steps to Business Innovation by Building on the Ideas of Others* (Nova York: Gotham Books, 2009) [N.T.: Publicação em português: *A Arte de Imitar: 6 Passos para Inovar em seus Negócios Copiando as Ideias dos Outros*. Rio de Janeiro: Elsevier, 2011].

40. Peter Attia, entrevista com autor, agosto de 2018.

41. Mary Roach, *Packing for Mars: The Curious Science of Life in the Void* (Nova York: W.W. Norton, 2010), p. 189 [N.T.: Publicação em português: *Próxima Parada: Marte - Curiosidades Sobre a Vida no Espaço*. São Paulo: Paralela, 2013].

42. Chaikin, "Changing the Rocket Equation?".

43. Fernholz, *Rocket Billionaires*, p. 83.

44. Fernholz, *Rocket Billionaires*, p. 83.

45. Chris Hadfield, *An Astronaut's Guide to Life on Earth: What Going to Space Taught Me About Ingenuity, Determination, and Being Prepared for Anything* (Nova York: Little, Brown and Company, 2013) [N.T.: Publicação em português: *Guia de um Astronauta para Viver Bem na Terra: O que o Espaço me Ensinou sobre Talento, Determinação e Desafios*. Rio de Janeiro: HarperCollins Brasil, 2014].

46. Richard Hollingham, "Soyuz: The Soviet Space Survivor", *BBC Future*, 2 de dezembro de 2014, www.bbc.com/future/story/20141202-the-greatest-spacecraft-ever.

47. E. F. Schumacher, *Small Is Beautiful: Economics As If People Mattered* (Nova York: Harper Perennial, 2010) [N.T.: Publicação em português: *O Negócio é Ser Pequeno: Um Estudo de Economia que Leva em Conta as Pessoas*. Rio de Janeiro: Guanabara, 1983].

48. Kyle Stock, "The Little Ion Engine That Could", *Bloomberg Businessweek*, 26 de julho de 2018, www.bloomberg.com/news/features/2018-07-26/ion-engine-startup-wants-to-change-the-economics-of-earth-orbit.

49. Stock, "Little Ion Engine".

50. Tracy Staedter, "Dime-Size Thrusters Could Propel Satellites, Spacecraft", *Space.com*, 23 de março de 2017, www.space.com/36180-dime-size-accion-thrusters-propel-spacecraft.html.

51. Keith Tidman, "Occam's Razor: On the Virtue of Simplicity", *Philosophical Investigations*, 28 de maio de 2018, www.philosophical-investigations.org/2018/05/occams-razor-on-virtue-of-simplicity.html.

52. Sarah Freeman, "Alinea 2.0: Reinventing One of the World's Best Restaurants: Why Grant Achatz and Nick Kokonas Hit the Reset Button", *Chicago Eater*, 19 de maio de 2016, https://chicago.eater.com/2016/5/19/11695724/alinea-chicago-grant-achatz-nick-kokonas.

53. Richard Duppa *et al.*, *The Lives and Works of Michael Angelo and Raphael* (Londres: Bell & Daldy 1872), p. 151.

54. Jeffrey H. Dyer, Hal Gregersen e Clayton M. Christensen, "The Innovator's DNA", *Harvard Business Review*, dezembro de 2009, https://hbr.org/2009/12/the-innovators-dna.

55. H. L. Mencken, *Prejudices: Second Series* (Londres: Jonathan Cape, 1921), p. 158, https://archive.org/details/prejudicessecond00mencuoft/page/158.

56. Alfred North Whitehead, *The Concept of Nature: Tarner Lectures Delivered in Trinity College* (Cambridge: University Press, 1920), p. 163 [N.T.: Publicação em português: *O Conceito de Natureza*. São Paulo: Martins Fontes, 1994].

Capítulo 3: Uma Mente em Ação

1. A seção da abertura sobre os experimentos mentais de Albert Einstein se baseia nas seguintes fontes: Walter Isaacson, "The Light-Beam Rider", *The New York Times*, 30 de outubro de 2015; Albert Einstein, "Albert Einstein: Notes for an Auto-biography", *Saturday Review*, 26 de novembro de 1949, https://archive.org/details/EinsteinAutobiography; Walter Isaacson, *Einstein: His Life and Universe* (Nova York: Simon & Schuster, 2007) [N.T.: Publicação em português: *Einstein: Sua Vida, Seu Universo*. São Paulo: Companhia das Letras, 2007]; Albert Einstein, *The Collected Papers of Albert Einstein*, vol. 7, *The Berlin Years: Writings, 1918–1921* (suplemento da tradução em inglês), trad. Alfred Engel (Princeton, NJ: Princeton University, 2002), https://einsteinpapers.press.princeton.edu/vol7-trans/152; Kent A. Peacock, "Happiest Thoughts: Great Thought Experiments in Modern Physics", in *The Routledge Companion to Thought Experiments*, ed. Michael T. Stuart, Yiftach Fehige e James Robert Brown, Routledge Philosophy Companions (Londres e Nova York: Routledge/Taylor & Francis Group, 2018).

2. Isaacson, *Einstein: His Life and Universe*, p. 27.

3. Letitia Meynell, "Images and Imagination in Thought Experiments", in *The Routledge Companion to Thought Experiments*, ed. Michael T. Stuart, Yiftach Fehige e James Robert Brown, Routledge Philosophy Companions (Londres e Nova York: Routledge/Taylor & Francis Group, 2017) (aspas internas omitidas).

4. James Robert Brown, *The Laboratory of the Mind: Thought Experiments in the Natural Sciences* (Nova York: Routledge, 1991; reimpressão 2005).

5. John J. O'Neill, *Prodigal Genius: The Life of Nikola Tesla* (Nova York: Cosimo, 2006), p. 257.

6. Nikola Tesla, *My Inventions: The Autobiography of Nikola Tesla* (Nova York: Penguin, 2011) [N.T.: Publicação em português: *Minhas Invenções – Autobiografia*. LeBooks, 2018].

7. Walter Isaacson, *Leonardo da Vinci* (Nova York: Simon & Schuster, 2017), p. 196 [N.T.: Publicação em português: *Leonardo da Vinci*. Rio de Janeiro: Intrínseca, 2017].

8. Albert Einstein, *Ideas and Opinions* (Nova York: Bonanza Books, 1954), p. 274.

9. Shane Parrish, "Thought Experiment: How Einstein Solved Difficult Problems", Farnam Street (blogue), junho de 2017, https://fs.blog/2017/06/thought-experiment-how-einstein-solved-difficult-problems.

10. NASA, "The Apollo 15 Hammer-Feather Drop", 11 de fevereiro de 2016, https://nssdc.gsfc.nasa.gov/planetary/lunar/apollo_15_feather_drop.html.

11. Rachel Feltman, "Schrödinger's Cat Just Got Even Weirder (and Even More Confusing)", *Washington Post*, 27 de maio de 2016, www.washingtonpost.com/news/speaking-of-science/wp/2016/05/27/schrodingers-cat-just-got-even-weirder-and-even-more-confusing/?utm_term=.ed0e9088a988.

12. Sergey Armeyskov, "Decoding #RussianProverbs: Proverbs With the Word 'Nos[e],'" Russian Universe (blog), 1º de dezembro de 2014, https://russianuniverse.org/2014/01/12/russian-saying-2/#more-1830.

13. Brian Grazer e Charles Fishman, *A Curious Mind: The Secret to a Bigger Life* (Nova York: Simon & Shuster, 2015; reimp. 2016), p. 11 [N.T.: Publicação em português: *Uma Mente Curiosa: O Segredo para uma Vida Brilhante*. Porto Alegre: CDG, 2016].

14. Todd B. Kashdan, "Companies Value Curiosity but Stifle It Anyway", *Harvard Business Review*, 21 de outubro de 2015, https://hbr.org/2015/10/companies-value-curiosity-but-stifle-it-anyway.

15. George Bernard Shaw, Quotable Quotes, *Reader's Digest*, maio de 1933, p. 16.

16. A discussão sobre as fotografias instantâneas se baseia em Christopher Bonanos, *Instant: The Story of Polaroid* (Nova York: Princeton Architectural Press, 2012), p. 32; Warren Berger, *A More Beautiful Question: The Power of Inquiry to Spark Breakthrough Ideas* (Nova York: Bloomsbury USA, 2014), p. 72–73 [N.T.: Publicação em português: *Uma Pergunta Mais Bonita* . São Paulo: Editora Aleph, 2019]; American Chemical Society, "Invention of Polaroid Instant Photography", www.acs.org/content/acs/en/education/whatischemistry/landmarks/land-instant-photography.html #invention_of_instant_photography.

17. Jennifer Ludden, "The Appeal of 'Harold and the Purple Crayon,'" NPR, 29 de maio de 2005, www.npr.org/templates/story/story.php?storyId=4671937.

18. Peter Galison, *Einstein's Clocks, Poincaré's Maps: Empires of Time* (Nova York: W.W. Norton, 2003) [N.T.: Publicação em português: *Os Relógios de Einstein e os Mapas de Poincaré: Impérios do Tempo*. Lisboa: Gradiva, 2005].

19. Isaacson, *Leonardo Da Vinci*, p. 520.

20. David Brewster, *Memoirs of the Life, Writings, and Discoveries of Sir Isaac Newton* (Edinburgo: Thomas Constable and Co., 1855), p. 407.

21. James March, "Technology of Foolishness", publicado pela primeira vez em *Civiløkonomen* (Copenhague, 1971), www.creatingquality.org/Portals/1/DNNArticleFiles/634631045269246454the%20technology%20of%20foolishness.pdf.

22. A pesquisa é resumida em Darya L. Zabelina e Michael D. Robinson, "Child's Play: Facilitating the Originality of Creative Output by a Priming Manipulation", *Psychology of Aesthetics, Creativity, and the Arts* 4, n° 1 (2010): p. 57–65, www.psychologytoday.com/files/attachments/34246/zabelina-robinson-2010a.pdf.

23. Zabelina e Robinson, "Child's Play".

24. Instituto de Tecnologia de Massachusetts, "The MIT Press and the MIT Media Lab Launch the Knowledge Futures Group", comunicado de imprensa, 25 de setembro de 2018, https://mitpress.mit.edu/press-news/Knowledge-Futures-Group-launch; MIT Media Lab, "Lifelong Kindergarten: Engaging People in Creative Learning Experiences", comunicado de imprensa, www.media.mit.edu/groups/lifelong-kindergarten/overview.

25. Isaacson, *Leonardo da Vinci*, p. 353–354.

26. Escritório de Estatísticas do Trabalho, "American Time Use Survey", 2017, www.bls.gov/tus/a1_2017.pdf.

27. Timothy D. Wilson *et al.*, "Just Think: The Challenges of the Disengaged Mind", *Science*, 17 de fevereiro de 2015, www.ncbi.nlm.nih.gov/pmc/articles/PMC 4330241.

28. Edward O. Wilson, *Consilience: The Unity of Knowledge* (Nova York: Alfred A. Knopf, 1998), p. 294.

29. William Deresiewicz, palestra na Academia Militar dos EUA, West Point, outubro de 2009; subsequentemente publicada como um ensaio: William Deresiewicz, "Solitude and Leadership", *American Scholar*, 1° de março de 2010.

30. Teresa Belton e Esther Priyadharshini, "Boredom and Schooling: A Cross-Disciplinary Exploration", *Cambridge Journal of Education*, 1° de dezembro de 2007, www.ingentaconnect.com/content/routledg/ccje/2007/00000037/00000 004/art00008.

31. Taki Takeuchi *et al.*, "The Association Between Resting Functional Connectivity and Creativity", *Cerebral Cortex* 22 (2012): p. 2921–2929; Simone Kühn *et al.* "The Importance of the Default Mode Network in Structural MRI Study", *Journal of Creative Behavior* 48 (2014): p. 152–163, www.researchgate.net/publication/259539395_The_Importance_of_the_Default_Mode_Network_in_Creativity-A_Structural_MRI_Study; James Danckert e Colleen Merrifield, "Boredom, Sustained Attention and the Default Mode Network", *Experimental Brain Research* 236, n° 9 (2016), www.researchgate.net/publication/298739805_Boredom_sustained_attention_and_the_default_mode_network.

32. David Kord Murray, *Borrowing Brilliance: The Six Steps to Business Innovation by Building on the Ideas of Others* (Nova York: Gotham Books, 2009) [N.T.: Publicação em português: *A Arte de Imitar: 6 Passos para Inovar em seus Negócios Copiando as Ideias dos Outros*. Rio de Janeiro: Elsevier , 2011].

33. Benedict Carey, "You're Bored, but Your Brain Is Tuned In", *New York Times*, 5 de agosto de 2008, www.nytimes.com/2008/08/05/health/research/05mind.html.

34. Alex Soojung-Kim Pang, *Rest: Why You Get More Done When You Work Less* (Nova York: Basic Books, 2016), p. 100 [N.T.: Publicação em português: *Descansar: A Razão Pela Qual Conseguimos Fazer Mais Quando Trabalhamos Menos*. Lisboa: Temas e Debates, 2017].

35. David Eagleman, *The Brain: The Story of You* (Edinburgo, Reino Unido: Canongate Books, 2015) [N.T.: Publicação em português: *Cérebro: Uma Biografia*. Rio de Janeiro: Rocco, 2017].

36. Edwina Portocarrero, David Cranor e V. Michael Bove, "Pillow-Talk: Seamless Interface for Dream Priming Recalling and Playback", Instituto de Tecnologia de Massachusetts, 2011, http://web.media.mit.edu/~vmb/papers/4p375-portocarrero.pdf.

37. David Biello, "Fact or Fiction? Archimedes Coined the Term 'Eureka!' in the Bath", *Scientific American*, 8 de dezembro de 2006, www.scientificamerican.com/article/fact-or-fiction-archimede/?redirect=1.

38. "Ken952", "Office Shower", vídeo, YouTube, upload realizado em 23 de agosto de 2008, www.youtube.com/watch?v=dHG_bjGschs.

39. "Idea For Hubble Repair Device Born in the Shower", *Baltimore Sun*, 30 de novembro de 1993, www.baltimoresun.com/news/bs-xpm-1993-11-30-1993334170-story.html.

40. Denise J. Cai et al., "REM, Not Incubation, Improves Creativity by Priming Associative Networks", *Proceedings of the National Academy of Sciences* 106, nº 25 (23 de junho de 2009): p. 10, p. 130–10, p. 134, www.pnas.org/content/106/25/10130.full.

41. Ben Orlin, "The State of Being Stuck", Math With Bad Drawings (blogue), 20 de setembro de 2017, https://mathwithbaddrawings.com/2017/09/20/the-state-of-being-stuck.

42. NOVA, "Solving Fermat: Andrew Wiles", entrevista com Andrew Wiles, PBS, 31 de outubro de 2000, www.pbs.org/wgbh/nova/article/andrew-wiles-fermat.

43. Judah Pollack e Olivia Fox Cabane, *Butterfly and the Net: The Art and Practice of Breakthrough Thinking* (Nova York: Portfolio/Penguin, 2017), p. 44–45.

44. Cameron Prince, "Nikola Tesla Timeline", Tesla Universe, https://tesla universe.com/nikola-tesla/timeline/1882-tesla-has-ac-epiphany.

45. Damon Young, "Charles Darwin's Daily Walks", *Psychology Today*, 12 de janeiro de 2015, www.psychologytoday.com/us/blog/how-think-about-exercise/201501/charles-darwins-daily-walks.

46. Pang, *Rest*, p. 100.

47. Melissa A. Schilling, *Quirky: The Remarkable Story of the Traits, Foibles, and Genius of Breakthrough Innovators Who Changed the World* (Nova York: Public Affairs, 2018).

48. Cal Newport, "Neil Gaiman's Advice to Writers: Get Bored", site Cal Newport, 11 de novembro de 2016, www.calnewport.com/blog/2016/11/11/neil-gaimans-advice-to-writers-get-bored.

49. Stephen King, *On Writing: A Memoir of the Craft* (Nova York: Scribner, 2000) [N.T.: Publicação em português: *Sobre a Escrita: A Arte em Memórias*. São Paulo: Suma de Letras, 2015].

50. Mo Gawdat, *Solve for Happy: Engineering Your Path to Joy* (Nova York: North Star Way, 2017), p. 118 [N.T.: Publicação em português: *A Fórmula da Felicidade: Como um Engenheiro da Google Encontrou a Equação do Bem-Estar e da Alegria Duradouros*. São Paulo: Leya, 2017].

51. Rebecca Muller, "Bill Gates Spends Two Weeks Alone in the Forest Each Year. Here's Why", *Thrive Global*, 23 de julho de 2018, https://thriveglobal.com/stories/bill-gates-think-week.

52. Phil Knight, *Shoe Dog: A Memoir by the Creator of Nike* (Nova York: Scribner, 2016) [N.T.: Publicação em português: *A Marca da Vitória: A Autobiografia do Criador da Nike*. Rio de Janeiro: Sextante, 2016].

53. Rainer Maria Rilke, *Letters to a Young Poet* (Nova York: Penguin, 2012), p. 21 [N.T.: Publicação em português: *Cartas a um Jovem Poeta*. Rio de Janeiro: Biblioteca Azul, 2013].

54. Scott A. Sandford, "Apples and Oranges: A Comparison", *Improbable Research* (1995), www.improbable.com/airchives/paperair/volume1/v1i3/air-1-3-apples.php.

55. Waqas Ahmed, *The Polymath: Unlocking the Power of Human Versatility* (West Sussex, Reino Unido: John Wiley & Sons, 2018).

56. Andrew Hill, "The Hidden Benefits of Hiring Jacks and Jills of All Trades", *Financial Times*, 10 de fevereiro de 2019, www.ft.com/content/e7487264-2ac0-11e9-88a4-c32129756dd8.

57. Jaclyn Gurwin et al., "A Randomized Controlled Study of Art Observation Training to Improve Medical Student Ophthalmology Skills", *Ophthalmology* 125, nº 1 (janeiro de 2018): p. 8–14, www.ncbi.nlm.nih.gov/pubmed/28781219.

58. John Murphy, "Medical School Won't Teach You to Observe—But Art Class Will, Study Finds", *MDLinx*, 8 de setembro de 2017, www.mdlinx.com/internal-medicine/article/1101 (ênfase no original).

59. François Jacob, "Evolution and Tinkering", *Science*, 10 de junho de 1977.

60. Gary Wolf, "Steve Jobs: The Next Insanely Great Thing", *Wired*, 1º de fevereiro de 1996, www.wired.com/1996/02/jobs-2.

61. Albert Einstein, *Ideas and Opinions: Based on Mein Weltbild* (Nova York: Crown, 1954).

62. P. W. Anderson, "More Is Different", *Science*, 4 de agosto de 1972, disponível em www.tkm.kit.edu/downloads/TKM1_2011_more_is_different_PWA.pdf.

63. D. K. Simonton, "Foresight, Insight, Oversight, and Hindsight in Scientific Discovery: How Sighted Were Galileo's Telescopic Sightings?", *Psychology of Aesthetics, Creativity, and the Arts* (2012); Robert Kurson, *Rocket Men: The Daring Odyssey of Apollo 8 and the Astronauts Who Made Man's First Journey to the Moon* (Nova York: Random House, 2018).

64. Isaacson, *Leonardo Da Vinci*.

65. Sarah Knapton, "Albert Einstein's Theory of Relativity Was Inspired by Scottish Philosopher", *(London) Telegraph*, 19 de fevereiro de 2019, www.msn.com/en-ie/news/offbeat/albert-einsteins-theory--of-relativity-was-inspired-by-scottish-philosopher/ar-BBTMyMO.

66. Sir Charles Lyell, *Principles of Geology: Modern Changes of the Earth and Its Inhabitants* (Nova York: D. Appleton and Co., 1889).

67. Murray, *Borrowing Brilliance*.

68. Murray, *Borrowing Brilliance*.

69. Ryan Holiday, *Perennial Seller: The Art of Making and Marketing Work That Lasts* (Nova York: Portfolio/Penguin, 2017), p. 35; Tim Ferriss, "Rick Rubin on Cultivating World-Class Artists (Jay Z, Johnny Cash, etc.), Losing 100+ Pounds, and Breaking Down the Complex", episódio 76 (podcast), *The Tim Ferriss Show*, https://tim.blog/2015/05/15/rick-rubin.

70. Matthew Braga, "The Verbasizer Was David Bowie's 1995 Lyric-Writing Mac App", *Motherboard*, 11 de janeiro de 2016, https://motherboard.vice.com/en_us/article/xygxpn/the-verbasizer-was--david-bowies-1995-lyric-writing-mac-app.

71. Amy Zipkin, "Out of Africa, Onto the Web", *New York Times*, 17 de dezembro de 2006, www.nytimes.com/2006/12/17/jobs/17boss.html.

72. A discussão sobre o Nike Waffle Trainer se baseia nas seguintes fontes: Knight, *Shoe Dog*; Chris Danforth, "A Brief History of Nike's Revolutionary Waffle Trainer", *Highsnobiety*, 30 de março de 2017, www.highsnobiety.com/2017/03/30/nike-waffle-trainer-history; Matt Blitz, "How a Dirty Old Waffle Iron Became Nike's Holy Grail", *Popular Mechanics*, 15 de julho de 2016, www.popularmechanics.com/technology/gadgets/a21841/nike-waffle-iron.

73. Riley Black, "Thomas Henry Huxley and the Dinobirds", *Smithsonian*, 7 de dezembro de 2010, www.smithsonianmag.com/science-nature/thomas-henry-huxley-and-the-dinobirds-88519294.

74. William C. Taylor e Polly Labarre, "How Pixar Adds a New School of Thought to Disney", *The New York Times*, 29 de janeiro de 2006, www.nytimes.com/2006/01/29/business/yourmoney/how-pixar-adds-a-new-school-of-thought-to-disney.html; Ed Catmull e Amy Wallace, *Creativity, Inc.: Overcoming the Unseen Forces That Stand in the Way of True Inspiration* (Toronto: Random House Canada, 2014) [N.T.: Publicação em português: *Criatividade S.A.: Superando as Forças Invisíveis que Ficam no Caminho da Verdadeira Inspiração*. Rio de Janeiro: Rocco, 2014].

75. Frans Johansson, *The Medici Effect: What Elephants and Epidemics Can Teach Us About Innovation* (Boston: Harvard Business School Press, 2017).

76. Steve Squyres, *Roving Mars: Spirit, Opportunity, and the Exploration of the Red Planet* (Nova York: Hyperion, 2005); Televisão da Universidade da Califórnia, "Roving Mars with Steve Squyres: Conversations with History", vídeo, YouTube, upload realizado em 18 de agosto de 2011, www.youtube.com/watch?v=NI6KEzsb26U&feature=youtu.be.

77. Squyres, *Roving Mars*.

78. Ethan Bernstein, Jesse Shoreb e David Lazer, "How Intermittent Breaks in Interaction Improve Collective Intelligence", *Proceedings of the National Academy of Sciences* 115, n° 35 (28 de agosto de 2018): p. 8734-8739, www.pnas.org/content/pnas/115/35/8734.full.pdf; HBS [Harvard Business School] Communications, "Problem-Solving Techniques Take On New Twist", *Harvard Gazette*, 15 de agosto de 2018, https://news.harvard.edu/gazette/story/2018/08/collaborate-on-complex-problems-but-only-intermittently.

79. Bernstein, Shoreb e Lazer, "Intermittent Breaks".

80. Bernstein, Shoreb e Lazer, "Intermittent Breaks".

81. Isaac Asimov, "On Creativity", 1959, publicado pela primeira vez em *MIT Technology Review*, 20 de outubro de 2014.

82. Dean Keith Simonton, *Origins of Genius: Darwinian Perspectives on Creativity* (Nova York: Oxford University Press, 1999), p. 125 [N.T.: Publicação em português: *A Origem do Gênio: Perspectivas Darwinianas Sobre a Criatividade*. Rio de Janeiro: Editora Record, 2002].

83. *Encyclopaedia Britannica*, s.v. "Alfred Wegener", atualizado em 5 de abril de 2019, www.britannica.com/biography/Alfred-Wegener.

84. Joseph Sant, "Alfred Wegener's Continental Drift Theory", *Scientus*, 2018, www.scientus.org/Wegener-Continental-Drift.html.

85. Mario Livio, *Brilliant Blunders: From Darwin to Einstein — Colossal Mistakes by Great Scientists That Changed Our Understanding of Life and the Universe* (Nova York: Simon & Schuster, 2013), p. 265 [N.T.: Publicação em português: *Tolices Brilhantes: De Darwin a Einstein, os Grandes Erros dos Maiores Cientistas*. Rio de Janeiro: Editora Record, 2017].

86. Albert Einstein, "Zur Elektrodynamik bewegter Körper" [Sobre a eletrodinâmica dos corpos em movimento], *Annalen der Physik* 17, n° 10 (30 de junho de 1905).

87. Shunryu Suzuki e Richard Baker, *Zen Mind, Beginner's Mind* (Boston: Shambhala, 2006), p. 1 [N.T.: Publicação em português: *Mente Zen, Mente de Principiante*. São Paulo: Palas Athena, 1994].

88. Suzuki e Baker, *Zen Mind, Beginner's Mind*.

89. Alison Flood, "JK Rowling Says She Received 'Loads' of Rejections Before Harry Potter Success", *Guardian*, 24 de março de 2015, www.theguardian.com/books/2015/mar/24/jk-rowling-tells-fans-twitter-loads-rejections-before-harry-potter-success.

90. "Revealed: The Eight-Year-Old Girl Who Saved Harry Potter", *(Londres) Independent*, 3 de julho de 2005, www.independent.co.uk/arts-entertainment/books/news/revealed-the-eight-year-old-girl-who-saved-harry-potter-296456.html.

Capítulo 4: Pensamento Moonshot

1. A seção sobre o Project Loon se baseia nas seguintes fontes: "Google Launches Product Loon", *New Zealand Herald*, 15 de junho de 2013, www.nzherald.co.nz/internet/news/article.cfm?c_id=137&objectid=10890750; "Google Tests Out Internet-Beaming Balloons in Skies Over New Zealand", *(São Francisco) SFist*, 16 de junho de 2013, http://sfist.com/2013/06/16/google_tests_out_internet-beaming_b.php; Derek Thompson, "Google X and the Science of Radical Creativity", *Atlantic*, novembro de 2017, www.theatlantic.com/magazine/archive/2017/11/x-google-moonshot-factory/540648/; Loon.com, "Loon: The Technology", vídeo, YouTube, upload realizado no dia 14 de junho de 2013, www.youtube.com/watch?v=mcw6j-QWGMo&feature=youtu.be; Alex Davies, "Inside X, the Moonshot Factory Racing to Build the Next Google", *Wired*, 11 de julho de 2018, www.wired.com/story/alphabet-google-x-innovation-loon-wing-graduation; Steven Levy, "The Untold Story of Google's Quest to Bring the Internet Everywhere—by Balloon", *Wired*, 13 de agosto de 2013, www.wired.com/2013/08/googlex-project-loon.

2. Chris Anderson, "Mystery Object in Sky Captivates Locals", *Appalachian News-Express*, 19 de outubro de 2012, www.news-expressky.com/news/article_f257 128c-1979-11e2-a94e-0019bb2963f4.html.

3. Thompson, "Radical Creativity".

4. Telefónica, "Telefónica and Project Loon Collaborate to Provide Emergency Mobile Connectivity to Flooded Areas of Peru", Telefónica, 17 de maio de 2017, www.telefonica.com/en/web/press-office/-/telefonica-and-project-loon-collaborate-to-provide-emergency-mobile-connectivity--to-flooded-areas-of-peru.

5. Alastair Westgarth, "Turning on Project Loon in Puerto Rico", *Medium*, 20 de outubro de 2017, https://medium.com/loon-for-all/turning-on-project-loon-in-puerto-rico-f 3aa41ad2d7f.

6. Robert Kurson, *Rocket Men: The Daring Odyssey of Apollo 8 and the Astronauts Who Made Man's First Journey to the Moon* (Nova York: Random House, 2019), p. 17.

7. *Na Sombra da Lua*, dirigido por Dave Sington (Velocity/Think Film, 2008), DVD.

8. Jade Boyd, "JFK's 1962 Moon Speech Still Appeals 50 Years Later", Rice University News, 30 de agosto de 2012, http://news.rice.edu/2012/08/30/jfks-1962-moon-speech-still-appeals-50-years-later.

9. Gene Kranz, *Failure Is Not an Option: Mission Control from Mercury to Apollo 13 and Beyond* (Nova York: Simon & Schuster, 2000), p. 56.

10. Kranz, *Failure Is Not an Option*.

11. Mo Gawdat, *Solve for Happy: Engineering Your Path to Joy* (Nova York: North Star Way, 2017) [N.T.: Publicação em português: *A Fórmula da Felicidade: Como um Engenheiro da Google Encontrou a Equação do Bem-Estar e da Alegria Duradouros*. São Paulo: Leya, 2017].

12. James Carville e Paul Begala, *Buck Up, Suck Up ... and Come Back When You Foul Up: 12 Winning Secrets from the War Room* (Nova York: Simon & Schuster, 2003), p. 89–90.

13. Abraham Maslow, citado em Jim Whitt, *Road Signs for Success* (Stillwater, OK: Lariat Press, 1993), p. 61.

14. Seth Godin, *The Icarus Deception: How High Will You Fly?* (Nova York: Portfolio/Penguin, 2012) [N.T.: Publicação em português: *A Ilusão de Ícaro: Exemplos na Vida e no Trabalho de Pessoas que Ousaram Voar Mais Alto*. Rio de Janeiro: Elsevier, 2013].

15. Shane Snow, *Smartcuts: The Breakthrough Power of Lateral Thinking* (Nova York: HarperBusiness, 2014), p. 180, Kindle.

16. Pascal-Emmanuel Gobry, "Facebook Investor Wants Flying Cars, Not 140 Characters", *Business Insider*, 31 de julho de 2011, www.businessinsider.com/founders-fund-the-future-2011-7.

17. Jennifer Reingold, "Hondas in Space", *Fast Company*, 5 de outubro de 2005, www.fastcompany.com/74516/hondas-space-2.

18. Astro Teller, "The Head of 'X' Explains How to Make Audacity the Path of Least Resistance", *Wired*, 15 de abril de 2016, www.wired.com/2016/04/the-head-of-x-explains-how-to-make-audacity--the-path-of-least-resistance/#.2vy7nkes6.

19. Lisa Bodell, *Kill the Company: End the Status Quo, Start an Innovation Revolution* (Brookline, MA: Bibliomotion, 2016), p. 128–129.

20. David J. Schwartz, *The Magic of Thinking Big*, Touchstone hardcover edition (Nova York: Touchstone, 2015), p. 9 [N.T.: Publicação em português: *A Mágica de Pensar Grande*. São Paulo: Viva Livros, 2012].

21. Dana Goodyear, "Man of Extremes: Return of James Cameron", *New Yorker*, 19 de outubro de 2009, www.newyorker.com/magazine/2009/10/26/man-of-extremes.

22. Chantal Da Silva, "Michelle Obama Tells A Secret: 'I Have Been at Every Powerful Table You Can Think Of... They Are Not That Smart,'" *Newsweek*, 4 de dezembro de 2018, www.newsweek.com/michelle-obama-tells-secret-i-have-been-every-powerful-table-you-can-think-1242695.

23. Sobre a habilidade de aprendizado das abelhas, veja Hamida B. Mirwan e Peter G. Kevan, "Problem Solving by Worker Bumblebees *Bombus impatiens* (Hymenoptera: Apoidea)", *Animal Cognition* 17 (setembro de 2014): p. 1053–1061. Sobre a habilidade das abelhas de ensinar, veja Kristin Hugo, "Intelligence Test Shows Bees Can Learn to Solve Tasks from Other Bees", *News Hour*, PBS, 23 de fevereiro de 2017, www.pbs.org/newshour/science/intelligence-test-shows-bees-can-learn-to--solve-tasks-from-other-bees.

24. Maurice Maeterlinck, *The Life of the Bee*, trans. Alfred Sutro (Nova York: Dodd, Mead and Company, 1915), p. 145–146 [N.T.: Publicação em português: *A Vida das Abelhas*. São Paulo: Martin Claret, 2001].

25. David Deutsch, *The Beginning of Infinity: Explanations That Transform the World* (Londres: Allen Lane, 2011) [N.T.: Publicação em português: *Início do Infinito: Explicações que Transformam o Mundo*. Lisboa: Gradiva, 2013].

26. John D. Norton, "How Einstein Did Not Discover", *Physics in Perspective*, p. 258 (2016) www.pitt.edu/~jdnorton/papers/Einstein_Discover_final.pdf.

27. Richard W. Woodman, John E. Sawyer e Ricky W. Griffin, "Toward a Theory of Organizational Creativity", *Academy of Management Review* 18, nº 2 (abril de 1993): p. 293; Scott David Williams, "Personality, Attitude, and Leader Influences on Divergent Thinking and Creativity in Organizations", *European Journal of Innovation Management* 7, nº 3 (1º de setembro de 2004): p. 187–204; J. P. Guilford, "Cognitive Psychology's Ambiguities: Some Suggested Remedies", *Psychological Review* 89, nº 1 (1982): p. 48–59, https://psycnet.apa.org/record/1982-07070-001.

28. Ting Zhang, Francesca Gino e Joshua D. Margolis, "Does 'Could' Lead to Good? On the Road to Moral Insight", *Academy of Management Journal* 61, nº 3 (22 de junho de 2008), https://journals.aom.org/doi/abs/10.5465/amj.2014.0839.

29. E. J. Langer e A. I. Piper, "The Prevention of Mindlessness", *Journal of Personality and Social Psychology* 53, nº 2 (1987): p. 280–287.

30. Louise Lee, "Managers Are Not Always the Best Judge of Creative Ideas", *Stanford Business*, 26 de janeiro de 2016, www.gsb.stanford.edu/insights/managers-are-not-best-judge-creative-ideas.

31. Justin M. Berg, "Balancing on the Creative Highwire: Forecasting the Success of Novel Ideas in Organizations", *Administrative Science Quarterly*, julho de 2016, www.gsb.stanford.edu/faculty-research/publications/balancing-creative-high-wire-forecasting-success-novel-ideas.

32. "Everything You Know About Genius May Be Wrong", *Heleo*, 6 de setembro de 2017, https://heleo.com/conversation-everything-know-genius-may-wrong/15062.

33. Alex Soojung-Kim Pang, *Rest: Why You Get More Done When You Work Less* (Nova York: Basic Books, 2016), p. 44 [N.T.: Publicação em português: *Descansar: A Razão Pela Qual Conseguimos Fazer Mais Quando Trabalhamos Menos*. Lisboa: Temas e Debates, 2017].

34. Naama Mayseless, Judith Aharon-Perez e Simone Shamay-Tsoory, "Unleashing Creativity: The Role of Left Temporoparietal Regions in Evaluation and Inhibiting the Generation of Creative Ideas", *Neuropsychologia* 64 (novembro de 2014): p. 157–168.

35. I. Bernard Cohen, "Faraday and Franklin's 'Newborn Baby,'" *Proceedings of the American Philosophical Society* 131, nº 2 (junho de 1987): p. 77–182, www.jstor.org/stable/986790?read=-now1=&seq-6#page_scan_tab_contents.

36. Para o programa Mars Exploration Rovers de 2003, veja Laboratório de Propulsão a Jato, Instituto de Tecnologia de Califórnia, "Spacecraft: Airbags", NASA, https:// mars.nasa.gov/mer/mission/spacecraft_edl_airbags.html. Para a missão Phoenix de 2008, veja NASA, "NASA Phoenix Mission Ready for Mars Landing", 13 de maio de 2008, comunicado de imprensa, www.nasa.gov/mission_pages/phoenix/news/phoenix-2008 050813.html.

37. Adam Steltzner e William Patrick, *Right Kind of Crazy: A True Story of Teamwork, Leadership, and High-Stakes Innovation* (Nova York: Portfolio/Penguin, 2016), p. 137.

38. Arnold Schwarzenegger, com Peter Petre, *Total Recall: My Unbelievably True Life Story* (Nova York: Simon & Schuster, 2012), p. 53.

39. Arnold Schwarzenegger, "Shock Me", site Arnold Schwarzenegger, 30 de julho de 2012, www.schwarzenegger.com/fitness/post/shock-me.

40. Bernard D. Beitman, "Brains Seek Patterns in Coincidences", *Psychiatric Annals* 39, nº 5 (maio de 2009): p. 255–264, https://drjudithorloff.com/main/wp-content/uploads/2017/09/Psychiatric-Annals-Brains-Seek-Patterns.pdf.

41. Norman Doidge, *The Brain's Way of Healing: Remarkable Discoveries and Recoveries from the Frontiers of Neuroplasticity* (Nova York: Penguin Books, 2015) [N.T.: Publicação em português: *Como o Cérebro Cura: As Extraordinárias Descobertas da Neuroplasticidade e Como Estão a Ser Usadas Terapeuticamente*. Lisboa: Lua de Papel, 2016].

42. Paul J. Steinhardt, "What Impossible Meant to Feynman", *Nautilus*, 31 de janeiro de 2019, http://m.nautil.us/issue/68/context/what-impossible-meant-to-feynman.

43. Alok Jha, "Science Weekly with Michio Kaku: Impossibility Is Relative", *Guardian* (edição norte-americana), 14 de junho de 2009, www.theguardian.com/science/audio/2009/jun/11/michio--kaku-physics-impossible.

44. Andrea Estrada, "Reading Kafka Improves Learning, Suggests UCSB Psychology Study", *UC Santa Barbara Current*, 15 de setembro de 2009, www.news.ucsb.edu/2009/012685/reading-kafka-improves-learning-suggests-ucsb-psychology-study.

45. Adam Morgan e Mark Barden, *A Beautiful Constraint: How to Transform Your Limitations into Advantages, and Why It's Everyone's Business* (Hoboken, N.J.: Wiley, 2015).

46. Travis Proulx e Steven J. Heine, "Connections from Kafka: Exposure to Meaning Threats Improves Implicit Learning of an Artificial Grammar", *Psychological Science* 20, nº 9 (2009): p. 1125–1131.

47. Bill Ryan, "What Verne Imagined, Sikorsky Made Fly", *The New York Times*, 7 de maio de 1995, www.nytimes.com/1995/05/07/nyregion/what-verne-imagined-sikorsky-made-fly.html.

48. Mark Strauss, "Ten Inventions Inspired by Science Fiction", *Smithsonian Magazine*, 15 de março de 2012, www.smithsonianmag.com/science-nature/ten-inventions-inspired-by-science-fiction-128080674.

49. Tim Fernholz, *Rocket Billionaires: Elon Musk, Jeff Bezos, and the New Space Race* (Boston: Houghton Mifflin Harcourt, 2018), p. 69.

50. Dylan Minor, Paul Brook e Josh Bernoff, "Data From 3.5 Million Employees Shows How Innovation Really Works", *Harvard Business Review*, 9 de outubro de 2017, https://hbr.org/2017/10/data-from-3-5-million-employees-shows-how-innovation-really-works.

51. Neil Strauss, "Elon Musk: The Architect of Tomorrow", *Rolling Stone*, 15 de novembro de 2017, www.rollingstone.com/culture/culture-features/elon-musk-the-architect-of-tomorrow-120850.

52. Snow, *Smartcuts*.

53. Tom Junod, "Elon Musk: Triumph of His Will", *Esquire*, 15 de novembro de 2012, www.esquire.com/news-politics/a16681/elon-musk-interview-1212.

54. Michael Belfiore, "Behind the Scenes with the World's Most Ambitious Rocket Makers", *Popular Mechanics*, 1º de setembro de 2009, www.popularmechanics.com/space/rockets/a5073/4328638.

55. Junod, "Musk: Triumph of His Will".

56. Andrew Chaikin, "Is SpaceX Changing the Rocket Equation?", *Smithsonian*, janeiro de 2012, www.airspacemag.com/space/is-spacex-changing-the-rocket-equation-132285884/?no-ist=&page=2.

57. Sam Altman, "How to Be Successful", Sam Altman (blogue), 24 de janeiro de 2019, http://blog.samaltman.com/how-to-be-successful.

58. X, "Obi Felten, Head of Getting Moonshots Ready for Contact with the Real World", https://x.company/team/obi.

59. Davies, "Inside X, the Moonshot Factory".

60. Thompson, "Radical Creativity".

61. Jessica Guynn, "Google's Larry Page Will Try to Recapture Original Energy as CEO", *Los Angeles Times*, 22 de janeiro de 2011, www.latimes.com/business/la-xpm-2011-jan-22-la-fi-google--20110122-story.html.

62. Leah Binkovitz, "Tesla at the Smithsonian: The Story Behind His Genius", *Smithsonian*, 27 de junho de 2013, www.smithsonianmag.com/smithsonian-institution/tesla-at-the-smithsonian-the-story-behind-his-genius-3329176; Jill Jonnes, *Empires of Light: Edison, Tesla, Westinghouse, and the Race to Electrify the World* (Nova York: Random House, 2003).

63. Obi Felten, "Watching Loon and Wing Grow Up", LinkedIn, 1º de agosto de 2018, www.linkedin.com/pulse/watching-loon-wing-grow-up-obi-felten.

64. Obi Felten, entrevista com o autor, julho de 2019.

65. Obi Felten, "Living in Modern Times: Why We Worry About New Technology and What We Can Do About It", LinkedIn, 12 de janeiro de 2018, www.linkedin.com/pulse/living-modern-times-why-we-worry-new-technology-what-can-obi-felten.

66. Astro Teller, "The Secret to Moonshots? Killing Our Projects", *Wired*, 16 de fevereiro de 2016, www.wired.com/2016/02/the-secret-to-moonshots-killing-our-projects/#.euwa8vwaq.

67. Astro Teller, "The Head of 'X' Explains How to Make Audacity the Path of Least Resistance", *Wired*, 15 de abril de 2016, www.wired.com/2016/04/the-head-of-x-explains-how-to-make-audacity--the-path-of-least-resistance/#.2vy7nkes6.

68. Davies, "Inside X, the Moonshot Factory".

69. Thompson, "Radical Creativity"; Obi Felten, "How to Kill Good Things to Make Room for Truly Great Ones", X (blogue), 8 de março de 2016, https://blog.x.company/how-to-kill-good-things--to-make-room-for-truly-great-ones-867 f b6ef 026; Davies, "Inside X, the Moonshot Factory".

70. Thompson, "Radical Creativity".

71. Felten, "How to Kill Good Things".

72. Steven Levey, "The Untold Story of Google's Quest to Bring the Internet Everywhere — By Balloon", *Wired*, 13 de agosto de 2013, www.wired.com/2013/08/googlex-project-loon.

73. Instituição Chautauqua, "Obi Felten: Head of Getting Moonshots Ready for Contact with the Real World, X", vídeo, YouTube, upload realizado em 30 de junho de 2017, www.youtube.com/watch?v=PotKc56xYyg&feature=youtu.be.

74. Mark Holmes, "It All Started with a Suit: The Story Behind Shotwell's Rise to SpaceX, *Via Satellite*, 21 de abril de 2014, www.satellitetoday.com/business/2014/04/21/it-all-started-with-a-suit-the-story-behind-shotwells-rise-to-spacex.

75. Max Chafkin e Dana Hull, "SpaceX's Secret Weapon Is Gwynne Shotwell", *Bloomberg Businessweek*, 26 de julho de 2018, www.bloomberg.com/news/features/2018-07-26/she-launches-spaceships-sells-rockets-and-deals-with-elon-musk.

76. Eric Ralph, "SpaceX to Leverage Boring Co. Tunneling Tech to Help Humans Settle Mars", Teslarati, 23 de maio de 2018, www.teslarati.com/spacex-use-boring-company-tunneling-technology-mars; CNBC, "SpaceX President Gwynne Shotwell on Elon Musk and the Future of Space Launches", vídeo, YouTube, upload realizado em 22 de maio de 2018, https://youtu.be/clhXVdjvOyk.

77. A discussão sobre a Boring Company se baseia nas seguintes fontes: Boring Company, "FAQ", www.boringcompany.com/faq; Elon Musk, "The Future We're Building—and Boring", TED talk, abril de 2017, www.ted.com/talks/elon_musk_the_future_we_re_building_and_boring.

78. *De Volta para o Futuro*, de Robert Zemeckis e Bob Gale, dirigido por Robert Zemeckis (Universal Pictures, 1985). A citação foi feita pelo personagem Emmet "Doc" Brown quando ele e seus amigos se preparavam para iniciar outra aventura de viagem no tempo.

79. Laura Bliss, "Dig Your Crazy Tunnel, Elon Musk!", *City Lab*, 19 de dezembro de 2018, www.citylab.com/transportation/2018/12/elon-musk-tunnel-ride-tesla-boring-company-los-angeles/578536.

80. Boring Company, "Chicago", www.boringcompany.com/chicago.

81. Boring Company, "Las Vegas", www.boringcompany.com/lvcc.

82. Antoine de Saint-Exupéry, *The Wisdom of the Sands* (Nova York: Harcourt, Brace and Company, 1950), p. 155.

83. "Alan Kay, Educator and Computing Pioneer", perfil pessoal de palestrante da TED, março de 2008, www.ted.com/speakers/alan_kay.

84. A discussão sobre o uso de projeções reversas por parte da Amazon se baseia nas seguintes fontes: Jeff Dyer e Hal Gregersen, "How Does Amazon Stay at Day One?", *Forbes*, 8 de agosto de 2017, www.forbes.com/sites/innovatorsdna/2017/08/08/how-does-amazon-stay-at-day-one/#62a21bb67e4d; Ian McAllister, resposta à pergunta: "What Is Amazon's Approach to Product Development and Product Management?" (Qual É a Abordagem da Amazon Quanto ao Desenvolvimento e Administração do Produtos?), *Quora*, 18 de maio de 2012, www.quora.com/What-is-Amazons-approach-to-product-development-and-product-management; Natalie Berg e Miya Knights, *Amazon: How the World's Most Relentless Retailer Will Continue to Revolutionize Commerce* (Nova York: Kogan Page, 2019), p. 10.

85. Derek Sivers, "Detailed Dreams Blind You to New Means", site Derek Sivers, 18 de março de 2018, https://sivers.org/details.

86. Astro Teller, "Tackle the Monkey First", X, a Fábrica de Moonshots, 7 de dezembro de 2016, https://blog.x.company/tackle-the-monkey-first-90fd6223e04d.

87. Thompson, "Radical Creativity".

88. Kathy Hannun, "Three Things I Learned from Turning Seawater into Fuel", X, a Fábrica de Moonshots, 7 de dezembro de 2016, https://blog.x.company/three-things-i-learned-from-turning-seawater-into-fuel-66aeec36cfaa.

89. A discussão sobre o Projeto Foghorn se baseia nas seguintes fontes: Hannun, "Turning Seawater into Fuel"; Teller, "Tackle the Monkey First"; Thompson, "Radical Creativity".

90. George Bernard Shaw, *Man and Superman* (Westminster: Archibald Constable & Co., 1903), p. 238. [N.T.: Publicação em português: *Homem e Super-Homem*. São Paulo: Editora Melhoramentos, 1955].

91. Burt Rutan, citado em Peter Diamandis, "True Breakthroughs = Crazy Ideas + Passion", *Tech Blog*, maio de 2017, www.diamandis.com/blog/true-breakthroughs-crazy-ideas-passion.

Capítulo 5: E se Enviássemos Dois Rovers em Vez de Um?

1. A descrição da aterrissagem em Marte se baseia nas seguintes fontes: Steve Squyres, *Roving Mars: Spirit, Opportunity, and the Exploration of the Red Planet* (Nova York: Hyperion, 2005), p. 79–80; Adam Steltzner e William Patrick, *Right Kind of Crazy: A True Story of Teamwork, Leadership, and High-Stakes Innovation* (Nova York: Portfolio/Penguin, 2016); Laboratório de Propulsão a Jato, Instituto de Tecnologia de Califórnia, "Spacecraft: Aeroshell", NASA, https://mars.nasa.gov/mer/mission/spacecraft_edl_aeroshell.html; Laboratório de Propulsão a Jato da NASA, Instituto de Tecnologia

de Califórnia, "Spacecraft: Aeroshell—RAD Rockets", https://mars.nasa.gov/mer/mission/spacecraft_edl_radrockets.html; Programa Integrado de Ensino e Aprendizado, Faculdade de Engenharia, Universidade do Colorado em Boulder, "Lesson: Six Minutes of Terror", Aula de Engenharia, 31 de julho de 2017, www.teachengineering.org/lessons/view/cub_mars_lesson05.

2. Amar Toor, "NASA Details Curiosity's Mars Landing in 'Seven Minutes of Terror' Video", *Verge*, 26 de junho de 2012, www.theverge.com/2012/6/26/3117662/nasa-mars-rover-curiosity-seven-minutes-terror-video.

3. Para distância, veja NASA, "Mars Close Approach to Earth: July 31, 2018", NASA, https://mars.nasa.gov/allaboutmars/nightsky/mars-close-approach; Tim Sharp, "How Far Away Is Mars?", *Space.com*, 15 de dezembro de 2017, www.space.com/16875-how-far-away-is-mars.html. Para a velocidade de rotação de Marte, veja NASA, "Mars Facts", NASA, https://mars.nasa.gov/allaboutmars/facts/#?c=inspace&s=distance.

4. John Maynard Keynes, *The General Theory of Employment, Interest, and Money* (Nova York: Harcourt, Brace, 1936) [N.T.: Publicação em português: *Teoria Geral do Emprego, do Juro e da Moeda*. São Paulo: Saraiva, 2012].

5. Dan Meyer, "Rough-Draft Thinking & Bucky the Badger", dy/dan (blogue), 21 de maio de 2018, https://blog.mrmeyer.com/2018/rough-draft-thinking-bucky-the-badger.

6. Thomas Wedell-Wedellsborg, "Are You Solving the Right Problems?", *Harvard Business Review*, fevereiro de 2017, https://hbr.org/2017/01/are-you-solving-the-right-problems.

7. Paul C. Nutt, "Surprising but True: Half the Decisions in Organizations Fail", *Academy of Management Executive* 13, nº 4 (novembro de 1999): p. 75–90.

8. Nutt, "Surprising but True".

9. Merim Bilalić, Peter McLeod e Fernand Gobet, "Why Good Thoughts Block Better Ones: The Mechanism of the Pernicious Einstellung (Set) Effect", *Cognition* 108, nº 3 (setembro de 2008): p. 652–661, https://bura.brunel.ac.uk/bitstream/2438/2276/1/Einstellung-Cognition.pdf.

10. NASA, Step-by-Step Guide to Entry, Descent, and Landing, https://mars.nasa.gov/mer/mission/tl_entry1.html.

11. Hal Gregersen, "Bursting the CEO Bubble", *Harvard Business Review*, abril de 2017, https://hbr.org/2017/03/bursting-the-ceo-bubble.

12. Charles Darwin, *The Correspondence of Charles Darwin: 1858–1859*, ed. Frederick Burkhardt and Sydney Smith (Nova York: Cambridge University Press, 1985).

13. Werner Heisenberg, *Physics and Philosophy: The Revolution in Modern Science* (Nova York: Harper, 1958) [N.T.: Publicação em português: *Física e Filosofia*. Brasília: Universidade de Brasília, 1981].

14. Ahmed M. Abdulla *et al.*, "Problem Finding and Creativity: A MetaAnalytic Review", *Psychology of Aesthetics, Creativity, and the Arts* (9 de agosto de 2018), https://psycnet.apa.org/record/2018-38514-001.

15. Jacob W. Getzels e Mihaly Csikszentmihalyi, *The Creative Vision: Longitudinal Study of Problem Finding in Art* (Nova York: Wiley, 1976).

16. NASA, "Mariner Space Probes", https://history.nasa.gov/mariner.html.

17. NASA, "Viking 1 and 2", https://mars.nasa.gov/programmissions/missions/past/viking.

18. NASA, "Viking Mission Overview", www.nasa.gov/redplanet/viking.html.

19. Squyres, *Roving Mars*.

20. Squyres, *Roving Mars*, p. 90.

21. NASA, Girl with Dreams Names Mars Rovers "Spirit" and "Opportunity", (8 de junho de 2003) www.nasa.gov/missions/highlights/mars_rover_names.html.

22. Squyres, *Roving Mars*, p. 145.

23. Squyres, *Roving Mars*, p. 122.

24. A descrição da aterrissagem do *Spirit* e do *Opportunity* em Marte se baseia principalmente em Squyres, *Roving Mars*; Televisão da Universidade de Califórnia, "Roving Mars with Steve Squyres:

Conversations with History", vídeo, YouTube, upload realizado em 18 de agosto de 2011, www.youtube.com/watch?v=NI6KEzsb26U&feature=youtu.be.

25. John Callas, "A Heartfelt Goodbye to a Spirited Mars Rover", NASA, 25 de maio de 2011, https://mars.nasa.gov/news/1129/a-heartfelt-goodbye-to-a-spirited-mars-rover.

26. NASA, "NASA's Record-Setting Opportunity Rover Mission on Mars Comes to End", comunicado de imprensa, 13 de fevereiro de 2019, www.nasa.gov/press-release/nasas-record-setting-opportunity-rover-mission-on-mars-comes-to-end.

27. Organização Mundial da Saúde, "Preterm Birth", 19 de fevereiro de 2018, www.who.int/en/news-room/fact-sheets/detail/preterm-birth.

28. Cheryl Bird, "How an Incubator Works in the Neonatal ICU", *Verywell Family*, 6 de novembro de 2018, www.verywellfamily.com/what-is-an-incubator-for-premature-infants-2748445.

29. Bird, "Neonatal ICU"; Kelsey Andeway, "Why Are Incubators Important for Babies in the NICU?", *Health eNews*, 23 de julho de 2018, www.ahchealthenews.com/2018/07/23/incubators-important-babies-nicu.

30. Elizabeth A. Reedy, "Care of Premature Infants", Faculdade de Enfermagem da Universidade da Pensilvânia, www.nursing.upenn.edu/nhhc/nurses-institutions-caring/care-of-premature-infants; Vinnie DeFrancesco, "Neonatal Incubator— Perinatology", *ScienceDirect*, 2004, www.sciencedirect.com/topics/nursing-and-health-professions/neonatal-incubator.

31. A discussão sobre o aquecedor infantil Embrace se baseia nas seguintes fontes: Snow, *Smartcuts*; Adam Morgan e Mark Barden, *A Beautiful Constraint: How to Transform Your Limitations into Advantages, and Why It's Everyone's Business* (Hoboken, N.J.: Wiley, 2015); home page do Embrace, www.embrace innovations.com.

32. Universidade Stanford, "Design for Extreme Affordability—About", https://extreme.stanford.edu/about-extreme.

33. Neil Gaiman, *The Sandman*, vol. 2, *The Doll's House*, 30th anniv. ed., issues 9–16 (Burbank, CA: DC Comics, 2018) [N.T.: Publicação em português: *Sandman*, vol. 2, *A Casa de Bonecas*. São Paulo: Panini, 2019].

34. Peter Attia, entrevista com o autor, agosto de 2018.

35. Tina Seelig, "The $5 Challenge!", *Psychology Today*, 5 de agosto de 2009, www.psychologytoday.com/us/blog/creativityrulz/200908/the-5-challenge.

36. Alexander Calandra, "Angels on a Pin", *Saturday Review*, 21 de dezembro de 1968. Essa história também apareceu em *Quick Takes: Short Model Essays for Basic Composition*, ed. Elizabeth Penfield e Theodora Hill (Nova York: HarperCollins College Publishers, 1995), e pode ser encontrada em https://kaushikghose.files.wordpress.com/2015/07/angels-on-a-pin.pdf.

37. Robert E. Adamson, "Functional Fixedness as Related to Problem Solving: A Repetition of Three Experiments", *Journal of Experimental Psychology* 44, nº 4 (outubro de 1952): p. 288–291, www.dtic.mil/dtic/tr/fulltext/u2/006119.pdf.

38. Will Yakowicz, "This Space-Age Blanket Startup Has Helped Save 200,000 Babies (and Counting)", *Inc.*, maio de 2016, www.inc.com/magazine/201605/will-yakowicz/embrace-premature-baby-blanket.html.

39. Patrick J. Gallagher, "Velcro", International Trademark Association, 1º de abril de 2004, www.inta.org/INTABulletin/Pages/VELCRO.aspx.

40. Tony McCaffrey, "Innovation Relies on the Obscure: A Key to Overcoming the Classic Problem of Functional Fixedness", *Psychological Science* 23, nº 3 (7 de fevereiro de 2012): p. 215–218, https://journals.sagepub.com/doi/abs/10.1177/095 6797611429580.

41. Ron Miller, "How AWS Came to Be", *TechCrunch*, 2 de julho de 2016, https://techcrunch.com/2016/07/02/andy-jassys-brief-history-of-the-genesis-of-aws.

42. Larry Dignan, "All of Amazon's 2017 Operating Income Comes from AWS", *ZDNet*, 1º de fevereiro de 2017, www.zdnet.com/article/all-of-amazons-2017-operating-income-comes-from-aws.

43. Randy Hofbauer, "Amazon-Whole Foods, 1 Year Later: 4 Grocery Experts Share Their Insights", *Progressive Grocer*, 18 de junho de 2018, https://progressivegrocer.com/amazon-whole-foods--1-year-later-4-grocery-experts-share-their-insights.

44. NASA, "Sputnik and the Dawn of the Space Age", NASA, 10 de outubro de 2007, https://history.nasa.gov/sputnik/.

45. A discussão sobre a origem do sistema de posicionamento global (GPS) se baseia nas seguintes fontes: Steven Johnson, *Where Good Ideas Come From: The Natural History of Innovation* (Nova York: Riverhead Books, 2011) [N.T.: Publicação em português: *De Onde Vêm as Boas Ideias: Uma História Natural da Inovação*. Rio de Janeiro: Zahar, 2011]; Robert Kurson, *Rocket Men: The Daring Odyssey of Apollo 8 and the Astronauts Who Made Man's First Journey to the Moon* (Nova York: Random House, 2018); William H. Guier e George C. Weiffenbach, "Genesis of Satellite Navigation", *Johns Hopkins APL Technical Digest*, 18, nº 2 (1997): p. 178–181, www.jhuapl.edu/Content/techdigest/pdf/V18-N02/18-02-Guier.pdf.; Alan Boyle, "Sputnik Started Space Race, Anxiety", *NBC News*, 4 de outubro de 1997, www.nbcnews.com/id/3077890/ns/technology_and_science-space/t/sputnik-started-space-race-anxiety/#.XOtOsi2ZPBI.

46. Editorial do *Chicago Daily News* citado em Kurson, *Rocket Men*.

47. Shane Parrish, "Inversion and the Power of Avoiding Stupidity", Farnam Street (blogue), outubro de 2013, https://fs.blog/2013/10/inversion; Ray Galkowski, "Invert, Always Invert, Margin of Safety", 9 de janeiro de 2011, http://amarginofsafety.com/2011/01/09/456.

48. David Kord Murray, *Borrowing Brilliance: The Six Steps to Business Innovation by Building on the Ideas of Others* (Nova York: Gotham Books, 2009) [N.T.: Publicação em português: *A Arte de Imitar: 6 Passos para Inovar em seus Negócios Copiando as Ideias dos Outros*. Rio de Janeiro: Elsevier, 2011].

49. Murray, *Borrowing Brilliance*.

50. Warren Berger, *A More Beautiful Question: The Power of Inquiry to Spark Breakthrough Ideas* (Nova York: Bloomsbury USA, 2014) [N.T.: Publicação em português: *Uma Pergunta Mais Bonita*. São Paulo: Editora Aleph, 2019]; Patagonia, "Don't Buy This Jacket, Black Friday and *The New York Times*", 25 de novembro de 2011, www.patagonia.com/blog/2011/11/dont-buy-this-jacket-black-friday-and-the-new-york-times.

51. Patagonia, "Don't Buy This Jacket".

52. A discussão sobre Dick Fosbury se baseia nas seguintes fontes: Richard Hoffer, *Something in the Air: American Passion and Defiance in the 1968 Mexico City Olympics* (Nova York: Free Press, 2009); James Clear, "Olympic Medalist Dick Fosbury and the Power of Being Unconventional", James Clear (blogue), https:// jamesclear.com/dick-fosbury; Tom Goldman, "Dick Fosbury Turned His Back on the Bar and Made a Flop a Success", NPR, 20 de outubro de 2018, www.npr.org/2018/10/20/659025445/dick-fosbury-turned-his-back-on-the-bar-and-made-a-flop-a-success.

53. Kerry Eggers, "From Flop to Smashing High Jump Success", *Portland Tribune*, 22 de julho de 2008, https://pamplinmedia.com/component/content/article?id=71447.

54. Rod Drury, "Why Pitching a Really Bad Idea Isn't the End of the World", *Fortune*, 23 de março de 2016, http://fortune.com/2016/03/22/how-to-motivate-team.

55. Gregersen, "Bursting the CEO Bubble".

Capítulo 6: O Poder da Mudança de Opinião

1. A discussão sobre a Sonda Climática de Marte se baseia nas seguintes fontes: Steve Squyres, *Roving Mars: Spirit, Opportunity, and the Exploration of the Red Planet* (Nova York: Hyperion, 2005); James Oberg, "Why the Mars Probe Went off Course", IEEE Spectrum, 1º de dezembro de 1999, https://spectrum.ieee.org/aerospace/robotic-exploration/why-the-mars-probe-went-off-course; Edward Euler, Steven Jolly e H. H. "Lad" Curtis, "The Failures of the Mars Climate Orbiter and Mars Polar Lander: A Perspective from the People Involved", *American Astronautical Society*, fevereiro de 2001, http://web.mit.edu/16.070/www/readings/Failures_MCO_MPL.pdf; "Mars Climate Orbiter Mishap

Investigation Board Phase I Report", NASA, 10 de novembro de 1999, https://llis.nasa.gov/llis_lib/pdf/1009464main1_0641-mr.pdf; Comitê do Congresso sobre Ciência, Espaço e Tecnologia, "Testimony of Thomas Young, Chairman of the Mars Program Independent Assessment Team Before the House Science Committee", comunicado de imprensa, SpaceRef, 12 de abril de 2000, www.spaceref.com/news/viewpr.html?pid=1444.

2. NASA, "Mars Facts", https://mars.nasa.gov/allaboutmars/facts/#?c=in space&s=distance; Kathryn Mersmann, "The Fact and Fiction of Martian Dust Storms", NASA, 18 de setembro de 2015, www.nasa.gov/feature/goddard/the-fact-and-fiction-of-martian-dust-storms.

3. Laboratório de Propulsão a Jato da NASA, "NASA's Mars Climate Orbiter Believed to Be Lost", NASA, 23 de setembro de 1999, www.jpl.nasa.gov/news/news.php?feature=5000.

4. Robert M. Pirsig, *Zen and the Art of Motorcycle Maintenance: An Inquiry into Values* (Nova York: Morrow, 1984), p. 6 [N.T.: Publicação em português: *Zen e a Arte da Manutenção de Motocicletas: Uma Investigação Sobre os Valores*. São Paulo: WMF Martins Fontes, 2015].

5. Jeremy A. Frimer, Linda J. Skitka e Matt Motyl, "Liberals and Conservatives Are Similarly Motivated to Avoid Exposure to One Another's Opinions", *Journal of Experimental Social Psychology* 72 (setembro de 2017): p. 1–12, www.science direct.com/science/article/pii/S0022103116304024.

6. Crystal D. Oberle *et al.*, "The Galileo Bias: A Naive Conceptual Belief That Influences People's Perceptions and Performance in a Ball-Dropping Task", *Journal of Experimental Psychology, Learning, Memory, and Cognition* 31, nº 4 (2005): p. 643–653.

7. Brendan Nyhan *et al.*, "Effective Messages in Vaccine Promotion: A Randomized Trial", *Pediatrics* 133, nº 4 (abril de 2014), http://pediatrics.aap publications.org/content/133/4/e835.long.

8. A discussão sobre a perda da Sonda Climática de Marte se baseia nas seguintes fontes: Squyres, *Roving Mars*; Oberg, "Mars Probe Went off Course"; Euler, Jolly e Curtis, "Failures of the Mars Climate Orbiter"; Mars Climate Orbiter Mishap Investigation Board Phase I Report, 10 de novembro de 1999, https:// llis.nasa.gov/llis_lib/pdf/1009464main1_0641-mr.pdf; Comitê do Congresso sobre Ciência, Espaço e Tecnologia, "Testimony of Thomas Young"; Mark Adler, entrevista com o autor, agosto de 2018.

9. Oberg, "Mars Probe Went off Course".

10. Oberg, "Mars Probe Went off Course".

11. Richard P. Feynman, como dito a Ralph Leighton e editado por Edward Hutchings, *"Surely You're Joking, Mr. Feynman!" Adventures of a Curious Character* (Nova York: W. W. Norton & Company, 1985), p. 343 [N.T.: Publicação em português: *"O Senhor Está Brincando, Sr Feynman?" As Estranhas Aventuras de um Físico Excêntrico*. Rio de Janeiro: Campus, 2006].

12. Sarah Scoles, *Making Contact: Jill Tarter and the Search for Extraterrestrial Intelligence* (Nova York: Pegasus Books, 2017).

13. John Noble Wilford, "In 'Contact,' Science and Fiction Nudge Close Together", *The New York Times*, 20 de julho de 1997, www.nytimes.com/1997/07/20/movies/in-contact-science-and-fiction-nudge-close-together.html?mtrrcf-www.google.com.

14. T. C. Chamberlin, "The Method of Multiple Working Hypotheses", *Science* (série antiga) 15, nº 92 (1890), reimpresso em *Science*, 7 de maio de 1965, disponível em http:// arti.vub.ac.be/cursus/2005-2006/mwo/chamberlin1890science.pdf.

15. A discussão sobre o Aterrissador Mars Polar se baseia nas seguintes fontes: NASA, "About the Deep Space Network", https://deepspace.jpl.nasa.gov/about; Dawn Levy, "Scientists Keep Searching for a Signal from Mars Polar Lander", NASA, 1º de fevereiro de 2000, https://mars.jpl.nasa.gov/msp98/news/mpl000201.html; Squyres, *Roving Mars*; NASA, "Listening for Mars Polar Lander", *NASA Science*, 31 de janeiro de 2000, https://science.nasa.gov/science-news/science-at-nasa/2000/ast01feb_1; Natasha Mitchell, "Sweet Whispers from Mars Could Be Polar Lander", *ABC Science*, 28 de janeiro de 2000, www.abc.net.au/science/articles/2000/01/28/96225.htm.

16. Levy, "Scientists Keep Searching".

17. Squyres, *Roving Mars*, p. 68.
18. Squyres, *Roving Mars*, p. 70.
19. Francis Bacon, *Novum Organum* (1902), p. 24 [N.T.: Publicação em português: *Novum Organum*. Joinville: Clube de Autores, 2020].
20. Levy, "Scientists Keep Searching".
21. Kenneth L. Corum e James F. Corum, "Nikola Tesla and the Planetary Radio Signals", 2003, www.teslasociety.com/mars.pdf.
22. Chamberlin, "Multiple Working Hypotheses".
23. Robertson Davies, *Tempest-Tost* (Nova York: Rinehart, 1951).
24. Chamberlin, "Multiple Working Hypotheses".
25. F. Scott Fitzgerald, "The Crack-Up", *Esquire*, fevereiro, março e abril de 1936 e reimpresso em 7 de março de 2017, www.esquire.com/lifestyle/a4310/the-crack-up/#ixzz1Fvs5lu8w.
26. Sarah Charley, "What's Really Happening During an LHC Collision?", *Symmetry*, 30 de junho de 2017, www.symmetrymagazine.org/article/whats-really-happening-during-an-lhc-collision.
27. Charley, "LHC Collision?".
28. Charley, "LHC Collision?".
29. Bill Demain, "How Malfunctioning Sharks Transformed the Movie Business", *Mental Floss*, 20 de junho de 2015, https://mentalfloss.com/article/31105/how-steven-spielbergs-malfunctioning-sharks-transformed-movie-business.
30. Robert Cialdini, *Pre-Suasion: A Revolutionary Way to Influence and Persuade* (Nova York: Simon & Schuster, 2016), p. 22 [N.T.: Publicação em português: *Pré-Suasão: A Influência Começa Ainda Antes da Primeira Palavra*. Rio de Janeiro: Sextante, 2017].
31. Daniel Simmons e Christopher Chabris, "Selective Attention Test", vídeo, YouTube, upload realizado em 10 de março de 2010, www.youtube.com/watch?v=vJG 698U2Mvo.
32. Daniel Simmons e Christopher Chabris, "Gorilla Experiment", site Invisible Gorilla, 2010, www.theinvisiblegorilla.com/gorilla_experiment.html; Christopher Chabris e Daniel Simmons, *The Invisible Gorilla: And Other Ways Our Intuitions Deceive Us* (Nova York: Crown, 2010).
33. Euler, Jolly e Curtis, "Failures of the Mars Climate Orbiter".
34. Sir Arthur Conan Doyle, "Adventure 1: Silver Blaze", em *The Memoirs of Sherlock Holmes* (Nova York, 1894) [N.T.: Publicação em português: "Aventura 1: Estrela de Prata", em *As Memórias de Sherlock Holmes*. Rio de Janeiro: Zahar, 2014].
35. P. C. Wason, "On the Failure to Eliminate Hypotheses in a Conceptual Task", *Quarterly Journal of Experimental Psychology* 12, nº 3 (1º de julho de 1960): p. 129– 140, https://pdfs.semanticscholar.org/86db/64c600fe59acfc48fd22bc8484485d5e7 337.pdf.
36. "Peter Wason", obituário, *(Londres) Telegraph*, 22 de abril de 2003, www.telegraph.co.uk/news/obituaries/1428079/Peter-Wason.html.
37. Alan Lightman, *Searching for Stars on an Island in Maine* (Nova York: Pantheon Books, 2018).
38. Chris Kresser, "Dr. Chris Shade on Mercury Toxicity", *Revolution Health Radio*, 21 de maio de 2019, https://chriskresser.com/dr-chris-shade-on-mercury-toxicity.
39. Gary Taubes, "Do We Really Know What Makes Us Healthy?", *The New York Times*, 16 de setembro de 2007, www.nytimes.com/2007/09/16/magazine/16 epidemiology-t.html.
40. Carl Sagan, *The Demon-Haunted World: Science as a Candle in the Dark* (Nova York: Random House, 1995; reimp. Ballantine, 1997), p. 211 [N.T.: Publicação em português: *O Mundo Assombrado pelos Demônios: A Ciência Vista como uma Vela no Escuro*. São Paulo: Companhia das Letras, 2006].
41. Vox, "Why Elon Musk Says We're Living in a Simulation", vídeo, YouTube, upload realizado em 15 de agosto de 2016, www.youtube.com/watch?v=J0KHiiTtt4w.
42. Hal Gregersen, "Bursting the CEO Bubble", *Harvard Business Review*, abril de 2017, https://hbr.org/2017/03/bursting-the-ceo-bubble.

43. Shane Parrish, "How Darwin Thought: The Golden Rule of Thinking", Farnam Street (blogue), janeiro de 2016, https://fs.blog/2016/01/charles-darwin-thinker.

44. Michael Lewis, "The King of Human Error", *Vanity Fair*, 8 de novembro de 2011, www.vanityfair.com/news/2011/12/michael-lewis-201112.

45. Lewis, "King of Human Error".

46. Charles Thompson, "Harlan's Great Dissent", *Kentucky Humanities* 1 (1996), https://louisville.edu/law/library/special-collections/the-john-marshall-harlan-collection/harlans-great-dissent.

47. Thompson, "Harlan's Great Dissent".

48. Walter Isaacson, *Leonardo da Vinci* (Nova York: Simon & Schuster, 2017), p. 435. [N.T.: Publicação em português: *Leonardo da Vinci*. Rio de Janeiro: Intrínseca, 2017].

49. Gregersen, "Bursting the CEO Bubble".

50. Emmanuel Trouche et al., "The Selective Laziness of Reasoning", *Cognitive Science* 40, nº 6 (novembro de 2016): p. 2122–2136, www.ncbi.nlm.nih.gov/pubmed/26452437.

51. Elizabeth Kolbert, "Why Facts Don't Change Our Minds", *New Yorker*, 19 de fevereiro de 2017, www.newyorker.com/magazine/2017/02/27/why-facts-dont-change-our-minds.

52. "Peter Wason", obituário.

53. James Robert Brown, *The Laboratory of the Mind: Thought Experiments in the Natural Sciences* (Nova York: Routledge, 1991), p. 20.

54. Manjit Kumar, *Quantum: Einstein, Bohr, and the Great Debate About the Nature of Reality* (Nova York: W.W. Norton, 2009); Carlo Rovelli, *Seven Brief Lessons on Physics*, trans. Simon Carnell e Erica Segre (Nova York: Riverhead Books, 2016) [N.T.: Publicação em português: *Sete Breves Lições de Física*. Rio de Janeiro: Objetiva, 2015].

55. Thomas Schelling, "The Role of War Games and Exercises", in *Managing Nuclear Operations*, ed. A. Carter, J. Steinbruner e C. Zraket (Washington, DC: Brookings Institution, 1987), p. 426–444.

56. John D. Barrow, Paul C. W. Davies e Charles L. Harper Jr., eds., *Science and Ultimate Reality: Quantum Theory, Cosmology, and Complexity* (Nova York: Cambridge University Press, 2004), p. 3.

57. David Foster Wallace, "This Is Water", discurso de abertura na Faculdade Kenyon, Gambier, OH, 21 de maio de 2005.

58. Errol Morris, "The Anosognosic's Dilemma: Something's Wrong but You'll Never Know What It Is", Opinionator, *The New York Times*, 24 de junho de 2010, https://opinionator.blogs.nytimes.com/2010/06/24/the-anosognosics-dilemma-somethings-wrong-but-youll-never-know-what-it-is-part-5.

59. Faculdade Stanford de Administração, "Marc Andreessen on Change, Constraints, and Curiosity", vídeo, YouTube, upload realizado em 14 de novembro de 2016, www.youtube.com/watch?v=P-T2VAcHRoE&feature=youtu.be.

60. Chip Heath e Dan Heath, *Decisive: How to Make Better Choices in Life and Work* (Nova York: Crown Business, 2013) [N.T.: Publicação em português: *Gente que Resolve: Como Fazer as Melhores Escolhas em Qualquer Momento da Sua Vida*. São Paulo: Saraiva, 2014].

61. Shane Parrish, "The Work Required to Have an Opinion", Farnam Street (blogue), abril de 2013, https://fs.blog/2013/04/the-work-required-to-have-an-opinion.

62. Rovelli, *Seven Brief Lessons on Physics*, p. 21.

Capítulo 7: Teste Assim Como Se Voa, Voe Assim Como Se Testa

1. A seção inicial sobre o healthcare.gov se baseia nas seguintes fontes: Sharon LaFraniere e Eric Lipton, "Officials Were Warned About Health Site Woes", *The New York Times*, 18 de novembro de 2013, www.nytimes.com/2013/11/19/us/politics/administration-open-to-direct-insurance-company-signups.html; Frank Thorp, "'Stress Tests' Show Healthcare.gov Was Overloaded", NBC News, 6 de novembro de 2013, www.nbcnews.com/politics/politics-news/stress-tests-show-healthcare-gov-was-o-

verloaded-flna8C11548230; Amy Goldstein, "HHS Failed to Heed Many Warnings That HealthCare. gov Was in Trouble", *Washington Post*, 23 de fevereiro de 2016, www.washingtonpost.com/national/ health-science/hhs-failed-to-heed-many-warnings-that-healthcaregov-was-in-trouble/2016/02/22/ dd344e7c-d67e-11e5-9823-02b905009f99_story.html?noredirect=on&utm_term=.b81dd6679eee; Wyatt Andrews e Anna Werner, "Healthcare.gov Plagued by Crashes on 1st Day", *CBS News*, 1º de outubro de 2013, www.cbsnews.com/news/healthcaregov-plagued-by-crashes-on-1st-day; Adrianne Jeffries, "Why Obama's Healthcare.gov Launch Was Doomed to Fail", *Verge*, 8 de outubro de 2013, www.theverge.com/2013/10/8/4814098/why-did-the-tech-savvy-obama-administration-launch-a-busted-healthcare-website; "The Number 6 Says It All About the HealthCare.gov Rollout", NPR, 27 de dezembro de 2013, www.npr.org/sections/health-shots/2013/12/27/257398910/the-number-6-says-it-all-about-the-healthcare-gov-rollout; Kate Pickert, "Report: Cost of HealthCare.Gov Approaching $1 Billion", *Time*, 30 de julho de 2014, http://time.com/3060276/obama care-affordable-care-act-cost.

2. Marshall Fisher, Ananth Raman e Anna Sheen McClelland, "Are You Ready?", *Harvard Business Review*, agosto de 2000) https://hbr.org/2000/07/are-you-ready.

3. Fisher, Raman e McClelland, "Are You Ready?"

4. Richard Feynman, Palestras dos Mensageiros, Universidade Cornell, BBC, 1964, www.cornell.edu/video/playlist/richard-feynman-messenger-lectures/player.

5. Laboratório de Propulsão a Jato da NASA, "The FIDO Rover", NASA, https://www-robotics.jpl.nasa.gov/systems/system.cfm?System=1.

6. NASA, "Space Power Facility", www1.grc.nasa.gov/facilities/sec.

7. A discussão sobre os testes com airbags para os Mars Exploration Rovers se baseia nas seguintes fontes: Steve Squyres, *Roving Mars: Spirit, Opportunity, and the Exploration of the Red Planet* (Nova York: Hyperion, 2005); Adam Steltzner e William Patrick, *Right Kind of Crazy: A True Story of Teamwork, Leadership, and High-Stakes Innovation* (Nova York: Portfolio/Penguin, 2016).

8. NASA, "Calibration Targets", https://mars.nasa.gov/mer/mission/instruments/calibration-targets.

9. "Interview with Bill Nye: The Sundial Guy", *Astrobiology Magazine*, 8 de outubro de 2003, www.astrobio.net/mars/interview-with-bill-nye-the-sundial-guy.

10. Donella Meadows, *Thinking in Systems: A Primer* (White River Junction, VT: Chelsea Green Pub., 2008), p. 12.

11. Kim Lane Scheppele, "The Rule of Law and the Frankenstate: Why Governance Checklists Do Not Work", *Governance: An International Journal of Policy, Administration, and Institutions* 26, nº 4 (outubro de 2013): p. 559–562, https://onlinelibrary.wiley.com/doi/pdf/10.1111/gove.12049.

12. Lorraine Boissoneault, "The True Story of the Reichstag Fire and the Nazi Rise to Power", *Smithsonian Magazine*, 21 de fevereiro de 2017, www.smithsonian mag.com/history/true-story-reichstag-fire-and-nazis-rise-power-180962240; John Mage e Michael E. Tigar, "The Reichstag Fire Trial, 1933–2008: The Production of Law and History", *Monthly Review*, 1º de março de 2009, http://monthly review.org/2009/03/01/the-reichstag-fire-trial-1933-2008-the-production-of-law-and-history.

13. A discussão sobre o design falho do Aterrissador Mars Polar se baseia em Squyres, *Roving Mars*, p. 63–64.

14. Departamento de Saúde e Serviços Humanos dos EUA, Escritório do Inspetor-Geral, "An Overview of 60 Contracts That Contributed to the Development and Operation of the Federal Marketplace", agosto de 2014, https://oig.hhs.gov/oei/reports/oei-03-14-00231.pdf.

15. A discussão sobre os testes realizados com voluntários da Força Aérea se baseia em Mary Roach, *Packing for Mars: The Curious Science of Life in the Void* (Nova York: W.W. Norton, 2010) [N.T.: Publicação em português: *Próxima Parada: Marte - Curiosidades Sobre a Vida no Espaço*. São Paulo: Paralela, 2013].

16. AviationCV.com, "G-Force Process on Human Body", *Aerotime News Hub*, 13 de janeiro de 2016, www.aviationcv.com/aviation-blog/2016/2721.

17. A discussão sobre Ham, o Chimpanzé, se baseia em Roach, *Packing for Mars*.

18. Roach, *Packing for Mars*.

19. NASA, "Selection and Training of Astronauts", https://science.ksc.nasa.gov/mirrors/msfc/crew/training.html.

20. NASA, "Zero-Gravity Plane on Final Flight", 29 de outubro de 2004, www.nasa.gov/vision/space/preparingtravel/kc135onfinal.html.

21. NASA, "Selection and Training of Astronauts".

22. Eric Berger, "Why Is NASA Renting Out Its Huge Astronaut Pool? To Keep the Lights Turned On", *Ars Technica*, 8 de fevereiro de 2017, https://arstechnica.com/science/2017/02/as-it-seeks-to-pare-costs-nasa-opens-its-historic-facilities-to-private-companies.

23. Chris Hadfield, *An Astronaut's Guide to Life on Earth: What Going to Space Taught Me About Ingenuity, Determination, and Being Prepared for Anything* (Nova York: Little, Brown and Company, 2013) [N.T.: Publicação em português: *Guia de um Astronauta para Viver Bem na Terra: O que o Espaço me Ensinou sobre Talento, Determinação e Desafios*. Rio de Janeiro: HarperCollins Brasil, 2014].

24. Roach, *Packing for Mars*.

25. Robert Kurson, *Rocket Men: The Daring Odyssey of Apollo 8 and the Astronauts Who Made Man's First Journey to the Moon* (Nova York: Random House, 2018).

26. NASA, "Selection and Training of Astronauts".

27. Kurson, *Rocket Men*.

28. Craig Nelson, *Rocket Men: The Epic Story of the First Men on the Moon* (Nova York: Viking, 2009).

29. Hadfield, *An Astronaut's Guide*.

30. *Na Sombra da Lua*, dirigido por Dave Sington (Velocity/Think Film, 2008), DVD.

31. Michael Roberto, Richard M. J. Bohmer e Amy C. Edmondson, "Facing Ambiguous Threats", *Harvard Business Review*, novembro de 2006, https://hbr.org/2006/11/facing-ambiguous-threats; Rebecca Wright *et al.*, *Johnson Space Center Oral History Project* (Washington, DC: NASA, 8 de janeiro de 1999), https://history.nasa.gov/SP-4223/ch6.htm.

32. Neel V. Patel, "The Greatest Space Hack Ever", *Popular Science*, 8 de outubro de 2014, www.popsci.com/article/technology/greatest-space-hack-ever#page-2.

33. A discussão sobre a estratégia de preparação do Chefe de Justiça John Roberts se baseia nas seguintes fontes: Roger Parloff, "On History's Stage: Chief Justice John Roberts Jr.", *Fortune*, 3 de junho de 2011, http://fortune.com/2011/01/03/on-historys-stage-chief-justice-john-roberts-jr; Bryan Garner, "Interviews with United States Supreme Court Justices", em *Scribes Journal of Legal Writing* (Lansing, MI, 2010), p. 7, https://legaltimes.typepad.com/files/garner-transcripts-1.pdf; Charles Lane, "Nominee Excelled as an Advocate Before Court", *Washington Post*, 24 de julho de 2005, www.washingtonpost.com/wp-dyn/content/article/2005/07/23/AR2005072300 881_2.html.

34. A discussão sobre o treinamento de Amelia Boone se baseia nas seguintes fontes: Tom Bilyeu, "How to Cultivate Toughness: Amelia Boone on Impact Theory", vídeo, YouTube, upload realizado em 7 de março de 2017, www.youtube.com/watch?v=_J49o G5MnN4; Marissa Stephenson, "Amelia Boone Is Stronger than Ever", *Runner's World*, 19 de junho de 2018, www.runnersworld.com/runners-stories/a20652405/amelia-boone-is-stronger-than-ever; "Altra Signs Amelia Boone—World Champion Obstacle Course Racer and Ultrarunner", *Endurance Sportswire*, 18 de janeiro de 2019, www.endurancesportswire.com/altra-signs-amelia-boone-world-champion-obstacle-course-racer-and-ultrarunner; Melanie Mitchell, "Interview with OCR World Champion Amelia Boone", *JackRabbit*, 12 dezembro de 2017, www.jack rabbit.com/info/blog/interview-with-ocr-world-champion-amelia-boone.

35. Tough Mudder, "World's Toughest Mudder", https://toughmudder.com/events/2019-worlds-toughest-mudder; Simon Donato, "Ten Tips on How to Beat the World's Toughest Mudder", *Huffington Post*, 6 de dezembro de 2017, www.huffpost.com/entry/ten-tips-on-how-to-beat-t_b_8143862.

36. Roberto, Bohmer e Edmondson, "Facing Ambiguous Threats".

37. A discussão sobre o iPhone se baseia em Derek Thompson, *Hit Makers: The Science of Popularity in an Age of Distraction* (Nova York: Penguin, 2018), p. 232–233 [N.T.: Publicação em português: *Hit Makers: Como Nascem as Tendências*. Rio de Janeiro: HarperCollins Brasil, 2018].

38. A discussão sobre George Gallup se baseia em Thompson, *Hit Makers*.

39. Amy Kaufman, "Chris Rock Tries Out His Oscar Material at the Comedy Store", *Los Angeles Times*, 26 de fevereiro de 2016, www.latimes.com/entertainment/la-et-mn-chris-rock-oscars-monologue-comedy-store-20160226-story.html.

40. Jess Zafarris, "Jerry Seinfeld's 5-Step Comedy Writing Process", *Writer's Digest*, 13 de maio de 2019, www.writersdigest.com/writing-articles/by-writing-genre/humor/jerry-seinfelds-5-step-comedy-writing-process; Daniel Auld, "What Does UX and Stand-Up Comedy Have in Common? More Than You Realize", UX Collective, 1º de agosto de 2018, https://uxdesign.cc/what-does-ux-and-stand-up-comedy-have-in-common-more-than-you-realise-d18066aeaecf.

41. Entrepreneurship.org, "Field Observations with Fresh Eyes: Tom Kelley (IDEO)", vídeo, YouTube, upload realizado em 24 de junho de 2011, www.youtube.com/watch?v=tvkivmyKgEA.

42. Paul Bennett, "Design Is in the Details", TED talk, julho de 2005, www.ted.com/talks/paul_bennett_finds_design_in_the_details.

43. Art Kleiner, "The Thought Leader Interview: Tim Brown", *Strategy + Business*, 27 de agosto de 2009, www.strategy-business.com/article/09309?gko=84f90.

44. Kleiner, "Tim Brown".

45. "Ideo on *60 Minutes* and *CBS This Morning*", vídeo, IDEO, abril de 2013, www.ideo.com/post/ideo-on-60-minutes-and-cbs-this-morning.

46. Joe Rogan, "Neil deGrasse Tyson", episódio 919, vídeo, Podcast The Joe Rogan Experience, 21 de fevereiro de 2017, http://podcasts.joerogan.net/podcasts/neil-degrasse-tyson.

47. A discussão sobre *Seinfeld* se baseia em Thompson, *Hit Makers*.

48. A discussão sobre Clever Hans se baseia em Stuart Firestein, *Ignorance: How It Drives Science* (Nova York: Oxford University Press, 2012), p. 94–95 [N.T.: Publicação em português: *Ignorância: Como Ela Impulsiona a Ciência*. São Paulo: Companhia das Letras, 2019].

49. Tim Ferriss, "Cal Fussman Corners Tim Ferriss", episódio 324 (transcrição), *The Tim Ferriss Show*, https://tim.blog/2018/07/05/the-tim-ferriss-show-transcripts-cal-fussman-corners-tim-ferriss; Tim Ferriss, entrevista com o autor, maio de 2019.

50. A discussão sobre o Telescópio Espacial Hubble se baseia em Arthur Fisher, "The Trouble with Hubble", *Popular Science*, outubro de 1990; Lew Allen *et al.*, "The Hubble Space Telescope Optical Systems Failure Report", NASA, novembro de 1990, https://ntrs.nasa.gov/archive/nasa/casi.ntrs.nasa.gov/19910003124.pdf; NASA, "About the Hubble Space Telescope", atualizado no dia 18 de dezembro de 2018, www.nasa.gov/mission_pages/hubble/story/index.html; Nola Taylor Redd, "Hubble Space Telescope: Pictures, Facts & History", *Space.com*, 15 de dezembro de 2017, www.space.com/15892-hubble-space-telescope.html; NASA, "Hubble's Mirror Flaw", www.nasa.gov/content/hubbles-mirror-flaw.

51. Ozan Varol, "Julie Zhuo on Becoming a Facebook Manager at 25, Overcoming the Impostor Syndrome, and Staying in the Discomfort Zone", *Famous Failures* (podcast), 25 de março de 2019, https://ozanvarol.com/julie-zhuo.

Capítulo 8: Não Há Maior Sucesso do que o Fracasso

1. Suzanne Deffree, "1st US Satellite Attempt Fails, December 6, 1957", EDN Network, 6 de dezembro de 2018, www.edn.com/electronics-blogs/edn-moments/4402889/1st-US-satellite-attempt-fails--December-6--1957.

2. Richard Hollingham, "The World's Oldest Scientific Satellite Is Still in Orbit", BBC, 6 de outubro de 2017, www.bbc.com/future/story/20171005-the-worlds-oldest-scientific-satellite-is-still-in-orbit.

Notas

3. Loyd S. Swenson Jr, James M. Grimwood e Charles C. Alexander, "Little Joe Series", em *This New Ocean: A History of Project Mercury* (Washington, DC: NASA, 1989), https://history.nasa.gov/SP-4201/ch7-7.htm.

4. NASA, "MR-1: The Four-Inch Flight", em *This New Ocean: A History of Project Mercury* (Washington, DC: NASA, 1989), https://history.nasa.gov/SP-4201/ch9-7.htm.

5. Jeffrey Kluger, "On TIME's Podcast 'Countdown:' The Flight That Nearly Took Neil Armstrong's Life", *Time*, 31 de julho de 2017, http://time.com/4880012/neil-armstrong-apollo-gemini-nasa.

6. FailCon, "About FailCon", http://thefailcon.com/about.html; FuckUp Nights, https://fuckupnights.com.

7. Shane Snow, *Smartcuts: The Breakthrough Power of Lateral Thinking* (Nova York: HarperBusiness, 2014), Kindle.

8. Gene Kranz, *Failure Is Not an Option: Mission Control From Mercury to Apollo 13 and Beyond* (Nova York: Simon & Schuster, 2009), p. 12.

9. Jennifer Reingold, "Hondas in Space", *Fast Company*, 1º de fevereiro de 2005, www.fastcompany.com/52065/hondas-space.

10. Chuck Salter, "Failure Doesn't Suck", *Fast Company*, 1º de maio de 2007, www.fastcompany.com/59549/failure-doesnt-suck.

11. Hans C. Ohanian, *Einstein's Mistakes: The Human Failings of Genius* (Nova York: W.W. Norton & Company, 2009) [N.T.: Publicação em português: *Os Erros de Einstein: As Falhas Humanas de um Gênio*. São Paulo: Larousse, 2009].

12. Jillian D'Onfro, "Jeff Bezos: Why It Won't Matter If the Fire Phone Flops", *Business Insider*, 2 de dezembro de 2014, www.businessinsider.com/jeff-bezos-on-big-bets-risks-fire-phone-2014-12.

13. D'Onfro, "If the Fire Phone Flops".

14. Derek Thompson, "Google X and the Science of Radical Creativity", *Atlantic*, novembro de 2017, www.theatlantic.com/magazine/archive/2017/11/x-google-moonshot-factory/540648.

15. Astro Teller, "The Head of 'X' Explains How to Make Audacity the Path of Least Resistance", *Wired*, 15 de abril de 2016, www.wired.com/2016/04/the-head-of-x-explains-how-to-make-audacity--the-path-of-least-resistance.

16. Adele Peters, "Why Alphabet's Moonshot Factory Killed Off a Brilliant Carbon-Neutral Fuel", *Fast Company*, 13 de outubro de 2016, www.fastcompany.com/3064457/why-alphabets-moonshot-factory-killed-off-a-brilliant-carbon-neutral-fuel.

17. Adam Grant, *Originals: How Non-Conformists Move the World* (Nova York: Viking, 2017), p. 37 [N.T.: Publicação em *português: Oiginais: Como os Inconformistas Mudam o Mundo*. Rio de Janeiro: Sextante, 2017].

18. Grant, *Originals*.

19. Grant, *Originals*.

20. Grant, *Originals*.

21. Emma Brockes, "Tom Hanks: 'I've Made a Lot of Movies That Didn't Make Sense—or Money,'" *The Guardian*, 14 de outubro de 2017, www.theguardian.com/film/2017/oct/14/tom-hanks--movies-didnt-make-sense-or-money-interview-short-stories.

22. Paul Gompers *et al.*, "Performance Persistence in Entrepreneurship", *Journal of Financial Economics* 96 (2010): p. 18–32.

23. K. C. Diwas, Bradley R. Staats e Francesca Gino, "Learning from My Success and from Others' Failure: Evidence from Minimally Invasive Cardiac Surgery", *Management Science* 59, nº 11 (14 de junho de 2013): p. 2413–2634, https://pubs online.informs.org/doi/abs/10.1287/mnsc.2013.1720.

24. Steve Squyres, *Roving Mars: Spirit, Opportunity, and the Exploration of the Red Planet* (Nova York: W.W. Norton, 2005), p. 10.

25. Televisão da Universidade da Califórnia, "Roving Mars with Steve Squyres: Conversations with History", vídeo, YouTube, upload realizado em 18 de agosto de 2011, www.youtube.com/watch?v=NI6KEzsb26U&feature=youtu.be; Dian Schaffhauser, "Steven Squyres Doesn't Mind Failure: An Interview with the Scientist Behind the Mars Rovers", MPUG [Microsoft Project User Group], 9 de fevereiro de 2016, www.mpug.com/articles/steven-squyres-interview.

26. Squyres, *Roving Mars*, p. 138.

27. Squyres, *Roving Mars*, p. 156-163.

28. Squyres, *Roving Mars*, p. 203-217.

29. Stephen Jay Gould, *The Panda's Thumb: More Reflections in Natural History* (Nova York: W. W. Norton & Company, 1980; reedição, 1992), p. 244 [N.T.: Publicação em português: *O Polegar do Panda*. São Paulo: WMF Martins Fontes, 2004].

30. B. C. Forbes, "Why Do So Many Men Never Amount to Anything?", *American Magazine*, janeiro de 1921.

31. T. H. White, *The Once and Future King* (Nova York: Penguin Group, 2011) [N.T.: Publicação em português: *O Único e Eterno Rei*. São Paulo: Hamelin, 2013].

32. A discussão sobre o *Falcon 1* se baseia nas seguintes fontes: Tim Fernholz, *Rocket Billionaires: Elon Musk, Jeff Bezos, and the New Space Race* (Boston: Houghton Mifflin Harcourt, 2018); Snow, *Lateral Thinking*; Chris Bergin, "Falcon I Flight: Preliminary Assessment Positive for SpaceX", *Spaceflight.com*, 24 de março de 2007, www.nasaspaceflight.com/2007/03/falcon-i-flight-preliminary--assessment-positive-for-spacex; Tim Fernholz, "What It Took for Elon Musk's SpaceX to Disrupt Boeing, Leapfrog NASA, and Become a Serious Space Company", *Quartz*, 21 de outubro de 2014, https://qz.com/281619/what-it-took-for-elon-musks-spacex-to-disrupt-boeing-leapfrog-nasa-and--become-a-serious-space-company; Max Chafkin, "SpaceX's Secret Weapon Is Gwynne Shotwell", *Bloomberg Quint*, 26 de julho de 2018, www.bloombergquint.com/businessweek/she-launches-spaceships-sells-rockets-and-deals-with-elon-musk; Elon Musk, "Falcon 1, Flight 3 Mission Summary", SpaceX, 6 de agosto de 2008, www.spacex.com/news/2013/02/11/falcon-1-flight-3-mission-summary; Dolly Singh, "What Is It Like to Work with Elon Musk?", *Slate*, 14 de agosto de 2013, https://slate.com/human-interest/2013/08/elon-musk-what-is-it-like-to-work-for-the-spacex-tesla-chief.html; Tom Junod, "Elon Musk: Triumph of His Will", *Esquire*, 15 de novembro de 2012, www.esquire.com/news-politics/a16681/elon-musk-interview-1212.

33. Snow, *Lateral Thinking*.

34. F. Scott Fitzgerald, *Tender Is the Night* (1934; reimp., Nova York: Scribner's, 1977) [N.T.: Publicação em português: *Suave É a Noite*. Rio de Janeiro: Best Seller, 2008].

35. Andre Agassi, *Open: An Autobiography* (Nova York: Vintage Books, 2010), p. 372 [N.T.: Publicação em português: *Agassi: Autobiografia*. Rio de Janeiro: Globo Livros, 2010]

36. Ed Catmull, *Creativity, Inc.: Overcoming the Unseen Forces That Stand in the Way of True Inspiration* (Nova York: Random House, 2014) [N.T.: Publicação em português: *Criatividade S.A.: Superando as Forças Invisíveis que Ficam no Caminho da Verdadeira Inspiração*. Rio de Janeiro: Rocco, 2014].

37. Shane Parrish, "Your First Thought Is Rarely Your Best Thought: Lessons on Thinking", Farnam Street (blogue), fevereiro de 2018, https://fs.blog/2018/02/first-thought-not-best-thought.

38. Chris Hadfield, *An Astronaut's Guide to Life on Earth: What Going to Space Taught Me About Ingenuity, Determination, and Being Prepared for Anything* (Nova York: Little, Brown and Company, 2013) [N.T.: Publicação em português: *Guia de um Astronauta para Viver Bem na Terra: O que o Espaço me Ensinou sobre Talento, Determinação e Desafios*. Rio de Janeiro: HarperCollins Brasil, 2014].

39. Parrish, "Your First Thought".

40. Ben Horowitz, "Lead Bullets", Andreessen Horowitz, 13 de novembro de 2011, https://a16z.com/2011/11/13/lead-bullets.

41. Annie Duke, *Thinking in Bets: Making Smarter Decisions When You Don't Have All the Facts* (Nova York: Portfolio/Penguin, 2018).

42. Lars Lefgren, Brennan Platt e Joseph Price, "Sticking with What (Barely) Worked: A Test of Outcome Bias", *Management Science* 61 (2015): p. 1121-1136.

43. James D. Watson, *A Passion for DNA: Genes, Genomes, and Society* (Cold Spring Harbor, NY: Cold Spring Harbor Laboratory Press, 2001), p. 44.

44. Jeff Dyer e Hal Gregersen, "How Does Amazon Stay at Day One?", *Forbes*, 8 de agosto de 2017, www.forbes.com/sites/innovatorsdna/2017/08/08/how-does-amazon-stay-at-day-one/#36d005d67e4d.

45. Tim Ferriss, "Maria Sharapova", episódio 261 (transcrição), *Tim Ferriss Show*, 30 de maio de 2018, https://tim.blog/2018/05/30/tim-ferriss-show-transcript-maria-sharapova.

46. Elizabeth Gilbert, *Big Magic: Creative Living Beyond Fear* (Nova York: Riverhead Books, 2015), p. 259 [N.T.: Publicação em português: *Grande Magia: Vida Criativa Sem Medo*. Rio de Janeiro: Objetiva, 2015].

47. Steven Levy, "Google Glass 2.0 Is a Startling Second Act", *Wired*, 18 de julho de 2017, www.wired.com/story/google-glass-2-is-here.

48. Heather Hargreaves, "How Google Glass Will Change How You Do Business", *Entrepreneur Handbook*, 25 de março de 2019.

49. Ian Osterloh, "How I Discovered Viagra", *Cosmos*, 27 de abril de 2015, https://cosmosmagazine.com/biology/how-i-discovered-viagra; Jacque Wilson, "Viagra: The Little Blue Pill That Could", CNN, 27 de março de 2013, www.cnn.com/2013/03/27/health/viagra-anniversary-timeline/index.html.

50. A discussão sobre Mike Nichols se baseia em Gilbert, *Big Magic*, p. 246.

51. Rosamund Stone Zander e Benjamin Zander, *The Art of Possibility: Transforming Professional and Personal Life* (Boston: Harvard Business School Press, 2000), p. 31 [N.T.: Publicação em português: *A Arte da Possibilidade: Criando Novas Possibilidades para Transformar Sua Vida*. Rio de Janeiro: Elsevier, 2001].

52. União de Cientistas Preocupados, "Voices of Federal Scientists: Americans' Health and Safety Depends on Independent Science", janeiro de 2009, p. 2, www.ucsusa.org/sites/default/files/legacy/assets/documents/scientific_integrity/Voices_of_Federal_Scientists.pdf.

53. Jennifer J. Kish-Gephart *et al.*, "Silenced by Fear", *Research in Organizational Behavior* 29 (dezembro de 2009): p. 163-193, www.researchgate.net/publication/238382691_Silenced_by_fear.

54. NASA, "Mars Polar Lander Fact Sheet", https://mars.nasa.gov/msp98/lander/fact.html.

55. Hadfield, *Astronaut's Guide*, p. 81-83.

56. Diwas, Staats e Gino, "Learning from My Success".

57. Ed Catmull e Amy Wallace, *Creativity, Inc.: Overcoming the Unseen Forces That Stand in the Way of True Inspiration* (Toronto: Random House Canada, 2014), p. 123 [N.T.: Publicação em português: *Criatividade S.A.: Superando as Forças Invisíveis que Ficam no Caminho da Verdadeira Inspiração*. Rio de Janeiro: Rocco, 2014].

58. David W. Bates *et al.*, "Relationship Between Medication Errors and Adverse Drug Events", *Journal of General Internal Medicine* 10, nº 4 (abril de 1995): p. 199-205, www.ncbi.nlm.nih.gov/pubmed/7790981.

59. Amy C. Edmondson, "Learning from Mistakes Is Easier Said than Done: Group and Organizational Influences on the Detection and Correction of Human Error", *Journal of Applied Behavioral Science* 32, nº 1 (1996): p. 5-28.

60. Amy C. Edmondson, "Managing the Risk of Learning: Psychological Safety in Work Teams", em *International Handbook of Organizational Teamwork and Cooperative Learning*, ed. Michael A. West, Dean Tjosvold e Ken G. Smith (West Sussex, Reino Unido: John Wiley & Sons, 2003).

61. Neil Robert Anderson, "Innovation in Top Management Teams", *Journal of Applied Psychology* 81, nº 6 (dezembro de 1996): p. 680-693; Amy C. Edmondson, Richard Bohmer e Gary Pisano, "Learning New Technical and Interpersonal Routines in Operating Room Teams", em *Research on Managing Groups and Teams: Technology*, ed. B. Mannix, M. Neale e T. Griffith (Stamford, CT: JAI Press, 2000) 3: p. 29-51; Amy C. Edmondson, Richard Bohmer e Gary Pisano, "Disrupted Routines: Team Learning

and New Technology Implementation in Hospitals", *Administrative Science Quarterly* 46 (dezembro de 2001): p. 685–716; Charlene D'Andrea-O'Brien e Anthony Buono, "Building Effective Learning Teams: Lessons from the Field", *Society for the Advancement of Management Journal* 61, nº 3 (1996).

62. Amy C. Edmondson, "Psychological Safety and Learning Behavior in Work Teams", *Administrative Science Quarterly* 44, nº 2 (junho de 1999): p. 350–383.

63. Edmondson, Bohmer e Pisano, "Interpersonal Routines in Operating Room Teams".

64. Edmondson, "Learning from Mistakes".

65. Derek Thompson, "Google X and the Science of Radical Creativity", *Atlantic*, novembro de 2017, www.theatlantic.com/magazine/archive/2017/11/x-google-moonshot-factory/540648.

66. Astro Teller, "The Head of 'X' Explains How to Make Audacity the Path of Least Resistance", *Wired*, 15 de abril de 2016, www.wired.com/2016/04/the-head-of-x-explains-how-to--make-audacity-the-path-of-least-resistance/#.2vy7nkes6.

67. Obi Felten, "How to Kill Good Things to Make Room for Truly Great Ones", X Blog, 8 de março de 2016, https://blog.x.company/how-to-kill-good-things-to-make-room-for-truly-great-ones-867fb6ef026.

68. Dyer e Gregersen, "How Does Amazon Stay at Day One?".

69. Tom Peters, *The Circle of Innovation: You Can't Shrink Your Way to Greatness* (Nova York: Vintage Books, 1999), p. viii [N.T.: Publicação em português: *O Círculo da Inovação: Você Não Deve Evitar o Caminho para o Seu Sucesso*. São Paulo: Harbra, 1998].

70. Hadfield, *An Astronaut's Guide*, p. 79–80.

71. Mario Livio, *Brilliant Blunders: From Darwin to Einstein—Colossal Mistakes by Great Scientists That Changed Our Understanding of Life and the Universe* (Nova York: Simon & Schuster, 2013), p. 266 [N.T.: Publicação em português: *Tolices Brilhantes: De Darwin a Einstein, os Grandes Erros dos Maiores Cientistas*. Rio de Janeiro: Editora Record, 2017].

72. Hal Gregersen, "Bursting the CEO Bubble", *Harvard Business Review*, abril de 2017, https://hbr.org/2017/03/bursting-the-ceo-bubble.

73. Catmull e Wallace, *Creativity, Inc.*

74. Tyler Cowen, "My Biggest Regret", *Econ Journal Watch*, maio de 2017, https://pingpdf.com/pdf-econ-journal-watch-142-may-2017.html.

75. Anna Bruk, Sabine G. Scholl e Herbert Bless, "Beautiful Mess Effect: Self–Other Differences in Evaluation of Showing Vulnerability", *Journal of Personality and Social Psychology* 115, nº 2 (2018): p. 192–205, https://psycnet.apa.org/record/2018-34832-002.

76. Elliot Aronson, Ben Willerman e Joanne Floyd, "The Effect of a Pratfall on Increasing Interpersonal Attractiveness", *Psychonomic Science* 4, nº 6 (junho de 1966): p. 227–228, https://link.springer.com/article/10.3758/BF03342263; Emily Esfahani Smith, "Your Flaws Are Probably More Attractive than You Think They Are", *Atlantic*, 9 de janeiro de 2019, www.theatlantic.com/health/archive/2019/01/beautiful-mess-vulnerability/579892.

77. Tom R. Tyler e E. Allan Lind, "A Relational Model of Authority in Groups", *Advances in Experimental Social Psychology* 25 (1992): p. 115–191.

78. Edmondson, Bohmer e Pisano, "Disrupted Routines".

79. Edmondson, Bohmer e Pisano, "Disrupted Routines".

80. Edmondson, Bohner, Pisano, "Speeding Up Team Learning".

81. Edmondson, Bohner, Pisano, "Speeding Up Team Learning".

82. Lisa Bodell, *Kill the Company: End the Status Quo, Start an Innovation Revolution* (Brookline, MA: Bibliomotion, 2016), p. 130.

83. Jessica Bennett, "On Campus, Failure Is on the Syllabus", *The New York Times*, 24 de junho de 2017, www.nytimes.com/2017/06/24/fashion/fear-of-failure.html.

Notas

Capítulo 9: Não Há Maior Fracasso Do Que o Sucesso

1. A discussão de abertura sobre o desastre do *Challenger* se baseia nas seguintes fontes: Trudy E. Bell e Karl Esch, "The Fatal Flaw in Flight 51-L", *IEEE Spectrum*, fevereiro de 1987, https://ieeexplore.ieee.org/document/6448023; Doug G. Ware, "Engineer Who Warned of 1986 Challenger Disaster Still Racked with Guilt, Three Decades On", UPI, 28 de janeiro de 2016, www.upi.com/Top_News/US/2016/01/28/Engineer-who-warned-of-1986-Challenger-disaster-still-racked-with-guilt-three-decades-on/4891454032643; Douglas Martin, "Roger Boisjoly, 73, Dies; Warned of Shuttle Danger", *The New York Times*, 3 de fevereiro de 2012, www.nytimes.com/2012/02/04/us/roger-boisjoly-73-dies-warned-of-shuttle-danger.html; Shaun Usher, "The Result Would Be a Catastrophe", *Letters of Note*, 27 de outubro de 2009, www.lettersofnote.com/2009/10/result-would-be-catastrophe.html; Andy Cox, "Weather's Role in the Challenger Accident", Weather Channel, 28 de janeiro de 2015, https://weather.com/science/space/news/space-shuttle-challenger-weather-role; Chris Bergin, "Remembering the Mistakes of Challenger", NASA, 28 de janeiro de 2007, www.nasaspaceflight.com/2007/01/remembering-the-mistakes-of-challenger.

2. William H. Starbuck e Frances J. Milliken, "Challenger: Fine-Tuning the Odds Until Something Breaks", *Journal of Management Studies* 25, nº 4 (1988): p. 319–340, https://papers.ssrn.com/sol3/papers.cfm?abstract_id=2708154.

3. James Gleick, "NASA's Russian Roulette", *Baltimore Sun*, 15 de dezembro de 1993, www.baltimoresun.com/news/bs-xpm-1993-12-15-1993349207-story.html.

4. A discussão sobre o desastre do *Columbia* se baseia nas seguintes fontes: Michael Roberto *et al.*, "Columbia's Final Mission", Coleção de Casos da Faculdade de Administração de Harvard, março de 2005, www.hbs.edu/faculty/Pages/item.aspx?num=32162; Tim Fernholz, *Rocket Billionaires: Elon Musk, Jeff Bezos, and the New Space Race* (Boston: Houghton Mifflin Harcourt, 2018); Elizabeth Howell, "Columbia Disaster: What Happened, What NASA Learned", *Space.com*, 1º de fevereiro de 2019, www.space.com/19436-columbia-disaster.html; Robert Lee Hotz, "Decoding Columbia: A Detective Story", *Los Angeles Times*, 21 de dezembro de 2003, www.latimes.com/nation/la-sci-shuttle21dec21-story.html; Anna Haislip, "Failure Leads to Success", NASA, 21 de fevereiro de 2007, www.nasa.gov/offices/nesc/press/070221.html.

5. Fernholz, *Rocket Billionaires*, 73.

6. Amy C. Edmondson *et al.*, "The Recovery Window: Organizational Learning Following Ambiguous Threats", em *Organization at the Limit: Lessons from the Columbia Disaster*, ed. William H. Starbuck e Moshe Farjoun (Malden, MA: Blackwell Pub., 2009).

7. Roberto *et al.*, "Columbia's Final Mission".

8. Roberto *et al.*, "Columbia's Final Mission".

9. Roberto *et al.*, "Columbia's Final Mission".

10. Roberto *et al.*, "Columbia's Final Mission".

11. Roberto *et al.*, "Columbia's Final Mission".

12. George Bernard Shaw, *The Doctor's Dilemma* (Nova York: Brentano's, 1911) [N.T.: Publicação em português: *O Dilema do Médico*. São Paulo: Melhoramentos, 1953].

13. Bill Gates, com Nathan Myhrvold e Peter Rinearson, *The Road Ahead* (Nova York: Penguin Books, 1995) [N.T.: Publicação em português: *A Estrada do Futuro*. São Paulo: Companhia das Letras, 2015].

14. Daniel Kahneman e Dan Lovallo, "Timid Choices and Bold Forecasts: A Cognitive Perspective on Risk Taking", *Management Science* 39, nº 1 (janeiro de 1993): p. 17–31, http://bear.warrington.ufl.edu/brenner/mar7588/Papers/kahneman-lovallo-mansci1993.pdf.

15. Gilles Hilary e Lior Menzly, "Does Past Success Lead Analysts to Become Overconfident?", *Management Science* 52, nº 4 (abril de 2006): p. 489–500.

16. Cyril Connolly, *Enemies of Promise* (Boston: Little, Brown and Company, 1938).

17. Boyce Rensberger e Kathy Sawyer, "Challenger Disaster Blamed on O-Rings, Pressure to Launch", *Washington Post*, 10 de junho de 1986, www.washingtonpost.com/archive/politics/1986/06/10/challenger-disaster-blamed-on-o-rings-pressure-to-launch/6b331ca1-f544-4147-8e4e-941b7a7e47ae.

18. E. B. White, *One Man's Meat* (Nova York e Londres: Harper & Brothers, 1942), p. 273.

19. William H. Starbuck e Frances J. Milliken, "Challenger: Changing the Odds Until Something Breaks", em *Organizational Realities: Studies of Strategizing and Organizing*, ed. William H. Starbuck e Moshe Farjoun (Malden, MA: Blackwell Pub., 2009).

20. NASA, "President Nixon's 1972 Announcement on the Space Shuttle", https://history.nasa.gov/stsnixon.htm (grifo do autor).

21. Steven J. Dick II, "Historical Background: What Were the Shuttle's Goals and Possible Configurations?", NASA, 5 de abril de 2001, https://history.nasa.gov/sts1/pages/scota.html.

22. Michael Roberto, Richard M. J. Bohmer e Amy C. Edmondson, "Facing Ambiguous Threats", *Harvard Business Review*, novembro de 2006, https://hbr.org/2006/11/facing-ambiguous-threats.

23. Starbuck e Milliken, "Challenger: Changing the Odds".

24. Roberto *et al.*, "Columbia's Final Mission".

25. As informações sobre cortes são de Starbuck e Milliken, "Challenger: Changing the Odds".

26. Diane Vaughan, testemunho em "Columbia Accident Investigation Board Public Hearing", Houston, 23 de abril de 2003, http://govinfo.library.unt.edu/caib/news/report/pdf/vol6/part08.pdf.

27. Vaughan, testemunho.

28. Starbuck e Milliken, "Challenger: Changing the Odds".

29. Ronald W. Reagan, "Explosion of the Space Shuttle Challenger Address to the Nation, 28 de janeiro de 1986", NASA, https://history.nasa.gov/reagan12886.html.

30. Daniel Gilbert, *Stumbling on Happiness* (Nova York: A. A. Knopf, 2006) [N.T.: Publicação em português: *O Que Nos Faz Felizes: O Futuro Nem Sempre É o Que Imaginamos*. Rio de Janeiro: Campus, 2006].

31. Tom Fordyce, "How Greene Nearly Walked Away", *BBC Sport*, 29 de julho de 2004, http://news.bbc.co.uk/sport2/hi/athletics/3934337.stm.

32. Ryan Holiday, *Ego Is the Enemy* (Nova York: Portfolio, Penguin, 2016) (ênfase do original) [N.T.: Publicação em português: *O Ego É Seu Inimigo: Como Dominar Seu Pior Adversário*. Rio de Janeiro: Intrínseca, 2017].

33. Holiday, *Ego Is the Enemy*.

34. Mia Hamm com Aaron Heifetz, *Go for the Goal: A Champion's Guide to Winning in Soccer and Life* (Nova York: Harper, 1999).

35. Whitney Tilson, "Warren Buffett's New Words of Wisdom", *Daily Beast*, 3 de maio de 2009, www.thedailybeast.com/warren-buffetts-new-words-of-wisdom.

36. Daniel Pink, *When: The Scientific Secrets of Perfect Timing* (Nova York: Riverhead Books, 2018) [N.T.: Publicação em português: *Quando: Os Segredos Científicos do Timing Perfeito*. Rio de Janeiro: Objetiva, 2018].

37. Jonah Berger e Devin Pope, "Can Losing Lead to Winning?", *Management Science* 57, nº 5 (maio de 2011), https://pubsonline.informs.org/doi/abs/10.1287/mnsc.1110.1328.

38. Berger e Pope, "Can Losing Lead to Winning?".

39. Tanya Sweeney, "Happy 60th Birthday to Madonna, the Queen of Reinvention: How She Continues to Pave the Way for Women Everywhere", *Independent*, 12 de agosto de 2018, www.independent.ie/entertainment/music/happy-60th-birthday-to-madonna-the-queen-of-reinvention-how-she-continues-to-pave-the-way-for-women-everywhere-37201633.html.

40. A discussão sobre a Netflix se baseia nas seguintes fontes: Scott D. Anthony e Evan I. Schwartz, "What the Best Transformational Leaders Do", *Harvard Business Review*, 8 de maio de 2017, https://hbr.org/2017/05/what-the-best-transformational-leaders-do; Bill Taylor, "How Coca-Cola, Netflix,

and Amazon Learn from Failure", *Harvard Business Review*, 10 de novembro de 2017, https://hbr.org/2017/11/how-coca-cola-netflix-and-amazon-learn-from-failure.

41. Reed Hastings, "Reed Hastings: Here's Why We're Splitting Netflix in Two and Calling the DVD Business 'Qwikster,'" *Business Insider*, 19 de setembro de 2011.

42. Bill Taylor, "Coca-Cola, Netflix, and Amazon".

43. Sim B. Sitkin, "Learning Through Failure: The Strategy of Small Losses", *Research in Organizational Behavior* 14 (1992): p. 231–266.

44. Sim B. Sitkin e Amy L. Pablo, "Reconceptualizing the Determinants of Risk Behavior", *Academy of Management Review* 17, nº 1 (1992).

45. Jeff Stone, "Elon Musk: SpaceX 'Complacency' Contributed to Falcon 9 Crash, Falcon Heavy Rocket Debuts in 2016", *International Business Times*, 21 de janeiro de 2015, www.ibtimes.com/elon-musk-spacex-complacency-contributed-falcon-9-crash-falcon-heavy-rocket-debuts-2017809.

46. Steve Forbes, tweet no Twitter, 2 de janeiro de 2015, https://twitter.com/steve forbesceo/status/551091006805118977?lang=en.

47. Robin L. Dillon e Catherine H. Tinsley, "How Near-Misses Influence Decision Making Under Risk: A Missed Opportunity for Learning", *Management Science* 54, nº 8 (2008), https://pubsonline.informs.org/doi/abs/10.1287/mnsc.1080.0869.

48. Dillon e Tinsley, "Near-Misses".

49. Dillon e Tinsley, "Near-Misses".

50. Dillon e Tinsley, "Near-Misses".

51. Diane Vaughan, *The Challenger Launch Decision: Risky Technology, Culture, and Deviance at NASA* (Chicago: University of Chicago Press, 1996), p. 410.

52. Roberto, Bohmer e Edmondson, "Facing Ambiguous Threats".

53. Peter M. Madsen e Vinit Desai, "Failing to Learn? The Effects of Failure and Success on Organizational Learning in the Global Orbital Launch Vehicle Industry", *Academy of Management Journal* 53, nº 3 (30 de novembro de 2017), https://journals.aom.org/doi/10.5465/amj.2010.51467631.

54. Mark D. Cannon e Amy C. Edmondson, "Failing to Learn and Learning to Fail (Intelligently): How Great Organizations Put Failure to Work to Innovate and Improve", *Long Range Planning* 38, nº 3 (março de 2004): p. 299–319.

55. A discussão sobre Tom Brady e o New England Patriots se baseia em Holiday, *Ego Is the Enemy*.

56. Cork Gaines, "How the Patriots Pulled Off the Biggest Steal in NFL Draft History and Landed Future Hall of Famer Tom Brady", *Business Insider*, 10 de setembro de 2015, www.businessinsider.com/patriots-tom-brady-draft-steal-2015-1.

57. Josh St. Clair, "Why Tom Brady Is So Good, According to Former NFL Quarterbacks", *Men's Health*, 30 de janeiro de 2019, www.menshealth.com/entertainment/a26078069/tom-brady-super-bowl-2019-talent.

58. Derek Thompson, "Google X and the Science of Radical Creativity", *Atlantic*, novembro de 2017, www.theatlantic.com/magazine/archive/2017/11/x-google-moonshot-factory/540648.

59. Jack Brittain e Sim B. Sitkin, "Facts, Figures, and Organizational Decisions: Carter Racing and Quantitative Analysis in the Organizational Behavior Classroom", *Journal of Management Education* 14, nº 1 (1990): p. 62–81, https://journals.sagepub.com/doi/abs/10.1177/105256298901400108.

60. "Simply Great: Charlie Munger's Speech to the Harvard School, June 1986—'Invert, Always Invert'", *BizNews*, 13 de junho de 1986, www.biznews.com/thought-leaders/1986/06/13/charlie-mungers-speech-to-the-harvard-school-june-1986.

61. Gary Klein, "Performing a Project Premortem", *Harvard Business Review*, setembro de 2007, https://hbr.org/2007/09/performing-a-project-premortem.

62. Adam Smith, *The Theory of Moral Sentiments* (Londres: A. Millar, 1759) [N.T.: Publicação em português: *Teoria dos Sentimentos Morais*. São Paulo: Martins Fontes, 2015].

63. Deborah J. Mitchell, J. Edward Russo e Nancy Pennington, "Back to the Future: Temporal Perspective in the Explanation of Events", *Journal of Behavioral Decision Making* 2, nº 1 (janeiro–março de 1989): p. 25–38, https://onlinelibrary.wiley.com/doi/abs/10.1002/bdm.3960020103.

64. Annie Duke, *Thinking in Bets: Making Smarter Decisions When You Don't Have All the Facts* (Nova York: Portfolio/Penguin, 2018).

65. "Elon Musk Answers Your Questions! SXSW, March 11, 2018", vídeo, YouTube, upload realizado no dia 11 de março de 2018, www.youtube.com/watch?v=OoQARBYbkck.

66. Astro Teller, "The Head of 'X' Explains How to Make Audacity the Path of Least Resistance", *Wired*, 15 de abril de 2016, www.wired.com/2016/04/the-head-of-x-explains-how-to-make-audacity--the-path-of-least-resistance.

67. Scott Snook e Jeffrey C. Connor, "The Price of Progress: Structurally Induced Inaction", em *Organization at the Limit: Lessons from the Columbia Disaster*, ed. William H. Starbuck e Moshe Farjoun (Malden, MA: Blackwell Pub., 2009).

68. Roger M. Boisjoly, "Ethical Decisions—Morton Thiokol and the Space Shuttle Challenger Disaster", 15 de maio de 2006, www.onlineethics.org/Resources/thiokolshuttle/shuttle_post.aspx#publicationContent.

69. Douglas Martin, "Roger Boisjoly, 73, Dies; Warned of Shuttle Danger", *The New York Times*, 3 de fevereiro de 2012, www.nytimes.com/2012/02/04/us/roger-boisjoly-73-dies-warned-of-shuttle--danger.html.

70. Charlan Jeanne Nemeth, "Differential Contributions of Majority and Minority Influence", *Psychological Review* 93, nº 1 (janeiro de 1986): p. 23–32, www.researchgate.net/publication/232513627_The_Differential_Contributions_of_Majority_and_Minority_Influence.

71. Vaughan, testemunho.

72. Roberto, Bohmer e Edmondson, "Facing Ambiguous Threats".

73. Vaughan, *The Challenger Launch Decision*, p. 386.

74. George Santayana, *The Life of Reason: Reason in Common Sense* (Nova York, C. Scribner's Sons, 1905).

75. Gerald J. S. Wilde, "Risk Homeostasis: A Theory About Risk Taking Behaviour", http://riskhomeostasis.org/home; Malcolm Gladwell, "Blowup", *The New Yorker*, 14 de janeiro de 1996.

76. M. Aschenbrenner e B. Biehl, "Improved Safety Through Improved Technical Measures? Empirical Studies Regarding Risk Compensation Processes in Relation to Anti-Lock Braking Systems", em *Challenges to Accident Prevention: The Issue of Risk Compensation Behavior*, Rüdiger M. Trimpop e Gerald J. S. Wilde (Groningen, Netherlands: STYX, 1994), https://trid.trb.org/view/457453.

77. Gerald J. S. Wilde, *Target Risk 3: Risk Homeostasis in Everyday Life* (2014), disponível em http://riskhomeostasis.org, p. 93–94.

78. Starbuck e Milliken, "Challenger: Changing the Odds".

79. Starbuck e Milliken, "Challenger: Changing the Odds".

Epílogo: O Novo Mundo

1. Ross Anderson, "Exodus", *Aeon*, 30 de setembro de 2014, https://aeon.co/essays/elon-musk--puts-his-case-for-a-multi-planet-civilisation.

2. Paul Harris, "Neil Armstrong's Death Prompts Yearning for America's Past Glories", *The Guardian*, 27 de agosto de 2012, www.theguardian.com/science/2012/aug/26/neil-armstrong-passing-us-yearning-glory.

3. Marina Koren, "What's So Special About the Next SpaceX Launch", *Atlantic*, 1º de março de 2019, www.theatlantic.com/science/archive/2019/03/nasa-prepares-pivotal-spacex-launch-iss/583906; Brad Tuttle, "Here's How Much It Costs for Elon Musk to Launch a SpaceX Rocket", *Money.com*, 6 de fevereiro de 2018, http://money.com/money/5135565/elon-musk-falcon-heavy-rocket-launch-cost.

4. Maria Stromova, "Trampoline to Space? Russian Official Tells NASA to Take a Flying Leap", ABC News, 29 de abril de 2014, www.nbcnews.com/storyline/ukraine-crisis/trampoline-space-russian-official-tells-nasa-take-flying-leap-n92616.

5. Eric Berger, "Adrift: As NASA Seeks Next Mission, Russia Holds the Trump Card", *Houston Chronicle*, 2014, www.houstonchronicle.com/nasa/adrift/1.

6. Reuters, "NASA Puts Shuttle Launch Pad in Florida Up for Lease", 23 de maio de 2013, www.reuters.com/article/us-usa-space-launchpad/nasa-puts-shuttle-launch-pad-in-florida-up-for-lease-idUSBRE94M16520130523?feed Type=RSS.

7. Jacey Fortin e Karen Zraick, "First All-Female Spacewalk Canceled Because NASA Doesn't Have Two Suits That Fit", *The New York Times*, 25 de março de 2019, www.nytimes.com/2019/03/25/science/female-spacewalk-canceled.html.

8. Para um excelente livro que conta essa história, veja Julian Guthrie, *How to Make a Spaceship: A Band of Renegades, an Epic Race, and the Birth of Private Spaceflight* (Nova York: Penguin 2016).

9. "SpaceX Signs 20-Year Lease for Historic Launch Pad 39A", *NBC News*, 15 de abril de 2014, www.nbcnews.com/science/space/spacex-signs-20-year-lease-historic-launch-pad-39a-n81226.

10. Amy Thompson, "NASA's Supersize Space Launch System Might Be Doomed", *Wired*, 14 de março de 2019, www.wired.com/story/nasas-super-sized-space-launch-system-might-be-doomed.

11. Jeff Bezos, carta aos Acionistas da Amazon, 2016 Ex-99.1, SEC.gov, www.sec.gov/Archives/edgar/data/1018724/000119312517120198/d373368dex991.htm (itálico no original).

12. Walt Whitman, *Song of the Open Road* (Nova York: Limited Editions Club, 1990).

ÍNDICE

A

Abordagem de multicamadas, 185
Abraham Maslow, 103
Adam Morgan, 112
Alan Lightman, 170
Albert Einstein, 73, 170, 208
Alexander Calandra, 144
Alex Soojung-Kim Pang, 85
Alinea, 62
    Grant Achatz, 62
    Nick Kokonas, 62
Allan Hills, 17
Amazon, 65, 121, 262
    AWS, 147
Amelia Boone, 192
Andrew Wiles, 21, 50, 86
    último teorema de Fermat, 21, 86
Anosognosia, 24
Aprimoramento contínuo, 243
Astro Teller, 105, 114, 252
Autoengano, 181
Autofalseamento, 171
Autoilusão, 24
Autoquestionamento, 2

B

Bertrand Russell, 26
Blue Origin, 56, 104, 261
    New Shepard, 56
Brian Grazer, 78

C

Carl Jacobi, 149
Carl Sagan, 3, 161
Cérebro coletivo, 93
Charles Darwin, 86, 134
Charles Fishman, 78
Charles Lyell, 90
Charlie Munger, 176, 242
Chris Hadfield, 188, 218
Clayton Christensen, 134
Conformidade, 9, 52
    programada, 51
Contradições cognitivas, 112
Criatividade, 3, 54, 135, 253
    combinatória, 74, 89, 146
Curiosidade, 77
    infantil, 81

D

Daniel J. Boorstin, 24
Daniel Kahneman, 25
David Deutsch, 107
David Dunning, 174
David Gross, 22
David Hume, 90
David Schwartz, 105
David Scott, 77
Derek Thompson, 194
Diversidade cognitiva, 95, 116
Donald Rumsfeld, 23

E

Edwin Land, 80
Efeito
   da trapalhada atraente, 228
   do observador, 197
   Einstellung, 132
Elon Musk, 45, 113, 171, 208
Erwin Schrödinger, 77
Estratégia X Tática, 142, 244
Evidência
   atual, 59
   histórica, 59
Experimentos mentais, 74, 112, 131, 173, 262

F

Falácia
   dos custos irrecuperáveis, 123
   narrativa, 25
Falseabilidade, 170
Falso conhecimento, 24
Fixação funcional, 144
   problema da vela, 145
Fracasso, 207, 219
   inteligente, 213, 224
Francis Bacon, 163
François Jacob, 89
Frank McClure, 148
Frans Johansson, 93
F. Scott Fitzgerald, 165, 217
Função X Forma, 146

G

Gene Cernan, 101, 190
Gene Kranz, 102, 208
George Bernard Shaw, 79, 238
Google, 91, 104
   Larry Page, 91
   Sergey Brin, 91
   X, 104, 209
   Foghorn, 124
Gwynne Shotwell, 117

H

Hipótese da simulação, 171

I

Ian McAllister, 121
Ilusão da certeza, 20
Incerteza, 6, 28, 182
Interação intermitente, 94
   isolamento X interação, 94
Isaac Newton, 19, 85, 170
   leis de Newton, 32

J

Jaime Waydo, 110
James Cameron, 105
James Carville, 103
James Dyson, 208
Jeff Bezos, 50, 209, 262
Jeff Wilke, 121
Jim Cantrell, 113
John Callas, 164
John Maynard Keynes, 132
Justin Berg, 108

K

Karl Duncker, 144
Kendall Walton, 75
Kim Lane Scheppele, 186

L

Lei de Moore, 46
Leonardo da Vinci, 75, 90
Limitações autoimpostas, 58

Limites cognitivos, 106
Lockheed Martin, 158

M

Marie Curie, 114
Mark Adler, 158
Mark Barden, 112
Max Planck, 107
Mentalidade de iniciante, 96
Michael Faraday, 149
Michelle Obama, 106
Michio Kaku, 112
Mike Nichols, 221
Milton Silveira, 240
Missão
    Cassini-Huygens, 11
    Mars Exploration Rovers, 6, 41, 130, 212
    Phoenix, 110
    Viking, 136
Moonshots, 102, 131, 209, 262

N

NASA, 18, 47, 121, 245
Navalha de Occam, 67, 146
Neil Armstrong, 2, 189, 260
Netflix, 91, 195, 243
    Reed Hastings, 91
Neuroplasticidade, 112
Nikola Tesla, 75, 114

O

Obi Felten, 114
O Macaco Primeiro, 123
Opinião X Hipótese, 162

P

Paul Begala, 103
Paul Nutt, 132
Pensamento
    convergente, 107, 116
    criativo, 73
    crítico, 3, 159
    divergente, 106, 116
    em princípios básicos, 53
    moonshot, 6, 101, 209
Philip Anderson, 89
Phil Knight, 87
Pierre de Fermat, 21
Pixar, 92, 217
    Universidade Pixar, 92
Potencial criativo, 74, 108
Princípio da incerteza, 173
Princípios de Pestalozzi, 73
Programação genética, 166
Projeção reversa, 120
Projeto Loon, 101, 112

R

Redundância, 39, 137
    excessiva, 41
Reed Hastings, 243
Regras invisíveis, 57, 106
Richard Branson
    Virgin Atlantic, 28
Richard Feynman, 26, 112, 235
Rick Rubin, 90
Robert Adamson, 145
Robert Goddard, 112
Robert Kurson, 101
Robert Zemeckis, 161
Roger Tetrault, 253
R. Thomas Chamberlain, 95

S

Scott Sanford, 88
Segurança psicológica, 225
Shane Snow, 104
SpaceX, 2, 56, 102, 215
    Falcon 1, 214, 245
    Falcon 9, 56, 68, 260
Status quo, 48, 64, 102, 170, 239
Steve Ballmer, 193
Steve Jobs, 89
Steve Johnson, 108
Steve Squyres, 27, 93, 136
Stewart Brand, 171
Sucesso X Complacência, 236, 261

T

Tática
    do espantalho, 176
    do homem de aço, 176
Ted Olson, 191
Thomas Malthus, 90
Tina Seelig, 143

W

Werner Heisenberg, 135
William Deresiewicz, 84
William Herschel, 31

Kolby Wall Photography

Ozan Varol é um cientista de foguetes que se tornou um professor, autor e apresentador de podcast premiado. Nativo de Istambul, ele se mudou para os Estados Unidos para se formar em astrofísica pela Universidade Cornell e, então, trabalhou na equipe operacional do projeto Mars Exploration Rovers de 2003. Mais tarde, Varol se tornou um professor de direito na Faculdade Lewis & Clarck e escreveu *The Democratic Coup d'État*, publicado pela Oxford University Press. Os artigos de Varol apareceram em periódicos como *The Wall Street Journal*, *Newsweek*, *BBC*, *Time*, *CNN*, *The Washington Post*, *Slate* e *Foreign Policy*. Ele escreve um blogue semanal no seu site, ozanvarol.com (conteúdo em inglês). Como um orador público bem procurado, Varol já fez várias entrevistas no rádio e na televisão, e fez palestras magnas para grupos grandes e pequenos de grandes corporações, organizações sem fins lucrativos e instituições do governo.

ROTAPLAN
GRÁFICA E EDITORA LTDA

Rua Álvaro Seixas, 165
Engenho Novo - Rio de Janeiro
Tels.: (21) 2201-2089 / 8898
E-mail: rotaplanrio@gmail.com